让 我 们 一 起 追 寻

THE REPUBLIC OF

海　盗

〔美〕科林·伍达德（Colin Woodard）/ 著

许恬宁 / 译

共　和　国

PIRATES

Being the True and Surprising Story of the Caribbean Pirates and

骷　髅　旗　飘　扬　、　民　主　之　火

燃　起　的　海　盗　黄　金　年　代

the Man Who Brought Them Down

社会科学文献出版社
SOCIAL SCIENCES ACADEMIC PRESS (CHINA)

献给莎拉

我的妻子和至爱

本书获誉

引人入胜……不只告诉你来自遥远过去的欢乐冒险故事，还提供了解真实海盗的机会——感谢上帝，至少最糟的海盗现已不存于世。

——《纽约时报》（*New York Times*）

这是一个多姿多彩、欢乐喧闹的故事，以丰富的细节描述一群人如何为了自身利益，挑战帝国的扩张。

——《皮卡尤恩时报》（*The Times-Picayune*）

令人欲罢不能的海盗故事，处处是黄金、背叛与双面人。

——《波特兰新闻先驱报》（*Portland Press Herald*）/

《缅因周日电讯报》（*Maine Sunday Telegram*）

精彩万分……翔实的研究、刺激的故事……伍达德以栩栩如生的方式，呈现出这段亡命之徒的光辉历史。所有学过海盗发出的低吼的人，不要错过这本好书。

——《巴尔的摩城市报》（*Baltimore City Paper*）

伍达德在《海盗共和国》这本做了绝佳研究的书中，依据年代呈现十八世纪海盗简短的一章。在那个时期，各国海盗齐聚一堂，成为一个政治团体，培养出种族宽容的氛围，甚至试图振兴英格兰的斯图亚特王朝。对我的钱包来说，这比

《金银岛》的故事还棒。

——大卫·伍德《河瀑日报》（*River Falls Journal*）

忘掉《加勒比海盗》的杰克船长，忘掉迪士尼电影游乐设施的海盗。今年夏天最好的海盗娱乐是这本你可以带到海滩上的书，而且里头的故事是真的。

——《新闻纪录报》（*Journal Register*）

伍达德运用来自英格兰、西班牙语美洲的档案资料，述说加勒比海盗真正的故事。他们的历史虽短，他们对抗自然与帝国。

——《丹佛邮报》（*The Denver Post*）

令人欲罢不能。公海上的行动，精彩的生活，古老的船只，为时数月的海上之旅，带着你前行。

——《多伦多星报》（*The Toronto Star*）

如果你热爱海盗，以及经过深入研究的历史与好故事，伍达德的书是正确选择。

——《进步日报》（*The Daily Advance*）

看了电影，急着想了解真实加勒比海盗生活的人，现在可以拿起伍达德的《海盗共和国》。身兼记者与作家的伍达德，述说海盗船长"黑胡子"爱德华·蒂奇与"黑山姆"贝勒米引人入胜的故事。他们在一七〇〇年代时，在加勒比海建立起海盗合作组织。《海盗共和国》是海滩上的终极读物——轻松愉快、丰富有趣，充满历史细节与冒险犯难。

——《基督科学箴言报》（*The Christisn Science Monitor*）

不要管《金银岛》吵吵闹闹的海盗，不要管迪士尼工厂精力充沛的恶棍，不要管《潘赞斯海盗》歌舞剧里唱唱跳跳的小伙子：这里有货真价实的加勒比海盗，事实和小说一样丰富有趣又令人兴奋。

——《柯克斯评论》（*Kirkus Reviews*）

伍达德的书解释了这个脆弱的民主制度如何出现，以及为何相较于海盗传说想让我们相信的事，生活于其中的海盗事实上更适合这样的组织。

——《亚历山大公报》（*Alexandria Gazette Packet*）

本书挑战我们对这帮万恶之徒的认识，让我们不再以为船上施行独裁统治，而是看到较为平等主义的景象。

——《波士顿杂志》（*Boston Magazine*）

步调紧凑的叙事，热爱海盗传说以及跑到巴哈马度假的人士，将特别感兴趣。

——《出版商周刊》（*Publishers Weekly*）

这本轻快、一气呵成的书，充满令人兴奋的冒险犯难，以及多彩多姿的人物。一般读者和对这个时期特别感兴趣的人士，将享受众多乐趣。

——《书单》（*Booklist*）

详尽的研究，令人欲罢不能……对海盗故事有兴趣的人一定不能错过。

——《卡罗来纳潮流报》（Carolina Currents）

这本详尽、迷人的书，述说加勒比海盗黄金时代的兴衰……伍达德挖掘许多著名海盗令人惊讶的事实，包括本杰明·霍尼戈、爱德华·蒂奇、山谬·贝勒米、斯蒂德·波内特……只要你对海盗有一丁点儿兴趣，这本书能帮助你了解历史极少被真实呈现的那一面。读这本书会让你想在船桅上也升起黑旗！

——《旌旗杂志》（The Ensign Magazine）

美洲海盗自一六〇〇年代一直延续到近十九世纪尾声，然而真正的全盛时期是短暂的一七一五年至一七二五年。科林·伍达德在《海盗共和国》一书中精彩地描述了这段时期。这是第一次有人中肯地看着黑胡子、斯蒂德·波内、安妮·伯尼以及他们的同伴的世界，前所未有地探讨人类历史上这段流传故事最多但也最被误解的时期。

——威廉·C. 戴维斯，著有《海盗拉菲特》
（The Pirates Laffite）

目　录

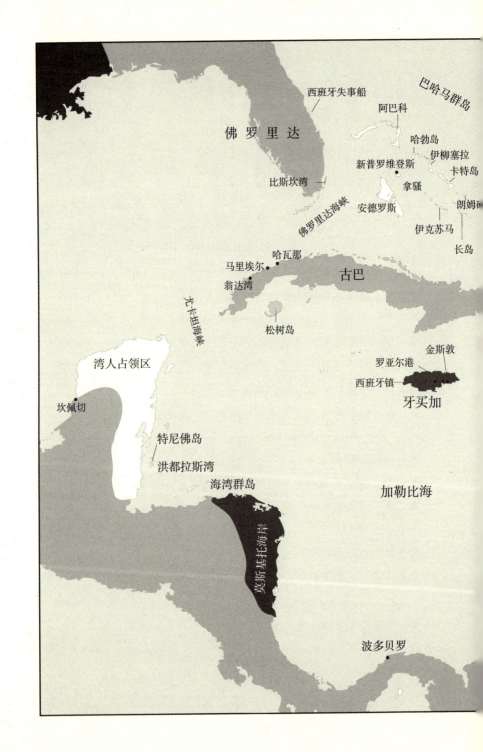

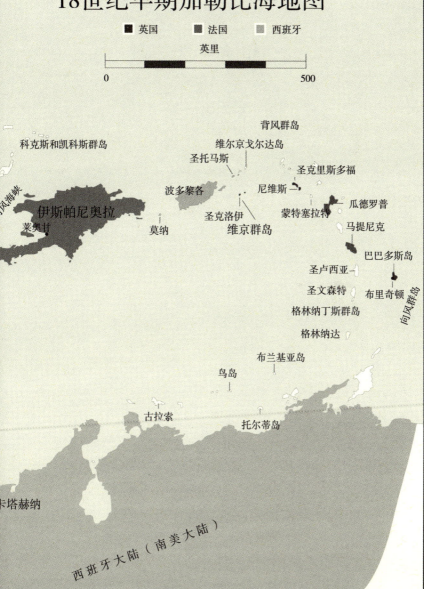

18世纪早期加勒比海地图

■ 英国　■ 法国　□ 西班牙

英里

0　　　　　　　　　　　　　　500

背风群岛

科克斯和凯科斯群岛

维尔京戈尔达岛

圣托马斯

圣克里斯多福

向风海峡

波多黎各

尼维斯

伊斯帕尼奥拉

蒙特塞拉特

瓜德罗普

莱奥甘

圣克洛伊

马提尼克

莫纳

维京群岛

巴巴多斯岛

圣卢西亚

圣文森特

布里奇顿

向风群岛

格林纳达丁斯群岛

格林纳达

布兰基亚岛

鸟岛

古拉索

托尔蒂岛

卡塔赫纳

西班牙大陆（南美大陆）

序言
海盗的黄金年代

在仰慕者的眼中，海盗是充满浪漫气息的恶棍：这群
令人闻风丧胆的流氓勇于创造人生，超越法律与政府，他
们从劳务工作与社会束缚中解放，去追求财富、欢乐与冒
险。海盗自海上消失已有三个世纪，然而，黄金年代的海
盗依旧是吸引大批粉丝的民间英雄。冒险故事里头最厉害
的角色也拿他们当蓝本，像是虎克船长（Captain Hook）与
独脚海盗头子约翰·西尔弗（Long John Silver）、铁血船长
布拉德（Captain Blood）与杰克船长（Jack Sparrow），这些
神奇的角色幻化出斗剑、走木板、藏宝图，以及一箱箱的
金银珠宝。

这些角色引人入胜的传奇故事，在经由《金银岛》作
者罗伯特·刘易斯·史蒂文森（Robert Louis Stevenson）与
沃尔特·迪士尼（Walt Disney）之手后，更令他们广为人
知。不过，加勒比海盗真实版的故事，甚至比那些传奇更
令人目眩神迷：失传已久的反抗暴君的故事、撼动初创大
英帝国基业的海上叛变事件、被迫陷入停顿的跨大西洋贸
易，以及点燃日后美国革命的民主观点。[1]海盗共和国是这
一切叛逆的中心，那里是威权时代的一个自由区。

"海盗的黄金年代"为期仅十年，从1715年至1725
年，主要是由二三十位资深海盗船长形成的小集团，以及数

千名船员引领。所有船长几乎都彼此认识，他们并肩为商船或海盗船服务，又或者在他们的共同基地——巴哈马（Bahamas），英国殖民失败的据点——活动。大部分海盗是英格兰人或爱尔兰人，但也有大量的苏格兰人、法国人、非洲人，以及其他国籍人士，如荷兰人、丹麦人、瑞典人与美洲原住民。尽管这些人的国籍、种族、宗教，甚至语言各异，却仍然打造出一种共同文化。海盗船在海上相遇时，时常会结合力量，彼此援助，即使一方船员主要是法国人，而另一方是宿敌英格兰人也一样。他们以民主方式经营船只，大家共同投票选出并罢黜自己的船长，平均分配掠夺而来的财物，并在公开会议上做出重大抉择。这所有的一切，与其他船只上的独裁政体形成强烈对比。在一个普通水手得不到任何社会保障的年代，巴哈马海盗还为船员提供伤残抚恤金。[2]

海盗由来已久。从古希腊时代、罗马帝国、中世纪欧洲，到中国的清朝，都有海盗。即使是今日，海盗依旧骚扰着这个世界的航道，扣押货船、货柜船，甚至是客轮。劫掠船上物品、杀害船员之事，也时有传闻。不过，取得政府许可并在战争期间劫掠敌人船只的是私掠者（privateer），他们与海盗不同。有些人以为弗朗西斯·德雷克爵士（Sir Francis Drake）或亨利·摩根爵士（Sir Henry Morgan）是海盗，但其实他们是私掠船船长，这些劫掠行为的背后，有伊丽莎白女王（Queen Elizabeth）与查理二世（King Charles II）的完全支持，身份与非法之徒相去甚远。德雷克与摩根都因服务王室而封爵，摩根甚至被任命为牙买加副总督（lieutenant governor of Jamaica）。就像一六〇〇年代晚期大多数的英格兰加勒比海盗（buccaneer）① 一样，威廉·丹皮尔（William Dampier）也是私掠者，就连恶名昭彰的威廉·基德船长（Captain William Kidd），也是出身良好的私掠者，只是在与英格兰最大企业东印度公司（East India Company）的董事们起冲突时，才意外成为海盗的。

黄金年代的海盗与摩根一代的加勒比海盗，以及先前世代的海盗都不一样。跟加勒比海盗相比，他们是恶名昭彰的亡命之徒，每个国家都认为他们是窃贼与罪犯，连他们自己也这样觉得。他们也与先前的海盗前辈不同，不只参与单纯的犯罪行为，还从事几乎等同于社会与政治的反抗活动。他们是水手、契约佣工（indentured servant），以及反抗压迫者的逃跑奴隶。他们分别反抗的是船长、船主，以及美洲与西印度群岛大型奴隶农场的独裁者。

商船上弥漫着一股冲天怨气，因此，在海盗虏获商船时，通常会有一部分船员兴高采烈地加入海盗阵容，就连英国皇家海军（Royal Navy）也不例外；一七一八年，英国"凤凰"号（HMS Phoenix）在海盗的巴哈马老巢遇上他们时，战舰上许多水手弃船，并在晚上偷偷投奔到海盗旗下。的确，海盗能日益扩张，很大一部分是因为这些弃船水手的加入，而这又与海军与商船上的残忍待遇有着直接关联。

---

① buccaneer 这个不精确的词，是指十七世纪在西印度群岛（West Indies）一带活动的海盗与私掠船，他们在一六七〇年代与一六八〇年代特别活跃。这个词原指一群化外之民，多为法国人，他们在伊斯帕尼奥拉岛（island of Hispaniola，又译西班牙岛）一带游荡，猎捕野生牛只，利用印第安式的熏肉工具（boucan）烤干牛肉。除了牛之外，他们偶尔也扣押小型船只，于是，英格兰人后来用 buccaneer 这个词泛指加勒比海的海上劫掠者，尽管这并不是该词当时的常见用法。

　　并不是所有海盗都是牢骚满腹的水手。在奴隶船遭到海盗攻击，船上许多人加入海盗并成为地位平等的成员后，经由口耳相传，逃跑的奴隶大量迁徙到海盗共和国。在黄金年代的高峰时期，海盗船员里往往有四分之一以上是逃跑的奴隶，甚至有好几名黑白混血儿还成为可以独当一面的海盗船长。这个自由区威胁到巴哈马一带的奴隶大农庄，一七一八年，百慕大的代理总督就这么呈报过："黑人最近（已经）变得无法无天、胆大妄为，我们有理由怀疑他们即将反叛（我们以及）……让人担心他们与海盗势力的勾结。"[3]

　　除此之外，部分海盗也有政治上的动机。黄金年代是紧接着安妮女王（Queen Anne）驾崩后出现的，当时，安妮女王那同父异母的弟弟詹姆士·斯图亚特（James Stuart）试图成为继任者，却因为天主教徒的身份无法取得王位，最后由新教徒乔治一世（George I）继任，成为英格兰与苏格兰的新国王。乔治一世是德国王子，对英格兰不甚关心，也不懂当地语言，许多英国人无法接受这个结果，依旧效忠詹姆士与斯图亚特家族，其中就包括许多未来的海盗。好几位黄金年代早期时的海盗，其实是由牙买加总督阿奇博尔德·汉密尔顿（Archibald Hamilton）扶植的，而汉密尔顿正是斯图亚特家族的支持者，他显然是希望利用这支反叛的海上势力，支持后来意图推翻乔治一世的起义。美国马萨诸塞普罗文斯敦（Provincetown）维达远征队博物馆（Expedition Whydah Museum）的肯尼斯·肯寇（Kenneth J. Kinkor）表示："这些人并不只是那些酒馆的闹事之徒。"[4]

　　巴哈马的海盗帮派极为成功。在全盛时期，他们成功阻断了英国、法国、西班牙与它们的新世界帝国的联系；他们切断了贸易路线，成功制止运送奴隶到美洲与西印度群岛的大型农场，并中断了两块大陆之间的信息流通。英国皇家海军原本只是抓不到海盗，后来变成害怕遇上他们。当时的"锡福德"号（HMS Seaford）护卫舰，尽管配备了二十二门大炮，受命前往保护背风群岛（Leeward Islands），但舰长报告说，航行时如果得对抗这批海盗，会面临"被压制的危险"。[5] 到一七一七年时，海盗势力强大到不仅会威胁船只，还能威胁所有的殖民地。他们占据背风群岛的英国前哨站，威胁入侵百慕大，还反复封锁南卡罗来纳（South Carolina）。部分海盗在这个过程中积累起惊人的财富，买下商人、大农场主，甚至是殖民总督本人的忠诚。

官方把海盗塑造为残酷危险的怪物、强暴犯与杀人狂，这群人会因一时兴起而杀人，并以虐待孩童为乐。有些海盗的确如此，不过，这类故事大多经过刻意夸大，目的是动摇半信半疑的人民。美洲的船主与大型农场主惊骇地发现，殖民地有许多老百姓把海盗视为人民英雄。马萨诸塞的领袖人物、清教徒牧师科顿·马瑟（Cotton Mather）对波士顿"有罪的"平民普遍支持海盗而感到愤怒。一七一八年，南卡罗来纳当局准备审判海盗帮时，同情人士却劫狱救出海盗船长，还几乎控制了首府查尔斯顿（Charleston）。[6] 同一年，弗吉尼亚总督亚历山大·史波斯伍德（Alexander Spotswood）也抱怨"人们在怀抱分享不正当财富的希望时，非常容易倒向并支持这些人类害虫"，并补充称自己的殖民地里有"众多海盗支持者"。

5

海盗的遗迹浮现

我第一次动念想写下这群特别的海盗时，是与未婚妻坐在伯利兹（Belize）海岸外一座小岛的棕榈树下。伯利兹是英格兰海盗与加勒比海盗建立的中美洲国家，在今日的日常生活中，这个国家仍使用着十七世纪晚期的海盗用语。在三百年前，这里和我的家乡美国缅因州一样，是个无人地带，荒凉的海岸线上布满小岛，这里稀稀落落的土著人口尚未受到欧洲人统治。我幻想着，岛屿远方出现一根船首斜桅（bowsprit），接着，一片片船帆及用沥青接合的船身映入眼帘，小船侧面突出一排炮口，象征死亡的骷髅头旗帜在主桅上飘动。那艘船看起来再真实不过了，船上设备一应俱全，散发着帆布的气味，粗麻绳上有着粗糙的绒毛。不过，船员的面貌就没那么清晰了，反而看起来像一些流行文化塑造出来的形象，头巾（bandana）与耳环、一眼戴眼罩、一脚是假肢、船长肩上站着鹦鹉、到处都是刀剑与朗姆酒酒瓶；再不然，就是身上挂满饰品的男人，带着一丝邪恶的微笑，不时叫嚷着陈腔滥调，"啊啊啊!"地吼叫着。我发现，虽然电影与周边商品让海盗十分热门，我依旧不清楚他们的真实面貌。他们来自何方？是什么驱使着他们行动？他们如何劫掠财物？有哪些人带着金银珠宝逍遥过活吗？

我们没有现成的好答案。大部分海盗书籍、电影与电视节目，持续利用相关的海盗神话，而没能区分文献与可证实的虚构事件。那些故事大多可回溯到一七二四年的《最恶名昭彰的海盗抢劫谋杀通史》（*A General History of the Robberies and Murders of the Most Notorious Pyrates*，又作《海盗通史》)，这本书的作者化名为查尔斯·约翰逊船长（Captain Charles Johnson)[①]。那些作品关注的对象一般不是真正的海盗，而是

① 几个世代前，曾有学者与图书馆员出于好意，宣称该书作者是英国作家丹尼尔·笛福（Daniel Defoe），其后经由讨论，认为应该不是。

早期的加勒比海盗跟私掠者，他们是比较体面的人，而且行动大多获得官方许可。亨利·摩根、威廉·基德，或是威廉·丹皮尔等人的生平，则有浩如烟海的文献记录着。历史的确留下优秀的综述，然而，它们关注的重点是海盗制度，而不是特定海盗的生平。本书采取的传记式写法，则提出一套完全不同的问题，呈现出通常被忽略的关联、动机与事件。

　　本书资料来自英国与美洲档案。没有任何对话是凭空构想出来的，从城市和事件到服饰、船只和天气，所有的描述都有原始文件作为依据。我通过整合法律证词与官方文件，英格兰与西班牙总督、殖民长官、海军舰长的信件，当时的说明小册子、报纸，以及书籍、潦草的海关账目、教区登记册与皇家军舰档案文件，重现海盗先前不为人知的历史。

　　我引用十七与十八世纪的资料时，采用现代标点，有时也采用现代拼法，以便让二十一世纪的读者也能理解。文中提到的所有日期，都采用当时英语世界使用的儒略历（Julian calendar）；法文或西班牙原始资料的日期，因为它们已经使用今日的格里高利历（即公历，Gregorian calendar）①，则必须减去十天或十一天。原始资料的出处可在书后的注释中找到。

　　我的研究带我到访了书中的许多场景，包括伦敦、布里斯托尔（Bristol）、波士顿、查尔斯顿与巴哈马。我造访海盗经常出没的北卡罗来纳州东部，该州文化资源部（Department of Cultural Resources）的潜水员，正在探索据信是黑胡子（Blackbeard）的旗舰残骸。来自另一艘黄金年代海盗船"维

① 大部分天主教国家在一五八二年采用格里高利历，两套系统相差十天。一七〇〇年时，差距扩大为十一天，直到一七五二年，英国才终于改采用新历。

达"号（Whydah）的文物，出现于鳕鱼角（Cape Cod）海滩。与这些及其他地方的考古学家、历史学家的对话，使我获益良多，他们不断筛选证据，寻找更多过往海盗的线索。

黄金年代的四大领袖

本书从四位领袖人物的生平，讲述海盗黄金年代的故事。其中三人是海盗："黑山姆"山谬·贝勒米（Samuel "Black Sam" Bellamy）、"黑胡子"爱德华·蒂奇（Edward "Blackbeard" Thatch）、查尔斯·范恩（Charles Vane）。他们三个人互相认识。贝勒米和黑胡子是朋友，一起在他们的师父本杰明·霍尼戈（Benjamin Hornigold）手下做过事，后者建立了新普罗维登斯岛上拿骚（Nassau on New Providence Island）的海盗共和国。此外，贝勒米和黑胡子也与范恩相熟，范恩是亨利·詹宁斯（Henry Jennings）的门徒；詹宁斯是霍尼戈的敌人，也是被乔治国王宣布为罪犯的暴烈的私掠船船长。范恩与他的老师有许多共同点：酷爱不必要的残忍暴力，而这种虐待狂倾向最终害得自己一蹶不振。贝勒米和黑胡子以霍尼戈为榜样，使用武力时较为小心谨慎，一般只在迫使受害者屈服时会使用恐怖手法，否则不会那么依赖暴力。在大量有关贝勒米与黑胡子攻击船只的描述中，尽管一共有近三百艘船遭受攻击，却没有这两个人杀害俘虏的记录。受害者事后大多表示，这些海盗对待他们不算坏，一般来说，也会归还其不需要的船只与货物。

在这样的过程中，海盗打造出数量庞大的追随者群体，他们与这个年代几乎所有的重要海盗一起航行，或是一起花天酒地：喜欢奇装异服的"印花布杰克"约翰·拉克姆（John "Calico Jack" Rackham）、奇特的斯蒂德·波内特（Stede

Bonnet）、恶名昭彰的奥利维·拉布其（Olivier La Buse）、戴假发的保斯葛雷福·威廉姆斯（Paulsgrave Williams），以及女海盗安妮·伯尼（Anne Bonny）。在他们事业的高峰时期，每个人都有一支小型海盗舰队及数百名船员可供发号施令。除此之外，贝勒米与黑胡子还指挥着足以挑战美洲所有军舰的旗舰。他们的行动十分成功，总督、奴隶商人、大农场主和货运大亨，即构成了英属美洲（British America）整个权力结构的那些人，很快就都吵着必须解决他们。

就在这个时候，本书第四位，也是最后一位主人公伍兹·罗杰斯（Woodes Rogers）登场：他被皇室派来对付海盗，以及平定巴哈马群岛。罗杰斯是海盗黄金年代结束的主因。当然，他不是海盗，然而，他曾在英格兰与法国、西班牙的战争中担任私掠船船长，了解海盗的想法与手法。罗杰斯是战争英雄与著名作家，曾成功袭击西班牙城市，并在与巨大的运宝船的太平洋激战中毁容，他还是少数几个曾环游世界的人。罗杰斯自己虽然有着逞凶斗狠的过去，对海盗却从不手下留情。相反，他代表着海盗所反抗的每一件事。他与许多同侪不同，他勇气十足、无私，而且出人意料地爱国，完全把自己奉献给国王与国家。在众多总督、海军军官、政府大臣不断靠着王室发大财的同时，罗杰斯却自掏腰包，支持他认为会增加公共利益，以及建立年轻大英帝国秩序的计划。但这位为国服务的英雄，最后却因上级与同僚而受害。

贝勒米、黑胡子、范恩并不是从零开始建立海盗社会的。亨利·埃弗里（Henry Avery）① 是他们的榜样，据说这位"海

---

① 在当时的文献中，这个人的名字也拼成"Every"或"Evarie"。

盗王"（pirate king）曾带领船员摆脱甲板上的压迫，在自己的海盗王国里过着让人难以想象的奢华生活。埃弗里成就功业时，贝勒米、黑胡子与范恩还只是个孩子。他成为传奇人物时，贝勒米等则是年轻人。他的冒险启发了戏剧与小说、历史学家与报纸作家，最终还启发了黄金年代的海盗。海盗的浪漫神话不是在黄金年代之后才出现，而是直接鼓舞了黄金年代。因此，从亨利·埃弗里开始的海盗故事，必须从三个世纪前在拿骚出现的一艘神秘船只说起。

第一章　传奇人物埃弗里
（一六九六年）

一六九六年，一艘单桅帆船在愚人节下午时分抵达并摆荡
在猪岛（Hog Island）① 低矮的多沙区域，进入了拿骚宽广且
耀眼的蓝色港口。[1]

最初，海滩上的村民与港口的水手，并没有多看这艘船两
眼。这种没什么特色的小型帆船随处可见，都是伊柳塞拉岛
（Eleuthera）这座邻近岛屿的商船；那个岛在此地以东五十英
里处。这些船只来到巴哈马首府拿骚进行日常贸易，以盐与农
产品交换布料与糖，并带来英格兰、牙买加与南北卡罗来纳等
地的新闻。一旁的人等着船员下锚，把货物先放在帆船所附载
的大艇（longboat）上，然后划向沙滩，因为这个首府没有能
停泊船只的码头。货物处理完毕后，船员会在拿骚的酒馆喝上
一两杯，交换最近的战争消息，了解可恶的法国人有何动向，
然后咒骂不见踪影的英国皇家海军。

但不是今天。

单桅帆船的船员划到岸边，船长跳到海滩上，他是当地
人，而且跟大家都熟。然而，船长后头跟着几个陌生人，身穿
不寻常的服饰：可能来自印度的丝绸、亮丽的非洲图案头巾，
以及阿拉伯帽子。他们又脏又臭，散发着普通水手廉价羊毛衣

---

① 一九六二年时，巴哈马立法机关在美国超市大亨亨廷顿·哈特福德
（Huntington Hartford）的要求下，把这座岛重新命名为"天堂岛"
（Paradise Island），现在成为豪华度假饭店聚集处。

的味道。往前靠近偷听他们谈话，或是凝视他们黝黑脸庞的人，可以判断出他们是英格兰与爱尔兰水手，就像其他来自大西洋远程大船的船员一样。

11　　这群人穿过小村庄，那里有挤在岸边的数十栋屋子，它们都笼罩在中规中矩的石头碉堡的阴影下。[2] 他们穿越刚刚清理过的小镇广场，经过岛上朴素的木造教堂，最后抵达总督尼古拉斯·特罗特（Governor Nicholas Trott）新盖的房子。他们赤脚站在太阳烘烤的沙地上，强烈的热带气味扑鼻而来。镇上的人停下脚步，凝视着这群等候在总督门口阶梯上的野人。仆人打开大门，与单桅帆船船主交换一两句话后，便匆忙去向主人报告紧急消息。

卖给总督的海盗船

特罗特总督那天早上不得安宁，他的殖民地陷入了危险。英格兰已经与法国打了八年仗，巴哈马的贸易补给线又陷入混乱。特罗特接到报告称，法国已经拿下一百四十英里外的伊克苏马岛（the island of Exuma），正带着三艘战舰与三百二十人，朝拿骚而来。[3] 拿骚这边没有战舰可供派遣；其实，英国皇家海军的船舰已经好几年没有经过这里，缺乏足够的人力来保卫英格兰不断扩张的帝国。[4] 这里有利用当地石头新建好的拿骚碉堡（Fort Nassau），墙上安装着二十八门大炮，然而许多居民已经逃到比较安全的牙买加、南卡罗来纳与百慕大，特罗特几乎派不出人手御敌。[5] 镇上只剩下不到七十名男子，当中还有老弱病残。一半的男性人口承担站岗放哨的义务，还兼顾着自己平常的生计，以特罗特的话来说，他们之中有许多人"累坏了"。特罗特知道，如果法国此时发兵入侵，他不太可能守住拿骚，以及其小首府所在的新普罗维登斯岛等地方。特罗特接见来自伊柳塞拉岛的贸易船长与其神秘同伴时，正在烦恼这些事情。

这群陌生人的领头人亨利·亚当斯（Henry Adams）解释道，他和他的船员刚刚乘着"幻想"号（Fancy）抵达巴哈马，那是一艘私人战舰，配备四十六门大炮与一百一十三名船员，他请求特罗特允许他们进入拿骚港口。亚当斯呈上船长亨利·布吉曼（Henry Bridgeman）的信件，上面写着诡异至极的提议：布吉曼宣称"幻想"号刚从非洲海岸抵达伊柳塞拉岛，没有经过皇家非洲公司（Royal Africa Company）的允许，在非洲从事奴隶贸易，而当时皇家非洲公司垄断了这类活动。布吉曼船长在信中解释，"幻想"号补给不足，船员也需要上岸休息。[6] 如果总督可以仁慈地让他们的船进入港口，他会献上丰富的酬劳。每一名船员都会给特罗特一份个人礼物，包括二十枚西班牙八里尔银币及两枚金币，身为指挥的布吉曼则会献上两倍报酬。[7] 总督的年薪只有三百英镑，这群陌生人却可以给他价值八百六十英镑的贿赂。[8] 除此之外，船员一旦卸下与处理完项目不明的货物后，还会献上"幻想"号这艘船。总督只需要让这些陌生人上岸，不要过问任何事，就可以拿到近三年的薪资，并成为一艘大型战舰的主人。

特罗特收起那封信，紧急召集殖民地治理议会（governing council）。[9] 那场会议的记录早已不在，不过，依据当时拿骚其他人的证词，特罗特总督显然没有向议员提及贿赂的事，而是呼吁保卫殖民地的安全是众人共同的利益。他指出，"幻想"号就像皇家海军的第五级护卫舰（fifth-rate frigate）一样大，可以吓退法国人的攻击。此外，算上这艘船的船员，新普罗维登斯岛上的健壮男子数目几乎翻倍，敌人来袭时，拿骚碉堡的大炮就能有人操作了。此外，万一布吉曼选择在法国港马提尼克（Martinique）修理船只，或是更糟，选择攻击拿骚，他们该往哪里去？违反皇家非洲公司的贸易垄断只是一项轻罪，拿这个当作不允许上岸的理由，显然还不够有说服力。

13　　议会成员同意了。总督交给亚当斯一封"彬彬有礼"的信，欢迎"幻想"号来到拿骚。[10]"幻想"号与船员"可以按自己的意愿自由来去"。

不久之后，一艘大船开始绕行猪岛，甲板上挤满了水手，船侧满是射击孔，船身因货物重量而吃水很深。亚当斯一行人第一批上岸，大艇上装满布袋和箱子。他们承诺奉上的赃物就在那里：成堆的八里尔银币与阿拉伯等地铸造的金币。一整天，大艇就这样载着船员登岸。剩下的船员与先前登陆的那批人类似：长相普通、穿着华丽东方服饰的水手，每个人都带着大包的金银珠宝。自称布吉曼船长的人也上了岸，并在与特罗特密谈后，把大型战舰移交给他。总督登上"幻想"号后，发现船员给他留了小费：货舱放着超过五十吨的象牙、一百桶火药、好几个塞满长短枪支的箱子，以及数量惊人的船锚。[11]

特罗特后来宣称，自己没有理由怀疑"幻想"号船员涉及海盗行为。[12]"我要怎么知道？"他发誓后做证道，"臆测又不是证据。"他又补充说，布吉曼船长与他的船员声称，他们是没有执照的商人，而新普罗维登斯岛"没有理由不相信他们"。然而，特罗特并不是傻子。他自己也当过商船船长，深知"幻想"号载着的财富并不是与非洲奴隶海岸（Slave Coast）那些人进行未经许可的讨价还价得来的东西。特罗特登上"幻想"号，货舱里装满象牙武器，船帆上全是炮弹补丁，甲板上还嵌着火枪子弹，他不得不在执行法律与中饱私囊之间做出选择。而他没有考虑太久。

　　总督一声令下，小船开始载着"幻想"号剩余的货物上岸。　14
很快，海滩上就散落着一箱箱象牙与枪支，一堆堆船帆、船锚与滑轮，一桶桶火药与补给，以及重型大炮与弹药。特罗特在船上安排了自己的水手长（boatswain）与数名非洲奴隶。[13]象牙、八里尔银币与成袋金币，被送到他的私人住所。布吉曼船长与船员可任意在拿骚两间酒吧畅饮与寻欢作乐，也可以随时离开。

　　就这样，英国的头号通缉犯收买了法律，把海盗船卖给国王陛下的总督。布吉曼船长的真实身份是亨利·埃弗里，他是那个时代最成功的海盗，其事迹在当时已成为传说的素材。[14]在那个当下，全世界有数十艘舰船，数百名官员，数千名船员、告密者与士兵正在追捕埃弗里及其船员，希望夺回某位国王支付的赎金与遭劫的金银珠宝。东印度公司的代表正在追查风声，据说有人在印度孟买与加尔各答附近见过埃弗里的踪影。皇家海军船长正在西非、马达加斯加与阿拉伯追捕"幻想"号。赏金猎人航行在印度洋与英吉利海峡入口。没有多少人猜得到，埃弗里与手下此时正在英格兰人的碉堡里逍遥自在。

海军变海盗

　　埃弗里三十六年的人生大多在海上度过。他生于英格兰西郡（English West Country）的海岸城镇普利茅斯（Plymouth）附近，年轻时就到海上担任商船副手。在一六八八年英格兰和法国开战后不久，埃弗里加入英国皇家海军，在"鲁伯"号（HMS Rupert）与"阿尔伯马尔"号（HMS Albemarle）上担任初级军官，并在这两艘护卫舰上见识过战斗。一路上，他和其他海员都受过长官的责打与羞辱，也因为船上管钱的事务长（purser）贪污，他们吃过腐烂或不合格的食物，而且连续好几年拿不到薪水。对于在意外或战斗中缺了手臂、腿、手、脚或眼睛的船员来说，这是乞丐般的生活。而水手们说，囚犯的生活过得还比较好，在经历了二十年海上生活后，埃弗里不得不同意这句话。

一六九三年春天，埃弗里发现自己交上了好运。他听说一群有钱的商人正在组织贸易船队，预备从事一项大胆的任务。四艘全副武装的船要离开英格兰，先在西班牙取得必要文件，然后航向加勒比海。抵达后，会与西班牙殖民地进行贸易，并攻击与劫掠法国的船只与大农庄。那群商人花大价钱请人，而且最重要的是，他们的契约保证：每个月绝对以理想的薪资水平付钱，甚至在船离开英格兰之前，就可以提前支付月薪。埃弗里知道那些船供应的伙食会比国王的船好，一路上还可以把一小部分劫掠而来的东西放进自己的口袋。于是埃弗里跑去应征，靠着一流的推荐信，以及杰出的服役记录，他获聘为远征队中配有四十六门大炮的旗舰"查理二世"号（Charles II）大副，听令于查尔斯·吉布森船长（Captain Charles Gibson）。[15]

八月初，在这支商船队启程之前，按照先前的保证，大伙儿拿到了第一个月的薪水。更振奋人心的是，这支商船队的主要拥有者詹姆士·霍布伦爵士（Sir James Houblon）亲自上船，向大家保证在航行期间，他们或他们的家人每六个月会拿到一次钱。就这样，"查理二世"号与同行的"詹姆士"号（James）、"鸽子"号（Dove）和"七子"号（Seventh Son），一同起锚驶出泰晤士河。对埃弗里与同船船员来说，一趟赚大钱的冒险之旅似乎正在展开。

事情然后开始急转直下。船队抵达西班牙北部拉科鲁尼亚（La Coruña）的航程，理论上只需要两个星期，但不知道什么原因，"查理二世"号与同行船只总共花了五个月时间。[16] 终于抵达时，他们却发现航行所需的私掠船文件尚未从马德里送达，所以必须下锚等待。一星期过去了，两星期过去了，然后一个月过去了，西班牙的官僚体制毫无恢复运转的迹象。挤在船上的船员开始焦躁不安，已经有人在问，为什么保证每年发两次的薪水还没下来。众人送了一封请愿书到霍布伦爵士那里，要求他按照先前商量好的条件，把薪水付给船员或他们的妻子。霍布伦的回应是，命令他的代理人把几个请愿者关起来，锁在船上阴湿的禁闭室里。[17]

这样的回应无法让船员们心安。当有船员造访拉科鲁尼亚港口的其他船只时，几个已婚水手想办法送信给在英格兰的妻子，其中一封信告知众家眷其丈夫的困境，催促她们亲自去见霍布伦，要求他付给大家可以活下去的薪水。女眷们去与霍布伦对质。霍布伦是个富裕的商人，他是英格兰银行（Bank of England）的创始人兼副董事长，他的哥哥是银行董事长，而且即将成为伦敦市市长（Lord Mayor of London）。霍布伦的回应令人心寒：几艘船和船员目前正在西班牙的控制之下，而依据他的了解，国王可以"随自己高兴付他们钱或吊死他们"。

霍布伦的回应传到拉科鲁尼亚时，船员们开始恐慌。好几个人请求一艘路过的英格兰战舰的舰长带他们回家，但遭到拒绝。吉布森船长的私人管家威廉·梅（William May）说，如果允许他离开"查理二世"号，他愿意放弃还没领到的三十英镑薪水。吉布森要他选择回到工作岗位或是被丢进监狱。[18] 船上人员推断他们已经被卖给西班牙国王了，而且期限是

16

"这一辈子的每一天"。[19]

埃弗里想出了解决办法。一六九四年五月六日，也就是众人抵达拉科鲁尼亚四个月后，埃弗里和几名船员划船到镇上。在狭窄蜿蜒的街道上游走，并把这个港口里其他英格兰船只的船员聚集起来。他说自己有一个可以让大家重获自由的计划。

第二天晚上九点，"查理二世"号上几个埃弗里的人搭乘小船出发。他们划到"詹姆士"号旁，一名水手用事先约定好的暗号，对甲板上一个人大喊："你们喝醉的水手长在吗?"但这声叫唤没有得到预期的回答，所以他们直接明讲："我们是'查理'号秘密抢夺计划的人，你们这里所有要叛变的人赶快跳上来，我们会把你们载到那里。"很不幸，站在"詹姆士"号甲板上的那个人并没有参与反叛计划，他跑去报告船长，不过在船长发出全员警告之前，"詹姆士"号的二十五名叛变分子已经登上最大的接驳艇，跟着同谋划向"查理二世"号了。[20]

埃弗里回到"查理二世"号后，听见港口里"詹姆士"号传来的骚动回声，知道不能再等下去了。他和其他二十几个人冲上甲板，拿下看守的人，控制住艉甲板，舵轮与船上其他许多调节器都在那里。其他几艘船的起事者乘着小船开始登上"查理二世"号，此时"詹姆士"号船长命令开火，两枚炮弹落在"查理二世"号旁，水花四溅。炮声惊动了拉科鲁尼亚中世纪要塞里的西班牙人，他们也开始准备大炮。埃弗里一声令下，众人冲上前去，有的割断粗锚缆，有的爬上梯绳张开船帆。舵手让船迎风而行，其他人则使劲让船帆就位。"查理二世"号在要塞大炮的威胁下，慢慢驶离港口，进入开阔的大西洋。

远离港口几英里后，埃弗里回到甲板找吉布森船长谈话。卧病不起的船长与二副乔纳森·葛拉维特（Jonathan Gravet）

此时各自被关在舱房里。依据他们的说法，埃弗里以礼相待，甚至表示如果船长愿意加入他们，他们会让他指挥"查理二世"号。[21]吉布森拒绝，但埃弗里依旧承诺让两人及其他所有希望离开的人，在接下来的早晨划小船上岸。埃弗里给二副葛拉维特三样离别礼物：一件大衣、一件背心，以及他自己的佣金。葛拉维特后来回忆说，吉布森的管家威廉·梅"握住我的手，祝我平安到家，并要我问候他的妻子"。

早上时，吉布森、葛拉维特，以及其他十五个人登上"查理二世"号的小艇，朝着大陆划去。在几个人离开之前，埃弗里告诉吉布森："我是幸运的人，必须寻求自己的好运。" 18

分赃公平、政治民主

那天接下来的时间，埃弗里召开全船大会。[22]他们一共有八十五人，除了一名被强制留下的船医外，其他人都是自愿留下的。埃弗里提议以一种比较好的新方法养活自己与家人：他们会依照原本的计划去劫掠船只与殖民地，只不过地点不是加勒比海，也不是为了霍布伦的利益。他们会航向印度洋，追赶装满货物的东方商船，并把抢来的东西都留给自己。他先前听说马达加斯加岛是一个绝佳的根据地，那个地方位于非洲海岸东南方，没有欧洲势力，只有数百英里孤立的海岸线，以及相当愿意交换食物与其他必需品的当地人。埃弗里告诉众人，事情全部结束时，他们可以带着财富悄悄回到英格兰。

埃弗里一定深具说服力，因为大家都同意他的计划，并推举他为船长。他们定出一个未来公平分赃的办法：在大部分的私掠船上，一般船员可以分得一份，船长可以分得六份至十四份，而埃弗里只会多拿一份，他的副手则多拿半份。[23]他们会以民主的方式做出所有重大决定，唯一的例外是战斗时刻，战斗时埃弗里拥有绝对的命令权。此外，他们也投票重新命名自己的船：从现在起，这艘船的名字是"幻想"号。

五月时，他们航行在大西洋上，中途在西非海岸三百五十英里外、佛得角群岛（Cape Verde Islands）中的摩伊阿岛（island of Moia）停留。[24]摩伊阿岛是个令人郁闷的地方，这座没有树木的小岛直接承受着热带阳光的烘烤。水手们之所以造访这座岛，是为了岛上广阔的陆地盐池。在那个年代，盐是主要的食物储存法。在摩伊阿岛充当港口的荒凉小湾里，他们发现三艘英格兰商船。当地人替那几艘商船把盐堆在海滩上，船员正在载货。那几艘船的船长在面对"幻想"号的优势火力时不战而降。埃弗里要他们交出补给与一个船锚，后者用来替补他留在拉科鲁尼亚港口海底的船锚，但礼貌地留给他们一张所有他偷走的东西的收据。他比较不礼貌的地方是，强迫商船的九名船员加入他的海盗帮。那些船员可能跟船医一样，拥有"幻想"号航行所需的特殊技能。

显然，埃弗里后悔在战时洗劫英格兰船只。几个月后，他写了一封公开信给所有的英格兰船长，告诉大家不必害怕"幻想"号及这艘船的船员。他写道："本人担任指挥时，至今尚未伤害过任何英格兰或荷兰（船只），也不曾有过这个意图。"[25]他的署名是"依旧为英格兰人的朋友"。从这一点可看出为什么埃弗里即将成为穷人与受压迫者的英雄，他是海上的罗宾汉，起身反抗不正义，并极力善待俘虏，只取走他和帮派活下去所需的东西。

埃弗里后来所有的行动中也并不都是特别值得尊敬的英雄之举。那些后辈仰慕者大大赞扬他对待英格兰与欧洲俘虏的正直行为，但通常略过或轻描淡写他如何对待落入其掌心的非白种人异国人士。后来，他的船员与俘虏描述过许多与其有关的残忍行为。[26]有一次在西非海岸，埃弗里诱骗一群部落土著上他的船，假装要贸易，然后偷了他们的金子，囚禁他们，并至少把七个人贩卖为奴。在众多例子里，他的船员会拦截没有武器的小型阿拉伯商船，并在抢劫简陋的米和鱼货之后，烧掉船只，而不是还给船长。"幻想"号航行在今天的索马里（Somalia）时，船员因为马地镇（Mayd）的居民拒绝贸易，就把整座小镇烧成灰烬。埃弗里和他的船员离开亚洲前，还做过比这糟糕许多的事。

　　一六九五年六月，也就是西班牙叛变事件十三个月后，埃弗里的海盗帮至少俘虏过九艘船，并从摩伊阿岛抵达马达加斯加，从好望角前进到印度海岸。他们在马达加斯加的偏僻港口搭起营地，在科摩罗群岛（Comoros Islands）彻底整修"幻想"号，并大吞从加蓬（Gabon）商人手上购得的一壶壶蜂蜜。他们的人数增长到一百人以上，包括一艘丹麦商船里自愿上船的十四人，以及一群来自一艘搁浅在莫桑比克海峡（Mozambique Straits）附近一座小岛上的法国私掠船的船员。他们抢夺了大量的稻米、谷物、白兰地、羊毛、亚麻、丝绸，但只得到少量金银，以及其他方便携带的贵重物品。如果真要发财，他们得做点大买卖。从俘虏口中得知，一支大船队很快就会从摩卡（Mocha）——那是红海的一个港口，位于今日也门（Yemen）——出发并会在前往印度苏拉特（Surat）的途中经过红海出入口。船上会有数千名每年一度从麦加朝圣之旅返家的穆斯林，以及数十名正要把年度贸易获利送回国的商人。这支船队的那些宝船，是印度莫卧儿帝国皇帝（Grand Moghul）的财产，也是航行于印度洋上的最有价值的船只。

20

埃弗里和船员往北航行到红海出入口，打算在那里埋伏这支摩卡船队。然而，他们并不是唯一打着这个如意算盘的英格兰强盗。他们一路上碰到两艘武装船，都是升起英格兰旗帜的小型灵活单桅帆船。[27]那两艘船的船长分别是来自罗得岛（Rhode Island）与特拉华（Delaware）的私掠船船长，拥有战时劫掠敌舰的许可证，但他们跟埃弗里一样，决定攻击中立的宝船队（treasure fleet）。抵达出入口一天后，又冒出三位美洲私掠船船长，包括来自纽约的托马斯·图（Thomas Tew），这个人是当时著名的海盗。埃弗里与五艘私掠船的船长同意一起攻击宝船，并共同分享战利品。在炙热的阳光下，四艘六门大炮的单桅帆船、四十六门大炮的"幻想"号，以及一艘六门大炮的双桅帆船，埋伏在曼德海峡（Bab-al-Mandab）航道上一座小岛后方。

成为目标的宝船队一共有二十五艘船，船队在八月一个星期六的深夜通过海峡，没有点灯，行动隐秘到海盗与私掠船船长错过了前二十四艘船。不过，他们拦截到最后一艘船，那是一艘速度缓慢的双桅小帆船（ketch）。盘问过船员之后，众人得知他们得穿越亚丁湾（Gulf of Aden）与阿拉伯海（Arabian Sea），去追击其余的船只。在接下来的三天时间，埃弗里的队伍奋力赶上。较小型的船只难以跟上"幻想"号，众人只得烧掉最慢的船，以免速度被拖累。还有一艘单桅帆船更慢，落后到众人再也没见过船影。

最后，在靠近印度海岸的地方，海盗们看见海平面上出现一艘帆船。那艘船是"穆罕默德信仰"号（Fath Mahmamadi），体积比"幻想"号大，但速度较慢，而且只配备六门炮。"穆罕默德信仰"号的船员，尝试了一次可怜兮兮的三炮齐发，在此同时，海盗船把它团团围住。"幻想"号回击，发射了震耳欲聋的二十三门炮联攻，以及一阵火枪齐射。印度船长投降，"幻想"号靠在"穆罕默德信仰"号旁，埃弗里的船员一拥而上，扑向这艘重三百五十吨的战利船。[28]他们在货舱找到"穆罕默德信仰"号在摩卡的贸易所得：属于船主兼商人阿布杜加弗（Abd-ul-Ghafur）的、价值五万到六万英镑的金银。这是一笔惊人的收获，足以买下五十艘"幻想"号。不过，埃弗里想要更多。他留下几名手下控制这艘船，然后和其他船长继续追捕前方的大船队。

两天过后，负责瞭望的船员在印度东部沿岸，发现远方有另一艘船正朝印度港口苏拉特而去。众海盗迅速跟上，结果那是一艘名叫"甘吉沙瓦"号（Ganj-i-sawai）的船。这艘巨型商船的船主不是别人，正是莫卧儿帝国皇帝奥朗则布（Grand Moghul Aurangzeb）。这艘船是苏拉特最大型的船只，比其他船大出许多，配备着八十门大炮、四百支火枪，船上还有八百名身强力壮的男子。船长穆罕默德·伊布拉罕（Muhammad Ibrahim）自信可以驱逐劫掠者，因为他们的大炮数量较多，而且船员数目超过"幻想"号与三艘美洲私掠船总人数的两倍。但赌注很高，因为"甘吉沙瓦"号满载着乘客与财宝。

"幻想"号一进入射程，船长伊布拉罕就命令大炮队行动。他们填装重型武器，推出炮眼。大炮手瞄准、点燃引信，然后与其他队员站在后方，等着大炮的后坐力。结果没有出现巨大的爆炸声，也没有冒出一阵烟雾，而是出现吓人的火花。重炮因为内部某些瑕疵而爆炸，碎片四散，大炮队被炸得尸骨无存。在船长伊布拉罕目睹这个恐怖景象的同时，"幻想"号开始回击。其中一枚炮弹击中"甘吉沙瓦"号主桅下半部，也就是最关键的部位。船桅半塌，船帆索具东倒西歪，船上混乱加剧。失去船帆的"甘吉沙瓦"号速度开始慢下来，追击的豺狼虎豹得以逼近。

刀剑出鞘，火枪就绪，超过一百名海盗蹲在"幻想"号栏杆后方，等着两艘船拉近距离。两方靠近后，绳子一拉、帆一扯，承受压力的木头船身嘎吱作响。埃弗里与众人冲到一旁，跳上了跛脚的"甘吉沙瓦"号甲板。[29]

印度历史学家穆罕默德·哈辛·卡非·汗（Muhammad Hashim Khafi Khan）当时人在苏拉特，他写道，"甘吉沙瓦"号船上载着众多武器，"如果船长做过任何抵抗的话"，船员们原本一定可以击败英格兰海盗。船长伊布拉罕当时显然惊慌失措，飞奔到甲板下，逃到他在摩卡买来做妾的一群土耳其女孩舱房里。卡非·汗写道："他把头巾放在她们头上，刀剑放在她们手上，要她们出去战斗。"[30]印度船的抵抗瓦解后，埃弗里一群人开始洗劫。

依据后来在英格兰海边酒馆流传的故事，埃弗里表现出骑士风度。一个最受欢迎的故事描述了他如何在虏获的船上找到"比珠宝还令人心花怒放的东西"：莫卧儿皇帝的孙女。这位公主带着大批嫁妆与一大群美丽的侍女，预备出嫁。据说埃弗里向公主提议，只要她一点头，他就当场在穆斯林神职人员的协助下与她成婚。在一七〇九年于伦敦出版的版本中，它写道："剩下的船员抽签分走她的女仆，并以自己的首领为榜样，甚至忍住饥渴，直到同一名神职人员替他们祝福。"据说，快乐的新婚夫妇们在抵达马达加斯加前，整趟旅程都洋溢着婚姻的快乐。[31]

真实故事没那么浪漫。审判文件、印度目击者，以及英格兰官员的证词清楚表明，埃弗里坐镇指挥一场暴力狂欢，在几天的时间内，海盗强暴了船上不论年龄的所有女性乘客。其中一名受害者是莫卧儿皇帝的亲人：不是年轻的公主，而是皇帝一名朝臣的年迈妻子。卡非·汗写道，有数名女子自杀以避免这样的命运，有些人跳进海里，有些人则用匕首自杀。幸存者表示，海盗以"非常野蛮的手法"对待许多俘虏，逼他们说出私人贵重物品藏在哪里。埃弗里的船员菲利普·弥斗顿（Philip Middleton）后来做证说，他们在那艘被掳获的船上杀了好几个人。史实与传说只有一点相同，那就是海盗把大量寻获的珍宝搬上"幻想"号：价值超过十五万英镑的金子、银子、象牙与珠宝。[32]

海盗们心满意足后，允许"甘吉沙瓦"号带着剩下的船员与乘客回到苏拉特，海盗则朝着相反方向离开，往南航向马达加斯加与好望角。在前往好望角的途中，埃弗里与几名私掠船船长在印度洋西部的留尼旺岛（the island of Réunion）分赃，接着分道扬镳。大部分船员拿到自己的一千英镑，这等同于待在商船上二十年的薪水。[33]埃弗里建议大伙驶向拿骚，以回避莫卧儿皇帝的报复。一六九五年十一月，"幻想"号踏上长程旅途，穿越半个世界，朝着新普罗维登斯岛前进。

骗倒总督

埃弗里与总督特罗特达成协议后，和手下在拿骚待了几天。他们喝着特罗特的提神饮料，商量着接下来的去路。至少有七八个人决定留在原地，并很快娶了当地女子。[34]剩下的海盗分成三派，每一派都提出一种自认为可带着战利品销声匿迹的最好办法。以托马斯·霍林史沃兹（Thomas Hollingsworth）为首的二十三人，从岛民那里买了一艘叫"艾萨克"号（Isaac）的三十吨重单桅帆船，并在一六九六年四月的第二个

24

星期航向英格兰，显然希望安静地溜回家乡。第二派大约有五十人，他们前往卡罗来纳的查尔斯顿，那儿是距离这里最近的英格兰殖民地，位于拿骚北方四百英里。[35]第三派包括埃弗里及其他二十人，他们付了六百镑，买下一艘重五十吨的远洋船"海花"号（Sea Flower），船上配备四门小炮。六月一日前后，众人带着家当与金银珠宝准备离去。把埃弗里的信带到总督面前的亚当斯，娶了一个拿骚女孩，并把她带上了船。埃弗里下令升帆，"海花"号开始顺着墨西哥湾流（Gulf Stream）往北，朝着爱尔兰北部前进。[36]

特罗特在六月初的时候动手清理"幻想"号。为了方便清船，也因为船况已经不好，在"海花"号快启程时，他命人让"幻想"号搁浅在猪岛。[37]我们不清楚他是否知道这艘船的真实身份，不过夏天时，其他经过拿骚的水手认出了海滩上的船是"查理二世"号。特罗特讯问了几个人，不过宣称"他们无法提供情报"。十二月时，特罗特收到牙买加总督的信，告诉他布吉曼不是别人，正是逃犯亨利·埃弗里。特罗特抓了几个埃弗里的船员问话，接着很快就释放他们，宣称牙买加总督"没有证据"。[38]几个月后，他狡猾地命令"拿下（"幻想"号）……以求寻得证据"。特罗特最终会因此丢掉总督职务，但仍得以享受荣华富贵直至终老。

埃弗里的部分手下在其他港口寻得避风港。好几个去了查尔斯顿的人，接着去了费城，以一人一百镑的价码，收买了另一位总督宾夕法尼亚的威廉·马克罕（William Markham）的忠诚。显然，知道他们身份的马克罕不但没有逮捕他们，还在家中招待他们，并让其中一人娶了自己的女儿。国王的治安官（magistrate）罗伯特·史内德（Robert Snead）企图逮捕这群海盗时，马克罕没收了他的武器，还威胁要把他扔进监狱。史内德不受干扰，逮捕了两名海盗，但因犯几小时内就从马克罕的监狱"脱逃"。史内德给伦敦当局的信上写着，这起事件"让人们看见阿拉伯的黄金如何动摇某些良知"。[39]

"艾萨克"号载着想回英格兰的海盗，率先在六月的第一个星期抵达爱尔兰西海岸附近那偏僻的阿基尔岛（Achill Island）。约有十几名海盗在阿基尔角（Achill Head）上岸，他们在宽阔的沙滩上堆了一袋袋金银币，后来一路前往都柏林，就此消失无踪。"艾萨克"号上剩下的人，航向爱尔兰梅奥郡的西港（Westport, County Mayo），在那里匆忙卸货，然后分道扬镳。他们向镇上的人买马，一匹马十镑，但实际价格其实不到该价格的五分之一。他们还以折价的方式，把成袋的西班牙银币换成基尼金币（gold guinea），只为了减轻重量。爱尔兰小马背上装满了基尼、丝绸，以及其他贵重物品，许多匹马出了小镇后，往都柏林方向奔去。领袖霍林史沃兹把"艾萨克"号卖给地方商人，然后离开了。地方官估计这艘单桅帆船在抵达西港时，载着价值两万英镑的金银，另外，还有好几吨贵重的巴哈马墨水树（logwood，又叫洋苏术树）；那是一种热带植物，可以提炼染料。只有詹姆士·特朗布尔（James Trumble）与爱德华·佛赛德（Edward Foreside）两人被捕，尽管那个夏天稍晚时其他人就在都柏林现身了。[40]

埃弗里与"海花"号在六月底抵达爱尔兰，在其东北的多尼戈尔郡邓法纳希（Dunfanaghy, County Donegal）靠岸。他们在那里碰到地方海关官员莫瑞斯·卡托（Maurice Cuttle），之后以一贯的手法处理，每个人给了卡托先生三镑左右的金子，卡托不但发给他们都柏林通行证，还护送了他们一段路。

出了邓法纳希六英里路后，埃弗里与其他人分道扬镳，说自己
要朝苏格兰走，最后回到家乡德文郡埃克塞特（Exeter,
26 Devonshire）。只有一个人陪着这名海盗：亨利·亚当斯的老
婆。埃弗里与亚当斯夫人相偕从多尼戈尔镇（Donegal Town）
出发。[41]

其他"海花"号的船员则跑到都柏林。他们之中的约翰·
丹（John Dan）预定前往英格兰，接着走陆路到伦敦。他经过
赫特福德郡（Hertfordshire）的圣奥尔本斯镇（St. Albans）时，
巧遇搭乘公共马车的亚当斯夫人。对方告诉丹，自己正要去见
埃弗里，但拒绝让他同行，也不肯让他知道埃弗里人在何处。
几天之后，在伦敦外肯特郡罗彻斯特（Rochester, Kent）的一
间客栈里，一个女仆发现丹把一千一百英镑缝在自己的铺棉外
套里，丹因而银铛入狱，另外七名同船水手也落得同样的下
场。[42]其中五个人在一六九六年五月二十五日，被吊死在伦敦的
"处决码头"（Execution Dock），包括前船长的私人管家威廉·
梅。[43]

从此再也没有人听说过埃弗里的下落。

各种版本的命运

接下来的数十年，英语世界一直谣传着埃弗里的命运。帝
国船只与酒馆里，水手众说纷纭。人们说他成为海盗之王
（King of the Pirates），带着共犯回到马达加斯加，统治着自己
的海盗王国，在那里，他和自己的妻子，莫卧儿皇帝的孙女，
一起过着奢华的生活，住在戒备森严、英格兰法律管不到的皇
宫里。而全世界的海盗，都从四面八方投奔到他麾下。

一七○九年，这个传说多了几分可信度。当时一名伦敦书

商出版《亨利·埃弗里船长的生活与冒险》(*The Life and Adventure of Capt. John Avery*)，号称内容依据的是一个埃弗里海盗王国逃脱者所写的日志。无名氏作者声称，埃弗里指挥着一支舰队，包括四十多艘大型战舰，以及一万五千人的军队。"他们盖起城镇、建立小区、构筑防御工事、挖出壕沟，打造无法撼动也无法从海路与陆路靠近的统治王国。"埃弗里拥有太多金银，于是开始铸造自己的钱币，上头印着他的肖像。这个人写道："这个有名的英格兰海盗，从一个船上小厮变成了国王。"英格兰大众对这个故事极度着迷，不过才几年时间，伦敦的皇家剧院（Theater Royal）就把埃弗里的生平搬上舞台。在《成功海盗》(*The Successful Pyrate*) 这出戏中，埃弗里住在一栋巨大的宫殿里，"他是被授予王位的强盗，统治着十万……窃贼兄弟……烧毁城市，蹂躏国家，让各国人口锐减"。[44]

　　在受虐的年轻水手与船上小厮心中，埃弗里成了英雄。他是他们中的一分子，为自己的同伴挺身而出，领着他们到应许之地，抵达水手在这个世界上的天堂。传说中的埃弗里，是从平凡人之中崛起的赢家，象征新一代被压迫水手的希望。对有朝一日将成为史上最有名、最令人闻风丧胆的海盗来说，埃弗里是他们的榜样。

　　一直要到几年后，也就是海盗黄金年代进入尾声时，另一本说法不同的埃弗里生平记录才会出版。依据一七二四年伦敦出版的《海盗通史》(*A General History of the Pyrates*)，埃弗里从未回到马达加斯加。他在爱尔兰向其他船员告别后，就带着大量钻石回到家乡德文郡。他通过比德福（Biddeford）的友人，设法把宝石卖给了几个布里斯托尔商人。那些商人和埃弗里不同，非常富有，"不会有人怀疑他们是如何得到那些宝石的"。依据这个版本的说法，埃弗里把宝石交了出去，以为会得到宝石出售后大部分的钱，他和亲戚在比德福放松等候，结果最后从布里斯托尔收到的报酬"连买面包都不够"。他跑去与那些商人对质，他们威胁把他交给有关当局，让他见识到"他们就像他在海上一样，是陆地上的厉害强盗"。埃弗里变得一文不名，然后生起重病，死在回比德福的路上，"穷得连棺材都买不起"。[45]

但这个版本的故事，是直到四分之一世纪后才出现的。对一七〇〇年的人来说，埃弗里故事仅有的版本是那些关于强盗国王与海盗共和国的故事。

第二章　乘风破浪
（一六九七～一七〇二年）

　亨利·埃弗里消失在爱尔兰夜幕中时，即将创造海盗黄金年代的男子汉，还是小男孩或年纪尚轻的少年。那些后来成为名副其实的海盗的人，我们对他们的早年生涯所知不多。

　　大多数十七世纪晚期的英格兰人，没有留下多少他们在这世上的记录。一个安分守己的诚实平民，他的出生、婚姻与死亡，也许会被牧师记录在地方教区教堂的登记册上。如果他们幸运地拥有自己的财产，也许还会留下列出所有物的遗嘱，以及那些东西留给谁。如果这个人曾犯过罪，或曾是受害者，相关记录会多一些，尤其是如果案子曾开庭审理的话。其实，我们对海盗的认识，大多来自证词、开庭记录，以及其他存在于大不列颠、西班牙，以及两国在新世界前殖民地的法律记录。换句话说，海盗在变成海盗前，并没有留下多少历史资料。

海上侠盗罗宾汉？

　　山谬·贝勒米这个后来自称为"海上罗宾汉"（Robin Hood of the seas）的人，一六八九年三月十八日生于英格兰德文郡席堤兰（Hittisleigh，Devon），很可能是史蒂芬与伊丽莎白·潘恩·贝勒米（Stephen and Elizabeth Pain Bellamy）的孩子。如果真是如此，他是家中五个孩子里最小的一个，最大的哥哥在他出生五年之前、尚在襁褓时期就夭折了。[1] 由于他是家中唯一幸存的男孩，最后继承了家中大概值不了多少钱的房产。席堤兰是一个"极简"的地方，只有几栋小屋散在空无一物的达特穆尔荒原（Dartmoor）北侧山丘，也就是阿瑟·柯南·道尔（Arthur Conan Doyle）的福尔摩斯小说《巴斯克维尔的猎犬》（*Hound of the Baskervilles*）发生地。当地泥土是坚硬的黏质土，要犁田或排水都很困难，居民费尽心力种植小麦、大麦与马铃薯。作家笛福曾于一七二〇年代报道这一区的土壤"天生贫瘠"，"对健康非常不利，特别是对绵羊来说，更是如此。那些地带的绵羊数目不多，而且非常容易得会让羊只大量死亡的肝蛭病"。[2]那里的土"什么都长不出来，只有灯芯草或牛不能食用的某种粗糙酸质牧草"。[3]

贝勒米大概和许多男孩一样，一有机会就离开农田，逃离了当时正席卷英格兰乡村、越演越烈的社会与经济灾难。资本主义正逐渐替换掉旧有的中世纪体系，转换期的痛苦则由乡间农民承受。从一五〇〇年代开始，英格兰的地主开始驱逐自家土地上的农民，用现金买下他们的中古世纪租赁权（tenancy rights），或是直接拒绝续约。在整个英格兰，封建地主夺取了原本由地方村民共享的田野与牧场，他们以墙壁、围篱、树篱圈住村民的土地，然后纳入大型私人农场与羊场。"圈地运动"（enclosure movement）让封建地主变成拥有大量土地的贵族，数百万原来可自给自足的农夫，则变成没有土地的贫民。[4]

英格兰的乡村生活因而变得越来越岌岌可危。失去土地的佃农再也无法饲养家畜，也就是说，他们再也无法生产自己的牛奶、奶酪、羊毛或肉类。由于必须付现金租金给地主，才能继续使用土地，以及住在自己的房屋里，大部分人被迫出租自己与孩子成为劳工。对一般佃农家庭来说，这意味着大量损失实质收入。光是一头牛一年产出的乳制品，就值一个成年男子一年的劳动工资。[5]一名游客观察后写道："贫穷的佃农吃不起他们母鸡下的蛋，也吃不起长在他们树上的苹果与梨子……必须全部拿去卖钱。"哲学家弗朗西斯·培根爵士（Sir Francis Bacon）描写佃农（tenant farmer），比"有房子住的乞丐"好不了多少。[6]到贝勒米出生那年，全国约有一半人口，即三百万名英格兰人，是以勉可糊口的维生水平，或甚至低于这样的标准过活着，他们大多数住在乡村。[7]营养不良与疾病，在这一半生活在水深火热之中的英格兰人身上留下印记：与中层及上层阶级相比，乡村人士的身高平均低六英寸（十五点二四厘米），[8]寿命则不到他们的一半。[9]

大量乡村人口抛弃祖先的土地，跑到英格兰城镇讨生活。年轻的山谬·贝勒米可能也是其中一员。虽然我们不知道他跑过哪些地方，我们确实知道的是，他最终抵达英格兰的某一个港口。或许是埃弗里的事迹鼓舞了他，相关故事已经从埃弗里的家乡牛顿费勒斯（Newton Ferrers）传到德文，而这个地方离席堤兰只有三十英里。在他穿越荒野前往普利茅斯、再翻山越岭走向布里斯托尔，或是他踏上前往伦敦的漫漫长路、一路朝大海前进的同时，那些充满侠客冒险与富可敌国的美梦，或许曾在这个年轻人的脑海里回荡。

穷鬼、窃贼、绞刑台

日后有一天将挑战国王陛下一整支海上舰队的查尔斯·范恩，我们对他的生平知道得更少。一七二五年版的《海盗通史》里有一幅他的肖像，画家大概是就自己听说或读到的东西而刻出了那幅木版画，并不是亲眼见过范恩。画里的范恩戴着及肩假发，身穿军人式长外套，手里拿着剑，果断地指着画

30

里看不见的某个东西。他身材中等，鹰钩鼻，脸上是只留了几天而已的稀疏山羊胡。历史没有记载他的出生地与童年，我们只能猜测他的出身。人们认为他是英格兰人，尽管他的名字暗示他可能有法国祖先。变成海盗之前，他曾在牙买加罗亚尔港（Port Royal）住过一段时间，但不是当地人。[10]他可能和贝勒米差不多年纪，两个人可能在差不多的时间到达海上。最可能的猜测是，范恩是伦敦人。历史学家马库斯·瑞迪克（Marcus Rediker）推测，在他的年代有近三分之一的海盗是伦敦人，贝勒米可能也是从伦敦出发的。[11]范恩成为海盗后，也曾一度宣称自己来自伦敦。

一七〇〇年时，伦敦掌控英格兰的程度是史上最高的。伦敦当时有五十五万居民，超过全国人口的十分之一，而且是英格兰第二大城诺里奇（Norwich）的十五倍。在英格兰这个成长中的帝国里，该城市是它的贸易、商业、社交与政治中心，也是远远超过其他港口的最大港。[12]

这座城已经跃过原本的古城墙，延伸到威斯敏斯特村（village of Westminster）一带，也就是泰晤士河北方三英里、安妮女王（Queen Anne）居所与国会所在地，以及往下游直到皇家海军位于罗瑟希德（Rotherhithe）的造船厂。一六六六年伦敦大火之后，市中心被大规模重建，建筑师克里斯托弗·雷恩爵士（Sir Christopher Wren）的多处教堂尖顶，以及他最庞大的、半完工的圣保罗大教堂（St. Paul's Cathedral）的圆顶，点缀着天际线。整齐的砖造建筑，立在整齐划一的石子街道上，取代了中古时期的弯曲小巷，以及不规则的木造房屋。街道上的商业兴盛，商人马车与沿街小贩手推车的轮子声，绅士车辆的马蹄声和送到市中心肉市屠宰的牛群羊群，各种声响就在这些鹅卵石子路上回荡。商店与摊贩不但成排出现在街道广场上，还跑到交通要道上，甚至堵住了伦敦桥（London Bridge）的交通，而它当时是泰晤士河唯一的桥梁。一位作家感叹，伦敦众多精致的教堂，"和商店、住家挤在一起，可能会让人觉得，这一区将因为贸易成长被掐住喉咙，以致无法呼吸"。[13]

泰晤士河这条伦敦城的主动脉，甚至比街上还拥挤。伦敦桥狭窄的拱桥之下，潮水如瀑布般涌入。桥的上游有数百名船夫划船载送乘客和货物，他们或上或下，或是横渡泰晤士河，河里流着五十万个尿桶装过的东西，以及成千上万被屠宰牲畜流出的鲜血及其内脏，还有猫、狗、马、老鼠的尸体，以及其他任何一切人们想丢掉的东西。[14]伦敦桥下游，数百艘或有时数千艘预备出航的船只等着载货卸货，它们时常三四艘并排，浮动的船桅森林延伸近一英里。[15]沿海的贸易单桅帆船从纽卡斯尔（Newcastle）载来煤炭，双桅或三桅船吐出波罗的海（Baltic）的木材、弗吉尼亚的烟草、牙买加与巴巴多斯（Barbados）的糖，以及新英格兰与纽芬兰（Newfoundland）的腌鳕鱼。更下游的地方，在大都市外缘的德特福德（Deptford）与罗瑟希德海军船厂，皇家海军的战舰正在待命，或等着整修或加强武装。

32

范恩与贝勒米要是真的到过伦敦，他们可能会跑到挤在海军船厂与伦敦桥之间的河边沃平（Wapping）一带。沃平是一片挤满破烂房屋与糟糕客栈的拥挤地区，几座码头、木材厂与仓库零星散布其中。这一地区挤在沼泽与河流之间，大家长久以来都称它为"泥浆上的沃平"（Wapping on the Ooze），[16]哪里都住不起的人才会住到这里来。

沃平及伦敦其他较贫穷的地区，生活肮脏又危险。寒冷、光线暗淡、摇晃的屋子里，人们常常是十五到二十个人同住一间房。垃圾没有统一集中处，尿桶里的东西直接往窗外倒，泼到底下街道所有的人和东西上。马粪与其他牲畜的粪便堆在大街上，动物尸体也一样。伦敦时常降下的雨带走了一些粪便，但也让教堂墓地的恶臭更令人难以忍受。穷人被埋在集体墓地里，一直要到墓穴全满后，才会用土盖起来。寒冷的天气也会带来空气污染，因为稀有的家庭暖气是用质量低劣的煤炭燃烧而成。[17]

疾病肆虐，每年有八千人移居伦敦，但涌入的人潮几乎赶不上死亡率。食物中毒与痢疾平均一年带走一千人的性命，另外还有超过八千条生命被热病与痉挛带走。麻疹与天花杀死一千多人，其中大多数是孩童，他们中的大部分人也早已被佝偻病与肠道寄生虫折磨得奄奄一息。[18]有四分之一到四分之三的婴儿在人生第一年就会死去，也只有不到一半的孩童能活到十六岁。[19]

街上满是无父无母的孩子。他们成为孤儿的原因有些是意外，有些是疾病，有些则是单纯被喂不饱他们的双亲遗弃在教堂台阶上。不堪负荷的教区人员，以四便士（零点一六英镑）一天的价格，把婴儿出租给乞丐当道具，并以一人二十或三十先令（一英镑至一点五英镑）的价格，让数百个五到八岁的孩子卖身七年。[20]扫烟囱的人买下这些幼小的孩子，命令他们爬下烟道替老板做清洁工作，有时下头的火还在烧。他们没有戴面罩，也没有穿保护的衣物，就这么去清理煤灰。这些"攀爬男孩"（climbing boy）很快就会染上肺病与眼睛失明，或是轻易地死去。[21]一位目击者指出，教堂人员把卖不出去的孩子扔回街上，"让他们白天乞讨，晚上睡在门边及街边的小洞与角落里"。一大群饥饿、衣衫褴褛的顽童在街上集体游荡，他们被称为"黑警卫"（Blackguard，地痞流氓的意思），因为他们愿意为了一点儿零钱，而去擦骑兵的靴子。[22]同一名伦敦证人总结道："他们从行乞变成偷窃，再从偷窃到上绞刑台。"

沃平并不是人人都身无分文。那里有酒馆经营者、码头工人、商人、制帆工人、妓院老板、民宿主人，甚至还有财富中等的官员与船长。几位杰出的工匠也住在这一区，包括一位为女王制作马车的"莱西先生"（Mr. Lash），以及酿酒商雅托维（Altoway），他的酒桶里随时存放着价值一千五百英镑、等着被送到口渴城市的各式啤酒和麦芽酒。[23]伦敦的给水极度不卫生，因此所有人都喝啤酒，包括孩童在内。附近是罗伯茨船厂（Roberts's boatyard），在这里劳作可以观赏到最具吸引力的景点：处决码头。海军法院（Admiralty Court）会把被判死刑的海员与被抓到的海盗送到这里，让他们去见自己的上帝。

十八世纪初的物价与工资	
物价	
鳕鱼,整只,十二磅,波士顿	0.01 英镑
牛肉,新鲜,一磅,波士顿	0.03 ~ 0.05 英镑
苹果酒,一桶	0.15 英镑
朗姆酒,一加仑	0.20 英镑
水手帆布裤	0.06 英镑
水手背心	0.45 英镑
绅士假发	10 ~ 30 英镑
水手刀	0.30 英镑
火枪	3 英镑
加农炮,四磅重炮弹	16 英镑
不明药物,治性病,一罐,伦敦	0.15 英镑

34

续表

物价	
医生,每年,家庭医师,波士顿	5 英镑
邮资,信件,从英格兰到波士顿	0.05 英镑
书籍,《海盗通史》第一版	0.2 英镑
订阅,《牙买加周报》,三个月	0.38 英镑
西班牙银子,一盎司	0.45 英镑
金子,一盎司,伦敦	4.3 英镑
马车车资,从伦敦边缘到市中心	0.05 英镑
廉价运输,从英格兰至美洲	5～6 英镑
租金,阁楼,牛津	3 英镑/年
租金,商店,波士顿市中心	20 英镑/年
租金,绅士住宅,查尔斯顿	46 英镑/年
契约佣工,成年欧洲人,弗吉尼亚	12 英镑
奴隶,成年非洲人,美洲	25～40 英镑
蔗糖农场,一百亩,牙买加,总价值	5625 英镑
单桅帆船,十吨重商船	30 英镑
护卫舰,三百五十吨,三十六门炮,完整装备	8200 英镑
工资	
女佣,伦敦	5 英镑/年
水手,海军	11.5～15 英镑/年
教师,英格兰	16 英镑/年
农场工人,英格兰	18 英镑/年
专业水手,商船船员	33 英镑/年
大副,商船	44 英镑/年
店长,英格兰	45 英镑/年

续表

工资	
外科医师，英格兰	52 英镑/年
船长，商船	65 英镑/年
律师，英格兰	113 英镑/年
总督，北卡罗来纳	300 英镑/年
乡绅，英格兰	300 英镑/年
总督，纽约	1200 英镑/年
绅士，英格兰	1000～5000 英镑/年
纽卡斯尔公爵	25000 英镑/年
其他	
书籍预付款，笛福的《鲁滨孙漂流记》	50 英镑
获利，一百亩蔗糖农场，牙买加	540 英镑/年
税收，新罕布什尔政府	1300 英镑/年
获利，五百亩蔗糖农场，巴巴多斯	7500 英镑/年
支出，马萨诸塞政府	17000 英镑/年

　　如果范恩生长在沃平，他会看过无数吊死海盗的景象，包 35
括一六九六年秋天，埃弗里五名船员的行刑，以及一七〇一年
五月威廉·基德与其他四名海盗被处死。当时范恩大概还是个
孩子，但那个年头没有人会错过处决，那是最热门的娱乐。

　　热闹会几天或几周之前就在马歇尔希监狱（Marshalsea）或
新门监狱（Newgate Prison）登场。游客会用小钱贿赂警卫，以
求可以睁大眼睛看着死刑犯。行刑那天，数千人会挤在大街上，
一路排到沃平，等着看囚犯摇摇晃晃走出来，被绑进囚车，由
看守与海事法庭执法官（Admiralty marshal）一路护送。想目睹
囚犯的民众简直是人山人海，通常三英里路（约四点八公里）
就得走上两小时。行刑队伍抵达处决码头时，欣欣鼓舞的群众
挤在河岸与码头边，堵住沃平阶梯（Wapping Stairs）及退潮时

露出的烂泥。绞刑台立在泥巴上，后头是为了那即将发生的事件而不停移动以寻找最佳观景位置的数百艘客船。[24]

范恩会看着埃弗里的船员说出遗言。目击者表示，每一名海盗都会表示忏悔，不过约翰·斯帕克斯（John Sparcks）表示，他只后悔他们在莫卧儿帝国皇帝船上干下的"可怕暴行"。他说："偷走（'查理二世'号）不过是件小事。"[25]说完遗言后，他们一个接一个被带上绞刑台，在乱踢乱喊中被吊死。最后一个人不再抽搐之后，治安官的副手会把尸体拖进烂泥地，绑在木桩上，让他们缓缓被将涌上来的浪潮吞没。隔天一早，退潮会露出他们肿胀的尸体数小时，直到下一波涨潮再度盖住他们。依据惯例，海事当局要等他们被浪潮冲洗三次后，才会移走尸体。治安官副手会将大部分海盗埋在浅墓穴或是交给外科医师解剖，不过，知名海盗则会用焦油（tar）裹起来，放进铁笼，吊在河边显眼处，好让泰晤士河上上下下的水手与船夫看到这些令人毛骨悚然的景象，让想成为海盗的人心生畏惧。但时间会证明，这样杀鸡儆猴是多么无效的手段。

征水手，连拐带骗

像贝勒米与范恩这样的年轻人，会有许多人试图引诱他们登船。职业水手供不应求，商船与皇家海军的战舰一直人手不足。有人估计，就算全英格兰的水手都身体健康，同时在工作，也只会占商船与海军战舰所需人力的三分之二左右。[26]商船与海军都欢迎志愿者。自愿签约的人，海军会提供两个月薪水的奖赏，但接受这笔钱的人不多。[27]俗话说得好，"为了玩乐而出海的人，会把游地狱当成消遣"。[28]只有天真无知或是像贝勒米那样的乡村男孩，也就是那种幻想着去冒险的人会自愿上船，不过这种人还真不多。

　　商人不得不采取激进的手段填补船员空缺，有些人会聘用"拐带者"（spirits）。套用水手爱德华·巴洛（Edward Barlow）的解释，这种人会到客栈旅馆，"引诱他们觉得是乡下人或外地人，……还是任何他们觉得格格不入、找不到工作，因而在街上闲逛的人"。[29]拐带者会承诺这些游荡者，如果在虚线处签名，就给他们高薪，还可以预支薪水。那些签下去的人后来会发现自己站在开往外海的船上，成为低薪的水手学徒，拐带者会拿走他们几个月的工资作为佣金。有些船长会聘请"诱骗者"（crimps），这些人会寻找喝醉或负债的水手，试图说服他们签名，交换条件是帮他们买酒或付掉他们的债务。如果这种手法不成，特别没道德原则的诱骗者就会直接给喝醉的水手铐上手铐，绑架他们，锁他们一个晚上，然后卖给商船船长。不论是哪一种情形，新水手在法律上都有义务为新船服务，直到完成为时数月或有时长达数年的旅程。[30]

　　跟商船相比，皇家海军是出了名的薪水更少、纪律更严格，而且采取更为全面与暴力的手段：强迫入伍。强征队（press gang）由海军军官带领在街上搜索，并在棍棒的协助下，围捕任何他们看到的水手。水手很好认，因为他们说话的方式、穿着和走路的样子都很特别。曾经经营过旅馆的作家爱德华·沃德（Edward Ward），这个时期在伦敦碰过一群水手，他形容这群人是"一窝穿着人类衣服的矮胖犀牛"。他们穿着水手外套调戏妇女，用棍棒用力敲打每一根路过的绑马柱子，让面前每一只流浪狗"夹着尾巴逃离恶魔迫近带来的危险"。[31]

　　就算是再强悍的水手，只要强征队一出现，他们还是会带着恐惧逃跑。水手会在酒馆上方房间一躲好几天。曾有一名水

37

手从伦敦逃到多佛（Dover），结果发现那里也有强征队。他事后这么形容那段"囚犯生活"："我看到强征队还是怕到不行，走到街上就会有危险，也不能安心睡觉。"[32]有人假装娶了酒馆或咖啡馆老板，如此一来，就能宣称自己拥有房屋（homeowner），这种人是不用服海军役的。有人则给自己弄到警员（constable）或街坊官员（neighborhood official）的身份来躲避兵役，或是干脆签约加入商船。[33]总之，有大批水手一起逃离英格兰。[34]

强征队锲而不舍，特别是他们的队长每抓到一个人，就可领到二十先令（一英镑）。[35]他们会在半夜闯进民宅和民宿搜捕水手，并定期突袭正驶进伦敦及其他港口的商船。[36]已经在海上待了好几个月或好几年的人，在双脚能踏上陆地、看到家人一眼，或甚至拿到工资之前，就会被拖下商船，抓进军舰里。有些商船的人被抓光了，连驶进港口都有问题。[37]有时候，水手从特别漫长的旅程归来时会叛变，以免被抓去当兵；一旦控制局面后，他们会驾着小船，抛弃大船，或是在强征队试图登船时拿起武器抵抗。[38]如果是载着煤炭到伦敦与其他城市的沿岸小型运煤船，强征队的双桅小帆船一靠到旁边，最健壮的水手会立刻躲起来。强征队队长大为不满，往往会抓住船上的男孩，鞭打他们，直到他们说出众人的藏身之地。[39]水手严重缺乏的时候，强征队会闯进陶工、织工、裁缝，以及其他贫穷商人的家里，抓走他们及学徒。依据剧作家与说明小册撰写人约翰·丹尼斯（John Dennis）在一七〇五年写的内容，这些人"像狗或犯下最坏的罪行一样，被赶出自己的家"，通常连衣服都没来得及穿。许多人因衣不蔽体而死，"活下来的人"因为缺乏相关技能，"也没什么用"。[40]乞丐、无业游民、街童被强征队无情抓去。许多不习惯海上生活的人，就再也没有机会见到英格兰了。[41]

数千名男孩与男子因为这些各式各样的手段，每年离开英格兰去到海上。在这群天真、运气不好、铤而走险的人里面，有两个即将让大英帝国的贸易戛然而止的男孩。

传奇的黑胡子

一七〇〇年，日后会成为黑胡子的爱德华·蒂奇，当时已是经验丰富的水手。他生于一六八〇年前后，可能是布里斯托尔或附近一带的人。[42]布里斯托尔是英格兰第二大港，也是大西洋越洋贸易的中心。蒂奇显然生于还算富裕的家族，甚至可能是有声望的家族：他受过教育，因此与大多数的水手不同，他是能读能写的。在布里斯托尔一六九六年的税务记录里，没有"蒂奇"这个名字，也没有发音类似的"Taches""Teaches"或"Thatches"的名字。[43]那一年，是布里斯托尔这个时期唯一留下完整记录的一年。历史学者因而推测爱德华·蒂奇是假名。他可能花了很大的力气隐藏自己的身份，以免让亲族蒙羞。即便如此，他可能与格洛斯特（Gloucester）附近的蒂奇家族有亲戚关系。[44]这个家族的托马斯·蒂奇（Thomas Thatch）一支，在一七一二年搬到布里斯托尔，租下离该市码头只有一个街区的房子。

黑胡子蒂奇又高又瘦，还有你可能已经猜到，他长着浓密的胡子。这些外貌特征是见过他的人描述的。他死后，雕刻师科尔（B. Cole）替《海盗通史》数个版本准备的三张肖像，也反映出这些特点。三张肖像中，蒂奇都摆着自信满满的姿势，一手放在臀部上，另一手举着水手刀，他的部下

39

则在身后的港口攻占一艘大型商船。在另一幅托马斯·尼科尔斯（Thomas Nicholls）与詹姆士·巴塞尔（James Basire）的十八世纪雕版画中，蒂奇的眼睛瞪得大大的，纠结的胡子两端冒着烟。[45]

蒂奇聪明能干，极具魅力，这些特质让他在服务过的商船或海军军舰里，得以快速地晋升。在这段时间，他学会了操作大型武装帆船的技能：操帆、射击、搏斗术，以及最重要的航海术。蒂奇和埃弗里一样经验丰富，能操控当时最强大与最复杂的船只。

在蒂奇的青春岁月，布里斯托尔依旧是从英格兰到美洲的主要门户。[46]十六与十七世纪时，当地商人率先探索了纽芬兰与缅因湾（Gulf of Maine）渔场。在十八世纪一开始，美洲贸易几乎充斥在布里斯托尔生活的每一个方面。这座两万人的小城市，四周依旧围着中古世纪的城墙，但闹市区现在围绕着石造码头，码头上绑着大量远洋船只。在商店与仓库里，美洲货物满到塞不下。城内工匠因为提供商人织布、烟熏食物与制造品而富裕起来。这些产品大多直接运回美洲，但有些则被放上船送往非洲，当地酋长很乐意用奴隶来交换。接着，船舰把奴隶送往巴巴多斯与牙买加，船长用他们交换糖，然后糖会被带回布里斯托尔，完成三角贸易。美洲的痕迹到处都是：从波士顿与纽约来这里的商人、衣着华丽的巴巴多斯与牙买加蔗糖农场主，以及弗吉尼亚与卡罗来纳的乡绅。在哥特式的圣玛丽红崖水手教堂（St. Mary Redcliffe），有一整间美洲式礼拜堂，里头装饰着约翰·卡博特（John Cabot）捐赠的鲸鱼肋骨。这位探险家曾在一四九七年"发现"北美。美洲似乎是发财致富的地方，而蒂奇发现当水手是办不到这件事的。

比地狱还惨的水手生活

在英格兰的阶层制度中，水手甚至比农场劳工的地位还低。历史学家戴维·奥格（David Ogg）形容他们的处境"和罪犯几乎没什么不同"。[47] 在十八世纪散文家塞缪尔·约翰逊（Samuel Johnson）笔下，他们的命运与囚犯十分相似，只是还多了溺死的可能性。[48]

水手的工作充满高度风险，他们搬动沉重货物时，会得"爆炸的腹部"（疝气）。货物放在有时会滚出来的大小桶里，害得他们断指或是压断四肢。[49] 船只行驶时，必须定期调整各式各样的船帆，调整方式是在甲板上用绳子拉，或是爬上高耸的船桅。一七〇三年前后，水手巴洛有着这样的回忆："我们常睡不到半小时就被叫醒，半梦半醒之间，被迫跑到主桅平台（maintop）或前桅平台（foretop）拉住我们的上桅帆（topsail），一只脚穿着鞋，另一只脚则没有。""风雨交加时，船只晃荡起伏，就好像巨大的磨石在山坡滚上滚下，我们（必须）……用力拖拉，抓紧船帆，什么都看不到，只有上方的天空和下方的海，大海波涛汹涌，似乎每一股波浪都能让我们葬身海底。"[50] 有的人落海丧命，有的人被汹涌的海浪冲下甲板，有的人则被倒下的索具压垮。[51]

水手穿着羊毛衣抗寒，戴着皮帽与沾过焦油的外套抵挡浪花和风雨。即使如此，他们常常得在冬季气候下连续好几天穿着湿透的衣服，并因此染上疾病，甚至死亡。[52] 在热带时，他们上身赤裸，被严重晒伤。一六八七年到牙买加的汉斯·斯隆医师（Dr. Hans Sloane）报告称"援助"号（HMS Assistance）整船的人全身红透，"身上长出小疹子、脓疮与水疱"。[53]

甲板下也不是太舒服。商船海员们挤在船头的共享舱房，那里是船只晃动最厉害的地方。众人在黑暗与通风不良的空间里，睡在一排排挤在一起的吊床上，空气里弥漫着难闻的舱底污水气味，以及没洗澡的身体气味。船上到处都是虱子、老鼠、蟑螂，散布着斑疹伤寒、伤寒与瘟疫等各种疾病。[54]一七五〇年横越大西洋的戈特利布·米特尔贝格（Gottlieb Mittelberger）描述船舱是一个充满"恶臭、怨气、恐惧、呕吐、多种海上疾病、热病、痢疾、头痛、热气、肺痨、皮肤肿块、坏血病、癌症、口腔溃烂的地方，这些全都源自过度腌制的不新鲜食物与肉类，以及恶臭腐败的饮水，许多人都痛苦地死去"。[55]

水手吃的食物，摆明了就是会让人生病。腌过的牛肉与猪肉是水手的主食，从桶子里拿出来时，最好的状态是又干又硬，最糟的时候是已经腐败、长满蛆了。水手在吃"发霉发臭"的船上饼干时会闭上眼睛，以免看到万头攒动的蛆与象鼻虫。在海上待了几周后，淡水会变绿，并发出难闻的气味，引发致命的痢疾与血痢。水手不喝水，改喝大量的酒，皇家海军一天配给每个人半品脱的朗姆酒与半加仑啤酒，也就是说，大多数的时候，船员都处于醉醺醺的状态。[56]

这类食物糟归糟，但总比没有好，这是许多船员痛苦的发现。特别是试图增加获利的贪婪商船船主会经常储备不足量的食物，而当航程因暴风雨或逆风而延长时，船员不得不忍受饥饿或被饿死。[57]载着贫穷移民或非洲奴隶到美洲的船只，特别容易落入这样的情况。在客船上，人们大批饿死。"凯瑟琳"号（Katharine）在一七二九年时，从伦敦德里（Londonderry）预备前往波士顿，船上载着一百二十三名船员与乘客，但六个月后，在爱尔兰西部跌跌撞撞地靠岸时，只剩下十四人活着。同年稍晚的时候，"罗索普"号（Lothrop）在费城出现，只有九十人还活着；另外三十名儿童与包括船员在内的七十名成人在途中饿死，船员中只有三人幸存。[58]奴隶船上食物短缺时，船长会把"人类货物"丢下船。

船长拥有至高无上的权威，许多人的残暴骇人听闻。海事法庭的审判记录写满了水手如何因为小错，像是弄丢船桨、忘记做一件杂事或掌舵时船身不稳，就被鞭子或棍棒殴打。为数不少的人在被打时，失去了牙齿、眼睛、手臂、手指，还有人失去了性命。水手理查德·贝克（Richard Baker）在从圣克里斯托弗（St. Christopher）到伦敦的航程中，因痢疾卧病在床，他的船长强迫他掌舵四小时，然后绑在后桅上鞭打。贝克在四天后死亡。被控在商船"山脊"号（Ridge）上偷窃一只活禽的安东尼·康默福德（Anthony Comerford），则是被绑在索具上，活活鞭打至死。[59]

此外，还有真正是施虐狂的船长。约翰·吉昂船长（Captain John Jeane）在一趟自查尔斯顿到布里斯托尔的航程中，看他的打杂男孩不顺眼，以"非常残酷的手法"鞭打他"数次"，然后往伤口倒腌制食物的盐水，好让痛苦加倍。吉昂把那个孩子绑在船桅上，让他的手脚伸开，鞭打九天九夜，然后拖到跳板上，在他身上踩来踩去，并命令其他船员照做。其他船员拒绝，所以他反复踢那个男孩，"重重踏在他的胸上，打到他的粪便不自觉地喷出来"。吉昂最后挖起粪便，"数次强迫他吞下喉咙"。这个孩子虽然每日被鞭打，但还是拖了十八天才死去。他断气之前要求喝水，吉昂冲到自己的船舱，回来时拿着一杯自己的尿液，逼迫男孩喝下去。水手准备

43　把尸体丢进海里时，发现"尸体和彩虹一样五颜六色"，"多
处血肉像果冻一样"，"头部肿胀到两个大块头男人的头部加
起来那么大"。吉昂最终因为自己的行为而被处决。[60] 其他船长
也会杀掉自己看不顺眼的人，却能全身而退，因为这些船长的
手法是不给食物，或是鞭打到对方几乎站不起来后，强迫他们
爬上主桅。有些船长则是把不想要的人交给海军，这在当时可
能等同于死刑。

　　从法律上来说，商船船长只应对船员施行"适度"训诫，
不能像皇家海军的船长那样奉命暴力严惩。小军官会用藤条重
打动作不够快的船员的肩膀，被抓到偷小东西的船员则要受
"夹笞刑"（run the gauntlet），被迫走在两排船员中间，接受
众人鞭打他赤裸的背部。重大偷窃则会带来鞭笞，用九尾鞭
（cat-o-nine-tails）行刑，"在甲板间小便的人"也一样。犯下
重罪的刑罚是可能会致死的七十二下到三百下鞭打，或是直接
绞死。[61]

　　怎么还有水手能活下来，这真是个谜。从事非洲黑奴贸易
的船只，船员死亡率与奴隶差不多。[62] 一趟航程下来，有四成
船员死掉都算是很平常的，大部分的人死于他们没有抵抗力的
热带疾病。被迫加入皇家海军的人，大约有一半死于海上。商
船与海军的船长都必须多带人上船，在人力不可避免地流失时
可以迅速补上。[63]

　　即使是撑完服务期的水手，也很少能够拿到应得的工资。
商船船长利用各式各样的手段，欺侮自己的船员。水手常因为
货物毁损被扣钱，即使毁损原因是暴风雨或是商人包装不良。
巴洛是当时少数几个能留下自己经历的普通水手，根据他的说
法，他的船长一般会从每个人的薪水里扣三英镑，等同于普通

水手两个月的薪水。有的船长则是用殖民地的货币付款，那只 44
值英镑的百分之二十五到百分之五十。船只失事，或是在海上
被送到海军那里的人，几乎不能拿到任何工资，这对他们留在
身后的家人来说，简直是场灾难。

海军有个半官方的政策，可以用以下这句格言来总结：
"扣住钱，扣住人。"（Keep the pay，keep the man.）一旦靠岸
之后，海员在船只再度起航之前，很少能拿到钱，在那之前离
开的人，等同于自动放弃所有没拿到的工资。工资通常以
"票券"形式发放，那是政府发放的借条，可以在未来某个没
有具体说明的时间领钱。需要现金的水手，则不得不把自己的
票券以只值面额一点点的价格，卖给放高利贷的人。还有的人
连续服务好几年，最后却一毛钱都没拿到。[64]

难怪，像贝勒米、范恩、蒂奇这些年轻水手会认为埃弗里
是英雄。

船长之子罗杰斯

未来会对抗海盗的伍兹·罗杰斯，知道商船运输能有利可
图的前提是你"拥有"那些船。罗杰斯和贝勒米、范恩、蒂
奇一样，年纪轻轻就到海上了，不过起点不同：他的父亲是成
功的商船船长，拥有无数船只的股份，而他是继承人。

罗杰斯是普尔（Poole）当地的重要家族。[65]普尔是英吉利
海峡中一个中型海港城市，离多实郡（County Dorset）的布里
斯托尔有六十英里路。伍兹有好几位祖先都是市长。伍兹的父
亲伍兹·罗杰斯船长（Captain Woods Rogers）在纽芬兰的渔
业贸易中发迹，身为商船船长的他去过西班牙、红海与非洲海
岸，会用河马攻击他船上小舟的故事来款待听众。生于一六七

九年的伍兹，是罗杰斯船长三个孩子中的老大，比玛丽·罗杰斯（Mary Rogers）大一岁，比约翰（John）大九岁。[66]

45 　　伍兹在普尔度过童年。[67]该地位于一个受到良好保护的大型海湾前端，镇上以两样东西出名：牡蛎和鱼货。[68]普尔的牡蛎据说是这一带最好、最大的，还出产全英格兰最好的珍珠。镇民每年会腌渍大量牡蛎，成桶运到伦敦、西班牙、意大利与西印度群岛。至于鱼货，那些被剖开晒干的腌鳕鱼则是从远方捕获而来。伍兹的父亲与其他商人每年在从北大西洋到纽芬兰一带指挥小型渔船队，这些船队一次可能出航九个月以上，然后从深海里拉出上钩的鳕鱼，在纽芬兰寒冷、荒凉的海岸上晒干。父亲不在家时，年幼的伍兹可能在上地方学校，从他之后的写作来看，他应该接受过大量教育。星期日时，他和弟弟妹妹在圣詹姆士教堂（St. James Church）听清教徒牧师塞缪尔·哈代（Samuel Hardy）讲道。[69]伍兹更大一些时，可能会参与父亲的短程旅行，到英吉利海峡帮父亲在伦敦码头上卸下腌鳕鱼，并把盐跟下一趟旅程需要的补给品装上船。

　　一六九〇到一六九六年间的某个时候，伍兹的父亲把全家搬到布里斯托尔，这可能是为了拓展和纽芬兰的贸易。他在布里斯托尔有朋友，而且认识应该是亲戚的弗朗西斯·罗杰斯（Francis Rogers），这个人日后会投资他们的多次冒险。人头税（poll-tax）税吏在一六九六年六月收税时，罗杰斯一家住在布里斯托尔市中心河流对岸的红崖（Redcliffe）水手区。[70]

　　布里斯托尔并不是建港口的合适地方。[71]这座城位于狭窄的蜿蜒河川埃文河（River Avon）离海七英里处，被强大的潮汐包围着，而以当时的驾驶技术来说，人们是不可能对抗海浪的。春天海浪起伏落差可达四十五英尺（约十三点七米），退潮时，蜿蜒港口会变成一片片泥地。一百五十吨以下的船只，必须等到海浪灌进航行方向，但即使是在那种时候，要抵达河流中间点圣文森岩石（St. Vincent's Rock）也很困难。大型船只如果接受挑战，几乎一定会搁浅在泥泞的河岸上，必须利用大型划艇（rowboat），把船拖出与拖进布里斯托尔的港口。许多船长干脆选择不走这趟路，定锚在埃文河口，然后利用几艘较容易在河流涨潮、退潮中操作的木筏与小船（tender）载卸货物。布里斯托尔位于埃文河一个塞满船只的河湾。亚历山大·蒲柏（Alexander Pope）一七三九年造访这里时，曾说河边的船只一眼望不到头，"粗大船桅鳞次栉比，是你想得到的最古怪、最惊人的情景"。[72]

　　城市本身依旧是中古世纪风格。城墙内的木造都铎式房屋拥挤地盖在街上，两栋邻近房子里的人可以从楼上窗户握手。主要干道不到二十英尺宽（约六米），也是唯一铺过的道路，其他道路则布满泥泞与垃圾，猪用鼻子找着东西。即使是市中心，也只和农田与原野相隔数百码。贸易中心是当地的人造锚地佛洛亩河（River Frome），远洋船只停在那里，把货物吞吐到"码头"（The Quay）这个可以清楚看见会计出纳所（counting house）的地方。从"码头"往南走几个街区，就是通往湿地的大门。从在那里吃草的牛群中，一个人可以看到河流对岸，看见红崖峭壁，也就是罗杰斯一家人定居的地方。[73]

　　伍兹·罗杰斯在红崖长大，可能曾与爱德华·蒂奇照过面，甚至可能认识他。两人几乎同龄，职业相同，甚至可能住在只隔几个街区的地方。"海盗猎人"罗杰斯（Rogers the Pirate Hunter）与"海盗黑胡子"（Blackbeard the Pirate）年少时，可能曾在红崖那规模犹如大教堂的教区教堂（parish

46

church）的凉爽室内一同祈祷，头顶是卡博特捐赠的鲸鱼骨。

　　罗杰斯一家因为威廉·丹皮尔（William Dampier）的缘故，非常熟悉埃弗里的冒险故事。丹皮尔是罗杰斯船长最亲密的友人和前加勒比海盗，曾经环游世界。丹皮尔在一六九〇年代中期重拾两人友谊，并正准备出版两本书，第一本是描述他环球旅行的《新环游世界》（A New Voyage Round the World）。这本书在一六九七年春天出版后，让他成为全国知名人物。一六九九年出版的第二本书《航行记》（Voyages and Descriptions），摘录了几封罗杰斯船长的信件，丹皮尔称他是"我天纵之才的朋友"。老罗杰斯分享他的红海与非洲海岸知识，[74]丹皮尔说出自己对埃弗里海盗帮的第一手内线知识，当时英格兰大众正开始对埃弗里的冒险故事着迷。

　　一六九四年，丹皮尔曾与埃弗里一群人躲在西班牙拉科鲁尼亚港口好几个月。埃弗里在"查理二世"号担任大副时，丹皮尔是同行船只"鸽子"号的二副。丹皮尔可能曾指引埃弗里前往马达加斯加、红海与印度洋的航向，因为他是拉科鲁尼亚唯一拥有这些海域第一手知识的人。丹皮尔和埃弗里一样，觉得船队主人对待他们的方式让人沮丧，但他拒绝参加叛变。回到英格兰时，他参与了船员对霍布伦等船主提起的诉讼，后来代表埃弗里六名被捕船员之一的约瑟夫·道森（Joseph Dawson）做证，而道森是唯一逃过绞刑台的人。几年后，丹皮尔当上四十门炮护卫舰"雄鹿"号（HMS Roebuck）指挥官，他在巴西停留时，曾碰上埃弗里的几个逃跑船员，他没有逮捕他们，还和他们来往，并让其中一个人在他船上服役。[75]

　　小伍兹·罗杰斯是一个成长中的运输事业的继承人，很可能会认为埃弗里是恶棍，而不是英雄，但丹皮尔说的埃弗里叛变故事及后果，也可能让他内化了部分重要教训。在一个大部分船长实行恐怖统治的时代，罗杰斯最终会采取较为怀柔与公正的方式。事实证明，与其让船员处于恐惧状态，赢得他们的敬重是更为可靠的控制手段。[76]

　　一六九七年十一月，罗杰斯开始在商船船长约翰·也门斯（John Yeamans）身旁见习，两家相隔仅几扇门。[77]这时才开始为期七年的指导，对当时十八岁的他来说有点晚，特别是他的家族还有航海背景。罗杰斯大概已经和父亲去过纽芬兰，也学过基本的航海技术，以及贸易与领导的艺术。二十世纪最佳的罗杰斯传记作者布赖恩·利特尔（Bryan Little）猜测，小罗杰斯是因为政治目的才入也门斯的门。这样的学徒身份让来自普尔的新人，得以进入布里斯托尔封闭的商人精英圈子，还可以建立成功航海贸易必备的人脉。此外，通过这个方式，罗杰斯也得以成为自由人（freeman），也就是可以投票的公民，尽管到最后罗杰斯家族其实是通过其他方式，才替儿子谋得了这个令人垂涎的特权。

罗杰斯与贵族联姻

　　罗杰斯跟着也门斯航海时，父亲正从布里斯托尔蒸蒸日上的跨大西洋贸易中积累了小笔财富。罗杰斯船长和许多英格兰商人一样，购买几艘不同船只的股份以分散风险，很少直接拥有整艘船。如果有船沉了，罗杰斯会和其他商人一同分担损失，依旧可以从其他船只上获利。此外，他还靠着在某几艘自己投资的船上担任船长，减少不确定性，并增加收入。罗杰斯船长定期航行到纽芬兰，[78]一七〇〇年的春夏两季，他都待在六十吨重的"伊丽莎白"号（Elizabeth）[79]上，从纽芬兰三一湾

（Trinity Bay）——普尔渔产商人在北美的商业根据地——的鲸鱼猎人那里买油。[80]他可能留下了几名仆人，负责众人在那里盖的码头、库房与晒鱼架，让他们帮忙打下纽芬兰的事业基础。

老罗杰斯可能是在纽芬兰巩固了自己最重要的盟友。一六九六或一六九七年时，他遇到野心勃勃的皇家海军舰长威廉·惠史东（William Whetstone）。同样来自布里斯托尔的惠史东从前是商船船长，他和伍兹·罗杰斯有着紧密的生意关系。一六九〇年代中期，罗杰斯船长及普尔、布里斯托尔其他的渔商，越来越关注法国在纽芬兰侵略性的渔业据点扩张，以及法国对他们渔场的攻击。这些商人大声疾呼要求协助，英国海军部的反应是命令惠史东驾驶第四级帆式军舰（fourth-rate man-of-war）"无畏"号（Dreadnought），跟着渔队到纽芬兰，并在抵达后保护他们在三一湾的设备。[81]罗杰斯船长与惠史东在长达几个星期的海上之旅中，有许多时间可以巩固两人的友谊。

到了一七〇二年，罗杰斯船长富裕到有能力在布里斯托尔最时髦的新地区添购房产。城镇士绅决定拆除阻隔市中心与河湾泥沼地的城墙。他们在原本是沼泽湿地的地方盖起皇后区（Queen's Square），那是布里斯托尔第一个经过事先规划的行政区，即将成为完全现代化的地区，居民不会面对狭窄肮脏的小巷，而是拥有椴树（lime tree）与花园的大型街区（英格兰第二大），外头连接着宽敞、铺着石子的大道。所有的建筑物都不再是木质构造，而是用红砖建造，上头有滑窗与石头装饰。简单来说，这将是一个舒服、整齐的地区，就像一六六六年大火后的伦敦一样。一七〇二年的圣诞节即将来临时，罗杰斯船长在皇后区三十一号和三十二号（Number 31-32 Queen's Square），买下一块可以盖两栋房子的空地，工人盖起一栋优雅的新公馆。[82]住在时髦的圣麦可丘（St. Michael's Hill）的惠史东一家，则买下两道门外该区的南方海滨散步区二十九号。

惠史东没有机会监督新家的施工，因为海军又把他叫回海上。如今身份是司令（commodore）的惠史东，几乎在一七〇一年一整年都忙着把一支战舰中队带到牙买加，但他的船几度被暴风雨袭击，一直没有离开爱尔兰多远。一七〇二年二月，他再次出发，在横渡大西洋的途中，遇上英格兰与法国、西班牙开战，他几乎直到两年后才回到家。[83]

皇室近亲通婚所带来的政治与基因复杂情况，使战争已经酝酿好一段时间了。二十多年来，坐在欧洲最强大王位上的人，是流着口水、面容扭曲的西班牙卡洛斯二世（King Charles II of Spain），这个人不仅智力与心理方面都有残疾，还有阳痿的问题。西班牙官方做了最大努力去帮助自己的国王，但不论他们替卡洛斯二世举行多少驱魔仪式，他仍几乎无法走路或说话。他是一个装在大人身体的孩子，在位的大多数时间里，不是在自己的秽物中打滚，就是用火枪打动物，以及凝视着自己祖先腐烂的尸体：他命令朝臣挖出尸体给他看。他在一七〇〇年十一月去世时，西班牙哈布斯堡（Spanish Habsburg）一脉断绝。外地亲戚马上开始争夺究竟谁可以继承他的领土：那片土地除了西班牙之外，还包括意大利、菲律宾，以及西半球的绝大部分。欧洲人民很不幸，这批外地亲戚包括法国的路易十四（French King Louis XIV），以及神圣罗马帝国的利奥波德一世（Leopold I）。各方很快兵戎相见，各种地缘政治与皇室宗谱的因素让大多数欧洲统治者都被扯进这场战争。一七〇二年春天，英格兰参战，站在荷兰、奥地利与普鲁士那一边，一同对抗法国与西班牙，而这为大西洋史上最大的海盗潮设好

50

了舞台。[84]

西班牙王位继承战争（The War of the Spanish Succession）让罗杰斯船长的生活更有风险，他的商船是法国劫掠者轻松可以拿下的肥羊。此外，他和其他商人可能也在一七〇三年的恐怖暴风雨中失去了船只。那是英格兰史上最惨重的暴风雨，一共摧毁十三艘战舰，以及超过七百艘商船。[85]不过，尽管遭遇各种损失，罗杰斯船长的生意在战争头几年一定仍有获利，因为他位于皇后区的新家继续兴建，最后在一七〇四年完工，与小伍兹完成学徒见习是同一年。[86]新房子高三层，还有给仆人住的阁楼，从后窗可以眺望埃文河。在这段时期的某个时间点，罗杰斯注意到住在隔壁的女孩：十八岁的莎拉·惠史东（Sarah Whetstone），也就是司令的长女与继承人。

一七〇五年一月，罗杰斯与惠史东两家人到伦敦见证三场51 重要的仪式。十八日那天，威廉·惠史东被女王丈夫乔治王子（Prince George），也就是海军最高司令官（lord high admiral），任命为海军少将（rear admiral of the blue）。新上台的少将六天后主持了下一个仪式：莎拉与伍兹·罗杰斯的婚礼，地点是伦敦市中心的圣抹大拉马利亚教堂（St. Mary Magdalene）。[87]不久后，惠史东少将被重新指派为西印度群岛总司令（commander in chief），准备再次航向牙买加。新婚夫妇可能在伦敦度过了两个月，等着为惠史东少将送行，以及见证第三场仪式：安妮女王为惠史东举行的封爵大典。

二月底，威廉爵士（即惠史东少将）航向牙买加，当地的居民随时可能遭受敌人攻击。罗杰斯与惠史东两家人回到布里斯托尔，他们的商业帝国正在那里等着他们。罗杰斯船长意气风发：儿子娶了爵士兼少将的女儿，而且那个人还是他的好朋友。他不知道的是，这辈子将再也见不到威廉爵士了。

一年之后，罗杰斯船长去世。他于一七○五到一七○六年的冬天死在海上，葬身于他度过一生中大多数时间的海洋。[88]他的财富、他的公司、他的家要移交给遗孀和二十五岁的儿子，当时这个儿子已因与贵族联姻而成为自由人。[89]

年轻的布里斯托尔绅士商人小伍兹·罗杰斯又高又壮，长着一头深棕色头发，还有引人注目的鼻子，以及看起来坚毅的下巴。[90]战争结束前，聪明又野心勃勃的伍兹·罗杰斯会成为从伦敦到爱丁堡、从波士顿到巴巴多斯都家喻户晓的名字，不过在法国与西班牙，人们只因两个字认识他：海盗。

第三章　海上大战
（一七○二～一七一二年）

　　西班牙王位继承战争（一七○二～一七一二年）的爆发，让贝勒米原本就动荡不安的生活，变得充满更多的不确定性。开战时他十三岁，正在商船或皇家海军的战舰上当打杂男孩。战争结束时，他成长为技术纯熟的水手，能引导船只行驶一千英里，还能操作铁钩、火枪与大炮。

　　战争开始的头几年，英格兰与法国海军有两次大型的舰队交战，只有皇家海军最大型的船只战列舰（ship of the line）参战，那些船都是有三层重加农炮的大型笨重木头碉堡。[1]这些一级、二级与三级船（first-, second-, third-rates）速度过于缓慢笨重，无法用在像是护送商船、攻击敌方运输线，或是巡逻加勒比海不明暗礁与浅滩等较具机动性的任务上。这类船只的建造目的很明确：在大型交战中加入战线。

　　如果青少年时期的贝勒米曾不幸地被强征队捉住，很可能会登上战列舰，因为大多数人力都被征调到这类船舰上。海军的七艘一级舰有八百名船员，他们挤在两百英尺长的船身里，里头放着一百门重炮，以及几个月的补给与食物储备，包括活生生的牛、绵羊、猪、山羊与家禽。[2]贝勒米会在如雷的战鼓声中，从吊床上被唤醒。大型战舰驶向战线，距离后方船舰两百码、前方船舰两百码时，鼓声会呼唤所有人就位。敌人的船也会排出类似阵仗，经过数小时或甚至数天的调动后，两排阵线将交错激战。有时会以几英尺的距离交错，把三十二磅重的炮弹射向对方船身。这些炮弹可直接炸裂人们的身体，让内脏四溅，断头飞出，拥挤的枪炮甲板上满是人肉与木头碎片。暴露在甲板上的大炮，通常装着霰弹（grapeshot）或是两个串在一起的炮弹，两者都能把一群人变成血肉模糊的一片。索具上的神枪手会瞄准敌人军官，或是如果两艘船并排，他们会把原始的手榴弹抛进对方甲板。不管是上面还是下面，船上的每一寸地板，很快就会布满鲜血与断肢，船舰因风倾斜时，那些东西就会从船上排水管道缓缓流出。一名曾参与类似战役的老兵回忆说："我想象自己身处地狱之中，每个人看起来都像恶魔。"[3]

早期的几场交战夺走了数千人性命，但那只是开头而已。一七○二年八月，七艘英格兰的战列舰与四艘法国的战列舰，在哥伦比亚（Colombia）一场持续六天的战役中交锋，两方都没有损失任何一艘船。两年之后，五十三艘英格兰与荷兰的战列舰，与五十艘左右的法国船舰，在西班牙马拉加（Málaga）对峙，那是这场战争中最大型的海军交战。持续一整天的舰队级屠杀，最后以平局收场。

英格兰皇家海军靠着机缘，在战争早期就重挫敌手法国与西班牙。一七○二年十月，一支英格兰舰队在西班牙北部海岸一处类似峡湾的地方，困住十二艘法国船以及大部分的西班牙海军，后摧毁或俘获了所有的敌船。五年之后，一支英格兰与荷兰联军攻下法国港口土伦（Toulon）及夺占大量军舰，致使法国后续无力动员舰队。此后，英格兰许多战列舰的船员战死的可能性大幅降低，不过，疾病、意外与虐待依旧带走了将近一半军人的性命。[4]

如果贝勒米在商船上服务，而不是海军，这些早期的英格兰胜仗会让他的生活更危机四伏。法国人与西班牙人经历几场

55

54

十八世纪初期的商船

西班牙珍宝大帆船
两千吨｜一百七十英尺｜一百门炮

船只（护卫舰）
两百五十吨｜九十五英尺｜二十二门炮

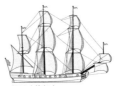

船只（战舰）
两百五十吨｜九十八英尺｜二十二门炮

双桅帆船
一百吨｜六十五英尺｜八门炮

大型单桅帆船
一百吨｜六十五英尺｜八门炮

史诺船
六十吨｜五十五英尺｜八门炮

斯库纳纵帆船
六十吨｜五十五英尺

小型单桅帆船
二十吨｜四十英尺

佩利亚加船（帆式轻舟）
三十英尺

败仗后，决定不将这场海上战争的矛头对准英格兰海军，而是
对准英格兰商船，以求切断这个海岛王国的财富与补给来源。
法国海军因此集合数支由轻巧战舰组成的中队。不过，法王路
易十四决定把这件事外包给私掠者会比较便宜，他提供慷慨补
助，鼓励臣民建造自己的私掠船。马拉加之役后，法国派出大
量人员众多的私掠船，[5]这些船通常配备十门到四十门炮。光是
法国海峡港口敦刻尔克（Dunkirk），就驶出超过一百艘私掠
船。再加上从加来（Calais）到马提尼克等法国港口驶出的数
十艘船，法国私掠船每年拿下超过五百艘英格兰与荷兰船只。
古巴及其他西属西印度群岛（Spanish West Indies）势力范围
的西班牙私掠船，也每年拿下数十艘受害船只。害怕被虏获的
英格兰商船，无法离开多佛及其他英格兰港口。

　　法国与西班牙很快就自食恶果，蒂奇与罗杰斯会让两国吞
下苦药。

英格兰殖民地牙买加

　　西班牙王位继承战争之前或之中的某个时间点，蒂奇前往
美洲以寻求更好的出路。他搭上某艘不知名的船，前往宽阔的
牙买加罗亚尔港。

　　当时，牙买加成为英格兰殖民地已有半个世纪，但还是会
让人发现，那是个非常不英格兰的地方。那个地方太阳毒辣，
笼罩海面上的不是寒冷的迷雾，而是闷热至极的空气，让穿羊
毛的英格兰居民窒息。蒂奇找不到任何类似埃文峡谷的温和起
伏的丘陵，火山山脊穿透丛林地表，喷出漫天蒸汽与硫黄。从
欧洲来的路上，海洋失去颜色，清澈到可以看见砂质珊瑚底，
以及多彩多姿的水底生物，能见度甚至超过水下一百英尺。那　**56**

里有会飞的鱼、会说话的鸟，以及为数众多的巨大龟类不断大批地从海里爬出来，产下一堆堆大如成年雌鸡的卵。秋天时，暴风雨袭击小岛，城镇可能因此遭铲平，沙滩上布满碎裂的船只。有时候，小岛会被地震震醒，那里的城镇、大农场、人类就像大量臭虫一样被抖落。除此之外，牙买加及其他岛屿还以像是疟疾、黄热病、痢疾、瘟疫等各种看不见的传染病，来欢迎新居民。

57　　蒂奇的船为了进入这座殖民地的主要港口，绕行长长的多沙岬角，以保护这个锚地的南方入口。这个岬角的顶点是罗亚尔港，曾是英格兰在美洲最大型、最富裕的殖民地，商人借由兴盛的蔗糖与奴隶贸易，创造出"极致光辉"（height of splendor）。[6]但蒂奇抵达时，罗亚尔港有许多地区是浸在水里的，这是一六九二年一场惊天动地的大地震造成的，城镇部分区域遭到吞噬，其余地区则几乎被夷平，七千名居民至少死了两千。[7]一七〇三年，一场大火把剩下的东西烧到几乎什么都不剩，只剩下石头碉堡保护着港口入口，以及一栋被困住的房子；由于沙质岬角在地震中塌陷了一部分，那片土地现在变成一座小岛。[8]曾以繁华与堕落闻名于世的罗亚尔港，到了蒂奇的年代，已经不比贫民窟好到哪里去了，在造访者眼中，"低矮、窄小、不整齐"的房屋街道比伦敦最贫穷的地区还糟糕。牙买加当局还雪上加霜，强制当地奴隶把尿桶拿到罗亚尔港位于迎风区的秽物集中堆放处，造成恐怖恶臭，下午海风开始吹拂的时候，居民都苦不堪言。

　　带着臭气的风环绕着罗亚尔港，进港船只穿梭在牙买加的这座繁忙港口，与岸旁的单桅贸易船、远洋奴隶船，以及海军护卫舰错身而过。一七〇三年大火的幸存者在北海岸蓝山

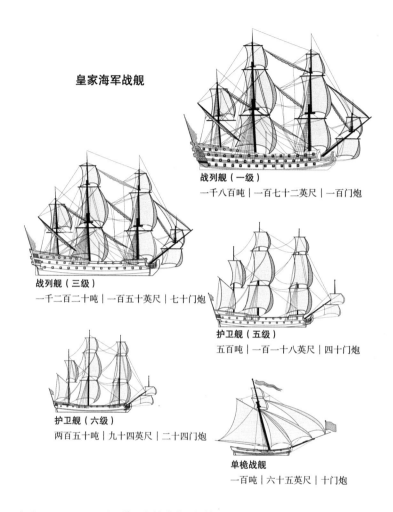

皇家海军战舰

战列舰（一级）
一千八百吨｜一百七十二英尺｜一百门炮

战列舰（三级）
一千二百二十吨｜一百五十英尺｜七十门炮

护卫舰（五级）
五百吨｜一百一十八英尺｜四十门炮

护卫舰（六级）
两百五十吨｜九十四英尺｜二十四门炮

单桅战舰
一百吨｜六十五英尺｜十门炮

（Blue Mountains）脚下形成新聚落金斯敦（Kingston），大部分船只都在那一带下锚。往东走，一条蜿蜒泥泞的道路经过奴隶的简陋小屋与蔗糖田地，朝着五里外的圣雅各德拉维加（St. Jago de la Vega）或西班牙镇（Spanish Town）聚落方向而去。最近，安妮女王刚指定那个地方成为殖民地新首都。

牙买加的名声不太理想。伦敦作家沃德曾在一六九七年造访该地，没说什么好话。他宣称："这里是游民的垃圾堆、破产者的庇护所，以及我们在监狱用的厕所。"牙买加"病态如医院、危险如瘟疫、炎热如地狱、邪恶如恶魔"。这个地方是"世界的粪堆"，这个"不知羞耻的废物堆……是（上帝）建立这个世界的美好秩序时，忘了的地方"。他义愤填膺地评论这个地方的人们："除了钱，心里什么都没有，所以会不择手段去赚钱，因为致富是他们眼中唯一的幸福。"9

位于金斯敦与罗亚尔港码头后方的那个岛，被划分为大型养牛场与蔗糖大农田，这些资产的主人大多不住在这里，靠着在这里获得的利润，他们在英格兰家乡过着相对安全舒适的生活。数十年来，英格兰政府把这座岛的大农场，当成倾倒不受欢迎人物的垃圾场，包括清教徒及其他宗教异议人士、苏格兰与爱尔兰独立运动的拥护者、反叛王权失败的起义人士、没有土地的农民、乞丐，以及大量的平民罪犯，统统成为蔗糖与棉花农场主的奴仆。10大量契约佣工死去，他们在农场主的田地上工作，承受永远罩顶的毒辣阳光，最后染上热带疾病而死。其余没死的人就逃跑，加入一六六〇年代与一六七〇年代以罗亚尔港为基地，攻击西班牙船运的私掠船。

蒂奇在一七〇〇年代早期抵达时，大农场主已完全放弃契约佣工，改用被带到岛上的大量非洲奴隶。这个时候的牙买加，已不只是允许奴隶制的社会，而是完整的奴隶社会。11每年数十艘船从西非抵达这里，吐出数千名奴隶。尽管非洲人的死亡率大幅超过出生率，岛上的奴隶人口也已经是一六八九年时的两倍，高达五万五千人，到了一七〇〇年代初期，已经以八比一的比例，大幅超过英格兰人口。12金斯敦与罗亚尔港之外的地方，牙买加住着小群的白人农场主、管理者，以及仆人。他们随时活在恐惧中，害怕在农场、牧场、糖厂工作的非洲人会在海上暴动。为了维持秩序，英格兰通过了严厉的奴隶法案，让奴隶主几乎可以用任何方式惩戒被抓住的黑人，但无故杀害要罚二十五英镑。奴隶可能受到的惩罚包括阉割、砍去四肢，或是活活烧死，而且不需要经过法院审理。[13]此外，只需要任何三名地主与两名法庭法官（justice of the peace），就能通过几乎所有他们喜欢的判决。[14]一位居民如被发现藏匿可能犯过罪的逃跑奴隶，将面临一百英镑的罚款，大多数人四年都赚不到那么多钱。即使如此，每年还是有数十名黑人逃跑。他们在山里建立起简陋聚落，在那里种植作物、扶养家人、信仰自己的宗教，以及训练神出鬼没、劫掠大农场的丛林战士。他们释放奴隶，杀掉英格兰人。这些逃亡者的首都是南尼镇（Nanny Town），据说他们的领袖是一名强大的年长女巫南尼奶奶（Granny Nanny），这名女巫用魔法咒语保护自己的战士。[15]

战争在一七〇二年爆发时，牙买加的农场主不仅要担心奴隶造反，还要担心敌人入侵。牙买加是一座身处西班牙人控制的海域的岛屿，位置在西属古巴（Spanish Cuba）附近，离其他所有的英格兰属地都有好几百英里远。一七〇三年，法国和西班牙势力占领并摧毁了离牙买加最近的英格兰邻居拿骚，推翻当地政府，迫使居民迁到林子里。牙买加没有理由不担心自己将是下一个。

从西班牙的角度来看，英格兰从一开始就不该在新世界殖民。一四九二年，克里斯托弗·哥伦布（Christopher Columbus）是替西班牙"发现"美洲的，尽管他从未踏上北美或南美大陆。哥伦布发现新大陆的第二年，教宗亚历山大六世（Pope

Alexander VI）代替上帝行使旨意，把整个西半球给了西班牙，虽然这片土地的几乎所有地方都未经探索。从纽芬兰一直到南美尖端，教宗全给了西班牙，唯一的例外是把东边，也就是今天的巴西，给了葡萄牙国王。不幸的是，亚历山大教宗赐给西班牙国王的领土远远超过后者能掌控的范围，这一共一千六百万平方英里的土地是西班牙本土的八十倍大，而且这两块大陆早已居住着数百万人民，有些已经组成强大的帝国了。西班牙在十六、十七世纪征服与殖民中南美洲时，已经耗尽国内资源，西班牙国王不得不把美洲东北部寒冷、没有金子的森林，让给新英格兰、新荷兰（New Holland）和新法兰西（New France）的殖民者，但弗吉尼亚以南的一切，西班牙人认为，那是他们帝国不可分割的一部分，包括西属佛罗里达（Spanish Florida）、巴哈马，以及广大的西印度群岛。

到了一六〇〇年代初期，显然就连这片地都太大，西班牙无力殖民与防御，其他欧洲强权开始蚕食鲸吞加勒比海区域。西班牙总人口才七百万，[16] 只能殖民加勒比海最精华的区域，也就是南美大陆这块所谓的西班牙大陆（Spanish Main）沿岸，以及古巴、波多黎各、牙买加与伊斯帕尼奥拉岛。他们尽了最大努力巡逻零碎区域，即从佛罗里达外的巴哈马浅滩区（Bahama Banks）一直延伸到南美海岸的特立尼达岛（Trinidad）之间的那数千座小型的、较少有价值的岛屿。不过，他们的敌人依旧设法占据了几座岛，并盖起碉堡，以保护自己的新兴殖民地。法国拿下小小的马提尼克、圣卢西亚（St. Lucia）与瓜德罗普（Guadeloupe）；荷兰拿下就在西班牙大陆旁的古拉索（Curaçao）与波奈（Bonaire）；英格兰则把心力放在西印度群岛远东端的小岛，在一六二四年殖民了圣克里斯托弗、一六二七年殖民巴巴多斯、一六二八年殖民尼维斯（Navis）、一六三○年代初殖民安提瓜（Antigua）与蒙特塞拉特（Montserrat），并在一六四○年代殖民巴哈马部分小岛。一六五五年，一支英格兰远征队攻占牙买加，这块陆地比所有其他小岛加起来都大，约四千四百平方英里，比康涅狄格或北爱尔兰略小一些。英属牙买加（English Jamaica）跨越欧洲及西班牙大陆之间的主要贸易通道"向风海峡"（Windward Passage），因而对西班牙的贸易造成威胁，西班牙人自始至终一直想夺回那块地方。

西班牙王位继承战争期间，牙买加的农场主没有理由不担心西班牙人与法国人入侵。英格兰皇家海军大部分的战舰都被绑住，不是保护英吉利海峡，就是护送商船，挪不出资源来保护四散的加勒比海殖民地。战争期间的大多数时间，圣克里斯托弗、尼维斯、安提瓜、蒙特塞拉特等背风群岛殖民地唯一的屏障，就是一艘五级护卫舰，长期以来，完全没有海军保护。[17]巴巴多斯地处危险的法国殖民地马提尼克与瓜德罗普附近，最多只有一艘四级和五级舰保护。巴哈马殖民地完全没有保护，不断被法国与西班牙侵略者焚毁。即使是皇家海军的区域总部牙买加，也通常只有六艘战舰待命，而且那些战舰很少大过四级舰。

此外，驻扎在各殖民地的护卫舰也无法有效相互支持，光是从一地抵达另一地，就可能是办不到的事。当时的横帆（square-rigged）战舰，最多只能驶进纬度六十八度[18]附近的风里，再加上海风与海浪会阻止船只航向目的地，它可能前进不了多少距离，或是完全动弹不得。由于信风从东边吹来，船只就能因为风在背后吹，轻松地从巴巴多斯或背风群岛等地来到牙买加。反过来说，从牙买加要到巴巴多斯则极度困难，这就是为什么往欧洲的船会转而选择乘着墨西哥湾流到大西洋沿岸地带，最后靠着强劲的西风穿越北大西洋（North Atlantic）回去。巴巴多斯如果遭到攻击，牙买加不太可能有任何人能伸出援手。小型、较为灵活的单桅帆船与斯库纳纵帆船较能驶进风里，并在小岛之间来往传递信息，但即使如此，也得耗费好几个星期的时间，所以基本上每个殖民地的海军分队只能靠自己。[19]

除此之外，战舰的状态几乎连航行都没办法，更别说与敌人交战了。热带气候让船帆与索具腐朽，还会腐蚀船上装置与船锚，而这些东西在西印度群岛都很难更换。[20]如果主桅在暴风雨或战役中损毁，整艘船得一路回到新英格兰才能换上新桅，因为岛上没有合适的木材。更糟的是，海洋本身是船蛆（shipworm）[21]的温床，那是一种狼吞虎咽的食木寄生虫，可能会钻破战舰的橡木船壳，造成船只漏水。对付这种寄生虫的唯一有效方法，是每三个月倾斜船身清理一遍：先清空整艘船，然后在浅水里把船歪到一边，然后再歪到另一边，刮出与清理所有的寄生虫，以及附在船底生长的生物。小型船只可以在地势缓缓倾斜的海滩上做这件事，但像海军护卫舰这类大型船只，就需要更大的底座放置船只，例如特别建造的码头或是一艘旧船的船身，而一般来说，小岛上没有这些东西。因此，牙买加小舰队在一七〇四年试图从罗亚尔港出航击退谣传中的法国攻击时，二十门炮的六级舰"海马"号（HMS Seahorse）就发生漏水问题，而且严重到必须立即返回港口，五级舰"实验"号（Experiment）的状态也不足以出航，另外两艘牙买加支持舰（support ship）经判断，结构太不结实了，无法上战场。[22]一七一一年时，背风群岛总督上报当地唯一一艘驻扎舰"状态恶劣，船帆与索具大多毁损，简单来说，由于缺乏库存，每样东西都失修，要是派这艘船前往背风群岛"保护出海的商船队，"船不可能再次掉头迎风，将不得不驶向牙买加或新英格兰"。[23]

　　船员的状态往往比船身还糟。原本就饱受差劲饮食、无情纪律、风吹雨打与疾病之苦的人，无力适应加勒比海新环境的闷热潮湿。他们身上穿的羊毛衣、赖以生存的腌制肉类、啃不动的饼干，以及大量的啤酒与朗姆酒，更不可能帮助他们。水手一旦暴露在疟疾、黄热病、天花、麻风病等热带疾病之下，就会像苍蝇一样倒下。[24]一七〇六年，当时的牙买加司令威廉·克尔（Commodore William Kerr）因为疾病失去众多人员，无力离开罗亚尔港的港口，执行计划好的年度西班牙宝船攻击。[25]接下来的几个月，英格兰舰队粮食短缺，无法从牙买加人那里取得足够的补给。牙买加人和其他英格兰殖民者一样，拒绝种植或食用热带农产品，靠着从英格兰或北美进口的面粉与腌肉过活。[26]等到克尔司令的官方补给在一七〇七年七月抵达时，他大部分的手下都死了，他不得不从刚抵达的船上征调大量人力，只为了返航。

　　这些英格兰战舰即使能行驶，也无法与游荡在从马提尼克到瓜德罗普的加勒比海海面上的大量灵活的法国私掠船竞赛。私掠者使用的敏捷的单桅帆船与双桅帆船，比横帆船更能驶进风里。一七一一年驻扎在巴巴多斯的查尔斯·康斯特布尔舰长（Captain Charles Constable）警告当地总督，说法国私掠船航行状态"极佳"，通常没有任何帆式军舰能抓住它们。"一看到任何帆式军舰……它们只会加速驶进逆风里，继续寻找我们

63

的商船，然后通常确实会拦截下来。"[27]他建议总督，必须帮自己弄一艘能挑战私掠船的"绝佳单桅帆船"。

英格兰人必须以暴制暴，牙买加商人也跃跃欲试。

各方私掠船相争

私掠船在罗亚尔港的历史悠久。[28]在一六六〇年代至一六七〇年代，亨利·摩根及其他加勒比海盗奉牙买加总督之命，袭击西班牙航运。这些私掠者虏获数百艘西班牙船只，把它们带到罗亚尔港，由附属海军法院（Vice-Admiralty Court）宣判为合法战利品。加勒比海盗把百分之十的战利品交给海事法庭，[29]这对他们累积的惊人财富来说，只是九牛一毛。加勒比海盗据说一个人一次狂欢，就会挥霍掉两三千枚八里尔银币（五百至七百五十英镑）。加勒比海盗逐渐消失的数十年间，牙买加商人深切意识到私掠船多么有利可图。他们一得知自己的国家参战后，就立刻提供配备给私掠船。一七〇二年夏天，九艘这样的船载着五百多人，从牙买加航向西班牙大陆。他们烧毁与掠夺了好几个西班牙在巴拿马与特立尼达岛的殖民地，并在接下来的春天回到牙买加，船上满载着奴隶、银子、金粉及其他贵重货物。[30]一七〇四年，一艘牙买加私掠船击败一艘二十四门炮的法国船舰，并与皇家海军的护卫舰连手，开始清扫敌方私掠船的航线。[31]

战事扩张时，牙买加私掠船增加到三十艘，每艘船上载着七十到一百五十人不等，等同于岛上白人男性人口的四分之三。[32]一位居民在四分之一个世纪后回忆道："这座岛上的人大力鼓励私掠船，虽然他们有时会遭逢重大损失……但每天带回岛上的丰富战利品，就已提供足够的报酬了。"[33]

　　蒂奇在这类私掠船上待过，它们在古巴与伊斯帕尼奥拉岛①附近水域绕行，攻击防卫不足的西班牙商船。有时它们在背风群岛、佛罗里达海峡（Straits of Florida）、韦拉克鲁斯（Vera Cruz）及西班牙大陆其他地带的岸边航行。蒂奇在私掠船上时，从未成为船长，虽然他大概曾升到需要熟练技术的职位，例如副手［mate，船长的主副手（chief lieutenant）］、船需长（quartermaster，负责船上运作）、水手长［boatswain，指挥登陆队（landing party）］，或是炮手（gunner）。可以确定的是，他学会了在加勒比海穿梭的技术，知道如何航过岛屿间危险、无标识的航道，以及可以在什么地方找到隐秘锚地，在哪里寻找食物、饮水，以及可以清理单桅帆船船身的好海滩。另外，他还学会最重要的一件事：到哪里寻找与虏获丰厚的战利品。

觊觎西班牙宝船队

　　同时，在大西洋的另一头，伍兹·罗杰斯也把目光放在私掠上。布里斯托尔商人因为法国私掠者而损失大量船只，很多 65 人都想报复，也想找机会弥补部分损失。数十人申请装配私掠船的委任，或是至少让自己留下武装商船出航时恰巧取得的部分战利品。这类申请在伦敦广受欢迎。安妮女王十分关切海运损失议题，甚至在一七〇八年颁布法令，取消海军部可分享战利品的权利；自此之后，私掠船船主与船员可瓜分所有掠夺而来的物品。战争期间，私掠任务或称"私掠许可证"（letter of marque），授给了一百二十七艘布里斯托尔船只，[34]其中至少四

①　这座岛现在分属海地（Haiti）与多米尼加共和国（the Dominican Republic）。

艘由罗杰斯部分持有。

罗杰斯一辈子都是活跃的奴隶商人，他早期的私掠冒险也不例外。他的第一个委任是，他与三位布里斯托尔商人共同持有的一百三十吨重的"惠史东战舰"号（Whetstone Galley）。[35]这艘罗杰斯以岳父名字命名的船有十六门炮，但本身并非私人战舰，而是一艘武装奴隶船。布里斯托尔的海关记录显示，"惠史东战舰"号在一七〇八年二月三日，带着价值一千英镑的货物离开布里斯托尔，预备前往非洲奴隶海岸（Slave Coast of Africa）。船长托马斯·罗宾斯（Thomas Robbins）应该在抵达几内亚（Guinea）时，用货物买下两百七十名奴隶，然后载到牙买加卖掉。但罗宾斯并未到达非洲，在驶出英格兰之后，"惠史东战舰"号就遭法国私掠船虏获了。

一七〇七年三月，罗杰斯取得"尤金战利品"号（Eugene Prize）[36]的私掠许可证，他与其他商人共同拥有这艘私掠船。整艘船重达一百吨，有八门炮与二十名武装船员，而且显然是行驶在家乡附近的。此外，罗杰斯只为"尤金战利品"号的每一门炮，提供一枚炮弹。而他接下来投资的私掠船，才会跑到更远的地方。

战争开始的前几年，罗杰斯在布里斯托尔度过。一七〇七年年尾，一名访客来见他，原来是他父亲的老朋友航海家丹皮尔。丹皮尔在四年半前战争开始时离开布里斯托尔，跑到太平洋上从事一场非常大胆且不寻常的私掠任务。[37]这次他又来到这里，是希望能说服他的商人朋友，赞助另一项类似的任务。这位五十一岁的船长得知老罗杰斯去世的噩耗，相当沮丧，没想到老友的儿子，会成为他更有力的支持者。

对当时大多数的英格兰商人来说，太平洋依旧是未知的领域。西班牙垄断了这片浩瀚海洋的所有欧洲贸易，殖民菲律宾、关岛（Guam），以及美洲全部的太平洋海岸，范围从南智利冰冻的峡湾，一直到下加利福尼亚半岛（Baja peninsula）洛雷托（Nuestro Señora de Loreto）那贫瘠的传教印第安村庄（pueblo）。西班牙人认为，自己占据的太平洋很安全，不会有人攻击，特别是东边。船只若要靠近东边，只能壮着胆通过南美洲南端德雷克海峡（Drake Passage），那里海况恐怖，是全世界惊涛骇浪的故乡。英格兰人同意这个看法，称太平洋为"西班牙湖"（the Spanish Lake）。

丹皮尔知道这并不完全正确。他曾三度环游世界，两次经过德雷克海峡，劫掠巴拿马与秘鲁城镇。此外，他曾以"雄鹿"号船长身份，探索澳洲与新几内亚（New Guinea）。丹皮尔知道，巨大的财富正等着找到门路闯进"西班牙湖"的人。

墨西哥与秘鲁的金银矿，助长了西班牙帝国的声势。[38]大批沦为奴隶的印第安人劳动到死。但光是秘鲁波托西（Potosi）的"银山"，每年就产出价值两百万比索（五十万英镑）的贵金属，墨西哥与秘鲁其他的金银矿又多贡献八百七十万比索（两百一十七万五千英镑），而新世界没有太多东西可买，这一切的财富必须运回西班牙，因此需要大型宝船舰队。

到西班牙王位继承战争期间，西班牙一共有三支宝船舰队。前两支船队大约每隔一年，就从西班牙加的斯（Cádiz）横越大西洋，船上载满士兵、武器、酒、采矿设备，以及西班牙美洲殖民地需要的制成品。其中大陆宝船队（Tierra Firma）会航向卡塔赫纳（Cartagena，今日哥伦比亚），用货物交换价值数百万比索的波托西银子。新西班牙船队（New Spain fleet）前往墨西哥的韦拉克鲁斯（Veracruz），装载墨西哥出产的金

67

银，以及第三支船队的货物。第三支船队会带着金银，从墨西哥太平洋沿岸的阿卡普尔科（Acapulco）横越太平洋，抵达九千英里之外的菲律宾马尼拉。在那里，这些马尼拉大帆船（Manila galleon）的船长——通常只有一两人——会从亚洲商人手中买下大量丝绸、瓷器，以及其他高端商品。接着，这些大帆船会载着奢侈品掉头，穿越太平洋，回到阿卡普尔科。这些货物会装在放置武装的骡子队上，穿越墨西哥，运到韦拉克鲁斯，然后搬上新西班牙船队的大帆船。新西班牙船队接着会在哈瓦那（Havana）与大陆宝船队会合，再一起通过佛罗里达海峡，回到加的斯。[39]

太平洋宝船队满载着墨西哥、秘鲁与东方的宝藏，一直是英格兰加勒比海盗、私掠船，以及皇家海军战舰垂涎三尺的目标。马尼拉大帆船则是另一个故事了。它们是浮在海上的堡垒，坚不可摧，重五百至两千吨，载着数百人及数排重炮。史上只有一个英格兰人曾虏获这样的船：一五八七年的加勒比海盗托马斯·卡文迪什（Thomas Cavendish），而且那次是较小型的七百吨帆船。丹皮尔本人曾在最后一次出航时，攻击过一艘马尼拉大帆船，但套用他手下船员的话："它们对我们来说太困难了。"[40]丹皮尔船上的五磅重炮弹，几乎没有在宝船的热带硬木船壳上留下任何凹痕。在此同时，西班牙人的二十四磅炮弹则猛撞在丹皮尔那被虫蛀得千疮百孔的船壳。尽管如此，套用另一位当时的人的说法，丹皮尔"从未中止这个打算"，[41]还急着让小罗杰斯支持他的计划。

大胆的远征计划

罗杰斯做梦都想不到丹皮尔有多急着离开英格兰。丹皮尔尽管声名远播，事业其实岌岌可危。他率领的"雄鹿"号是一场灾难：那艘重两百九十吨的护卫舰，在回到英格兰的途中沉入海里，丹皮尔和受困船员终于获救时，丹皮尔面临三场军法审判。法庭判决"丹皮尔不适合担任女王陛下任何船只的指挥官"，[42]罚他交出这趟三年旅程的所有薪资。丹皮尔在太平洋的私掠远征途中与副手吵架，失去了船员的敬重，战斗时还躲到自己用床与毯子在后甲板堆成的障碍物后头。此外，他没有好好清理船身，造成两百吨重的"圣乔治"号（St. George）和九十吨重的桨帆船"五港"号（Cinque Ports）被蛀虫吞噬，其中一艘船的船员甚至宁愿冒险待在太平洋的无人荒岛上，也不愿继续待在一艘正在分解的船上，最后蛀虫赢了，两艘船都沉了，而且在那之前还发生过一连串叛变，造成大多数船员抛弃自己的船长。丹皮尔最后不知道用了什么方法回到家乡，去面对各种指控他指挥不当的官司。[43]

罗杰斯对这一切几乎毫不知情，全身心投入丹皮尔的计划：一场到太平洋虏获马尼拉大帆船的私掠远征。最大的挑战是募资。丹皮尔根据经验得知，攻下一艘马尼拉大帆船，至少需要两艘武装齐全的护卫舰，还要有足够的人手组成大型登船队（boarding party）。派这样的船到太平洋将代价高昂，远超过罗杰斯可提供的资金。他们需要大量储粮与补给品，才能让那艘舰船航行到离家那么远的地方，还必须有可靠又有经验的指挥团队，以在一趟长三四年的旅程中维持纪律。罗杰斯很幸运，他人脉广阔的岳父惠史东爵士刚回到布里斯托尔，而且愿意在城内的商人领袖面前，提出这个大胆的计划。

众人完全支持这个计划。市长、前市长、未来的市长、治安官、镇上执事（town clerk），以及布里斯托尔力量庞大的商

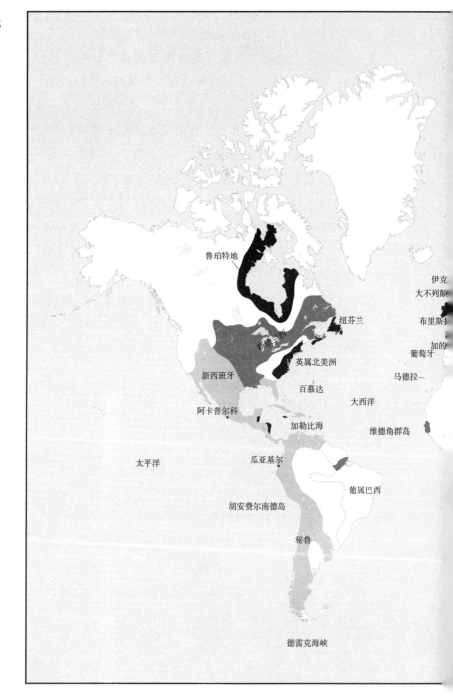

俄国

姆斯特丹

奥斯曼土耳其帝国

蒙兀儿帝国

中国

关岛

·马尼拉
西属菲律宾

海岸

印度洋

·巴达维亚

东印度
群岛

拉
属）

留尼旺岛

马达加斯加

普敦

1715年世界地图

■ 英国　　■ 法国　　■ 西班牙

人事业协会（Society of Merchant Venturers）会长全都热情参与，可能与罗杰斯有亲戚关系的友人弗朗西斯·罗杰斯也加入了。这些地方重要人士同意买下布里斯托尔造船厂已经在造的两艘护卫舰，并提供装备。[44]

71　　"公爵"号（Duke）是两艘船中较大的一艘，重三百五十吨，配备三十六门炮。"公爵夫人"号（Dutchess）较小，重两百六十吨，配备二十六门大炮。[45]罗杰斯除了出钱投资，还获任命为这趟远征的总指挥，以及"公爵"号船长。另一名投资人是贵族出身的商人史蒂芬·科特尼（Stephen Courtney），由他负责指挥"公爵夫人"号。丹皮尔获聘为这趟远征不可或缺的太平洋领航员。其他的船上干部，包括罗杰斯的弟弟约翰，以及"公爵夫人"号副船长爱德华·库克（executive officer Edward Cooke）。[46]库克是布里斯托尔商船船长，前一年曾两度遭法国船只袭击。最大的投资人托马斯·多佛医生（Dr. Thomas Dover）也随船担任远征主持人（president），这个职位让他对战略性的决定有很大发言权，如要航向何方和攻击谁。多佛是在牛津受教育的医师，绰号是"水银医生"（Dr. Quicksilver）[47]，因为他喜欢用汞治疗各式各样的疾病。众船主让他担任医疗长（chief medical officer）及水手长（captain of the marines），拥有最终的岸上军事行动决定权。这样的安排令人费解，因为他缺乏军事经验，而且后来的事件还会证明他也缺乏领导才能。

罗杰斯不占中立船

罗杰斯的远征活动不只使他成为当代名人，还让他留下十八世纪早期私掠船生活唯一的详细记载，可供历史学家研究。罗杰斯和库克两人都为这趟为期三年的旅程，留下详尽、逐日的日记，而且在返航后不久就出书，各自争取读者。再加上其他的信件、文件，两人不仅提供了罗杰斯迈向成熟期时面临指挥挑战的完整面貌，也让人了解在西班牙王位继承战争期间，蒂奇、范恩以及其他私掠者要面对的情势。

远征队在一七〇八年八月一日出发，船上飘扬着大不列颠的国旗。大不列颠这个词出现在一七〇七年，当时英格兰与苏格兰联合成一个国家。罗杰斯必须改造船只样式、储备补给，以及招募船员，不得不在爱尔兰待上一个月。他们以三百三十三人的编制离开爱尔兰，其中三分之一是爱尔兰人、丹麦人、荷兰人及其他外国人。[48]船上很快就召开远征会议，讨论一个重要问题：他们的储酒不足，而且缺少通过德雷克海峡那艰困旅程时所需的御寒衣物。[49]罗杰斯认为酒的问题比较严重，"好酒对水手来说比衣物好"，因此，会议决定在马德拉（Madeira）停留，囤积岛上的同名酒。

航程途中，在罗杰斯拒绝掳走中立的瑞典船只后，"公爵"号的大批船员因而叛变。从船员的角度来看，这个决定剥夺了他们的战利品。"公爵"号指挥官拿出火枪与弯刀，彻夜控制后甲板，并在早上时设法拿下了叛变船员的首领。许多船长会处决叛变者，但罗杰斯知道，制造恐惧并不是赢得船员忠诚的最佳方式。他把带头的人关起来，并对主要煽动者"好好鞭打了一顿"，然后请路经的船只送他们回英格兰。[50]剩下的人只处以轻微责罚，如罚款或减少口粮配给，然后就放过他们，让他们回到岗位上。罗杰斯甚至不怕麻烦地和全体船员讲话，解释占领中立船实属不智，他告诉大家，这很可能惹来官司。这些处置瓦解了叛变者的决心,不过"公爵"号的气氛依旧紧绷了数天。罗杰斯在日记里写道,要不是船上的一般指挥官人数增加了一倍,这场叛变可能成功。

遇见"鲁滨孙"

一七〇八年十二月,他们沿着南美的大西洋海岸而下,越往南,天气越冷。罗杰斯让六名裁缝为船员缝制御寒衣物,材料是毛毯、厚布(trade cloth),以及指挥官不要的衣服。他们通过人称"咆哮四十度"(Roaring Forties)的高纬度地区时,风势越来越强劲,大浪淹过体积较小的"公爵夫人"号甲板。有时,船队会被跳出水面的鲸鱼,或是大量生机勃勃的海豚围绕。罗杰斯写道,它们"通常跃到水面上极高的地方,白色肚皮朝上"。海上有大量海豹,有时还有企鹅,以及搏击长空的信天翁。一七〇九年一月五日,船队进入南极海(Southern Ocean),海浪会一下子升高至三十英尺以上,船上的人甚至感觉到身上血液冲到脚底,接下来一瞬间整个人又被摔到低处,简直像失重一样。风速加大时,船长会让人爬上索具,降下上方船帆,收起下方船帆,以防船帆被拉扯成碎片。在这段时间,"公爵夫人"号突然遭逢不幸。船员放低主桁(main yard,撑住主帆的十字木头)时,有一端突然滑落,造成部分大帆掉进海里。以"公爵夫人"号航行的速度,船帆就像一个巨大的船锚猛力拉扯左舷,让寒冰似的灰色海水顺势灌进主甲板。科特尼船长下令松开其他船帆,"公爵夫人"号被抛进风里,船帆像旗帜般抖动,船头面对着高塔般的海浪。库克描述:"看到'公爵夫人'号恐怖的进水量,我们以为下一秒就会沉船了。"船员稳住主帆,科特尼让船转向,船尾对着咆哮飓风，整艘船开始快速往南飘去，奔向当时尚无人发现的南极大陆。"公爵"号上的罗杰斯目睹这一切后，跟着"公爵夫人"号，一路深入丹皮尔警告过的布满冰山及浮冰的南方海域，心中越来越不安。

晚上九点时，春日太阳依旧高挂在地平线，"公爵夫人"号上筋疲力尽的船员走下大船舱，准备吃晚餐。他们的食物正要端上来，一个巨浪重击船尾，打碎了窗户，所有东西包括人和其他物品在内，统统向前飞过整艘船。库克相信，要是当时船舱内墙被海浪冲毁，所有人都会淹死在浸水的船舱里。一名指挥官的剑甚至刺穿库克一名仆人的吊床，幸好那名仆人当时不在。最后，奇迹般地只有两人受伤，但船的整个中段都是水，所有衣物、被褥、货物全都浸在冰冷的海水里。

不知道为什么，"公爵夫人"号居然可以好好地浮在水上，撑过了这一晚。早上，风浪逐渐退去，罗杰斯与丹皮尔从"公爵"号划小船过来，发现船员"处于有秩序的困境中"，他们忙着把水排出货舱，并把部分重炮转移到较低处，以减轻船只上方的重量。"公爵夫人"号的船桅与索具上，包裹着准备被冰冷海风吹干的湿衣服、湿被褥，以及湿吊床。两名船长都认为，船被推到南纬六十二度（几乎进入南极），微微擦过已知人类足迹的最南端。这一天结束时，他们掉头往西北方走，在另一阵德雷克海峡强风中，强行前往太平洋。[51]

他们万分狼狈地离开南极驶向温暖的南半球春天时，船员开始病倒了。有的船员因为穿着湿透或冰冻的衣服好几天而染病，有的则遭到坏血病袭击。坏血病是水手最害怕的疾病，病因是缺乏维生素 C。据说在航海时代，坏血病带走的水手性命，多过其他所有原因的总和。船员的身体一旦缺乏维生素

74

C，就无法维持结缔组织，导致牙龈发黑软烂、牙齿脱落、鳞屑状皮肤出现瘀青。到最后，虚弱的水手躺在吊床上奄奄一息时，早先骨折的骨头无法痊愈，旧疤破开再度成为伤口。[52] 大部分船员相信，这种病是因为穿着冰湿衣物造成的，但罗杰斯与多佛注意到，这与长期海上旅程缺乏新鲜蔬果有关。在皇家海军还无法治疗这种疾病时，罗杰斯已经在船上囤积富含维生素 C 的酸橙。现在，酸橙吃光了，他们必须尽快取得新鲜农产品。"公爵"号上的约翰·凡尔（John Veal）在一月七日成了第一个死去的人，他们把他葬在德雷克海峡。

丹皮尔从先前的航海历练中，得知有一处避风港，就是位于海岸四百英里外的胡安费尔南德斯（Juan Fernández）无人岛①，他们可以在那里取得充足的补给，又不会惊动当时在智利的西班牙人。在一月三十一日，他们见到胡安费尔南德斯的 V 形山峰时，三十多人还生着病，七个人已经死掉了。[53] 岸边的营火让众人吓了一跳，那意味着西班牙船只正在造访这座远方小岛。

隔天早上，"公爵"号与"公爵夫人"号驶进港口入口，枪炮准备就绪，不过港口却没有人。罗杰斯让船在岸边一英里处下锚，急着取得补给的多佛医生率领登陆队乘着小船上岸。他们在靠近海滩时，被一个人吓了一跳，那人穿着山羊皮，挥舞着一块白布，兴奋地用英语对着他们大吼大叫。这个随后获救的人是船难生还者亚历山大·塞尔科克（Alexander Selkirk），他的故事后来成了笛福写下《鲁滨孙漂流记》（*Robinson Crusoe*）的灵感源泉。

---

① 一九六六年，智利政府把这个岛更名为鲁滨孙克鲁索岛（Robinson Crusoe Island）。

船难生还者加入远征

从一七○四年下半年开始，塞尔科克就困在胡安费尔南德斯岛了，历时四年又四个月，当时丹皮尔在他运气不好的私掠任务中曾经路过这一带。塞尔科克是苏格兰人，曾是与丹皮尔同行舰船"五港"号上的副手。[54] 这艘船的船长与指挥官对司令的领导失去信心，自行离开。不幸的是，当时"五港"号的船身已长满船蛆，船在胡安费尔南德斯岛停留以便取得饮水与新鲜食物时，年轻的塞尔科克决定留下：他宁愿冒险待在岛上，也不要乘着一艘摇摇欲坠的船试图横越太平洋。依据塞尔科克对罗杰斯的详尽叙述，大部分的时候他都处于深深的绝望之中，每天扫视地平线，期待着从未出现的友善船只。渐渐地，他适应了自己的独居世界。岛上是数百只山羊的家，在西班牙人放弃他们敷衍的殖民尝试后，它们是那些被留下来的动物的后代。后来，塞尔科克学会追赶与赤手空拳地抓住那些羊，盖了两间小屋，墙壁是山羊皮，屋顶是草。一间是厨房，另一间是他起居的地方。他在屋内读圣经，唱圣歌，以及对抗趁他睡觉时啃食他脚趾的成群老鼠。塞尔科克靠着喂食与亲近岛上的许多野猫，击败了那群啮齿类动物，他的小屋旁有上百只猫闲晃着。塞尔科克为了预防意外与疾病造成的缺粮，设法驯服了几只山羊。他亲手养大那些羊，有时还会在孤单的小屋里和那些羊跳舞。衣服磨破时，他借助一把刀和一根旧钉子，用羊皮缝制新衣，并让脚上长茧来代替鞋子。他很少生病，吃着健康的芜菁、山羊肉、小龙虾与野生包心菜。有一次，他差点没能避开一支西班牙登陆队。他躲在树上，追捕者就在下面小便，但没注意到他就在上头。

76

虽然塞尔科克很兴奋地和罗杰斯的船员打招呼，但发现从前的司令丹皮尔也在船上服务之后，便不愿意加入他们。库克写道，塞尔科克非常不信任丹皮尔，甚至"宁愿选择继续活在孤寂中，也不愿意和（丹皮尔）一起走，直到得知这趟远征不是由他指挥才同意随行"。[55] 多佛医生和登陆队向这位落难者保证，要是他在船上生活不满意，他们就会载他回岛上。塞尔科克帮忙捕捉小龙虾报答众人，把小龙虾堆到船上，接着，众人把他载到"公爵"号上。罗杰斯说自己第一次见到塞尔科克时，觉得这个人看起来比山羊皮原本的主人还野蛮。他在日记上写道："他第一次登上我们的船时，因为太久没用，忘掉了许多母语，我们几乎听不懂他在说什么，他说话似乎只有片段。""我们给了他一点酒，但他不愿意碰，上船后只肯喝水。他花了点时间，才适应我们的饮食。"一开始时，塞尔科克非常健康，精神很好，但罗杰斯注意到，"这个人开始接受我们习惯的饮食和生活时，虽然还是清醒的，却丧失了大部分的精力与灵活度"。[56]

远征队在岛上停留十二天，在岸边搭起了帐篷，生病的人在绿色蔬菜和塞尔科克特制山羊汤的照料下，恢复了健康；五十名病患中，只有两人死去。罗杰斯住在海滩上一顶帐篷里，监督索具、桶与船帆的修复。塞尔科克一天抓三四只羊；数千只海豹与海狮懒洋洋地躺在岸边，船上指挥官则射杀了其中几只。罗杰斯写道："在岸边修理索具的船员吃小海豹，不想吃船上的食物。他们说小海豹和英格兰羔羊一样美味，虽然以我个人来说，我还是比较喜欢吃英格兰羔羊。"

塞尔科克最后决定，自己喜欢众人的陪伴，因此愿意担任副手，加入远征。二月十三日那天，他帮忙把最后的木材、水桶、刚腌好的鱼放上船，并向岛屿之家道别。

攻下瘟疫城：瓜亚基尔

接下来的那个月令人沮丧。在秘鲁海岸的烈阳下，私掠船徘徊了好几个星期，但一艘船都没看到。罗杰斯很担心，船员越来越阴郁；更糟糕的是，有些人又开始出现坏血病的症状。"公爵夫人"号上有一个男孩，从后桅摔下时弄断了腿，躺在吊床上呜咽，让气氛更是雪上加霜。罗杰斯手下负责瞭望的船员，一直到三月十六日下午才看到一艘船，而且还是个蹩脚的战利品：一艘载重五十磅的十六吨沿岸贸易三桅船（bark），船上有七名船员，以及八名黑奴与印加奴隶。罗杰斯的押解队拿下了那艘船，罗杰斯给了它一个充满希望的名字："开始"号（Beginning）。[57]

在那之后，战利品终于源源不断。罗杰斯带领的船队，以秘鲁海岸三十英里外覆盖着鸟粪的罗伯斯荒岛（Lobos Islands）为基地，虏获四艘西班牙船只，其中一艘重达五百吨，而且载着罗杰斯熟悉的货物：奴隶。奴隶共有七十三人，大多是妇孺，他们的名字后来写在这场远征的账目上。账目根据性别与类别仔细整理过：有两个"有用的男人"，就是水手雅各布（Jacob）与宽希（Quasshee）；还有两个女婴，特瑞莎（Teresia）与茉莉（Molly）。[58]在罗伯斯岛的臭气之中，罗杰斯现在掌管着一支小有规模的船队和越来越多的囚犯与奴隶，而且他们未开一枪，就拿下这些东西了。

远征队现在要养两百名俘虏，储水迅速减少。罗杰斯知道，他们得去一趟大陆。私掠船召开指挥官会议，众人同意既然要暴露行踪，干脆就出其不意，顺便攻击那些富裕的城镇。他们选中了造船港瓜亚基尔（Guayaquil），位于今天的厄瓜多

78

尔，丹皮尔曾在一六八四年时以加勒比海盗的身份劫掠过。

不过，他们在途中顺道追逐一艘大型的法国船只，在接下来的战斗中，罗杰斯的弟弟约翰头部中弹身亡，让罗杰斯感到"无法言喻的忧伤"，[59] 唯一的安慰是法国制造的战利船"恩典港"号（Havre de Grace）。这艘船载着"大量珍珠"、七十四名奴隶，以及几名富有的西班牙乘客。这让罗杰斯的船员士气大振。[60]

瓜亚基尔的包围战，则是一场错误百出的喜剧。[61] 进攻者趁夜划着小船到瓜亚河（Guaya River），大船则留在河口外。罗杰斯、多佛、科特尼各自带着一个六十五人的小队，多佛既是水手长，也是所有人的指挥官。众人花了两个晚上靠近城市，中间的白天则躲在大批蚊子出没的红树林里。抵达城市时，他们将一阵节日庆祝声误认成守军的欢呼声。罗杰斯建议立刻攻击，但多佛认为应该在红树林里多躲一天。接下来的傍晚，多佛坚持应该与西班牙人交涉，造成这一行人完全失去了出其不意的优势。瓜亚基尔总督堂耶罗尼莫·波萨－索里斯－帕阙哥（Don Jeronimo Bosa y Solis y Pacheco）对要不要付赎金这件事，犹豫了好几天。在此期间，他的部属已经把价值十万英镑左右的贵重物品疏散到别处去了。最后，罗杰斯再也受不了医生和总督，他夺下了指挥权并对城内发动攻击，只损失两个人，就攻下了瓜亚基尔。

不过，瓜亚基尔大部分的贵重物品都已经被偷偷运走了，私掠者只找到笨重的货物与酒桶。大部分人都醉了，他们寻找可以劫掠的物品，挖出教堂墓地的尸体，浑然不知瓜亚基尔才刚遭逢黑死病（bubonic plague）。水手劫掠尸体时，让自己暴露在黑死病的威胁之中。与此同时，罗杰斯与指挥官们享受着总督耶罗尼莫的盛宴款待，最后总督以两万六千八百一十比索（六千七百零三英镑）赎回自己的城。如果当初罗杰斯一行人抓住了更恰当的进攻时机，他们可以得到的赎金会远远超过这个数。

这场袭击的所有庆功宴，一下子就结束了。一七〇九年五月十日，也就是抵达海上两天后，罗杰斯的人开始大量病倒。一个星期之内，一百四十个人染上疫病并有两人死亡。船队停留的岩石小岛难以寻获水源，其中一艘战利船的船员还差点没能遏制奴隶叛变。到了六月十四日，他们抵达哥伦比亚那已经现代化的高格纳（Gorgona）避风岛时，罗杰斯与科特尼也都染病了，船上有六个人死亡。

众人在高格纳岛上待了六个星期养病。在这段时间，船员清理与修复船只，帮"恩典港"号装上新帆、索具与武器，并取得赎金，将部分战利船交还给原来的船长。几名奴隶被卖给乘着独木舟而来的地方商人，两名黑人男孩交给库克及另一位指挥官，当成他们勇敢袭击"恩典港"号的奖赏。一名不幸的黑人女孩被交给了一名好色的西班牙神父，以感谢他帮助私掠船交易货物。罗杰斯写道，他确信这名神父"将因她而破戒，以教堂的放纵洗去原罪"。[62]

大部分感染瘟疫的船员，都在岸上的帐篷里养病，但士气并没有改善。其实，船员认为罗杰斯与指挥官骗了他们；有六十名船员签署了一份文件，宣布除非战利品以更公平的方式分配，否则他们将不再工作。他们可能是受到埃弗里故事的感染，觉得船员只拿一份时，罗杰斯不该拿十四份。但罗杰斯与科特尼已经放弃部分权利了，要是按照一般做法，战利船船长舱房里搜到的全部战利品，原本都应该属于他们。罗杰斯认为放弃这个权利，已经砍掉了他们九成的个人获利，现在还被迫增加船员的分赃比例。雪上加霜的是，指挥官们还争论在瓜亚基尔时，谁原本应该做什么。情势显然十分紧张，罗杰斯因而不得不强迫众人以圣经起誓，要是发生战斗的话，每个人都会伸出援手。[63]

这群私掠者在心神不宁的休战中，于一七〇九年八月初离开高格纳，十一月初抵达下加利福尼亚外海，等候马尼拉大帆船抵达。几个星期过去了，饮水和食物逐渐减少，指挥官们担心他们可能无法横越七千英里，进而抵达关岛。"公爵"号与"恩典港"号满是船蛆，正在漏水，每过一天，似乎就越不可能完成长途的横渡太平洋之旅。[64]十二月二十日，指挥官们决定放弃，趁着还能回家前回家。罗杰斯在日记里写道："我们看起来全都极度忧郁与心灰意冷。"

正当船队准备打道回府时，西方海平面上出现了一艘船：一艘大型、多桅、从遥远的马尼拉方向而来的船。

81　罗杰斯受炮击负伤

船员彻夜未眠，替"公爵"号与"公爵夫人"号做好准备。他们在漆黑之中，朝着那艘大帆船驶去。破晓时，那艘西班牙船离"公爵"号船头只有三英里，"公爵夫人"号则在黑夜之中超过了猎物，必须返回航行一英里。罗杰斯望着那艘西班牙船，发现"公爵"号也许可以独自拿下它。"化身"号（Nuestra Señora de la Incarnación Disenganio）不是一艘寻常的大帆船，而是有着二十门炮的重达四百五十吨的全帆船（ship-rigged vessel），罗杰斯在甲板上替船员放了一桶热巧克力。"化身"号的炮弹在海上溅起水花时，众人拿着抚慰人心的饮品祈祷。

罗杰斯命令"公爵"号并排停在西班牙船旁边，然后下令开火。大炮一次又一次地发射，船身震动。"化身"号的大炮开炮回击。一颗火枪子弹射进罗杰斯左脸颊，震穿他的大部分上颚，几颗牙齿落在甲板上。罗杰斯躺在越散越开的血泊之中时，看见敌人突起的前甲板经过面前围栏。他试着大声下令，但太过疼痛，喊不出声音。因此，他改在一片小纸片上草草写下命令，"公爵"号依令大幅度转身，驶到"化身"号船首斜樯前方，然后给出致命的一击。"化身"号上于法国出生的船长肖恩·皮区伯帝（Jean Pichberty）降旗投降，让这群英国人爬上他们的最大战利品。[65]

皮区伯帝船长给了劫持者一个令人目眩神迷的消息：那一年，有两艘宝船离开马尼拉，而"化身"号比另一艘船小许多。另一艘宝船是装备齐全的"贝哥纳"号（Nuestra Señora de Begoña），重达九百吨的巨无霸，拥有两层大炮甲板，而且载着大量的东方奢侈品。罗杰斯再度以纸笔下令，要船队护送"化身"号，到他们先前当作基地的下加利福尼亚隐秘港口，并要指挥官们准备拦截"贝哥纳"号。接下来，罗杰斯退回自己的舱房；他的脸和喉咙肿胀成怪异的模样，几乎无法喝下东西。这时候，他还尚未发现一颗西班牙火枪子弹正深深嵌在他的口腔顶，同僚试图说服他待在"化身"号上，让其他人去找"贝哥纳"号，但他拒绝离开"公爵"号。

"贝哥纳"号出现在地平线时，"公爵"号的船员还在修复圣诞节那天被"化身"号造成的船身破坏。那天傍晚，罗杰斯让"公爵"号驶出港口时，"公爵夫人"号与"恩典港"号已经出港好几英里，在逼近巨大的"贝哥纳"号了。罗杰

82

斯一整晚看着船上大炮互相猛攻，早上时他看见"公爵夫人"号遭受严重打击，船桅毁损，索具也东倒西歪。那天下午，罗杰斯看着"公爵夫人"号和"恩典港"号与大帆船交战数小时，最终只能再度撤退。"公爵"号直到二十七日下午很迟的时候，才赶上这场战斗。三艘私掠船会合后，包围"贝哥纳"号，以大炮猛攻，其间有一块木头碎片，撕裂了罗杰斯左脚，造成他的脚跟骨头刺出，失去了半个脚踝。

率领"恩典港"号的库克，估算船队对着"贝哥纳"号发射了三百枚炮弹和五十轮摧毁船帆栏杆的射击，但六磅重的炮弹对"贝哥纳"号坚若磐石的厚重船身来说，起不了什么作用。库克感叹道："打这艘船，就像在打有五十门大炮的城堡。""贝哥纳"号的重炮重创了英国船，让船身千疮百孔，死伤三十三人。几艘私掠船在弹药不足的情况下，被迫承认自己的实力不如对手，放"贝哥纳"号继续驶向阿卡普尔科。现在，无法说话也无法走路的罗杰斯，也只好让船队准备远航返乡了。[66]

出版航海日志

众人又花了二十二个月才回到英格兰，而且在这段时间，指挥官之间的关系恶化。他们彼此争斗，抢夺着"化身"号的指挥权，因为后来发现，这艘装着满满的丝绸、香料、珠宝、银子和其他奇珍异宝的船，价值超过十万英镑。不可思议的是，科特尼与库克愿意让多佛医生指挥这艘船。依旧疼痛难耐的罗杰斯召集其他指挥官，挡下这个任命，宣称多佛"完全缺乏担任这个职位的能力"。在接下来的"纸笔战"中，指挥官们同意让步。塞尔科克与其他人是实际操作"化身"号的人，而多佛则拥有主船长（Chief Captain）这个仪式性的头衔。这场冲突之后，罗杰斯树立了一些心怀仇恨的敌人。

一七一〇年六月底，众人抵达荷兰东印度（Dutch East Indies）首都巴达维亚（Batavia，就是现今的印度尼西亚雅加达），这是一年半以来，他们第一次抵达友好的港口。众人清理了"公爵"号、"公爵夫人"号、"化身"号越来越糟的船身，并用报废价格卖掉如今满是蛀虫的"恩典港"号。多佛派的科特尼与其他几个指挥官，接下来会宣称"公爵"号依旧严重漏水，需要更换新龙骨，并指控罗杰斯拒绝解决这个问题。他们还怀疑罗杰斯怀着航向纽芬兰或巴西的"秘密阴谋"，想要走私东印度货物。这是一项严重的指控，因为英国东印度公司（British East India Company）拥有全英国与东南亚交易的合法垄断权。他们表示，与强大的东印度公司做对，"可能危及"这趟远征。许多船员开始相信罗杰斯偷走了大量金银珠宝，并藏在巴达维亚，[67]尽管这件事似乎不太可能发生，而且也不符合罗杰斯的性格。我们确实知道的是，罗杰斯在巴达维亚待了六个月，其间动了手术治疗脚后跟，移除上口腔的火枪子弹。此外，他也密切监督采购返乡必需品，避免和东印度公司有任何瓜葛。但即使有这些预防措施，也无法帮助布里斯托尔人，让他们免于东印度公司董事无法满足的贪欲。

一七一一年十月十四日，这三艘船终于在泰晤士河下锚时，东印度公司的代表正等着它们，宣称这几艘私掠船在巴达维亚购买必需品时，侵害了东印度公司的垄断权。他们扣押已因伦敦报纸而出名的大"阿卡普尔科船"，并让私掠船船主卷入冗长的官司诉讼。最后，十四万七千九百七十五英镑的收益中有六千多英镑付给了东印度公司董事。费用被扣除后，每个

84

船主都拿走双倍于投资的钱。罗杰斯脸毁容、脚重伤、弟弟死了，最后大约拿到一千六百英镑，而且其中的大部分大概都拿去付了家人在布里斯托尔欠下的债。[68]许多船员则一毛钱都没拿到，"公爵"号与"公爵夫人"号一抵达伦敦，他们就被皇家海军的强征队抓上船。[69]

罗杰斯回到布里斯托尔妻儿身边疗伤，准备出版自己的日志。他的环球之旅与成功拿下马尼拉大帆船的事迹，让他成为全国性的英雄，却也让他残废、遭受冤屈，而且跟三年前离家时相比，也没有增加多少财富。

飓风袭击

罗杰斯并不是唯一一个在一七一二年夏天休息的人。在大西洋对岸的牙买加，蒂奇与范恩目睹了许多更糟糕的情景：一七一二年八月二十八日，牙买加遇到史上最强大飓风的袭击。

关于范恩这个人，我们知道他三件事：西班牙王位继承战争期间，他定居在罗亚尔港；[70]他是专业水手；而且他结识了即将恶名昭彰的亨利·詹宁斯船长。在八月时一个致命的晚上，风向突然由北转南，那天范恩很可能登上了詹宁斯船长四门炮的单桅帆船"钻石"号（Diamond）。那艘船下锚在罗亚尔港数百艘船之中。

由于港口实施禁运，罗亚尔港那天傍晚特别拥挤；人们预测法国人即将来袭。由于这个缘故，蒂奇大概也在那里，在罗亚尔港岸上休息。当时的罗亚尔港里，还有伦敦奴隶船船长劳伦斯·普林斯（Lawrence Prince），以及马萨诸塞商船主人威廉·怀尔（William Wyer），两人终有一天将与海盗起冲突。

85 詹宁斯是已经建立名声且"拥有一定地位与财产"[71]的牙买加

商船船长，指挥着一艘现在货舱空空如也的船。在长达好几个星期的禁运期里，不论船上原本载了什么货物，现在已经全都卸下来了。[72]

暴风雨大约在晚上八点时到来，那是"一场有闪电、有风、有雨、没有雷声的强烈飓风"，吹倒树木，夷平房屋仓库，弄翻糖场，摧毁整片甘蔗田。房子、医院和金斯敦主教堂半崩塌时，几个待在岸上的人丢了性命，但最大的惨剧发生在外头的港口。至少有五十四艘船沉没、翻覆或被吹上岸，包括单桅战舰"牙买加"号（HMS Jamaica）和奴隶船"约瑟夫战舰"号（Joseph Galley）。后者的全部船员和被锁在船上的一百零七名奴隶，全数丧命。怀尔船长的奴隶船"安战舰"号（Ann Galley）被暴风雨弄沉时，他人在陆地上，船上一百名奴隶及二十八名船员溺死了一半。普林斯失去了由他指挥的双桅帆船"冒险"号（Adventure），詹宁斯也一样，不过他们两个并没有损失任何人员。隔天早上出太阳时，海滩与盐沼上布满断桅船只，以及数十具尸体。除了奴隶外，约有四百名船员丧命。[73]

接下来几个星期，詹宁斯、范恩、蒂奇及其他船员清点损失时，一艘船带着戏剧性的欧洲消息抵达：安妮女王已经宣布和法国、西班牙停战。[74]战争结束了，那意味着由私掠者源源不绝带进牙买加的财富与劫掠品也将终结。牙买加商船队大多四分五裂地搁浅在岸边，数百名船员失去工作，他们必须想办法在金斯敦的废墟中养活自己。讽刺的是，日后的另一场飓风，将带给他们只有战时私掠船才敢梦想得到的巨大财富。

第四章　和平
（一七一三～一七一五年）

　　一七一三年，西班牙王位继承战争结束了，成千上万的水手一夕之间失业。历时十二年的世界大战让英国皇家海军破产，军队一下子被遣散，船舰也被封存了，将近四分之三的人员被扫地出门。《乌得勒支和约》（Peace of Utrecht）签署后的二十四个月期间，共有超过三万六千人被迫离开军队。私掠船委任状不再有任何价值，船主被迫绑住自己的战舰，把船员驱逐到英格兰与美洲码头上。每个港口都有数千名水手乞求着工作，商船船长因而得以对半砍掉他们的薪水；幸运找到工作的人，必须靠着一个月二十二至二十八先令（一点一镑至一点四镑）过活。[1]

　　对于在西印度群岛找到工作的英国水手来说，和平没有为他们带来安全。西班牙的海岸巡防船（guardas costas）依旧追捕着往返牙买加的英国船只，只要在船上找到一枚西班牙钱币，就宣称它们是走私船，只不过西班牙永远会找到"违法"钱币，因为英国所有的加勒比海殖民地实际上都是以西班牙钱币为交易货币的。[2]和平时期的开头两年，三十八艘牙买加船只遭到扣押，船主花了近七万六千英镑赎回。[3]船员如果反抗，西班牙巡防船通常会杀掉几个人作为报复，剩下的人则会在古巴监狱待上几个月到几年的时间。牙买加总督回忆起往事说："海上变得比战争时期还危险。"[4]

　　几个月过去后，罗亚尔港的街道、客栈、民宿将会挤满愤怒的穷困水手。蒙受重大损失的商人不再派出那么多船只，水手的工作随之减少。被捕的水手在肉体上遭西班牙人虐待，财务上则被雇主压榨，而且有些人被抓到不止一次。雇主为了减少损失，在水手入狱期间是不付给他们薪水的。一位居民后来回忆道："怨恨加上缺乏工作机会，的确是造成某种人生道路的动机。我认为，要是大多数人曾获补偿或接受过任何合法的援助方式，他们是不会走上那条路的。"[5]

本杰明·霍尼戈会是第一批走上这条"某种人生道路"的人。[6]他的身边带着蒂奇，他们在战争时期都待过牙买加私掠船，现在这两人则一同困在罗亚尔港港口。一七一三年夏天，他们觉得自己受够了贫穷与西班牙巡防船。霍尼戈跟几个以前船上工作的同伴与酒友在一起时，提议大家结合各自的本领摆脱贫困和西班牙巡防船：他们应该再度攻击西班牙船只，这样既可以报复，又可以让自己致富。重操旧业很简单，只需要一条小船、几名好手和一个可以展开掠夺的安全巢穴；而霍尼戈知道合适的地点在哪里。

每一个牙买加人都知道，巴哈马群岛是完美的加勒比海盗基地。这个拥有七百座小岛的群岛西侧靠近佛罗里达海峡，也就是南美、墨西哥、大安的列斯群岛（Greater Antilles，包括西属古巴、英属牙买加，以及法国新殖民地伊斯帕尼奥拉岛），是每一艘前往欧洲的船只必经的主要航道。如果想抵达北美东岸殖民地或乘着贸易风返回欧洲，出海的船只没有太多选择，只能经过这条航道。海盗可以躲在迷宫般的岛屿，利用上百个少有人知道的下锚处，取得饮水与新鲜水果，并在那里清理与修复船只，还可以安全分赃。除非船上有经验丰富的巴哈马领航员，否则没有人胆敢跟着海盗进入那些小岛之间的狭

88

窄航道。身处数百座地势低矮的迷你沙岛，很容易就会迷路，并且不小心撞上尖锐的暗礁和地图上看不到的浅滩。更重要的是，严格来说，攻击西班牙人是违法的，只不过巴哈马并没有政府，而且从一七〇三年七月的法西侵略（Franco-Spanish invasion）后就再也没有了。因此，在首度出现和平的一七一三年晚夏，霍尼戈便与一小群追随者离开罗亚尔港，往北航行四百五十英里，通过古巴与伊斯帕尼奥拉岛之间的海域，进入布满珊瑚的巴哈马群岛迷宫。

西班牙与法国在战争期间，四度袭击新普罗维登斯岛，把拿骚夷为平地，破坏堡垒和大炮，带走总督及岛上的大多数非洲奴隶，迫使剩下的人口迁到树林，最后大多数幸存者抛下那座岛，只有少数几个殖民者留了下来。[7]依据居民约翰·葛雷福（John Graves）的说法，那些人大多"散居在小屋里，一碰上任何攻击，就会立刻逃进树林"。[8]第一次袭击的消息传回伦敦时，拥有巴哈马的贵族任命爱德华·博区（Edward Birch）为新总督，派他横渡大西洋，在有如一片死水的殖民地上，建立了新秩序。博区在一七〇四年一月抵达时，发现新普罗维登斯岛空无一人。依据当时历史学家约翰·欧德米克森（John Oldmixon）的说法，博区"没有花那个力气打开自己的委任状"，他在当地停留三四个月，睡在树林里，然后就让自己的"政府"自求多福了。

九年之后，事情并没有多大改变。霍尼戈和同伴踏上拿骚海滩时，没有看到城镇，只看到一堆东倒西歪的建筑物，当中长出矮树丛。热带植物攀附着一间烧到只剩下骨架的教堂，以及四分之一个世纪前特罗特总督建造的碉堡。整座岛大约只有不到三十个家庭，他们住在肮脏小屋与原始房屋中，勉强度日

的方式是捕鱼、砍树，或是捡拾不幸在岛上危险海岸失事的船　89
只龙骨。霍尼戈仔细环顾四周，知道自己做了正确的选择。

这群人由"俭"开始。霍尼戈及其他人建造或"取得"
三艘称为"轻舟"（佩利亚加船，periagua/canoe）的大型木
船。这种船足以载运三十人与足够的货物，有几排桨及一组纵
向帆（fore-and-aft rigged sail），有能力进行小型海上劫掠，不
但轻巧能直接划进风里虏获或逃离横向帆船，而且吃水浅，
可以划过或扬帆航过浅滩、珊瑚上方及其他危险之地，逃离
可能的追捕者。霍尼戈的部众带着水手刀、火枪、长矛、棍
棒，可以轻松胜过船员不多的单桅贸易船，或是偏远地区的
西班牙/法国大农场的工头。古巴在南方一百七十五英里，西
属佛罗里达在西边一百六十英里，法属伊斯帕尼奥拉岛在东
南方四百英里，这个小型海盗帮占据着袭击战时敌人的绝佳
地理位置。

众人将自己分成三队，一队有二十五人与一艘轻舟。霍尼
戈带领一队，生平不详的约翰·韦斯特（John West）带一队，
野心勃勃、拥有贸易头脑的年轻水手约翰·寇克兰（John
Cockram）也带了一队。在接下来的六个月，他们袭击小型西
班牙贸易船，以及从佛罗里达海峡到古巴海岸一带的孤立蔗糖
大农场。霍尼戈队回到拿骚时，满载着来自中欧西里西亚
（Silesia）、普鲁士的昂贵亚麻布；寇克兰队带回亚洲绸缎、
铜、朗姆酒、糖，以及银币，全都是从佛罗里达和其他地方外
海上的西班牙船舰上抢来的；韦斯特则带回从古巴大农场中偷
走的十四名非洲奴隶。海盗一共带了价值一万三千一百七十五
英镑的货物，回到满目疮痍的拿骚，该数目等同于整个百慕大
殖民地年度进口值的十倍。[9]

初出茅庐的海盗帮需要有人帮忙把抢来的货物卖出去，最好可以不要一路航行到远方的牙买加，因为那里的官员可能以法律要挟，要求分一杯羹。幸运的是，海盗似乎在相对稳定的哈勃岛（Harbour Island）殖民地找到了现成买家。该地位于拿骚北方五十英里，约有两百人。岛上最大、最富裕的地主兼商人理查德·汤普森（Richard Thompson），对买卖拿骚海盗的货物没什么顾忌，也对迫害巴哈马人的西班牙人没有太大的同情心。他和寇克兰似乎一拍即合。其实，一七一四年三月，寇克兰还娶了他的女儿，心满意足地和妻子一起住在伊柳塞拉岛；这个岛邻近哈勃岛，面积较大，但开发程度也较低。汤普森甚至让女婿掌管旗下一艘单桅贸易船，派他到荷兰香料岛古拉索做走私勾当。该地位于一千英里外，拥有大量可萃取珍贵红色染料的彩木（brasiletto）。据推测，汤普森买下了大部分的海盗货物，不久后，他与寇克兰会领导海盗黄金年代的黑市交易。

一七一四年晚冬，新普罗维登斯岛开始谣传，说哈瓦那的西班牙当局准备对岛上进行报复性劫掠。海盗彼此商量了一下，决定分赃，把如今价值六万英镑的财富分配妥当，再分道扬镳。韦斯特及许多小海盗似乎选择退出，四散到牙买加及其他地带。有几个海盗留在巴哈马群岛，霍尼戈就是其中之一。他加入寇克兰及其他人，一起待在相对安全的哈勃岛，岛上有着可靠、容易防守的港口，以及一排大炮。蒂奇很可能也和他们一起蛰伏着，等待西班牙人的怒气消散。

口传历史可信度高

《乌得勒支和约》也让贝勒米丢了工作。依据三百年前的口传历史，他在一七一四年或一七一五年年初前往马萨诸塞的伊斯坦（Eastham），该地位于鳕鱼角的最外围处。没有文献可以证实相关事件，不过外角（Outer Cape）的人自大海盗时代就述说着差不多的故事，而且也没有证据指向相反的版本。其实，我们现在的确拥有的证据也令人兴奋地符合外角人的传说。

伊斯坦一带的家庭与英格兰西郡有着密切的关联，据信贝　91
勒米就是那里人，而且部分人士的姓氏与家谱显示，他们可能是贝勒米的母族亲戚。更重要的是，传说中的主要人物，也就是故事指向的人物，其实也真实存在，他们的生活细节符合鳕鱼角的民间传统。

波士顿成消息流通中心

贝勒米很可能在一七一三到一七一五年年初之间抵达波士顿。大部分入境船只都在波士顿通关，然后前进到其他新英格兰港口。波士顿有一万人，是英属北美的最大城市，也是美洲东岸大多数跨大西洋贸易会路经的港口。城市从港口中心兴起，在灯塔山（Beacon Hill）山脚下，立着由大量砖头及隔板（clapboard）盖成的建筑物，山顶则立着与山同名的灯塔桅（beacon mast）。贝勒米的船可能从长码头（Long Wharf）进港，这个新盖好的码头伸入港口一千六百英尺，可以让三十艘远洋船同时停留，水深也足以让船只在任何潮汐状态下，直接卸货到码头，光是这点，就胜过波士顿的其他入口了。[10]城市建在丘陵起伏的半岛上，半岛长两英里，宽半英里，以一块又低又窄的狭长土地与大陆连接，暴风与大潮时，那片连接处就会浸在水中。从半岛上的波士顿到罗克斯伯里（Roxbury）的

92

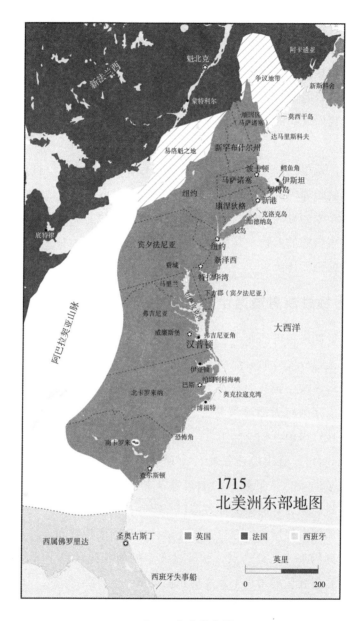

一七一五年北美东部

路况永远是那么危险，不少人会在迷雾或黑暗中溺死。[11]当时还没有桥梁，因此，除了摆渡在查尔斯河（Charles River）河口的三艘渡船外，长码头是城市的前门。贝勒米踏进这道门，经过一路的仓库，即将走上国王街（King Street）。[12]

造访者一踏上波士顿刚铺好的街道，就会知道自己抵达了一座文化气息特别浓厚的城市。贝勒米如果走上半英里路，朝着拥有雄伟钟塔的崭新砖造市镇屋（Town House）① 前进，一路上至少会经过五家印刷厂和十九家书商，包括英属美洲唯一周报《波士顿新闻通讯》（*Boston News-Letter*）[13]的销售者尼古拉斯·波恩（Nicholas Boone）。假设贝勒米识字，只要他停下脚步阅读《波士顿新闻通讯》，就会得知欧洲及其他殖民地的最新消息，报道人是刚抵达这里的船长与乘客。还有霍尼戈一群人的劫掠活动，贝勒米也可能会看到。《波士顿新闻通讯》让波士顿成为十八世纪美洲的消息流通中心，出版人是这座城市的邮政局局长约翰·坎贝尔（John Campbell），他会第一个迎接每星期从纽约远道而来的骑马邮差；在北美大陆从费城到朴次茅斯（Portsmouth）的新兴邮政系统中，这个长达一星期的危险旅程是最长的邮递路程。如果消息关系到波士顿居民，例如海盗攻击，《波士顿新闻通讯》会是大多数人第一个得知消息的地方。如果这份报纸未能吸引贝勒米的目光，他可以看着安德鲁·法尼尔（Andrew Faneuil）那些国王街商店②的货物，

93

---

① 这栋市镇屋（一七一三年建成）今日依旧屹立不摇，周围是摩天大楼，人们熟悉的名字是老州议会大厦（Old State House）。国王街今日的名字是州议会街（State Street）。长码头曾经穿越的海埔地，已被填平为波士顿滨水区。

② 波士顿著名的法尼尔厅（Faneuil Hall）就是以安德鲁·法尼尔的名字命名的。

例如威尼斯丝绸、法国盐，以及其他欧洲上等用品。[14]他更可能顺道造访皇家交易所（Royal Exchange），[15]那是山丘顶一间客栈，以美食美酒出名。他可能会在那里，询问到接下来前往鳕鱼角的最好办法，是朝着马萨诸塞湾（Massachusetts Bay）的另一头前进。

比林斯盖特海女巫

贝勒米是水手，外角可能让他感觉像回到家。该地的主要聚落伊斯坦，[16]到处都是海的踪迹：海风吹拂着小镇，海浪在东边隆隆作响，镇上居民家中的摆设来自一百艘在大西洋海岸出事的船只。[17]而且，并不是所有的船难都属意外，在漆黑的夜晚，船只可能被海滩上提着油灯轻轻摇晃的男人，引到外角荒凉且没有港口的东岸。缺乏经验的船长紧张地航行在危险外角时，可能就这么跟着灯光走，以为那是另一艘船的船尾灯，直到来不及挽救自己的船之后，才会发现错误。当然，这样的欺骗没有目击者，人们稍后在海滩上发现船只时，既没有幸存者，也没有货物。而这样的船只数量非常多。

当年的伊斯坦是一座名副其实的小岛。诺瑟港（Nauset Harbor）区小镇南方有一条湿地小溪，把外角与马萨诸塞的其余地带隔开。湿地提供给牛只充足的健康饲料，这一带很快就以高质量的乳制品闻名。村庄与开阔大西洋之间的东边地带是鬼魅高地，荒凉、缺乏植被，强风吹袭的沙丘突然在吓人的陡峭峭壁上终结，沙子从九十英尺（约二十七米）以上的高度，坠入大西洋海滩。

根据外角传说，贝勒米喜欢在一间旅社酒吧逗留。一七一五年春天的某个晚上，他遇见一名十六岁少女，名为玛丽

（Mary）或玛丽亚·哈利特（Maria Hallett）。贝勒米用航海冒险故事赢得了她的芳心，两人当天晚上便在干草堆上缠绵。在大多数版本里，两人一见钟情，论及婚嫁。但玛丽的父母是富裕农夫，不肯让女儿嫁给一文不名的水手；水手在当时是最低贱的人。愤怒的贝勒米发誓他会发大财，然后回来迎娶他的新娘。贝勒米在一七一五年九月离开后，吓坏的玛丽发现自己怀孕了。据说那年冬天人们在谷仓找到她时，她怀里还抱着一个死婴。伊斯坦道德崇高的人们，也就是那些清教徒的后代，公开鞭打玛丽，把她扔进镇上监狱，等着审判她的杀婴罪。在某些版本的故事里，玛丽在监禁期间发疯，"可能是在恶魔的协助下"逃出监狱，在大西洋海滩上方的荒凉高地过着隐居生活。她在那里游荡，吓唬孩童，一边寻找着贝勒米，一边让恐怖的暴风雨袭击过往水手。她因为这些嗜好，得到"比林斯盖特海女巫"（Sea Witch of Billingsgate）的称号。比林斯盖特是小镇北端从前的名字，也就是今日的威尔夫利特（Wellfleet）。

　　这则经过添油加醋的传说，可能源自历史事件。近年来，历史学家发现，一七一五年的伊斯坦，有一个名叫玛丽亚·哈利特的年轻女孩，她的生平与这则传说有惊人的吻合。[18]历史上的玛丽·哈利特在一七一五年大约二十二岁，是亚茅斯的约翰·哈利特（John Hallett of Yarmouth）之女；哈利特是那一带最富裕的殖民者，不仅当过治安官，也打过印第安战争（Indian Wars）。[19]约翰·哈利特和传说中的少女父亲一样，似乎非常在乎财产，曾在父亲过世后因牧场分产问题和兄弟起过非常激烈又旷日持久的争执。一七一五年三月，玛丽的哥哥小约翰·哈利特（John Hallett Jr.）娶了伊斯坦女孩梅西达波·布朗（Mehitable Brown），据说梅西达波家里经营大岛客栈

（Great Island Tavern），[20]是一家盖在比林斯盖特、专做水手生意的商家。一七一五年时，排行老六的玛丽很可能和哥哥嫂嫂一起住，帮忙打点厨房、服务酒吧客人，以及打扫出租给水手的楼上房间。此外，记录显示玛丽亚·哈利特一生未婚，在一七五一年四月六十多岁去世时，并无子嗣。美国普罗文斯敦维达远征队博物馆的肯寇，发现玛丽亚·哈利特最后的遗嘱，[21]把所有财产留给还在世的兄弟姐妹以及他们的孩子，指派哥哥小约翰执行她的遗嘱。这表示，尽管发生了一七一五年的事件，两人的关系仍然亲近；当然，前提是那些事件真的发生过。

不论玛丽亚·哈利特故事的真相为何，我们确实知道贝勒米在新英格兰时认识了一个人，而且关系维持得较以往几段都来得长。这个人就是银匠保斯葛雷福·威廉姆斯（Paulsgrave Williams），[22]他们两人相遇之际，威廉姆斯三十九岁，出身有影响力的罗得岛家族，家中有一个老婆及两个幼子。乍看之下，威廉姆斯似乎是最不可能成为海盗的人。他的父亲约翰·威廉姆斯（John Williams）是罗得岛检察总长（attorney general），是极富裕的商人，有时住在波士顿宅邸，有时住在新港（Newport）与布洛克岛（Block Island）的房产里。母亲安娜·阿尔科克（Anne Alcock）是英格兰金雀花王朝（Plantagenet）后裔，是一名哈佛医师的女儿。但是，保斯葛雷福选择了罪犯的生活，加入贫穷的水手团体，挣扎着取得他自出生就享有的财富与自由。不过，只要你认识了他的继父，以及知道他孩提时代的邻居，就不会觉得这整个过程听起来完全不合理了。

约翰·威廉姆斯死于一六八七年，留下了十一岁的儿子，让背井离乡的苏格兰友人罗伯特·古斯林（Robert Guthrie）[23]

执行自己的遗嘱，并成为孩子的监护人。一年半后，古斯林娶了保斯葛雷福的母亲，全家人定居在罗得岛纳拉甘西特湾（Narragansett Bay）的布洛克岛地产，这次迁居深深影响了保斯葛雷福的一生。古斯林尚在襁褓时，父亲是有名的苏格兰独立运动人士与牧师，在家人面前被英格兰人处决。古斯林的母亲与兄弟姐妹被驱逐出境，与大量被流放到新英格兰的苏格兰战犯一样戴着手铐脚镣，在马萨诸塞的林恩（Lynn）与布兰翠（Braintree）遭人奴役。这群苏格兰人最后大量定居在布洛克岛，成为有组织犯罪的知名团体。保斯葛雷福因为古斯林的缘故，了解到英格兰征服苏格兰时一些不那么令人愉快的事实，以及谁该坐在英国王位上的激进思想。保斯葛雷福的家人在布洛克岛与几个重要的走私者、洗钱者，以及黑市商人有了关联。[24]他的大姐玛丽（Mary）嫁给爱德华·山德斯（Edward Sands），这个人是基德船长的好友；基德亡命天涯时，夫妇俩帮忙在家中藏匿走私品。保斯葛雷福的妹妹伊丽莎白（Elizabeth）也涉嫌帮助基德，她的丈夫托马斯·潘恩（Thomas Paine），可能是退休海盗的侄子；他甚至与那位海盗同名。老托马斯·潘恩住在同一地带，而且长期买卖劫掠品。保斯葛雷福生活在这群人之中，可能对追求治外冒险心生向往。他只需要一个愿意帮助他的伙伴：一个比他更懂帆船与海洋的人。

　　贝勒米和保斯葛雷福·威廉姆斯成为非常要好的朋友，并形成合伙关系。威廉姆斯有钱、有人脉，是资深伙伴，有能力取得海洋事业需要的补给和适合出航的船只，贝勒米则贡献了水手技术与西印度群岛的知识。如果威廉姆斯雇用贝勒米担任自家船只的船长，不论他心中盘算的是贸易或走私，都可以分享到利润。不过，不论他们当时究竟在酝酿什么计划，在更大机会的消息传来时，那个计划就被抛到脑后了。

巴哈马最受尊敬的海盗

在巴哈马，人人以为会发生的西班牙人攻击并没有成真，海盗重新聚集。伊柳塞拉岛上的霍尼戈，开始在有意愿的殖民者中招募成员以组成一个新帮派。岛上的老水手乔纳森·达威尔（Jonathan Darvell）[25]帮了他一把。这个人年轻时曾参加水手叛变，拿下一艘奴隶船，在古拉索把这些"活体货物"（就是奴隶）卖给荷兰商人。现在他年纪太大了，无法加入海盗冒险，但很乐意投资。他提供了单桅帆船"快乐返航"号（Happy Return），以及十七岁的儿子札阙斯（Zacheus）与女婿丹尼尔·史蒂威尔（Daniel Stillwell）。此外还来了几个陌生人，他们大多来自牙买加，包括罗夫·布拉肯辖尔（Ralph Blackenshire），还有，蒂奇可能也来了。

一七一四年夏天，霍尼戈驾着"快乐返航"号离开哈勃岛，前往西班牙的佛罗里达与古巴殖民地海岸。这艘小型单桅帆船可能没超过十五吨，但比起帆式轻舟来说，已经是很大的进展了，不但更安全、更快，而且可以载运更多人和更多战利品。众人返航时，达威尔赚了一大笔钱。他靠着出借自己的船给一趟短程旅途，分得一份赃物——价值两千英镑的成桶干货、油脂，以及一名奴隶——足够买下四艘"快乐返航"号。几个星期内，他再度派出"快乐返航"号。霍尼戈可能因为不满意上次分得的一份，这次袖手旁观。"快乐返航"号从古巴北海岸回来时，他大概没有感到特别嫉妒，因为这次只抢到一堆刺鼻的兽皮及其他货物，价值三百五十英镑。

晚秋时，霍尼戈及其他两个人从伊柳塞拉岛殖民者手中，买了一艘敞船（open boat，无甲板、小艇、舢板）。他们航行到古巴海岸，并在十二月初拦截了一艘帆式轻舟，以及一艘属于古巴贵族巴里翁内大人（Señnor Barrihone）的小艇。这两艘船几乎和他们的船一样小，但满载钱币与贵重物品，价值四万六千西班牙银圆（一万一千五百英镑）。这次的大丰收，让霍尼戈一群人成为巴哈马群岛最受尊敬的海盗，也引发三个帝国有关当局的注意。[26]

托马斯·沃克（Thomas Walker）[27]是唯一还住在群岛上的官方代表。自威廉国王（King William）的年代起，他就是巴哈马的重要人物，担任过附属海军法院的国王法官。海盗埃弗里用珍宝贿赂特罗特总督时，沃克大概住在新普罗维登斯岛上。西班牙王位继承战争期间的殖民地垮台时，沃克担任代理副总督（deputy governor），不过，我们并不完全清楚巴哈马的领主（lords proprietor）是否批准过这项任命。沃克幸运地活过新普罗维登斯岛战争，继续和妻儿住在离拿骚三英里远的家园。他的妻子是自由黑人莎拉（Sarah），他们的黑白混血孩子包括小托马斯（Thomas Jr.）、尼尔（Neal）、查尔斯（Charles），以及十五岁的莎拉（Sarah）。①

托马斯·沃克一点儿都不喜欢海盗到来。他和邻居最不需

① 小莎拉·沃克（1700～1731）最后嫁给威廉·费尔法克斯（William Fairfax），弗吉尼亚州的费尔法克斯郡就是以后者的名字命名。她的女儿安妮（Anne）嫁给了华盛顿的哥哥劳伦斯（Lawrence Washington），此人建立了弗农山庄；后来，未来的美国总统从安妮手中租下了山庄，并在她死后继承了山庄。安妮的哥哥乔治·费尔法克斯（George Fairfax）显然遗传了部分非洲五官，孩童时期造访英格兰时遭受羞辱，他父亲那边的亲戚猜测他在青春期时皮肤是否会转黑。

99　要的就是再度招惹西班牙的愤怒。必须有人出面阻止霍尼戈一帮人，而沃克知道自己是唯一人选。

　　首先，他呼吁加强防备，写信给每一个他想得到的人，告知他们岌岌可危的形势，包括海军部大臣（lords of the admiralty）、贸易大臣（lords of trade）、博福特公爵（Duke of Beaufort），以及巴哈马的其他领主，甚至是《波士顿新闻通讯》。他向领主保证，自己将"检举与打击所有希望藏身或居住在尊贵老爷的岛屿上的海盗、强盗与恶棍"。直到任命新总督之前，他将自行"限制岛上某些人蠢蠢欲动的情绪，并与海盗对抗，以执行正义"。[28]

　　很快，从波士顿到罗亚尔港的每一个海上船长，都注意到霍尼戈与寇克兰的劫掠行为。百慕大代理总督亨利·普兰（Henry Pulleine）写信回伦敦，警告这两个人正在把巴哈马变成"海盗巢穴"。普兰甚至提议，把巴哈马并入他的政府，保证自己会摧毁这些"为贸易带来无尽麻烦的恶名昭彰的无赖，他们让我们丢脸丢到邻居那里"。[29]

　　一七一三年海盗肆虐过后，沃克决定光写信还不够。圣诞节过后不久，他召集一批人手登上一艘船，航向哈勃岛，要自己主持正义。

　　沃克的追捕行动刚开始时很顺利。他在哈勃岛奇袭海盗，抓住老水手达威尔的女婿史蒂威尔，以及他那十多岁的儿子札阙斯，另外还有共犯马修·劳（Matthew Low）。其他海上强盗则逃进了树林，"靠着武器的力量"保护自己，不过沃克拿下"快乐返航"号，终止了这艘船的海盗生涯。他强迫劳以及达威尔的儿子背叛史蒂威尔，签署书面证词，指证他参与了近期海盗对西班牙人的劫掠。沃克并没有审判史蒂威尔的权力，他

虽曾获任命为海军法官，但该任命在数十年前就过期了，必须　100
把史蒂威尔送到最近的牙买加法院，而囚犯也苦苦哀求他这么
做。沃克虽有自己的考虑，毕竟长途的海上之旅是囚犯逃脱的
大好机会，但他也没有太多其他选择。他把史蒂威尔及可定罪
的证词副本交给乔纳森·切斯（Jonathan Chase），后者是单桅
帆船"朴次茅斯"号（Portsmouth）船长。切斯同意协助把人
犯直接交给牙买加总督阿奇博尔德·汉密尔顿勋爵，并在一七
一五年一月二日出发。[30]

　　沃克驾驶着"快乐返航"号回到拿骚，并雇人协助他捉
拿霍尼戈，以及其他现在躲在伊柳塞拉岛愈创木（lignum
vitae）与墨水树里的逃犯。不久后，他接获消息，古巴的西班
牙人预备大举入侵巴哈马，以报复霍尼戈及其他亡命之徒的海
盗行为。[31]一个曾被西班牙人抓到的当地人告诉沃克，一支战
舰船队正从哈瓦那而来，他们得到的命令是"杀掉"新普罗
维登斯岛上的所有男人、女人和小孩。沃克马上登上"快乐
返航"号前往哈瓦那，希望劝阻西班牙人不要侵略他那不听
话的殖民地。[32]

　　幸运的是，古巴的西班牙总督托雷斯侯爵（Marquis Cassa
Torres）劳伦亚诺·德·托雷斯－阿雅拉（Laureano de Torres y
Ayala）当时心境很宽。他优雅地接见了紧张的巴哈马人，接
受他已抓住八名闹事海盗并送往牙买加受审的故事。侯爵宣
布："我也要感谢你们及新普罗维登斯的所有居民，（因为）
你们费心查明恶徒。他们犯下邪恶罪行，抢劫诚实地讨生活的
人们。"整个二月，沃克一行人多半都在哈瓦那，为了巴哈马
"所有居民未来的安全与和平"，努力修补与强大邻居的关系。

　　沃克回到拿骚后，发现海盗根本没有被平息。囚犯史蒂威

尔根本没有被送到牙买加。霍尼戈和手下不知用了什么法子救
了他,[33]而且正准备亲自解决沃克。殖民地的所有居民都知道,
如果除掉了沃克,巴哈马就会完全属于海盗了。

101

总督汉密尔顿募集私掠战舰

在牙买加,总督汉密尔顿没有多少时间猜想究竟为什么没
有人把史蒂威尔送到他面前,也没有时间担忧巴哈马海盗,其
实,他根本没有心思烦恼巴哈马这块小小的殖民地,因为他卷
入了一场远比此重要与危险的计划:拟定秘密阴谋,推翻英国国
王。吊诡的是,他的所作所为将大大扩张巴哈马的海盗势力。

安妮女王在一七一四年八月驾崩,死时没有子嗣。按照
一般情形,王位会传给她的异母弟弟詹姆士·斯图亚特,也就
是王朝继承权的下一个顺位。对当时大多数人来说,这是上帝
的旨意。但詹姆士是天主教徒,依据一七〇一年通过的一项法
律,天主教徒不能坐上王位。不幸的是,斯图亚特王朝的所有
成员都是天主教徒。众人能提出的最佳新教徒人选是安妮女王
的表亲乔治·路德维格(George Ludwig),他是德国汉诺威选
帝侯(Elector of the German state of Hangover),虽然不会说英
语,也不想学,但仍然被带到英格兰,登基成为乔治一世,成
为新统治家族汉诺威王朝(House of Hanover)的创始者,至
今这个家族依旧占据着王位。许多英国人不喜欢这样的发展,
特别是苏格兰人。一七〇七年的《联合条约》(Treaty of
Union)后,苏格兰失去独立地位,这已经让苏格兰人沮丧,
但至少斯图亚特王朝(Stuart/Stewart)一直是苏格兰的正统王
室。结果,现在英格兰和苏格兰统治者合并不过七年,英格兰
就把一个德国王子摆到王位上,此人还是一个对苏格兰长老教

会非常有敌意的人。虽然也有其他对汉诺威王朝的来临感到沮丧的英国人，像是天主教徒、英国国教会的追随者，以及君权神授的热情支持者，不过，苏格兰的贵胄家族才是试图把詹姆士·斯图亚特推上宝座的先锋主力。

102

汉密尔顿总督是这类家族的成员。[34]他的长兄詹姆士（James）是第四代汉密尔顿公爵，带头反对苏格兰与英格兰联合，曾多次因支持斯图亚特的活动被捕。汉密尔顿另一个哥哥乔治是奥克尼伯爵（Earl of Orkney），深深卷入一场支持詹姆士·斯图亚特的武装暴动计划，另外至少还有两个侄子也卷入这起事件中。汉密尔顿总督本人也想有所作为。他从一七一七年就任之后，就开始清理牙买加治理议会、民兵以及文官中的斯图亚特王朝反对者，让天主教徒、苏格兰人，以及其他詹姆士党人（Jacobite，詹姆士·斯图亚特的追随者）取代那些人的位置。他让一个同谋的苏格兰人负责罗亚尔港要塞的主要防御工事，不但拒绝解释为什么那里存放了火药，也拒绝说明他拿下的商船里载了些什么，据说那些都是走私船。牙买加议会的农场经营者与商人，被汉密尔顿政府里的"天主教徒与詹姆士党人数量"吓坏了。随着英国本土准备走向一场大型的詹姆士党人起义，汉密尔顿开始募集罗亚尔港的私掠战舰船队，而那支武力可能是打算用作殖民地詹姆士党海军。[35]

汉密尔顿否认一切，只承认自己是乔治一世忠诚的仆人。他后来坚称自己在一七一五年夏天，与早秋召集的小型舰队，完全是为了替岛上海运抵御西班牙私掠者，而且在他颁布的舰队委任状上也是这么写的。汉密尔顿解释称，牙买加商人请求他的政府，保护他们不受西班牙人侵扰。他写道："我们在牙买加的驻扎地，只剩一艘军舰与一艘单桅（战）船，两艘船都腐朽到不适合追逐那些骚扰我们的灵活船只。"他还说，那两艘海军舰船即将前往英国，他因而没有多少选择，只能用自己的船替代。[36] 就这样，汉密尔顿联络岛上的几个盟友，催促他们加入，投资一支有十艘私掠船的小型舰队。他们只缺几个值得信赖与有经验的水手来操作那些船，而其中一个人就是范恩。

我们可以合理推断范恩当时无业，在罗亚尔港与金斯敦码头找工作。他终于找到了，受雇于他未来的导师亨利·詹宁斯船长，成为私掠船船员。

詹宁斯被聘去指挥汉密尔顿总督的一艘私掠船：四十吨重的单桅帆船"巴谢巴"号（Barsheba）。[37] "巴谢巴"号可以载八门炮与八十人，詹宁斯因自己的名声而被这艘船的投资者选中：他是商船船长老手，不但拥有战时经验，还拥有每年带来四百镑稳定收入的牙买加地产，这个数字超过他在海上赚到的钱。[38] 詹宁斯可靠、有经验，而且什么都不怕，正是投资者希望找来指挥私掠船的理想人选。

七月底，在众人准备起航时，牙买加周围的天空暗了下来，风开始猛烈地从东南方吹来。一场大暴风雨正在酝酿，詹宁斯、霍尼戈、蒂奇、范恩、威廉姆斯、贝勒米的命运将就此改变。其实，这场暴风雨过去之后，加勒比海与美洲将就此不同。

船队全毁，宝藏落海

一七一五年七月十三日①，一支西班牙宝船舰队离开哈瓦

---

① 为了前后统一，本书所有日期都以英国当时使用的儒略历表示。其实，西班牙及法国当时已使用现代的格里高利历。在这个时期，格里高利历的日期会比儒略历早十一天，也就是说，在西班牙的文献记录中，这支一七一五年的宝船舰队，是在七月二十四日出发的。

那，预备前往加的斯。由于战争的缘故，西班牙人已经好几年没派宝船到新世界了，大帆船因而载着数量多到不寻常的金银珠宝[39]：估计价值达七百万西班牙银圆（一百七十五万英镑）的钱币、丝绸、瓷器、钱锭、珠宝。[40]此外，他们出发的季节也异常的晚。

联合船队的指挥官亚斯特班·乌比亚提督（Captain-General Don Juan Esteban de Ubilla）[41]，已经为迟迟无法启程而烦躁了好几个月。先是安东尼·艾挈维兹将军（General Don Antonio de Echeverz）带领的大陆宝船队，等着骆马商队从安第斯山脉（Andes）另一头的波托西抵达时，在卡塔赫纳耽搁了些时间。接着，乌比亚的新西班牙船队，在等待马尼拉大帆船抵达阿卡普尔科时，又连续数月被困在韦拉克鲁斯。等到两只船队终于在哈瓦那会合时，乌比亚开始担心他们无法在飓风季开始前离开热带。哈瓦那商人把货物搬上船，托雷斯-阿雅拉总督坚持让军官参加他那奢华的宴会时，众人又在古巴耽搁了些时间，而且到了最后一分钟，又多出一艘船：属于法国的护卫舰"葛林芬"号（El Grifon），因为指挥官担心自己满载着宝物的船，会是巴哈马一带海盗帮的简单猎物。乌比亚担心在这么迟的时节才出发并不理想，但别无选择，因为腓力五世（King Philip V，路易十四的孙子）之所以能控制西班牙国王宝座，是因为得到《乌得勒支和约》撑腰。国王急需大量现金，已经向乌比亚施压超过一年。乌比亚抱着这一季飓风不会那么快就出现的希望，在不情愿的状况下，下令起航。

共有十一艘船的舰队驶出哈瓦那，进入佛罗里达海峡，船帆鼓胀，旗帜飘扬。乌比亚与艾挈维兹的巨大战斗帆船打头阵，高耸的船尾甲板像木造摩天楼一般，笼罩着主甲板与海

104

浪。船队主体是六艘宝船，装满货物的船身吃水很深。法国护卫舰"葛林芬"号比有如碉堡的同行船只灵活，前前后后地巡逻。另有两艘战斗大帆船在后头压阵，射击孔中藏着数十尊青铜重炮。

七月十九日星期五，佛罗里达海岸吹出的东风开始减弱。空气变得异常湿热，几个老水手关节发痛。慢慢地，风势越来越强，但这次吹自东方地平线，那些稀薄、丝缕状的云从白天就开始徘徊。下午过了一半时，天色转黑，大雨开始滴滴答答地打在大帆船上，东北风转强，速度先是每小时二十英里，接着转成三十英里，然后是四十英里。水手在汹涌的海水中抓着船桅，奋力地拉下帆。西班牙人准备迎接即将到来的暴风雨，大炮收好，舱口用封条压住，仔细地检查货物。

到了半夜，西班牙众船被飓风迎头痛击，笨重的大帆船开始攀爬山一般的海浪时，这股担忧转成了恐惧，巨浪高达四五十英尺。风速达每小时一百英里时，收起的船帆松了开来，被撕成条状。脱落的沉重索具开始猛力地撞击在甲板上。乌比亚及其他将官从头到尾一直回头，他们知道，风浪正把船队赶到危险的佛罗里达海岸。此外，他们也意识到，基韦斯特（Key West）与大型西班牙前哨站圣奥古斯丁（St. Augustine）之间，没有任何避风港，而他们不太可能抵达那么远的地方。

凌晨时分，众人看见自己的船尾左舷后部掀起巨浪。船员尽了一切努力，但无力阻挡大帆船被山一样的海浪推向暗礁沙石。船一艘接着一艘撞了上去。乌比亚那重达四百七十一吨的旗舰"雷格拉"号（Nuestra Señora de la Regla）船底被暗礁撞碎，沉进三十英尺的深水里。一艘在后方压阵的大帆船消失在海浪之下，另一艘四百五十吨重的"圣罗马圣克里斯多"号

（Santo Cristo de San Roman）在"雷格拉"号南面几英里的海浪中翻覆解体。宝船"利马乌卡"号（Urca de Lima）的指挥官设法让自己的船搁浅在一个河口避难所，但船身依旧被暴风雨打得四分五裂。最后，十艘船全毁，分解成数百块，散落在海滩上，只有航行在船队前方的"葛林芬"号得以躲过这场飓风。①

遭逢厄运的船队里的两千人，只有不到一半活着抵达海滩。他们在刺人的雨水与黑暗之中，害怕地在沙丘之间爬行，寻找避难所。接下来几天，众人挤在沙滩上，戒备怀有敌意的印第安人，这时又有数十人死于受伤与脱水。乌比亚与艾挈维兹双双溺毙，但弗朗西斯科·萨门司令（Admiral Don Francisco Salmon）上了岸，安排生还者挖洞取水，并用船只残骸盖起简陋避难所。几个人搭着尚且完好的小船前往圣奥古斯丁。他们在巨大的圣马科斯碉堡（Castillo de San Marcos）② 下方划着船，一星期后进港，通报美洲史上最大的海难。[42] 除了十艘船的残骸以及一千具尸体，佛罗里达东方的海岸散布着价值数百万比索的宝藏。大部分的金银珠宝，都散落在非常浅的水里，技术好的潜水者能一网打尽。

在残骸中捞大鱼

这个消息传遍美洲的速度比瘟疫还快。从圣奥古斯丁到哈瓦那、牙买加，再到巴哈马群岛。众船长把话带到查尔斯顿、威廉斯堡（Williamsburg）、新港与波士顿，《波士顿新闻通

① "葛林芬"号在九月二日抵达法国布雷斯特（Brest），当时，船上乘客并不知道即将降临在船队身上的厄运。
② 这个碉堡建于一六九五年，至今还在，完整无缺，是美国本土最古老的石头碉堡。

讯》则做了之后的宣传。晚夏那几期报道被小船、单桅帆船，以及骑马邮差带到四处，告知从鳕鱼角到伦敦的读者这次灾难。⁴³很快，在英属美洲的每一个角落，男人挤上各式各样的船只，准备"在残骸中捞大鱼"。

对威廉姆斯与贝勒米来说，这是美梦成真。他们在初秋某个时候，前往佛罗里达的船难地点。贝勒米与玛丽亚·哈利特、威廉姆斯与妻子安娜，或许曾经含泪分别。而这两个男人最终回到新英格兰时，将人事全非。

107

一拥而出寻宝

宝船沉没的消息传到牙买加时，众人陷入了疯狂。镇上每个水手似乎都在为航行做准备，预备前去分食西班牙宝藏。海员以一天五人的速度，很快抛下以罗亚尔港为基地的海军护卫舰"钻石"号，尽管该船当时正准备回到英格兰家乡。"钻石"号指挥官约翰·包臣（commanding officer John Balchen）报告道："如果我再待一个星期，相信就没有足够人手载我回家了。"⁴⁴海员"全都疯了，都说想去船难地点。虽然西班牙人并没有放弃那些东西，但岛上普遍认为，他们有权打捞残骸"。⁴⁵

汉密尔顿总督不但没有镇压打捞者，还试图掺一脚。他找上"牙买加"号船长戴维斯，建议这位年轻军官驶着他的单桅战舰前往佛罗里达，抢夺失事船只，并与他共享所得。⁴⁶这个请求冒犯了戴维斯，连包臣船长也感到不悦。他明确告诉总督，他不会允许自己的船用在这样可耻的差事上。被海军断然拒绝的汉密尔顿立刻改变手段，买下他委任的私掠船的股份。⁴⁷他颁布给私掠者的官方命令是"执行所有形式的敌对行动"⁴⁸来对抗海盗，但私底下则要他们直接前往西班牙船难地点，带回任何能拿到手的宝藏。[49]

詹宁斯把自己的任务谨记在心。他签下十四名技术纯熟的潜水员，有些是黑人，有些是白人，然后让"巴谢巴"号载满"军事储备品"。[50]十二月时，他驶出了牙买加的蓝田（Bluefields），同行的还有另一艘私掠船"老鹰"号（Eagle）。[51]后者是一艘三十五吨重的单桅帆船，由约翰·韦尔斯（John Wills）指挥。詹宁斯的"巴谢巴"号有八十人与八门炮。"老鹰"号的火力甚至更强大，有十二门炮与一百人。如果两艘船同心协力，对付西班牙的海岸巡防船是绰绰有余的，而且也能轻松胜过只配备少量船员的商船。他们沿着古巴多山的海岸航行，中间停靠翁达（Honda）与马里埃尔（Mariel）的天然港口，直到圣诞节过后的某个时间点，才进入佛罗里达海峡，开始寻找海难宝船队的踪影。[52]

一七一五年圣诞节的早上，私掠者出现在比斯坎湾（Key Biscayne）①之外，那是佛罗里达海峡口的一个著名水洞。八点钟左右，一艘小船从北方靠近他们，逆着墨西哥湾暖流流向。那艘船是西班牙官方邮船"圣尼古拉斯·瓦里－圣约瑟夫"号（San Nicolas de Vari y San Joseph），[53]正从圣奥古斯丁前往哈瓦那。船主是四十六岁的海员贝德罗·维嘉（Pedro de la Vega），他没有抵抗。是的，他知道失事的宝船在哪里：他的船从圣奥古斯丁来到这里时，曾在西班牙的主要抢救地停留过。不过，詹宁斯不是第一个问这件事的人。西班牙官方邮船前一天已经在宝船失事地，被两艘英格兰单桅帆船劫掠过一次

①　该地临近今天的迈阿密城，但在过去就是无人居住的湿地。这个时候，古巴与圣奥古斯丁之间没有西班牙殖民地。

了。那些英格兰人也想知道西班牙营地的武力有多强，有什么防卫措施，以及那里堆了多少宝藏。贝德罗·维嘉告诉詹宁斯、韦尔斯与范恩的事，已经告诉过其他人了：之前，他只在营地岸旁停靠几小时，不太清楚状况。就算维嘉的确知道更多，他也没有主动提供消息，至少没提到他的船上藏着一千二百枚八里尔银币。

维嘉与船员被监禁在"巴谢巴"号上，被拿走两枚金币（价值八英镑），还有一些衣物，不过没有遭受任何虐待。维嘉同意指引私掠者到西班牙抢救营地，以逃过一劫。他告诉他们，这件事很简单：只要让墨西哥湾流推着你，走过平坦、无特色的佛罗里达海岸一百英里，就不可能错过，因为其他地方都空无一物。

事情与这名西班牙人描述的一样。一整个白天，然后一整个夜晚，三艘船飘扬着西班牙旗帜，驶过空无一人的佛罗里达海岸。接下来的早晨，他们第一次看见失事宝船的踪影。巡逻船"尼维斯"号（Nuestra Señora de las Nieves）的碎片高高散落在一座堰洲岛（barrier island）的沙滩上，地点在圣卢西湾（St. Lucie Inlet）北方几英里。[54] 海滩外几百码处，浅水里的船身清晰可见，西班牙人显然已经彻底抢救过这艘船。岸上还有其他打捞的迹象：营火灰烬和标示着罹难者墓穴的简陋十字架。私掠船队继续往北，经过"利马乌卡"号搁浅在皮尔斯堡垒湾（Fort Pierce Inlet）湾口的残骸。大帆船已被幸存的船员清空，水线以上的地方被烧光，以吓阻不请自来的打捞船。

西班牙抢救营的红色营火，在漆黑的岸旁闪烁。眼前景象再度符合维嘉的描述：佛罗里达原住民艾兹印第安人（Ayz Indians）种植的棕榈树林附近，有两座相隔六英里的营地。这片维嘉口中的艾兹棕榈地（Palmar de Ayz）[55]，是罹难的乌比亚将军旗舰最后的长眠之地，也是载着珍宝的战舰"圣罗马圣克里斯多"号的葬身之地。所有西班牙人抢救出来的珍宝会在主营地里，也就是岸边最北面的营火聚集地。詹宁斯下令熄灭所有的灯，所有人从吊床上下来，每条船都准备上岸了。

赌命潜水抢救

萨门司令幸运地活下来，成为营地指挥官。飓风让他的船解体，在暗礁上断成三截。中间那一截沉入水中，带走一百人的性命，不过，船头与船尾被抛上岸，让萨门与一半船员幸免于难。幸存者吃光自己带上岸的狗、猫、马后，改为大口吞下沿着海岸生长的矮棕榈树（palmetto）的苦涩浆果。萨门生了病，但拒绝离开失事地点。他写信给国王道："末将将留在这座岛（原文如此）……在糟糕的健康与衣不蔽体的状况下，就算意味着必须牺牲生命，也在所不惜。"[56]他让最强壮的人员看守"雷格拉"号，防止他人洗劫船内装着金银财宝的箱子，接着，他试着尽量打捞船队的货物。这显然意味着必须进行大量危险的潜水工作，但萨门手下没有太多人想进入大批鲨鱼出没的海里。最后还是下水的那些人，几个星期内就因为过劳而病倒。海底有数百吨的宝藏等着抢救，必须找到其他解决办法。萨门派人到哈瓦那，下令带走非洲与印第安潜水员。

十八世纪早期的潜水技术原始又极度危险。[57]自由潜水员几乎全部是奴隶，他们乘着简单的木筏，被送到船难地点。每个人拿着一块大石头，然后深吸一口气跳到船外，沉入二十至五十英尺下的海床。他们在那里逗留几分钟，铲起钱币与小型物品，然后标记箱子、盒子、大炮，以及其他会让人想捞起的

110

物品的所在地，浮到水面上后被搜身，接着再度被送回海底，把绳子或链子绑在较大型的物品上，船上的绞盘会把东西拉上去。如果水较深，潜水员就无法在水底待得够久，一口大钟会一起放下去。潜水员没气的时候，可以把头伸进钟里，吸一口里头的空气。如果他们回到水面时，没有小心呼出所有的气，肺部会裂开，痛苦而死。有的人被迫长时间待在水底，血液里的氮累积到危险程度，等他们重新回到水面上时，溶解的气体就在血管里冒泡，这就是减压症（bends），会造成永久性的瘫痪、神经损伤与死亡。这些奴隶潜水员的死亡率极高，在艾兹棕榈地三百名潜水员中，三分之一的人没有熬过苦役。

死伤了多少人不重要，成果让萨门司令很满意。价值超过四百万比索（一百万英镑）的钱币与货物已经抢救起来，大部分来自"雷格拉"号、"圣罗马"号这两艘搁浅在萨门营地附近水浅处的船。[58]为了加快作业，他在"圣罗马"号旁设下附属营地，离主营地海滩一英里。萨门抢救回来的金银珠宝，大部分已送到哈瓦那，受到严密保护，不过，依旧有三十五万111 枚左右的八里尔银币（八万七千五百英镑），埋在设有防御工事的主营地沙滩下。[59]十二月二十七日凌晨，萨门被副官摇醒，他得知营地遇袭时最先想到的一定是这些银币箱子。

最后的赢家：詹宁斯

私掠船队在黑夜里颠簸浮沉时，詹宁斯选出一百五十人，让他们全副武装，平均分成三队。每一队都登上一条大型艇，深夜两点时划船上岸。队伍在两座西班牙营地中间登陆。黎明时，众人大步走在海滩上，朝着主营地迈进，每一队由一名鼓手与一名旗手打头。[60]萨门司令的部属筑了一道沙堤防御艾兹人攻击，但他们知道，对带着火枪的英格兰人来说，那起不了多少作用。萨门寡不敌众，手下只有六十名士兵及几门炮，而且，詹宁斯鼓手的咚咚声越来越近时，就有十几个人逃跑。萨门知道势不可挡，便举起白旗，独自去见英格兰人。

萨门与詹宁斯面对面时，萨门问："这是战争吗？"英格兰人回答："不，我们是来打捞残骸的，我们要带走'如山的财富'。"萨门以坚决的语气回答："这里没有属于你的东西。失事船'属于天主教陛下'腓力五世，我的人正在替陛下保护那些船。"萨门的据理力争并没有产生效果，因此，他提供两万五千枚八里尔银币，要他们安静离开。詹宁斯拒绝了这个提议。萨门知道抵抗也没有用，只好投降，并说出财宝埋藏处。范恩与詹宁斯的人把银币放上小船，额外的收获还包括四门青铜旋转炮（swivel gun），以及各式各样从萨门部下身上抢来的东西。[61] 接着，他们破坏了三门大到带不走的大炮，带着价值八万七千英镑的西班牙金银币，回到自己的单桅船上。

英格兰人放走西班牙邮船，航向东南方。他们需要找一个安全的地点分赃，詹宁斯觉得巴哈马此时并不合适。

112

私掠船舰队日益壮盛

宝船队遇难后，整个巴哈马忙碌起来。失事船只正在引来恶徒、投机分子，以及整个英语世界的失业水手。大部分人以巴哈马为基地，该地是英国名义上离艾兹棕榈地最近的领土。对劫掠者、寻宝者与海盗来说，巴哈马的无政府状态是额外的吸引力。

一七一五年的晚夏与秋天，霍尼戈与蒂奇沿着古巴和佛罗里达海岸，继续劫掠西班牙船只。他们让人知道，他们拒绝

《乌得勒支和约》，继续视西班牙人与法国人为仇敌。他们宣称英格兰人与荷兰人不用怕他们，因为他们只不过是在替同胞报仇，报复西班牙海岸巡防队的行为。[62] 他们在一七一五年的春季到夏季时，都还维持着这个政策，但秋天来临时，这个原则就渐渐不存在了。十一月初时，霍尼戈与蒂奇虏获牙买加的英格兰单桅帆船"玛丽"号（Mary）。"玛丽"号对这群海盗来说，是个重大进展；这艘单桅帆船足以容纳一百四十人与六门大炮，意味着它大概重三十五吨到四十吨，大小等同詹宁斯的"巴谢巴"号，以及汉密尔顿总督的其他私掠船。霍尼戈与蒂奇善待船员，甚至可能有几个人受到更高薪资和更大自由的吸引，自愿加入他们。[63]

十一月时，霍尼戈驶着"玛丽"号回巴哈马，另外还带了一艘虏获的西班牙单桅船，货舱里装着一桶桶蔗糖与干货。不过，霍尼戈这次没有回到哈勃岛上的安全藏身处，而是直接在拿骚港下锚。他召集这个残破首都的海盗、打捞者，以及其他无所事事的人，宣布他们现在全都受他保护。在新普罗维登斯岛上，海盗人数已开始超过奉公守法的居民，这群人在镇上四处闲晃，一副这是他们地盘的样子，甚至还替自己取了名字：飞帮（Flying Gang）。

当时，托马斯·沃克已和二十一岁的儿子小托马斯从古巴的贸易之旅回到拿骚。某一天，沃克在家中照料生意，派儿子到镇上跑腿。年轻人马上感到氛围变了。几个朋友告诉他，他们被飞帮的混混勒索金钱，其他人则说，再也不能让家中妻女在无人护送的情况下四处走动了。据说海盗已经从西班牙失事船上取得"大量钱财"，并用那笔财富武装自己，买下了所有必要人士的忠诚。接着，沃克在镇上直接和霍尼戈碰上了面。

霍尼戈愤怒地质问小托马斯："你爸那个老无赖在哪里？"

依据小托马斯事后提供给查尔斯顿官员的证词，当时他回答："我父亲在家。"

"他是个惹是生非的老家伙，"霍尼戈咆哮道，"要是让我碰上了，老子会开枪杀掉他。"

儿子回答："我父亲在家，如果有什么话要对他说，最好的办法就是当面告诉他。"

霍尼戈警告，要是沃克一家人不能只管好自己的事，他会烧掉他们的房子，杀掉老家伙，并把剩下的人鞭打到不省人事。霍尼戈现在有超过一百人听从他的命令，还有一艘武装完备的单桅帆船，没有人可以反抗他的权威。

时间一星期一星期地过去，沃克一家人面临越来越紧张的情势。十二月时，霍尼戈及至少其他两艘单桅海盗船的船长，在佛罗里达沿岸出没，阻挠古巴与失事宝船之间的西班牙航运。霍尼戈月底回来时，让沃克心惊胆战，这次他甚至带回一艘更大型的西班牙单桅帆船，并依自己的名字重新命名为"本杰明"号（Benjamin），"玛丽"号的武器和物资都移到这艘船上。目击者后来形容"本杰明"号是一艘"大型单桅帆船"或单桅战舰，足以承载两百人与各式武器。有了这样一艘战舰，霍尼戈再也不需要"玛丽"号了。他把那艘英格兰单桅帆船送回牙买加，船上载着不愿加入飞帮的船员。

一月一日当天，或是在那天前后，沃克一家瞠目结舌地看着詹宁斯的私掠船队驶进港口，货舱塞满抢来的西班牙银币。[64] 老托马斯·沃克望着拿骚港阵容越发壮大的战舰，首次明白新时代已经开始了。

114

第五章　海盗聚集
（一七一六年一～六月）

　　伍兹·罗杰斯从环球之旅返家后，接连遭逢打击。

　　他回到布里斯托尔时，得知岳父惠史东已去世的噩耗，而他的妻儿在他长年不在家时一直住在娘家，因而不得不把他们在皇后区的豪宅所有权交给惠史东夫人，充当一家人的生活费。[1] 罗杰斯历经三年危险的工作后，几乎两手空空地回家，也搬进妻子娘家，一边养好脸上和腿上的伤，一边哀悼着死去的弟弟。

　　不过几个星期之后，他的养伤期就被法院的传唤打断。某个叫史蒂芬·格瑞（Stephen Creagh）的人，代表"公爵"号与"公爵夫人"号上的两百零九名前船员控告他。格瑞的客户深信，宝船"化身"号的货物价值不是十四万英镑，而是三百万英镑，[2] 而罗杰斯把大多数"消失"的金银珠宝藏在巴达维亚。众水手一定觉得自己遭人冷落，又遭到剥削。许多人甚至尚未踏上干燥的地面，就被迫加入皇家海军，而这个叫格瑞的人，帮他们付诉讼费和各种费用，让他们自由。[3] 一七一二年一月，罗杰斯前往伦敦为自己辩护，顺道监督自己的远征战利品拍卖会。

　　罗杰斯在伦敦时，得知妻子怀了第四个孩子，这个消息让他心情好了起来，开始准备出版日志。但就连这件事，他都遭受打击。库克的航海日志在几个月前，就已经抢在他之前出现在伦敦书店。不过，罗杰斯最后胜出，他的《环球之旅》（*A*

Cruising Voyage Around the World）出版后，销量很快就超过了仓促完稿的竞争书籍。读者对罗杰斯提到的船难生还者塞尔科克特别感兴趣，而库克的书里几乎没有提到他。感兴趣的人士包括作家兼记者笛福，笛福在布里斯托尔找到塞尔科克，以他为原型，写出自己最出名的小说《鲁滨孙漂流记》。《环球之旅》会经历两个版本，并印刷无数次，为罗杰斯带来迫切需要的收入。

八月时，罗杰斯的妻子莎拉生下一个儿子，他们的生活因这件事而再度开心起来。小男婴洗礼时，被命名为伍兹，和父亲、祖父、曾祖父同名。此外，战争已经接近尾声，遭逢财务困难的罗杰斯一家，可以期待更美好的年代。

然而，他们的命运再度转变。十二月时，大法官赛门·哈克特（Lord Chancellor Simon Harcourt）宣布"格瑞对罗杰斯案"（Creagh v. Rogers）[4]的判决。罗杰斯输了，判决书使他破产。几个月后，罗杰斯还在为这场灾祸晕头转向时，他八个月大的儿子夭折，埋在圣麦可教堂墓地。[5]接二连三的打击带来的压力，似乎终于压垮罗杰斯的婚姻。莎拉和他分居，男方住在伦敦，女方住在布里斯托尔，而且很快便完全不说话。接下来的几年时间，两人都假装对方死了。

另一个海盗巢穴：马达加斯加

罗杰斯一如往常，投入另一个大胆的计划。战争结束了，海盗再度死灰复燃，尤其是在最著名的海盗巢穴马达加斯加。马达加斯加是传说中的埃弗里王国所在地，也是托马斯·图和已逝的基德船长的巢穴。这里是无政府状态与混乱的温床，占据着连接欧洲、印度与荷属东印度（Dutch East Indies）的航

道。罗杰斯已从丹皮尔及其他人那里听过相关传说。毫无疑
问，他听到的说法，大多来自荷兰商人、军官，以及巴达维亚
与南非开普敦的官员。先前在一七一〇年十二月，当他驶着被
虫蛀、载着珍宝的船，经过马达加斯加南端，风尘仆仆地返家
时，一定出了些冷汗，因为地平线随时可能冒出一群单桅海盗
船。罗杰斯毕竟是商人，对贸易来说，没有什么比海盗还糟糕
的了。一七一三年夏天，罗杰斯开始酝酿压制海盗的计划，最
终让海盗的流氓国度受到有关当局的制约。

117

　　这个计划的第一期行动包括潜入岛上的秘密任务。罗杰斯
准备接触海盗，评估他们的实力与人数，然后试图使其和平投
降。如果成功了，罗杰斯可能想接近国王，自请担任第一任总
督，监管岛上的殖民地。这块殖民地对英国的好处有很多，不
但可以去除帝国的亚洲贸易的主要威胁，还可以充当重要船只
的避风港与海军基地，以及英格兰与东印度之间的中途补给基
地。不过，在这个阶段，罗杰斯知道自己必须低调。他已经看
到英国东印度公司会不惜一切，以求保住有利可图的亚洲贸易
皇家垄断权。罗杰斯不能在计划尚未开始之前，就让那些人粉
碎一切。

　　因此，他的第一趟马达加斯加之旅必须以贸易为掩护。他
去布里斯托尔找从前的生意伙伴，可能也在伦敦找了几个新伙
伴，交涉买下一条合适的船。最后，他们找到"德利西雅"
号（Delicia），[6]那是一艘四百六十吨重的商船，配备三十六门
炮，比"公爵夫人"号稍微大一些，约略相当于海军的大型
第五级护卫舰。"德利西雅"号拥有大型圆形船身，足以装载
大量货物，是一艘完美的远程贸易补给船。接下来的八年，这
艘船将常伴罗杰斯左右。不过，这位一文不名但游历甚广的年

轻船长必须面对一个更加困难的挑战，就是从旧敌人东印度公司手里取得贸易合约。

　　一七一三年十月二日，罗杰斯走在利德贺街（Leadenhall Street）上，经过杂乱的市中心市场，抵达东印度公司全球总部东印度大楼（East India House）入口。[7]一旁的市场散发的恶臭可能让他皱起了鼻子。每一天市场屠宰数百只牲畜，小山般的内脏就堆在几码之外。罗杰斯站在宏伟的四层楼建筑物前的鹅卵石步道上。东印度公司这栋有六十五年历史的总部，以木头建成，有大量的窗框与华丽装饰，一个阳台突出在街道上方，公司职员可以看着下方市场广场上的人来来去去。二楼、三楼的铅灰色窗户呈小小的菱形窗格，面对着街道。只有三楼中间没有窗户，那里装饰着十英尺高的公司徽章木雕。建筑物上方是一幅巨大的壁画，长二十五英尺、高十五英尺，上面是公司三艘扬帆远航的大船，另外还有两只愤怒海怪的雕刻，以及一个倚着剑的英格兰人。在与街道同一高度的楼层的柜台后方站着一名看门人。他在引罗杰斯进入宽敞总部之前，问他是否有预约。

　　罗杰斯提出的计划很简单。他请求东印度公司的官员，允许他把奴隶从马达加斯加带到东印度公司的苏门答腊明古鲁（Benkoelen，Sumatra）基地①。"德利西雅"号将充当"单独的堆货船"，意思是说，船主会自行负担这趟旅程。东印度公司可以买下罗杰斯捕获的奴隶，或是以人头计算付他运费。不管是哪一种，东印度公司都可以赚一笔，但一毛钱都不用投资。东印度公司的人可能太高兴了，毕竟，知名作家与战争英雄居然跑来央求他们，于是他们就给了罗杰斯合约。几个星期

118

---

① 该地位于今天的印度尼西亚。

后，罗杰斯站在新船的后甲板上，往南方前进。

"德利西雅"号在一七一四年三月，抵达马达加斯加东海岸。[8]罗杰斯造访的港口当时约有十几名英格兰海盗住在那里，他们的领袖看起来是托马斯·柯林斯（Thomas Collins），这个人曾为埃弗里的船员。相较于伦敦小说家与剧作家的妙笔生花，这群人的"海盗王国"相当朴实。大部分人已经定居在这里十年以上，成员是海盗、骗子与逃亡者，他们在这个热带的无主之地，享受着简单轻松的生活。当地的马拉加什人（Malagasy）过着一夫多妻的生活，这对这群英格兰亡命之徒来说很合理。大部分人拥有好几个妻子、一大群黑白混血孩子，以及一小群奴隶。奴隶来源是贸易或介入岛上的部落战争。他们把自己的大家庭藏在岸边树林里筑有防御工事的房子里，木头高墙与壕沟围在四周。这类建筑物的进出通道故意盖得弯弯曲曲，令人分不清东西南北，要是被人发现，房子主人有充足的时间逃进树林。罗杰斯抵达港口时，他们就做了这样的事。居民们显然害怕罗杰斯的船，因为那艘船上有着长排大炮，看起来就像国王陛下的护卫舰。

罗杰斯和船员们第一次上岸时，只有马拉加什的部落人士迎接他们，没有海盗出没的迹象。罗杰斯提议交易奴隶，他知道这里可以用十先令（零点五英镑）的货物交换奴隶，那是西非现行价格的七分之一或八分之一。[9]海盗看到这群访客是来买人的，便从树林里跑出来。《海盗通史》的作者回忆道："我不能说他们衣衫褴褛，因为他们没穿衣服。他们身上没有东西蔽体，只有完全没处理过的兽皮……也没有鞋袜，所以他们看起来像是穿着狮皮的赫拉克勒斯……他们是人们能想象出来的最原始的人物。"[10]接着，罗杰斯进行了一笔划算的买卖，用衣服、火药与金属工具，买下海盗"大量"的马拉加什奴隶。

罗杰斯在岛上逗留近两个月时间，他款待海盗，搜集海盗社会的情报，得知原住民彼此不断交战，要是殖民者来到这里，不会出现多少反抗。海盗目前虚弱又没有组织，缺乏可制造任何破坏的远洋船，士气低落。罗杰斯觉得可以用法外开恩的条件，轻松说服他们投降，不过动作要快，因为荷兰船只"史固努文"号（Schoonouwen）[11]的五十名水手，目前搁浅在岛上西岸，正准备加入海盗。

海盗这边则对"德利西雅"号与船员虎视眈眈，希望找机会拿下这艘强大的船。他们的计划是等到黄昏，然后乘着小船大量拥到甲板上，拿下负责看守的人。海盗甚至开始和罗杰斯的一些船员发展友谊，可能还招募了几个阴谋叛变者，但罗杰斯经验丰富，嗅出危机正在酝酿。他切断了海盗与船员间的联系，在"德利西雅"号上组织一支强力的看守队。海盗"发现自己徒劳无功"，[12]罗杰斯离开时，他们甚至还告诉他众人原本的打算。

罗杰斯设法说服众多海盗，说他们最好的去处是回到英格兰。他协助他们，拟定了给安妮女王的正式请愿书，求女王原谅并赦免他们，声明他们希望回到家乡，奉公守法地安静度日。[13]罗杰斯带着请愿书与用链子绑在货舱的满船奴隶，下令起锚，定下回开普敦的航线。他在一七一四年五月抵达那里，把海盗的请愿书交给一艘开往伦敦的船，然后航向苏门答腊，他要在那里卖掉奴隶。

这个时期的奴隶船不像后来十九世纪的奴隶船那样经过特别设计，货舱隔成天花板低矮的奴隶甲板。[14]在船长眼中，奴隶只不过是另一种要塞进货舱的货物，差别只在于他们需要有

120

人喂食。罗杰斯是非洲贸易的老手，他大概让"德利西雅"号也采取这样的做法。奴隶通常是每两个铐在一起，紧紧塞进货舱，几乎没有躺下的空间。女人、女孩与男人、男孩分开关，可能是用防水布或临时隔间分开。带着武器的船员会在每一个舱口站岗。甲板上的箱子里放着装填好子弹的火枪与手榴弹，如果有人试图冲向那里，水手会射杀所有的人。如果奴隶冲向主甲板，船上水手便可以从高耸的船尾甲板杀掉大量的人，那里的扶手上装着小型旋转炮。奴隶被带去喂食时，炮手会继续让这些旋转炮待命，准备好用连发弹轰炸他们。天气不适宜时，奴隶依旧被关在闷热、通风不良的货舱，在汗水、粪便、尿液中喘息。部分人不可避免地染上痢疾，这可能造成甲板"到处覆盖着来自（生病奴隶）的鲜血和黏液，看起来活像个屠宰场"。这样的情况下，疾病会快速传播，奴隶与船员死亡率极高，经历一趟普通的旅程后，两者都会损失大约百分之四十的成员。此外，如果天花、疟疾、登革热、麻疹、痢疾没有带走他们的性命，他们还有自杀的风险：被囚禁的人通常会极度恐惧与失去希望，他们待在甲板上时，必须严密看守，以防止他们带着链子投海。

奴隶制度不会让当时的人感到困扰，不论是欧洲人、非洲人或马拉加什人，因为他们全都以买家或卖家的身份参与奴隶贸易。罗杰斯也不例外，他家族的财富大多来自非洲的奴隶贸易。此外，在他的环球私掠远征战利品中，奴隶也是利润特别高的项目。他货舱里可怜的马拉加什人只是另一种付账单的方式，一种挣取资本以投资更大计划的方式。我们不知道"德利西雅"号载了多少奴隶到苏门答腊，[15]只知道罗杰斯在一七一四年夏天把他们载到那里，让船装上东印度公司货物，然后掉头回英格兰。他急着返家，急着执行他消灭海盗巢穴、替帝国抓住他们的计划。

他再也没有回过马达加斯加了。

再回沉船地

霍尼戈与詹宁斯回到巴哈马后，两人开始针锋相对。他们可能在牙买加私掠船生涯中，就产生过嫌隙，也可能是受过教育、家财丰厚的船长詹宁斯看不起当时的穷水手霍尼戈。詹宁斯显然觉得，只有得到汉密尔顿总督私掠任务的人，才有资格攻击西班牙人。要不然，这个人就比海盗好不了多少。

回到拿骚没多久，詹宁斯就拿走了霍尼戈的战利品：一艘小型的西班牙贸易单桅帆船。[16]詹宁斯有近两百名全副武装的手下，并至少有两艘单桅帆船听他指挥，霍尼戈没有多少办法可以阻止他。詹宁斯的几个手下登上那艘战利船，要船上的人去别的船上。船员欣喜若狂、井然有序地分配完战利品几天后，船队就前往牙买加。他们毕竟是私掠船，必须把战利品提报给附属海军法院，而负责主持的官员就是汉密尔顿总督本人。[17]

他们回去的时间比预期的早。

众人回到牙买加时，古巴水手认出詹宁斯的小型船队。[18]西班牙人一路跟着詹宁斯到古巴海岸，穿越向风海峡，一直到罗亚尔港入口处。托雷斯－阿雅拉总督会听说这件事，而他听到时将大发雷霆。[19]

一七一六年一月二十六日，"巴谢巴"号在牙买加下锚。蒂奇、詹宁斯、韦尔斯只离开两个月，但这个时候，汉密尔顿总督的处境已经出现巨大转变。大约在新年时，风声已传到殖民地，英国本土一场对抗乔治国王的"恐怖邪恶阴谋"已被镇压。《波士顿新闻通讯》慌张地通报"伦敦塔、国库、英格兰银行"全是被攻击的目标,"伦敦市多处遭人纵火,英格兰数个地方发生暴动"。[20]詹姆士·斯图亚特准备带着军队从法国进攻,"全都发生在九月二十五日"。詹姆士党人的主力部队在苏格兰起义,汉密尔顿总督的哥哥乔治·汉密尔顿中将率领着两千名反叛者,但面对国王的军队时,却丧失了进军主动权。韦尔斯与德文郡同一时间也计划了几场叛乱,但有关当局提前得到风声,逮捕了策划者。到一月底时,英国传来对汉密尔顿总督不利的消息,起义显然失败了,国王悬赏他哥哥乔治的头。总督知道该是消灭证据的时候了。

詹宁斯与韦尔斯依据委任状,把宝物呈给汉密尔顿总督。他们可能没有说出财物是从救难营地抢来的,而非来自沉船,不过,他们其实也不用明说,因为对私掠船来说,在这么短的时间内,他们抢到的财富实在是太惊人。[21]但是,不管怎么说,不开口对大家都好。汉密尔顿后来宣称自己没有拿走他应得的一份,"因为我听说,那是在岸上拿到的"。[22]他没有逮捕詹宁斯,也没有逮捕他的同伙。他们到处走动,自由自在,享受着脚踩大地的喜悦,并花掉不义之财,一如其他几艘汉密尔顿委托的私掠船的船员。二月底时,詹宁斯向总督请求开始另一趟旅程的委任状,汉密尔顿亲自签署他的出航文件。[23]汉密尔顿在等待叛变的进一步消息时,他和私掠船保持了一定的距离,不阻止他们也不逮捕他们。

三月初,詹宁斯带话告知部属及其他船长,表示自己将再度前往西班牙船难地点。好几个人回应,对有分一杯羹的机会感到很高兴,其中一个人是雷·亚许沃斯(Leigh Ashworth),这个人指挥汉密尔顿的另一艘私掠船:五十吨重的单桅战舰

"玛丽"号（Mary）。其他两个人在没有委任状的情况下也加入了："椰子"号（Cocoa Nut）的山谬·里多（Samuel Liddell），以及"发现"号（Discovery）的詹姆士·卡内基（James Carnegie）。[24]两个人各有一艘小型单桅帆船，他们让詹宁斯担任总指挥。粗暴残忍的范恩也迫不及待重新加入詹宁斯的队伍。[25]

几艘单桅帆船在三月九日早晨离开蓝田，竞速离开港口，远离牙买加。当天夜里，四艘船被风吹散，但一两天后，他们在松树岛（Isla de los Piños）[①]重新相聚。那是一座无人小岛，窝在古巴最西端后方。他们的计划是绕过古巴沿着墨西哥湾流直接抵达失事地点，然后大肆劫掠。他们在四月二日绕过科连特斯角（Cape Corrientes），三日在经过古巴西北海岸时，"巴谢巴"号负责瞭望的船员大叫起来。

海盗相争

贝勒米望见西方几英里外，一艘不知名的单桅帆船朝着他们乘风破浪而来，后头还跟着四艘同行船。贝勒米和威廉姆斯感到情势不妙。

贝勒米和威廉姆斯皮肤晒得黝黑，头发也因曝晒在热带阳光下数月而发白。他们可能曾在一月时詹宁斯的人马掠夺完艾兹棕榈地后不久，去过西班牙船难地点。[26]这件差事困难、危险，竞争者众多。到了月底，另有七八艘英格兰船只在"雷格拉"号与"圣罗马"号的失事地点下锚。但不管他们多努力，没有一组人马找到大船的主船身，只能尽量搜夺四散的货

---

① 松树岛后来成为史蒂文森写下《金银岛》时的原型。这座岛是古巴第二大岛，一九五九年革命后，更名为青年岛（Isla de Juventud）。

物与钱币;几个星期后,打捞者只捞出要与几百个人平分的五六千枚八里尔银币(一千两百五十至一千五百英镑)。[27]阿雅拉·艾斯寇巴(Ayala Escobar)船长自哈瓦那带着援军在一月二十二日驱逐英格兰人时,贝勒米和威廉姆斯大概很高兴能被赶走。

他们往南走,经过佛罗里达尖角与古巴西部,然后沿着中美洲海岸而下,抵达洪都拉斯湾(Bay of Honduras)。他们可能是来招募船员的。当时,这一带是无主的蛮荒之地,住着米斯基托印第安人(Mosquito Indian),以及一群群称为"湾人"(Baymen)[28]的粗野英格兰樵夫。后者住在今日的伯利兹,以及墨西哥尤卡坦(Yucatán)、坎佩切(Campeche)一带冒着蒸气的湿地小屋里。这群人正处于绝望状态,他们的食物补给在上个秋天就已经短缺了,坎佩切主营地已有数名樵夫被活活饿死。剩下的人之中,至少有两百人决定成为海盗,他们造起大型帆式独木舟(sailing canoe),前往新普罗维登斯岛或艾兹棕榈地西班牙失事船所在地的危险航道。一七一六年二月,西班牙人攻击了坎佩切,活捉或杀掉多名留下的樵夫,并驱逐了剩下的人。[29]几个星期后,贝勒米和威廉姆斯抵达洪都拉斯湾时,发现伐木营地的几乎每个人都在寻找生路,两人不费吹灰之力就找到愿意成为海盗的人。

到了三月底,贝勒米和威廉姆斯领导着一个海盗帮,指挥着两艘佩利亚加船,也就是两年前霍尼戈与蒂奇起家时的同一种帆式轻舟。他们在洪都拉斯湾某处登上了第一艘留下记录的战利船:一艘由约翰·寇纳里森(John Cornelison)指挥的荷兰船。[30]海盗帮劫掠那艘船,要一名水手加入他们,不然就杀掉他,并在不久后房获另一艘由杨恩船长(Captain Young)

指挥的英格兰单桅帆船。[31]打捞者与湾人在船上寻找贵重物品时，贝勒米和威廉姆斯把自己的佩利亚加船绑在船尾，胁迫杨恩带他们回古巴。[32]这两个人和霍尼戈、詹宁斯不同，他们没有身为私掠船船长的错觉，他们是海盗，就这么简单。此外，贝勒米对船主与船长没有多少同情心，因为这些人让他生活凄惨。他主张海盗帮应该像侠盗罗宾汉那样，劫富有商人，济贫穷水手。威廉姆斯本身是富裕商人，他当海盗的动机可能是同情苏格兰人以及被废黜的斯图亚特国王，也或者纯粹为了钱。

在古巴外海，詹宁斯的四艘单桅船开始冲向他们。贝勒米和威廉姆斯看见英国旗帜，担心被抓，决定逃跑。两人命令大约四十名船员将所有贵重物品放在轻舟上，准备抛弃大船。詹宁斯的"巴谢巴"号追来时，贝勒米帮派跳上帆式轻舟，解开船索，开始奋力划桨，径直冲进风里。

大肥羊：法国武装商船

詹宁斯站在"巴谢巴"号甲板上看着轻舟逃跑。他看出追击那些人没什么用：如果逆风而行，没等他的单桅帆船抓到人，他们就会逃到保护着古巴海岸的暗礁处。因此，他靠到单桅帆船旁，呼唤杨恩船长。杨恩以为自己获救了，解释说那两艘轻舟载着"一帮恶棍"刚刚带着他的钱跑了。杨恩以为汉密尔顿总督的私掠船是在那一带打击海盗的，会保护像他一样的商人。他很快就会失望。

詹宁斯不急着放杨恩船长走。他派人上杨恩的船，并对同行船发出信号。船队即将行经附近的翁达港（Bahía Honda），[33]那是一个有掩护的锚地，位于古巴海岸一带地广人稀之处。他们将在那里决定如何处置杨恩船长与他的单桅帆船。

几个小时后，詹宁斯与船员们预备停靠在锚地狭窄入口外时，一个意外惊喜降临。锁孔状的港口中停着一艘挂有法国国旗的大型武装商船，大部分船员都在岸上搜集淡水和柴火。詹宁斯的船队挡在港口入口处，他们无路可逃。不过，风正在从陆上吹来，即使是詹宁斯船队灵活的单桅帆船，也不可能逆风进入狭窄入口。他下令五艘单桅帆船下锚，等他想好计划。

詹宁斯用望远镜检视着法国船，看出直接攻击可能等同于自杀，偷偷摸摸看来是最好的法子。他派三名船员搭着小船前去评估情势。船员将小船划进港口，靠近那艘法国船，然后开心地呼唤船长。三个人告诉船长，他们是来港口取水的。法国船长邀请他们上船，几个英格兰人在和他闲聊时，观察了一下四周的情况。

他们登上的是德斯库贝船长（Captain D'Escoubet）的罗歇尔（Rochelle）"圣玛丽"号（St. Marie）护卫舰。[34]这位富人拥有这艘船四分之一的所有权与货物。海盗猜测船上有四十五人、十四至十六门炮，不过，这艘船足以载运两倍以上的人员与火力，是完美的战利品。

小船带着消息回来时，詹宁斯要众船长集合，告诉众人他想突袭"圣玛丽"号，宣称那艘船为海盗船，然后当成战利品带回牙买加。"椰子"号的船长山谬·里多认为，这会是恐怖的错误，他告诉其他三名船长，几个月前他在墨西哥的韦拉克鲁斯看见过"圣玛丽"号，这艘船显然是"有合法目的的贸易船"。

其他人不相信里多的说法。一个人大声地对他说："你来这里干吗？大眼瞪小眼，然后手指塞在嘴巴里回家吗?"詹宁斯插话说自己今晚就要登上那艘法国船，但他的"巴谢巴"

号"不能被拿下"。他表示，如果他驶到体积较大的"圣玛丽"号旁，"我们大概会被击沉"。他们需要奇袭，用小船登上法国船。亚许沃斯和卡内基船长同意了。

里多试图做最后的据理力争，想挽救形势。"椰子"号的船主派他出来是要打捞西班牙失事船，而不是当不折不扣的海盗。除非能证明"圣玛丽"号是海盗船或违法载运英格兰货物，否则私掠船没有理由扣留这艘船。里多恳请其他人把攻击延迟到早上，他愿意亲自登上"圣玛丽"号，了解他们是否"能让这艘船成为合法的战利品"。里多的票数不足，只能清楚表明他不会参与这次海盗行为。

里多的船员羡慕地看着"巴谢巴"号与"玛丽"号的水手拿好武器，准备好小船，预备发动攻击。最后，舵手宣布自己也要加入大伙儿，带着十几个人抛下了里多。这将是一趟危险的旅程，要划两英里穿越海湾，并和一艘全副武装的大船交战。然而，日落时发生的一件事让胜负完全翻转过来。

人人为我，我为人人——连手夺船

贝勒米和威廉姆斯闻风而逃时，他们看着英格兰私掠者登上杨恩船长的单桅帆船，两名船长不可避免地见了面。接下来的事让他们摸不清头绪。杨恩显然是合法商人，但几艘私掠船不但没有放他走，还派押解船员上船，带着那艘船一起走。他们躲在暗礁与红树林之中，看着那支小型船队在翁达港入口下锚。[35]轻舟上的众人开始明白，指挥这些单桅帆船的人一举一动都不像治安官。

晚上七点左右，热带太阳开始没入斑斓的地平线，他们划船经过卡内基与杨恩的单桅帆船，驶在"巴谢巴"号、"玛丽"号、"椰子"号之中。站在同一艘帆式轻舟上的贝勒米和威廉姆斯，对着"巴谢巴"号的船长大喊。詹宁斯、范恩、贝勒米和威廉姆斯第一次看着彼此。他们了解，如果要拿下这艘巨大的法国战利品，那么他们就需要彼此。

快到十点时，"巴谢巴"号与"玛丽"号用力拉起船锚，船上的头领带着大家一起呼口号："人人为我，我为人人。"接着，有个笨蛋开了一枪。几个人说不管是谁开的枪，应该杀掉那个家伙，他不该惊动"圣玛丽"号。

在单桅帆船摇曳的提灯光线中，几个私掠船船长看见十分不寻常的景象。贝勒米和威廉姆斯的大型轻舟划进单桅船中间，他们的船员全身脱光，手里拿着手枪与水手刀，像是一群野蛮人。"巴谢巴"号的船员把一个单套结抛到一艘轻舟上，"玛丽"号也抛出一个到另一艘轻舟上。贝勒米和威廉姆斯的轻舟穿越海湾，船员奋力划桨，一艘轻舟拖着一艘载着全副武装船员的单桅战舰。

他们一定让德斯库贝船长心惊胆战，也让"圣玛丽"号上的船员搞不清楚状况：载满没穿衣服、看起来像野人的两艘印第安式战斗轻舟穿越水面，后面还拖着战船。[36]从一开始，德斯库贝就怀疑这些英格兰单桅帆船，甚至把一箱宝物藏在岸上，担心可能会遭到攻击。即使如此，他的准备还是不足。佩利亚加船迫近时，贝勒米的人松开单桅帆船，直接从自己的船上进攻。德斯库贝船长的一名船员对着轻舟上的人大喊："你们要去哪里？"得到的回应是："登船啊，不然你以为我们要去哪里？！"[37]接着，就是一阵火枪齐响。"巴谢巴"号一阵炮火攻击，德斯库贝头上飞过一颗炮弹。他寡不敌众，敌方人数至少是他的六倍。德斯库贝命令船员登上小船，试图上岸，但一艘佩利亚加船追赶上去抓住了他们，船上其他人则冲上甲板。第二艘佩利亚加船上的贝勒米警告法国人，如果他们抵抗，就要实施全员屠杀。德斯库贝投降，他的人甚至没有开过一枪。

对贝勒米来说，这件事教会他恐惧的价值。他们拿下一艘火力齐全但人力不足的护卫舰，没有伤到船员、船身和货物。他们以一副无所不能的样子上战场，结果什么都不必做就成功了。这次经历告诉他如何当海盗：恐惧可以是最强大的武器。

"巴谢巴"号与"玛丽"号在战利船旁下锚时，詹宁斯的人进入"圣玛丽"号搜刮货舱、审问船员。鲁莽与暴力的范恩，可能与贝勒米和威廉姆斯握手并共享朗姆酒。贝勒米和威廉姆斯需要的不是这种人，他们要的人要能机智战斗，不付出伤亡就可拿下丰厚战利品。

隔天早上，也就是一七一六年四月四日，詹宁斯开始审问法国船员。德斯库贝后来表示，英格兰人"拷问船员到（相当）不人道的程度"，以及用"最低劣的手法"迫使他们说出三万枚八里尔银币（七千五百英镑）藏在岸上哪里。詹宁斯留下"圣玛丽"号，任命卡内基为船长，德斯库贝及其船员被赶到难以操作的"发现"号上。海盗虏获了一艘船、金银珠宝，以及价值七十万法国里弗尔（liver）的货物（三万零三百英镑）。[38]詹宁斯还逼迫法国船长写信给牙买加的汉密尔顿总督，声明私掠船没有干任何坏事。德斯库贝写道："在下必须向您说明，那些绅士对待在下彬彬有礼，十分愿意每月给在下丰厚的数目以雇用或租用本人的船只。"这些私掠者"拿走在下的船，只因这艘船适合他们正在进行的远征"。[39]

海盗与私掠者忙着分赃，把货物与人员从一艘船移至另一艘船。这个时候，一艘大型帆式轻舟抵达翁达港，船员们天真地登上"圣玛丽"号，要求见德斯库贝船长。他们是一位法国商人长官与十八位船员，从海岸二十英里外的马里埃尔被派来这里和德斯库贝贸易，他们的单桅帆船"玛丽安"号（Marianne）则等在原处。这群人变成英格兰人的俘虏，詹宁斯在他们身上"施以惩罚"，经过"数次拷问"后，同意带他们回母船。詹宁斯和贝勒米、威廉姆斯开会，两人都同意派一艘船和"发现"号一起到马里埃尔，准备拿下第二艘法国船。

隔天早上，贝勒米那两艘佩利亚加船的船员分头行动，一艘和卡内基前往马里埃尔。贝勒米与威廉姆斯则和另一艘船留在后头，以确保新伙伴不是试图将他们骗走，自己独吞"圣玛丽"号的战利品。几个小时后，"椰子"号起锚，朝着相反方向前进；里多不想和这些海盗有任何牵扯，带着少了二十三名船员的船回到牙买加。

詹宁斯和手下在翁达港等候，希望同伴很快会带着另一艘战利品回来。白天过去了，夜晚过去了，晨光出现时，两艘单桅帆船通过港口入口。马里埃尔的俘虏证实，其中一艘是他们的"玛丽安"号。另一艘有十门炮的武装单桅帆船则飘扬着黑色旗帜，詹宁斯与范恩马上就认出来，那是霍尼戈船长的大型单桅帆船。

茁壮的海盗共和国

詹宁斯离开后，霍尼戈在新普罗维登斯岛待了两个月。私掠者给他的恶劣待遇毫无疑问让他火冒三丈，他正想要报复。

在此同时，拿骚的犯罪人口每天都在增加。大约有五十人抛下在附近西班牙失事地点打捞的单桅帆船，时间多在西班牙增援一波波出现之际，也就是二月与三月初。居民约翰·维克斯（John Vickers）后来做证称，这些人造成"巨大的混乱……他们打劫居民，烧掉房子，强暴别人的妻子"。[40]打捞者的领袖是托马斯·巴洛（Thomas Barrow），这个人曾是一艘牙买加双桅帆船上的副手，带着一批珍贵物品逃跑了，据说那些财宝属于"一名西班牙侯爵"。巴洛自己没有船，但他在岛上虚张声势，自称"普罗维登斯岛总督"，承诺要让这个岛"成为第二个马达加斯加"。每个星期都有数十名樵夫从坎佩切跑来，他们被西班牙宝藏的故事吸引，抵达后投奔海盗。其他人则来自新英格兰、南卡罗来纳与牙买加，他们是失业水手、契约佣工、亡命之徒，甚至还有几个从古巴、伊斯帕尼奥拉岛，以及其他地方逃跑来的奴隶。殖民地老百姓越来越害怕，许多人悄悄定下离开的计划。妓女、走私者、军火商等这类人则持续拥入。新普罗维登斯岛正逐渐变成罪犯的国度。

霍尼戈为正在茁壮成长的海盗共和国开了头，但处在巴洛的打捞者与汉密尔顿的私掠者之中时，他一定感到自己的飞帮领袖地位正在下滑，毕竟他的两百名船员不同于私掠者，并不是在为具有法律效力、大部分战利品都交给船主与船长的契约服务。除了少数几个被迫的人，海盗船上的人基本上是自愿加入的。岛上的海盗大部分是长期在海军与商船上遭受虐待剥削的水手，他们没有意愿重复那套制度，而是希望能彻底改变。他们开始选出自己的船长，如果他们对选出来的人不满意，也可以投票弹劾他们。飞帮海盗在战斗时赋予船长绝对的权力，但其他多数事务都是在船员大会上以民主方式决定的，包括要去哪里、要攻击什么、要留下还是释放囚犯，以及如何处罚同伴的违规行为。霍尼戈及其他海盗船长都和船员吃同样的食物，一起睡在船舱里。此外，船员靠着选出其他的船上长官进一步确保自己的权利：他们会选出船需长，这个人必须让食物、战利品和任务都能公平地分配。[41]海盗船船长一般只会比普通水手多拿百分之五十的战利品；而私掠船船长多拿的可能是他们的十四倍。如果船员信任他们的领袖，满意他的表现，会追随他到天涯海角；相反，他们会在眨眼间就罢免他。霍尼戈必须拿出战果，不然他的海盗领袖任期可能很快就要结束了。

他带着蒂奇上船，设定航线前往人烟稀少的西北古巴，该地跨越连接哈瓦那、西班牙大陆、新奥尔良（New Orleans）和法国的航道。在那些少有巡逻的海岸，海盗虎视眈眈。

霍尼戈穿越佛罗里达海峡，大概和哈瓦那保持了适当距离，然后在四月八日前后登陆古巴，位置在马里埃尔孤立的港口附近。停锚在那里的还有一艘飘扬着法国旗帜的大型贸易单桅帆船。那艘船是圣多明各（Santo Domingo）的"玛丽安"号，正要从伊斯帕尼奥拉岛前往多湿地的新奥尔良法国小村庄，指挥者是法国海军军官安塞・雷・盖都（Ensign Le Gardew）。他中途停留以把一批信寄往哈瓦那，停留期间，听说同僚"圣玛丽"号的德斯库贝船长就在再往南走的海岸。雷・盖都急着交换补给品和建议，于是派出一半船员乘着"玛丽安"号的小船到翁达港。"玛丽安"号船员不足，再加上没有多少火力，不足以抵挡"本杰明"号的十门炮与两百名船员。[42]雷・盖都马上投降，霍尼戈拿下"玛丽安"号和价值一万两千五百英镑的货物。负责押解的船员登船，两艘单桅帆船沿着海岸往南航行，可能希望顺道拿下"圣玛丽"号。

在翁达港入口，英格兰私掠者的小型船队已经捷足先登，霍尼戈认出其中一人，就是他的眼中钉詹宁斯。

海盗斗海盗

詹宁斯下令所有船只启程去追击霍尼戈时，贝勒米和威廉姆斯正在"圣玛丽"号上，他们的佩利亚加船则绑在船尾。他们协助押解队拉起这艘法国船的船锚，看着"巴谢巴"号与"玛丽"号离去。"圣玛丽"号启程时，船队剩下的船已不见踪影。于是，他们两个人看到机会来敲门了。

"圣玛丽"号驶出港口时，贝勒米和威廉姆斯打了暗号，他们的人便一起站出来，詹宁斯的押解船员与法国俘虏措手不及，船就被拿下了。贝勒米的部分船员拿着枪抵着俘虏，其他人则把佩利亚加船迅速拖到大船旁，装着钱币的布袋和箱子则扔到小船上。由于要留意在六英里或八英里外的"巴谢巴"号与"玛丽"号，贝勒米和威廉姆斯要自己的船员也登上轻舟，然后划进风里，带走了两万八千五百枚八里尔银币（七千一百二十五英镑）。[43]要清楚那是多大的一笔钱，可以这样想：十八世纪初商船船长的年收入大约是六十五英镑。

在此同时，詹宁斯、范恩及"巴谢巴"号上的其他人知道，他们永远追不上霍尼戈与"玛丽安"号了。此外，他们也看到"圣玛丽"号远远落到后面，十分危险。詹宁斯认为最好回到翁达港，不能丢掉战利品。在他的号令下，"巴谢巴"号与"玛丽"号掉头，一两个小时后，他们追上"圣玛丽"号。"圣玛丽"号上的船员大叫着迎接他们，显然心烦意乱。他们说贝勒米的人背叛他们，带走了一切。"巴谢巴"号充斥着不满的窃窃私语，说詹宁斯弄丢了众人大部分的战利品。这名愤怒的私掠船船主，下令抓住另一艘佩利亚加船，"玛丽"号上的木匠约瑟夫·厄尔（Joseph Eels）事后回忆，

134

詹宁斯下令将那艘船"碎尸万段",[44]显然当时那艘船上的贝勒米船员遭受了同样的命运。詹宁斯在盛怒之下，下令把杨恩船长那倒霉的单桅船烧到吃水线之下。

一阵子后，詹宁斯发泄完怒气，他下达新命令，船队要航行到拿骚分配剩下的战利品。

意见不同，投票解决

贝勒米和威廉姆斯抢完钱之后，追上霍尼戈。[45]两组海盗在古巴海岸面对面。霍尼戈一定很高兴听到轻舟里的人在詹宁斯鼻子底下偷走他的财宝。他用得着这样的人。贝勒米和威廉姆斯在海盗帮规宣读完毕后，加入了"本杰明"号。

水手欣赏有能力的人。贝勒米一定极具才干，因为尽管年纪轻轻，霍尼戈却任命他为新房获的"玛丽安"号船长，地位高于自己的几个老班底，包括蒂奇与船需长威廉·霍华德（William Howard）。依据推测，贝勒米在"玛丽安"号上安排了二三十名自己的佩利亚加船员，再加上三四十名霍尼戈的人。他和威廉姆斯现在指挥着一艘坚固的远洋单桅帆船，宝物在手，还有当代最恶名昭彰的英格兰海盗当伙伴。现在，他们只欠几门可以武装新劫掠船的大炮了。

他们继续在古巴西端徘徊了一星期或更长一点的时间，等着拦截从尤卡坦海峡（Yucatán Channel）通过的西班牙或法国船只，结果没有遇上丰厚的战利品，反而又碰上另一个海盗。

135　　拉布其是武装单桅帆船"马夫"号（Postillion）的船长，他加入这个海盗帮，和霍尼戈结成奇特的盟友。拉布其及大部分船员都是法国人，而霍尼戈依旧视自己为爱国者，正在进行对抗英格兰敌人的正义之战。此外，拉布其一帮人是货真价实的海盗，为了利益，劫掠谁都可以。没想到，这名法国海盗却同意与英格兰船长合作，缔结维持了许多年的跨国关系。

贝勒米可能在其中起了作用。他并不是为了大不列颠而战，而是在对抗体系，包括船长、船主、国王，以及这整套体系里的人。在霍尼戈的圈子里，不止一两个人也赞同合作。如果霍尼戈反对与法国海盗同行，底下的人会驳回他的意见。于是，有八门炮的"马夫"号与他们同行了。

不久之后，霍尼戈、贝勒米、拉布其这三名海盗望见一艘商船从坎佩切的方向驶来，正要通过尤卡坦海峡。那是一艘载着墨水树的英格兰船只，正要前往荷兰，也就是说，那是友船，而不是战利品。但拉布其、贝勒米与霍尼戈不同，洗劫英格兰船只不会让他们良心不安。众人投票，霍尼戈的人再度驳回了他的意见。贝勒米与没有武装的"玛丽安"号把风时，拉布其与霍尼戈拿下战利船，派人上船洗劫与开船。他们拿了零零星星几件看起来有用的东西：酒、钱币、补给、备用零件，以及一两名技术好的船员。过了八天或十天后，大概是在霍尼戈的坚持之下，他们放走了那艘船。[46]

几天过后，在古巴西端，他们虏获了每个人都会高兴的东西：两艘载着可可的西班牙双桅帆船。[47]海盗一枪都没开，在劫掠完两艘船后航向松树岛，并在那里发现三四艘正在装运水与柴火补给的英格兰单桅帆船。海盗船的船身需要清理，因此，海盗向那些小型单桅帆船的船主宣布，他们的船已被强行征用，必须帮助他们清船。霍尼戈可能在"本杰明"号底部发现了令人不快的惊喜，船蛆似乎已严重侵蚀船身，必须由专门的造船厂处理。霍尼戈开始考虑放弃他的大型单桅帆船，这艘船已引起新普罗维登斯岛奉公守法的市民的高度警惕。

136

船身清理完毕后，海盗们继续沿着古巴南方海岸而行，前往向风海峡。拉布其知道在人烟稀少的法属伊斯帕尼奥拉岛海岸有良好的藏身地点，他指引船队往那个方向去。伊斯帕尼奥拉岛是地理位置绝佳的地方，可以劫掠来往加勒比海的商船。海盗找到一处地方，同意把那里当成巢穴，一起合作，以便劫掠越来越多的船只。

霍尼戈首次想摆脱"本杰明"号，大约是在一七一六年五月底，他决定航向拿骚解决这件事。[48]"本杰明"号载满沉重货物，准备把东西卖给巴哈马越来越猖獗的走私者。贝勒米与威廉姆斯可能也跟来了，想替"玛丽安"号装上大炮。霍尼戈、蒂奇，以及其他至少一百五十人和拉布其道别，说好几星期后回去。

护船变抢劫

一七一六年四月二十二日，詹宁斯的私掠船队抵达拿骚广阔的港口。那个画面颇为壮观："圣玛丽"号现在配备三十二门炮，由詹宁斯私人的十门炮"巴谢巴"号和亚许沃斯的十门炮"玛丽"号护送。自二十年前埃弗里驾着"幻想"号出现以来，这是新普罗维登斯岛面对的最强大的海上武力。

詹宁斯、亚许沃斯、卡内基全部上岸，将船交给信任的部属，前往拿骚淫秽的城镇。[49]两三天过后，"圣玛丽"号的船需长，也就是生病的艾伦·伯纳（Allen Bernard），划船到镇上，打断了詹宁斯的寻欢作乐。"巴谢巴"号的船员除了四五个人外，都登上"圣玛丽"号劫掠剩下的货物。据说，詹宁斯惊呼："这不可能。"他要伯纳"上船劝阻他们"，宣称没有人负担得起延迟前往船难地点。詹宁斯向伯纳吐露道："这件事我和你知道就好，如果我能让那艘船再度出航，船里装着货物，就会把船带到牙买加，并拿下它，因为这些家伙拖我下（水）。不用讲，他们分完货物后，会留我来收拾烂摊子。"

忍着胃痛的伯纳恳求船长同去，以便借助他的权威。这事牵涉詹宁斯的威望与大量贵重物品，跟着去似乎是明智之举，但詹宁斯拒绝了。他告诉这位船需长，"不会跟这帮混蛋扯上关系"。显然，船长在客栈与妓院有更重要的事要做。

伯纳回到岸边时，碰上卡内基与亚许沃斯，便告知他们目前的状况。两名船长比总指挥更严肃地看待这件事，两个人自愿协助伯纳恢复"圣玛丽"号的秩序。亚许沃斯立刻划船回到"玛丽"号上，确保自己的船员没有参与这次暴动，卡内基与伯纳则回到"圣玛丽"号上。

法国船上一团混乱。一百个人拥上船，拖走货舱里的欧洲货物与补给，堆在小船上，然后划向猪岛的荒凉海岸，地点离埃弗里"幻想"号腐朽的船身不远。没有人想听卡内基或伯纳要说什么。狼狈的伯纳回到岸上，想催促詹宁斯有所行动。这位船长再次无动于衷，他要伯纳看住船员，别让他们强行拿走货物。

那天剩下的时间里，伯纳眼睁睁看着船员在猪岛岸上的行为。他们已经把战利品分成三份，并违反私掠船的一般做法，把两份分给自己，一份分给船主，而不是船主两份、船员一份。他们应该把所有的战利品带回牙买加，由附属海军法院进行分配与抽税，但船员很快就把属于自己的那一份拿走了，只有船主那一份会送回牙买加。船员不想把船主那份交给詹宁斯，而是请当地一艘单桅帆船"海豚"号（Dolphin）帮忙。这艘十吨重的船奇妙地属于托马斯·沃克的儿子尼尔。[50]

138

　　"海豚"号启程之前，詹宁斯、亚许沃斯、卡内基决定最好的做法是通知船主他们拿下了法国船，但是船员不肯听话。他们列出一张"海豚"号的载货清单，写下给船主与生意伙伴的详细信件，然后交给伯纳与"玛丽"号的船需长厄尔。伯纳与厄尔拿着信登上"海豚"号，踏上了返家的旅程。

　　"海豚"号离开后，詹宁斯想办法控制住"圣玛丽"号，然后召集船员。"巴谢巴"号与"玛丽"号则航向西班牙船难地点。他们在几天后到达，大概是动用可观的武力吓走了西班牙护卫舰。一名路过的英格兰商人后来指称，"圣玛丽"号在失事地点一共指挥着二十四艘英格兰船只，一半来自牙买加，一半来自百慕大，"不会允许法国人或西班牙人去那里"。依据"巴谢巴"号上年轻医生约翰·寇克兰恩（John Cockrane）的说法，潜水员想办法在开船回拿骚之前，"从海里弄出一些钱"。在那之后不久，詹宁斯带领着"巴谢巴"号与"圣玛丽"号回牙买加，他依旧认为自己是有荣誉的私掠船船长。[51]

　　范恩极可能没有跟着"巴谢巴"号回牙买加。那里除了可能的法律诉讼外，没有别的了。另外，他在新普罗维登斯有自己的一份金银珠宝，还有一个任他摆布的好港口，镇上到处都是好战友。以范恩的性格来说，他可能是劫掠"圣玛丽"号的领袖，船主对他不会太高兴，最好还是待在拿骚，享受快乐生活，直到钱被挥霍一空。

自成社会的猪岛

　　霍尼戈与蒂奇在六月时航向拿骚。他们已经离开两个月了，新普罗维登斯的海盗社会在他们出远门时欣欣向荣。数十艘佩利亚加船、小艇、单桅帆船藏匿在猪岛，成员来自各个国家：西班牙、法国、英格兰、荷兰。海盗把几艘单桅帆船弃置在岸边，被劫掠过的船身则在太阳下烘烤。

棕榈、矮棕榈、热带树丛之间，升起数百间小屋、帐篷、简陋屋棚的炊烟，大部分屋子都是就地取材：漂流木、旧杆子、甲板木、被虫蛀过的船壳盖上矮棕榈顶或旧帆布。比较原始的屋子里住的是被从坎佩切赶出来的墨水树伐木工，或是从古巴、伊斯帕尼奥拉岛和从牙买加主人那里逃跑的黑人与印第安奴隶。⁵²好一点的是打捞者或前水手的简陋屋棚。拿骚看起来像是沉船者的营地，水手唱歌、跳舞、喝酒、做爱。岛上的妻子与妓女人数越来越多，她们照料酒馆、缝衣服、煮饭、晚上陪伴男人。年轻的水手詹姆士·伯尼（James Bonny）刚从南卡罗来纳到这里，带着十六岁的妻子安妮（Anne），⁵³而安妮很快就得到行为放荡的名声。对大多数水手来说，这是美梦成真：有充足的食物、酒、女人，还有休闲时间；而钱花光时，永远有另一艘船可以虏获，永远有另一座大农场可以劫掠，永远有船难宝藏可以打捞。

比较好的住家是架构简单的屋子，属于商人与走私者，他们以便宜的朗姆酒、烟草、弹药买下海盗的赃物。另外，殖民地上的领袖人物也会住在比较好的房子里。这些房子曾属于新普罗维登斯岛上奉公守法的殖民者，但大部分人"因为害怕被杀"已经逃离镇上。打捞者的领袖巴洛曾无情地骚扰他们，为了买酒钱勒索他们，并鞭打任何抵抗他的人。

就连来和海盗做生意的商人都不一定安全。巴洛曾在港口抢劫一艘来自新英格兰的双桅帆船，以及殴打一艘百慕大单桅帆船的船长。⁵⁴有些船显然不能碰，包括"理查德与约翰"号（Richard & John）。那是一艘十四吨重的单桅帆船，船主是霍尼戈与蒂奇的海盗老友约翰·寇克兰，以及寇克兰实力雄厚的岳父汤普森。寇克兰与两个兄弟约瑟夫（Joseph）和菲利普（Phillip）在哈勃岛经营一家成功的贸易财团，他们将海盗货物运送到查尔斯顿，然后把糖以及补给运回拿骚。他们的竞争者是四十岁的新普罗维登斯岛老手本杰明·西姆斯（Benjamin Sims），以及尼尔·沃克。[55]据说，沃克的单桅帆船"海豚"号当时正在牙买加，船上载着詹宁斯的赃物。一名殖民地官员在一七一八年上报称："海盗常告诉我，要是没有商人依照他们的指示，将弹药与补给（带给他们），他们不会变得这么强大，不会达到今天这种程度（的势力）。"[56]

武装拿骚岛

霍尼戈在寻找"本杰明"号的买主时，其他人则买卖货物与个人物品，并和打捞者与墨水树伐木工交换消息与故事，在此过程中，众人得知詹宁斯的手下不听他的话，劫掠了"圣玛丽"号。他们吃新鲜的鱼和菠萝，以及从未装进桶里的猪肉、鸡肉，喝马德拉酒（Maderia wine）与巴巴多斯朗姆酒。[57]贝勒米可能觉得自己找到了天堂：一个水手共和国。这里没有剥削他们的人，可以自由自在地生活，只要帝国的代理人不来找麻烦就行了。

霍尼戈替"本杰明"号找到了买主，弗吉尼亚一个叫培林（Perrin）[58]的商人买下那艘船，还顺便开心地买下大多数赃物。海盗头子拿到钱之后买了另一艘船，把枪炮搬到新船上，命名为"冒险"号（Adventure）。"冒险"号比"本杰明"号小许多，威胁性也没那么大，大概只有二十吨。托马斯·沃克汇报说这笔交易削弱了霍尼戈的势力，"在某种程度上，这让他无法像往日一样，在公海上造成重大伤害，至少不会像他继续指挥（"本杰明"号）的伤害那么大"。[59]交易完成后，霍尼戈看着自己的第三艘单桅战舰整装待发。

霍尼戈十分关心海盗共和国的未来。他知道英格兰、法国或西班牙只需要派三四艘军舰到拿骚，他们就玩完了。但如果镇上可以加强防守，就可能把官方势力挡在门外。他看着港口里单桅帆船伸出的各式大炮，然后抬头望着拿骚碉堡的废墟。是的，他发现现在是武装这座岛而不只是武装岛上船只的时候了。他组织蒂奇及其他人获取大炮、滑轮、炮弹、火药，然后开始重新武装旧碉堡。

对托马斯·沃克来说，这是最后一根稻草。近一年的时间中，他与妻子、孩子被这些流氓威胁辱骂。他恳求外界，在这些海盗变得太强大之前镇压他们，但徒劳无功。他知道，要是试图阻止海盗武装港口，他可能会被杀。如果海盗成功了，要将他们斩草除根将比现在更为困难。他于是召集家人，逃到查尔斯顿，把拿骚留给了海盗。[60]

汉密尔顿总督被捕

在牙买加，汉密尔顿总督的人生从不妙变成了焦头烂额。每多过一个星期，英国传回来的消息就越不乐观。到了三月中旬，他得知詹姆士党人的主力部队在英格兰城镇普雷斯顿（Preston）大败，至少有四千人被俘。詹姆士·斯图亚特与随从据说曾抵达苏格兰，但"情况不如预期"，便在四天①后逃回法国。[61]到四月底时，汉密尔顿总督在普雷斯顿的贵族俘虏

---

① 事实上，詹姆士·斯图亚特待了几个星期。

与伦敦囚犯名单中，找到侄子巴希尔（Basil）的名字，殖民地甚至在没有机会加入之前，起义就已经失败了。

142 　　汉密尔顿总督的詹姆士党人行动东窗事发。三月时，牙买加治理议会的秘书长山谬·佩吉（Samuel Page）带着一捆定罪文件、书信与证词航向英格兰，预备呈给乔治国王。牙买加议会与地方海军派遣队的前准将即将交出对总督不利的证据。治理议会的成员彼得·海伍德（Peter Heywood）正在暗自运作，试图表达自己对于"乔治陛下神圣个人与家族"的忠诚，以取代汉密尔顿成为总督。[62]

　　汉密尔顿的私掠船船长为他带来更多麻烦。詹宁斯、威利斯（Willis）、费尔南多（Fernando）、亚许沃斯及其他人的行动，带来古巴与法属伊斯帕尼奥拉岛总督的大量抱怨信。[63]哈瓦那的托雷斯－阿雅拉总督写道，"牙买加好几位绅士"告诉他，汉密尔顿"是所有派到我方（艾兹棕榈地）营地船只的所有人之一"；所有的金银珠宝都必须归还，而且要逮捕与处罚所有为非作歹的人。古巴总督的牙买加大使追踪后发现部分赃款流进汉密尔顿家里。最近一艘小型巴哈马单桅帆船"海豚"号，带着詹宁斯一帮人的货物出现，而那批货实际上劫掠自一艘法国船。接着，詹宁斯拖着"圣玛丽"号出现，不过船上原本的钱币与贵重物品都没了。雪上加霜的是，一个法国官方代表团带着伊斯帕尼奥拉总督的信件抵达，要求归还"圣玛丽"号，以及另一艘据说也被詹宁斯掳走的船。[64]总督给汉密尔顿的信件写道："亲爱的阁下，本人认为所有的行为必须警惕。本人了解数名（私掠船船主）在牙买加都有房产，如果拍卖那些房产，将所得用来弥补他们犯下的错，实属公义。本人要求阁下行使正义。"德斯库贝船长也是代表团的随

行人士。看见自己的"圣玛丽"号正停泊在罗亚尔港，等候
汉密尔顿发落，这让他极度愤怒。

　　这下糟了。要是詹姆士党人起义成功，汉密尔顿可以利用
私掠船资助自己的政府，替英格兰与苏格兰的合法国王保住周
围的殖民地。然而，私掠船这下成为拖累，可能得为了这件事
围捕并牺牲私掠船船长。汉密尔顿下令詹宁斯及其他船长不准
离开岛上。

　　不久之后，在七月底时，有人来敲汉密尔顿的门。

　　皇家海军的"冒险"号（HMS Adventure）带着乔治国王
的命令自英国抵达，预备逮捕汉密尔顿总督，铐上锁链，并带
到英格兰。[65]在治理议会带头反对汉密尔顿的海伍德被任命为
总督，新总督立刻全面调查汉密尔顿的私掠船。詹宁斯的委任
状被没收，但人躲了起来。[66]

　　这也算是一件好事，因为在八月底时，另一艘船将从伦敦
带着乔治国王的官方公告抵达这里。这份公告会印刷出来，并
于八月三十日那天在岛上到处张贴，以及在接下来几个星期散
布到英属美洲各处。国王已经宣布，说詹宁斯、卡内基、亚许
沃斯、韦尔斯及其他人全是海盗。[67]

　　到那个时候，法律已经管不到詹宁斯和他的手下了，因为
他们将在前往避难所的途中，他们的目的地是巴哈马群岛。

第六章　海岸弟兄
（一七一六年六月~
一七一七年三月）

　　一七一六年的六月底或七月初，海盗们重新在伊斯帕尼奥拉岛的藏身处会合："玛丽安"号的贝勒米与威廉姆斯、新购单桅帆船"冒险"号的霍尼戈与蒂奇，以及"马夫"号上的拉布其。[1]一切看起来万事大吉。三艘单桅帆船刚刚被清理好，甲板下储存着充足的新鲜淡水、酒、军火与火药。他们有将近两百人，还有一个安全的避风港，从这里他们可以动身袭击经过向风海峡的商船。

　　但是，海盗帮之间的关系紧绷。因为不愿意袭击英格兰与荷兰船只，霍尼戈越来越难以掌控这个小型舰队。他自视为民间治安队，清算英格兰与法国、西班牙之间的旧账；除非逼不得已，才会登上友船，例如为了得到救命的补给或老练船员。贝勒米与威廉姆斯的想法不同，而拉布其本人与大部分的手下都是法国人，不觉得有任何放过英格兰船只的理由。

　　霍尼戈还远在拿骚之际，贝勒米与拉布其就已攻击过古巴南方海岸好几艘英格兰舰船，还俘房船上人员，拿走他们的补给与烈酒。[2]霍尼戈回来后知道这件事，很是生气。在八月溽暑下，紧张的气氛一触即发。贝勒米与拉布其希望劫掠一艘英格兰舰船，而霍尼戈再度拒绝。"冒险"号上，霍尼戈的许多部属要求罢免他。这名海盗头子不但错失珍贵的战利品，还失去了"本杰明"号。或许大家需要比较年轻、激进的领袖。大概是船需长让船上全体船员投票，霍尼戈失去了三分之二的船员的信任。大部分人准备好要进行无限制的海盗行为。他们决定加入贝勒米与拉布其的单桅帆船。众人宣布霍尼戈可以留着"冒险"号，但必须立刻离开，再也不准出现。被罢黜的海盗头子在羞辱之中回到巴哈马，身边带着二十六名忠诚的部下，包括他自己提拔的蒂奇。[3]

争维京群岛，骷髅旗飘扬

即使以海盗的标准来说，贝勒米的崛起速度也十分惊人。他离开新英格兰才一年，就从一文不名的水手变成一百七十人海盗帮的首领。他和威廉姆斯已经虏获价值数千英镑的战利品，那是他和其他水手同伴奉公守法工作一辈子都不可能赚到的钱。他现年二十七岁，正要大展宏图。

在他那单桅帆船的九十名船员中，大多数是英格兰人与爱尔兰人，还有少数几名苏格兰人、威尔士人、西班牙人与荷兰人，另有一名瑞典人，以及至少两名非洲后裔。大部分人是二十五岁左右或三十岁出头，他们是自愿成为海盗的前水手与私掠者。也有几个人是被迫加入的，至少一开始是如此。约翰·弗雷契（John Fletcher）是霍尼戈在一七一五年十月从"布雷赫特"号（Blackett）上绑来的人，他后来完全融入了海盗生活。船员非常喜欢他，也信任他，还选他为"玛丽安"号的船需长。当然还是有心不甘情不愿的俘虏，例如理查德·克文里（Richard Caverley），他因为具备航海技术，从一艘英格兰单桅帆船上被掳来。三十四岁的瑞典人彼得·霍夫（Peter Hoff）被抓来，则是因为他熟知南加勒比海一带的情况。贝勒米在接下来几个月会用得上他们的专业才干。

霍尼戈离开后，贝勒米与拉布其拿下好几艘帆式轻舟、小艇与货船，让战舰获得充分补给。[4]海盗们似乎轻松地度过了夏日尾声，吃吃喝喝，寻欢作乐。九月时，贝勒米认为，该是开阔众人眼界的时候了。他向船员提议东行，沿着安的列斯群岛蜿蜒而行，抵达西班牙大陆，沿路碰到什么船就追赶什么船。贝勒米的人同意，拉布其手下的人也同意了。在飓风高发季节，他们从伊斯帕尼奥拉岛开始远征。

他们逆着盛行风而行，沿着伊斯帕尼奥拉岛与波多黎各，呈 Z 字形移动。一路上平安无事，只是偶尔才被一些海洋生物阻断，比如一群好奇心强的海豚，或是在单桅帆船船身前大批落下的飞鱼。但在他们经过波多黎各最东端，开始穿越圣托马斯岛（St. Thomas）时，负责瞭望的船员看见地平线上出现一艘三桅帆船的模糊轮廓。距离拉近后，贝勒米看出那是一艘巨大的船，事实上那是一艘战舰，飘扬着法国旗帜。除了船侧突出的长排射击孔，船尾与艉甲板也有一排较短的射击孔。这艘船是小型护卫舰，一共有四十门炮，大小跟他们在詹宁斯眼皮底下劫掠的"圣玛丽"号差不多。但和"圣玛丽"号不同的是，这艘船全副武装，而且没有被困在港口，船锚也没有沉在海底。这艘船扬着帆，大炮已准备好发射。毫无疑问，这将是巨大的战利品，有了这艘船，他们可在西印度群岛无往不利，但要拿下这艘船，并不是一件简单的事。贝勒米和拉布其及众船员商议后，决定冒险大胆攻击。

贝勒米和拉布其的大炮数不如对手（一比二），因此必须智取。不幸的是，他们未能做到。法国船舰猛轰"玛丽安"号，炮弹炸穿甲板，碎片四射。交战一小时后，贝勒米停止攻击。他的手下一人死亡，三人身受重伤。法国船扬长而去。[5]

　　十月与十一月时，他们在维京群岛（Virgin Islands）出没。当时有四个国家在争夺这个人烟稀少的群岛。五百名丹麦殖民者住在圣托马斯岛，监督三千多名非洲奴隶工作。数百名英格兰人住在英属背风群岛（British Leeward Islands）最西部的托尔图加岛（Tortuga）。背风群岛延伸三百英里，从安的列斯群岛一直到安提瓜与尼维斯岛。丹麦人与英格兰人都主张无人居住的圣约翰岛（St. John）是自己的领土，法国人与丹麦人则争夺圣克洛伊岛（St. Croix）。与此同时，西班牙人占领了其他几座岛。维京群岛这么小的一片区域，却有这么多敌对的国家在争夺，这对贝勒米和拉布其等来去无踪的商船劫掠者来说，正是理想之地。他们可以偷一艘商船，要是战舰或警卫队试图追捕，他们就可以"穿越国境"。这里的战利品都是些小东西，但他们靠着拿下各种倒霉的渔船，以及一艘载着面粉与腌鳕鱼的法国货船，让自己有吃有喝。[6]他们不止一次强迫单身男子加入他们，但对已经结婚的人则网开一面。[7]比起单身汉，有家庭羁绊的人难以成为全心投入的盗贼。

　　十一月九日早上，海盗们航行在圣托马斯岛与圣克洛伊岛之间的宽阔航道上。逐渐升起的太阳照出一艘从西方靠近的单桅帆船。那是一个空气凝滞的早上，风几乎无法吹满帆，不过因为是顺风，贝勒米和拉布其得以追上它。结果，那是一艘挂着英国旗帜的商船。贝勒米命令炮手自船艏发射炮弹。同时，拉布其把一面大黑旗升到"马夫"号船桅顶端，"上面有一个骷髅头和交叉的骨头"。

　　单桅帆船的船长亚布佳·萨维吉（Abijah Savage）看出抵抗也没用。两艘海盗船各有八门炮和八九十人。萨维吉的

147

"波内塔"号（Bonetta）则没有武器，船上载着要从牙买加到安提瓜的乘客（安提瓜是萨维吉的家乡，以及英属背风群岛的首府），包括一名跟在母亲身旁、九或十岁的兴奋男孩；一名带着印第安奴隶男孩、正要回家的安提瓜耕作者；[8] 一两名黑人，以及几名雇工。这些人不可能对抗正在逼近的单桅帆船。那两艘船的甲板上站满拿着武器、看起来像野人的男人。遇上有备而来的海盗，萨维吉做了和几乎每一位船长一样的选择。他降下帆，船逆着风，船帆像是垂挂的衣物一样，无力地拍打：这是通用的海上投降信号。"波内塔"号速度减慢，缓缓地在海浪里起伏。萨维吉和船上的人在船边放下一艘小船，爬进去，然后划到一旁，等候处置。[9]

海盗们开会之后，决定暂时留下"波内塔"号与船上的人。海盗船很快就得再次清理，需要备用船帮忙。萨维吉和船员被关在"玛丽安"号上。同时，海盗占领了单桅帆船，准备航向空无一人的圣克洛伊岛。萨维吉和船员被关了十五天，抵达圣克洛伊岛港口停锚处时，几乎所有人都精疲力竭。萨维吉后来表示，在这段时间，贝勒米与拉布其最关心的事是把他们的单桅帆船换成足以战斗的船。他们认为，要是幸运的话，"应该能顺利出征"。在清理船身时，三名被迫上船的船员逃进了港口周围茂密的树林，海盗抓回其中的瑞典人霍夫。他因为违反船规，"被严厉鞭打"。[10]

单桅船清理完毕后，贝勒米通知萨维吉，说他可以带着乘客和货物走了。一名目击者表示，这群海盗"假装是罗宾汉"，[11] 喜欢花哨的衣物，就这样拿走了有钱乘客的衣服。此外，他们扣留了某个安提瓜耕作者的一名黑奴与一名印第安男孩，但准备让剩下的乘客与船员离开。不料，萨维吉的一名乘客，一位约十岁大的孩子约翰·金（John King）拜托海盗带他走。他的母亲试图阻止时，他还激动地以死威胁。依据萨维吉的说法，男孩"宣称如果阻止他（加入贝勒米），就要自杀"。[12]海盗显然被这个穿着丝质长筒袜、高级皮鞋的小男孩逗得很开心，便带他上了"玛丽安"号。海军舰船与商船上有许多十岁的小厮，而现在海盗船上有两个了。金太太吓坏了，她的儿子发誓效忠海盗，保证绝不从同伴身上偷半个八里尔银币，然后就跟着新同伴离去。

149

贝勒米充分意识到，一旦萨维吉抵达安提瓜，警讯会传遍整个背风群岛。因此，海盗必须赶在萨维吉一行人之前，立刻穿越诸岛，航向西班牙大陆。他们从圣克洛伊岛抵达沙巴（Saba），那是往东七十五英里处的一座荷兰岛屿，途中众人不断搜寻着适合当战舰的船只。

他们没有等太久。就在隔天，沙巴隐约出现在东北方时，他们看见并追上了一艘武装商船："苏丹娜"号（Sultana）。这是一艘有二十六门炮的英国全帆战船（ship-rigged galley），令人望而生畏，不过比他们几个星期前试图拿下的四十门炮法国船小上许多。贝勒米和拉布其升起骷髅头海盗旗，自信这次找到了能应付的对手。他们没有料到，这次交战比想象中要简单太多。"苏丹娜"号船长约翰·理查德斯（John Richards）在之前的旅程中受了伤，正待在船长室，无力组织保卫战，"玛丽安"号与"马夫"号立即取得胜利。"苏丹娜"号完全没有机会抵达坎佩切湾，未能依原计划去装载墨水树货物。[13]

经船员同意，贝勒米接掌"苏丹娜"号。这是海盗力量的重大发展：在这艘注重速度与机动性的战船上，拥有平甲板

(flush deck）及光滑狭窄的船身。"苏丹娜"号没有贝勒米希望的那么大，却是一块极佳的垫脚石，可助他获取适当的护卫舰。贝勒米的威望在船员中迅速提升，船员推举他的朋友兼心腹威廉姆斯接替他指挥"玛丽安"号。这位银匠与农夫之子，现在有能力重创大西洋商人了。

几个小时内，海盗虏获第二艘船。这是一艘笨重的商船，指挥者是托索船长（Captain Tosor）。它原本在"苏丹娜"号大炮的保护下，预定前往坎佩切，但最终遭到洗劫。此外，由于海盗越来越缺人手，好几名船员被迫成为海盗，不过他们允许托索驾着自己的船继续前往坎佩切。贝勒米船上有一名船员叫赛门·凡范斯特（Simon Van Vorst），他是在纽约这座前荷兰城市出生的二十四岁荷兰人，后来回忆说，当时许多被强迫的船员当着他们的面"哭泣，表达忧伤"。[14]不过，几个月后等到金银珠宝堆在面前时，众人转悲为喜了。

海盗信用合作社：任何人想要钱，都可以拿

现在，这支拥有三艘船的海盗队继续沿着背风群岛前进，途经英国在圣克里斯托弗、尼维斯、蒙特塞拉特的前哨站。他们希望尽量避免碰上皇家海军，因此与安提瓜保持距离。这其实是多虑。当时牙买加与巴巴多斯岛之间，没有半艘英国战舰。人在安提瓜的英属背风群岛总督沃尔特·汉密尔顿（Walter Hamilton）①，已从萨维吉船长那里听说海盗出没的事，却无力回应。当时一艘单桅商船正带着他的紧急求救，火速前往巴巴多斯寻找当地总督，请求对方派出护卫舰"士嘉堡"

---

① 此人与阿奇博尔德·汉密尔顿总督并没有亲戚关系。

号（HMS Scarborough），以保护英格兰航运不受"海盗害虫侵扰"。[15]然而，到巴巴多斯要走两百五十英里，汉密尔顿知道，就算这个请求获准，"士嘉堡"号也要三个星期才能抵达他那防御能力不佳的殖民地。

十二月的第二个星期，海盗房获两艘商船，[16]法属小岛瓜德罗普就在眼前。他们抢走食物及其他必需品，然后转往西南偏南，让小安的列斯群岛（Lesser Antillies）与愤怒的总督缓缓沉到地平线之下。贝勒米知道，眼下是寻找藏身处的时候了，于是仔细地检查新旗舰，为更大的猎物做好准备。他们航向西班牙水域，前往偏远的布兰基亚岛（La Blanquilla）。在那里，他们可以不受干扰地完成这些事。

十二月十九日，离布兰基亚岛还有二十七英里远时，他们又有一次斩获。海盗包围了英国远洋商船"圣麦可"号（St. Michael），当时它正要从布里斯托到牙买加。船长詹姆士·威廉姆斯（James Williams）载着三个月前在科克港（Cork）取得的补给货物：一桶桶金斯敦与罗亚尔港人民高度珍惜的面粉、谷物、腌猪肉、熏牛肉。"圣麦可"号没有配备多少火力，知道抵抗也没有用。"玛丽安"号与"马夫"号拿下这艘船后，航线瞄准布兰基亚岛。[17]

布兰基亚岛是今日委内瑞拉海岸一百英里外"那座白色的岛"，它是一座地势低洼的石灰岛，四周围绕着坡度缓的白色沙滩。布兰基亚岛是寂寞的封闭区域，一向是水手喜爱的中途停靠站。岛上的沙滩是清理船身的绝佳地点，而且唯一的居民是鹦鹉与鲣鸟。海盗至少在这里待了两个星期，度过了圣诞节与新年。在这段时间里，他们把"苏丹娜"号改装成帆式军舰，并把"圣麦可"号的四门炮移到"玛丽安"号上。[18]他们打算让船长威廉姆斯与"圣麦可"号离开，但强迫十四名船员留下以协助"苏丹娜"号上的海盗。贝勒米一定十分关心新旗舰的维修工作，因为被迫留下的人之中有四个人是木匠。他们大多吓得要死，哀求海盗让他们留在"圣麦可"号上。船上海盗告诉汤姆·索思（Tom South），说他们"发誓，绝对会在让他离开前射杀他"。索思继续哀求，贝勒米因而威胁要把他扔到荒岛，让他渴死或饿死。不过，他们向另一名木匠欧文·威廉姆斯（Owen Williams）承诺，如果安安静静地帮助海盗修船，他们会在下一次洗劫船只时，把他放到那艘船上让他走。不论安静与否，被迫留下的船员悲惨地看着"圣麦可"号起锚，继续前往牙买加。不久之后，"马夫"号也起锚了。拉布其的手下决定带着自己的战利品离去，和英格兰兄弟好聚好散。显然，他们对贝勒米的大计划不感兴趣：拿下比现在更大的船，然后改造成足以摧毁"士嘉堡"号或西印度群岛任何其他英国战舰的战船。[19]

贝勒米与威廉姆斯觉得现在风声过了，可以回背风群岛。他们朝着向风海峡回头，准备好拦截任何碰上的船只，接着也许就该回巴哈马了。他们让从"圣麦可"号那里抢来的新伙伴宣誓，读船上的规定，保证不会窃取共有的战利品。那些东西存放在"苏丹娜"号上一个大型隐秘处，由贝勒米手下刚被选出的船需长理查德·诺兰（Richard Noland）小心地清点过数量。俘虏后来供称，诺兰表示："如果有任何人想要钱，都可以拿。"[20]诺兰会在一个记账本上记录被提出来的钱，并从当事人的那一份赃物中扣除提款，这就好像他在经营某种海盗信用合作社一样。新人宣誓过后，两艘海盗船返回维京群岛。

至今为止，天气都很稳定：信风稳定地从东北与东北偏东方向吹来，有时会带来一些雨云，那是受欢迎的淡水小雨，可以给船员的身体降降温，洗去他们累积多日的盐分与污垢。[21]但在一月底时，风势开始增强，海面上开始掀起大浪。飓风季节已经过去，却依旧刮起危险的大风。海盗决定不要冒险，前往最近的港口避难。结果最近的地点是熟悉的老地方：圣克洛伊岛。[22]先前十一月时，他们在维京群岛的这个无人岛上，度过了大半个月。不过，港口有惊喜等着他们。

荒凉锚地上，到处是战斗过后的碎片。保护着港口入口的礁石上，海浪拍打着一艘船的烧焦遗骸，显然曾被烧到吃水线以下。另一艘大型单桅帆船半沉在港口里，船身伤痕累累，满是四磅与六磅炮弹的痕迹。"苏丹娜"号驶到一旁时，贝勒米发现已有人卸下那艘船的船桅、船首斜桅、锚、货物与索具。岸边土墙后方架设起一个小炮台，但显然遭受过来自海上的猛烈攻击。[23]

153

贝勒米没有等多久，就知道先前发生了什么事。衣服破烂的人们从树林里爬出来，在海滩上对着他们挥手大叫。有些是白人，有些是黑人，有些是混血儿，但全都看起来又累又饿。结果，这些人也是海盗，他们是约翰·马特尔（John Martel）指挥的那六艘海盗舰队里的一百多名幸存者。马特尔是另一个变成海盗的牙买加私掠船船长，他的海盗帮和贝勒米、威廉姆斯一样，几个月来都在劫掠安的列斯群岛。他们俘虏各式各样的大小船只，并在一月初抵达圣克洛伊岛清理船只。他们的运气不好，一月十六日时，皇家海军的"士嘉堡"号①停靠在这

---

① 其实，"士嘉堡"号的船长弗朗西斯·休姆（Francis Hume）正在找贝勒米与威廉姆斯。他回应沃尔特·汉密尔顿总督的请求，打算把他们逐出背风群岛。

座港口的入口处，并用大炮猛烈攻击他们。海盗们用自己在岸上炮台架设的四门炮回击，但"士嘉堡"号立刻让它们失去了效力。有那么一小段时间，海盗们以为或许可以逃过一劫，因为五级护卫舰太大，无法进出港口。海盗们挤在马特尔的旗舰上，也就是有二十二门炮的战船"约翰与马歇尔"号（John & Marshall）。他们准备逃之夭夭，却在礁石上搁浅。眼看着"士嘉堡"号即将掉头追上他们，马特尔下令弃船，并烧毁船只，船上载着几个星期前抢来的四十名黑奴。有二十名奴隶可能因为被锁在货舱里而活活烧死。马特尔与十九名海盗在"士嘉堡"号抵达前，逃上一艘小型单桅战利船，但其他一百多名海盗与奴隶则留在树林藏身处。"士嘉堡"号的水手与船员重新抓回八名奴隶，搜刮了几艘单桅帆船上的货物与贵重物品，然后带着战利品扬长而去。[24]

154 　　看到贝勒米一行人，马特尔手下的海盗开心极了。他们知道，有关当局回头追捕他们是迟早的事。其中二十几名黑人的感受较难确认。他们还活着的事实表明他们没有被绑在"约翰与马歇尔"号货舱，不算是货物。马特尔拿下奴隶船"灰狗战舰"号（Greyhound Galley）时，船上大约有二十名船员是非洲裔。奴隶主让黑人当水手，并不罕见。这样的人通常生在西印度群岛，有些是被主人释放的非洲孩子。相较于出生在英国的水手，他们较能抵抗致命的西非与西印度群岛热带疾病，而且他们（或他们的主人）可能拿到的薪资较少，因此是具有吸引力的雇工。这个时期的海盗常释放奴隶船上的非洲人，因为他们是凶猛严肃的战士；其他人则待他们如货物，并当成货物出售。马特尔帮可能存在两种形式：说英语的西印度船员与奴仆，获邀加入海盗帮；说非洲阿肯语（Akan）或伊博语（Igbo）而充满恐惧的人，依旧留在货舱。不论活下来的这二十名黑人原本是什么身份，贝勒米和威廉姆斯看起来欢迎他们上船，视他们为平等的成员。另外八九十名在圣克洛伊岛海滩迎接他们的白人海盗，也一同被带上船。

贝勒米人手不足的问题一下子解决了。但突然来了一百三十名新海盗，让船上原本的老成员有些不自在。贝勒米与威廉姆斯原本的八十人班底，在过去六个月的冒险中，彼此培养出信任感，如果算上被迫加入的人，现在他们的人数以近一比二的比例少于陌生人。激烈打斗时，能相信这些新人吗？他们会不会跟前一年贝勒米对待詹宁斯一样，在第一时间抓住机会带着同伴的金银珠宝开溜？只有时间能证明。

海盗们担心"士嘉堡"号会回头，于是决定以最快的速度离开圣克洛伊岛。他们需要一个新的藏身处，以躲过暴风雨不断的天气。贝勒米提出的解决之道非常大胆，显示出这一海盗帮日益增长的力量与自信。海盗们不打算溜到某个无人岛，而是直接前往维京群岛的英国主要前哨站：西班牙镇。那里位于圣克洛伊岛东北方六十英里的维尔京戈尔达岛（Virgin Gorda）岩岸。

居住着三百二十六人的西班牙镇，是英属背风群岛副总督托马斯·霍恩比（Thomas Hornby）的任职处，马特尔海盗帮的行踪就是他暗中通知"士嘉堡"号的。两艘全副武装的海盗船驶进港口、大炮瞄准小镇时，霍恩比心中可能警铃大作。他没有什么应对之策来保护这块殖民地。这里有三分之一的人口是黑奴，他们更有可能加入海盗，而不是驱逐海盗。大部分白人是孩童，岛上只有四十二名白人男子。[25]霍恩比摆出的防御阵仗，是一门没有上座、没有增援的大

155

炮。他别无选择，只能听命于海盗，希望他们能让维尔京戈
尔达岛毫发无损。

贝勒米的海盗帮控制住这里好几天，时间可能长达一两个
星期。他们对待这个前哨站的方式，就好像它是战利品一样，
并没有大肆劫掠。[26] 维尔京戈尔达岛的大部分地方贫瘠多山，
殖民者只能种植玉米、番薯（yam）、马铃薯，以及少得可怜
的甘蔗，只能制作便宜的朗姆酒。几个月后，一位皇家海军船
长造访维京群岛，他的结论是没有一座岛"值得政府殖民，
或是在它们身上花半毛钱"。不管如何，海盗们一定对自身地
位的转变感到有趣：他们在国王陛下的领土上作威作福，就好
像土地是他们的一样。有些不那么高尚的殖民者，就很开心见
到海盗，据说他们"逢迎拍马，并给他们钱"。几个人甚至可
能加入了贝勒米的帮派，相较之下，他们在岸上当契约佣工的
条件看起来就没那么吸引人了。不过，正当殖民者竭力取悦海
盗时，贝勒米几名被迫加入的船员跳船，乞求副总督霍恩比收
容他们。霍恩比答应了，但贝勒米带话给他，要是不把这些逃
跑的人送回去，"就要烧毁城镇"。霍恩比乖乖听话，海盗们
离开西班牙镇时，人数比抵达时更多了。

海盗们大吃大喝休息完毕，成员增多，准备拿下"土嘉
堡"号或任何碰上的船。他们彼此商量，认定向风海峡是突
袭大型战斗舰船的好地方。贝勒米与威廉姆斯回到了他们的起
点，只是这次带着较原来多近三倍的人和火力。每过一个月，
就有更多不那么"高尚"的人，像是水手、奴隶与仆人，似乎
愿意加入他们的帮派。贝勒米与威廉姆斯从小贼开始，现在却
发现自己正成为一场新兴革命的领袖。他们现在真正需要的，
是一艘合适的旗舰。

攻下珍贵的"维达"号

在那个当下，武装商船"维达"号（Whydah）[27]正准备离开罗亚尔港，前往伦敦。"维达"号有着海盗想要的一切东西。它的火力充足，有十八门六磅大炮可供防御，开战时允许超过十门炮同时发射。它的速度很快：甲板上建有三桅帆，可以加速到十三节，对于运送奴隶横渡大西洋来说，是非常完美的。它有三百吨重的船身，足以承载五百到七百名奴隶，或是贮藏大批劫来的宝藏。它代表着当时最先进的武器系统之一，这类科技如果落在错误的人手上，就会变得极端危险。

"维达"号的船长劳伦斯·普林斯正急着返家。他几乎待在海上一整年了，先是从伦敦抵达几内亚湾奴隶海岸，成功讲价并买下数百名奴隶，每一名成年女性的价格是"三十铁条"。然后普林斯横跨大西洋，抵达牙买加，在金斯敦码头贩卖奴隶，船员忙着把换来的货物装上"维达"号：牙买加蔗糖、靛青染料，以及一箱箱金银。幸运的话，普林斯船长和五十名船员会在六月返回伦敦，完成利润丰厚的"三角贸易"。这样的贸易可以把船上装的铁和彩色珠子变为成堆黄金。

"维达"号在二月最后一个星期起锚，普林斯船长知道，接下来的航程会是整个旅途中最危险的一段。在抵达开阔的大西洋之前，"维达"号将行驶于海盗出没之地，像是东古巴、伊斯帕尼奥拉岛，以及恶名昭彰的巴哈马群岛，腹背都可能受敌。但普林斯对他的船有自信，认为它灵活又火力强大，抵挡几艘海盗单桅帆船不是问题。他先前在一七一四年驾着"维达"号经过这些海域，西班牙海岸巡防船、法国私掠船，以及巴哈马的佩利亚加船海盗帮，统统不敢挑战他。

　　"维达"号在古巴与伊斯帕尼奥拉岛之间前行，出航不过几天，就遇到麻烦。负责瞭望的船员注意到，有两艘船正跟着他们通过向风海峡，而且显然即将追上。普林斯检视那两艘船，是一艘中型战船与一艘单桅战舰。他可能认为那是皇家海军的，因为两艘船都挂着英国国旗，而且大小符合国王陛下驻扎在牙买加的"冒险"号与"雨燕"号（Swift）。此外，不管怎么说，从私掠船的角度来看，那艘战船太大。但随着白昼渐渐消逝，普林斯开始感到不安。比较大的那艘船的船身是战舰，不是护航舰，所以不可能是皇家海军的"冒险"号。此外，战船和单桅帆船的甲板上都站着太多人，不可能是无害商人，而且单桅帆船的帆上全是补丁，看起来像一年多都没进过正规的修船厂了。最令人不安的是，两艘船正以拦截之势逼近。普林斯下令扬起更多帆，要船员警戒。追逐战开始了。

　　两艘海盗船追逐了三天，"维达"号终于进入"苏丹娜"号、"玛丽安"号射程之内。三艘船目前正在巴哈马群岛中间的长岛（Long Island）附近，距离追逐起点三百英里。"维达"号测试射程，用船尾一门小型追逐炮（chase cannon）对着"玛丽安"号发射两枚炮弹。[28] 炮弹落在海面上，水花四溅。血腥厮杀即将展开。

　　贝勒米评估了情势。他相信自己和威廉姆斯可以拿下这艘大船，但如果打太久的话，三艘船都将严重受损，而且是他们可能无法轻易修好的破坏，一开始最好先试心理战。他和威廉姆斯，以及所有的船员疯狂展示火枪、水手刀与长柄矛。几个人举起土制手榴弹，也就是塞进火药与插着导火线的空心铁球。[29] 许多海盗身上穿着从富裕船长与乘客那边抢来的上好衣物：绅士马甲、袖扣与领子、丝绸与毛毡制成的华丽帽子，甚至还有一两顶假发。这种衣服穿在这群粗鲁野蛮人身上，除了战利品外，不做他想。尤其让普林斯船长和奴隶船船员感到害怕的是，有二十五名黑人混在海盗之中，他们没被铐住的手上抓着刀枪与斧头。

普林斯只发射两次大炮就投降了。海盗拥上"维达"号，发出胜利的呐喊。"黑山姆"贝勒米拿下了珍贵如亨利·埃弗里的船。这个英格兰西郡的穷小子，现在是海盗国王了。

海盗共和国里的三教九流

在贝勒米打造自己的海盗船队时，霍尼戈与蒂奇正在监督海盗在巴哈马基地的发展。他们继续攻击佛罗里达海峡的航运，把战利船的船骨堆在拿骚港海滩上。不过，没有出航时，霍尼戈依旧担任着飞帮领袖。他和副手把大炮移到拿骚碉堡倾颓的城垛之中，以击退西班牙人与英国人的攻击。一七一六年秋天，某个海盗帮拿下一艘来自加的斯的西班牙大型船只，并带到拿骚劫掠。这艘西班牙船太大、太笨重，不适合当海盗船，一般会被拖到岸上，在猪岛海岸那里烧掉。然而，霍尼戈想到，这艘船可以挡住港口的防御缺口。海盗们在上面装了三十二门搜刮自各战利船的大炮，晚冬时，这艘船开始在港口入口处站哨。[30]这是一个浮动的大炮平台，足以挡下不速之客。这样的预防措施，发挥了功效。一群关心的商人自伦敦派了两艘船过来，想了解"驱逐海盗最好的办法"，[31]结果海盗拿下其中一艘，并让第二艘滚回了英格兰。

海盗共和国的消息传遍整个西半球。心中不满的人们持续从其他殖民地拥入拿骚，而且不全都是水手。因为在牙买加、巴巴多斯、南卡罗来纳、弗吉尼亚等大农场经济体里，小农夫难有容身之处。数以百计的贫穷人一旦结束佣工契约后，便无法谋生。但巴哈马群岛从来不是大农场殖民地，因此有许多便宜的土地。即使在海盗取得控制权之前，黑人与黑白混血儿在巴哈马就享有相当大的自由，时常与白人殖民者通婚，包括托马斯·沃克等高官。新普罗维登斯在海盗的统治下，成为许多逃跑奴隶与自由混血儿的庇护所，许多人移居至此，加入海盗帮，或是加入支持他们的商人、店主和农夫行列。这个流氓国家的存在，撼动了周遭的奴隶社会。[32]百慕大总督上报称："黑人最近变得鲁莽又无礼，我们有理由怀疑他们正在造反（对抗我们）。""我们无法指望他们的协助。相反，有时还得担心他们加入海盗。"[33]

新居民包括"巴谢巴"号的詹宁斯。或许，他一度标榜自己的等级高过海盗，但现在他自己也是通缉要犯。詹宁斯与霍尼戈之间的关系依旧紧张，但这块混杂的海盗领土有足够的空间来容纳他们两人。詹宁斯赢得一帮海盗的敬重，因为他技术高超，同样能拿下法国战利船，领导对西班牙殖民地的水陆两栖攻击。冬天进入尾声时，他被众人视为拿骚的重要海盗领袖，指挥着一百人。[34]不过，詹宁斯在某些方面依旧和其他海盗不同：他仍拒绝攻击英格兰船只。尽管在一次古巴之旅中，詹宁斯的确扣留了一艘英格兰船只：牙买加的"汉密尔顿战舰"号（Hamilton Galley），但那是不得已而为之。当时，海盗还有好几天才能进港，而船上已经没有酒了。他的船员登上那艘船，拿了二十加仑的朗姆酒，其他货物则完全没碰。詹宁斯"温和有礼地（对待船长），说他们不会伤害英格兰人"，[35]离开时还给了他们超过那些朗姆酒价值的贵重物品。

不法之徒持续拥入时，拿骚的长期居民出逃，"远离海盗"。有的人去了东北方六十英里的阿巴科（Abaco）。[36]托马斯·沃克与家人，以及其他几个新普罗维登斯的家庭，在那里重新定居，希望能逃离"粗鄙的海盗"。其他人则去了哈勃岛与伊柳塞拉岛，部分原因是那些地方容易抵达。汤普森、寇克兰及其他商人有船，可以在拿骚与哈勃岛之间往返，帮海盗运输补给与存粮。有一阵子，他们从查尔斯顿与牙买加等地用自己的单桅帆船运送补给和特殊订单物品，但在一七一七年晚冬，他们开始从第三方商人那里购买货物。那些商人有的从波士顿远道而来，让哈勃岛人的仓库装满补给，让扩张中的海盗船队能够运作。这样的贸易对海盗来说极为重要，他们甚至组织了五十人，驻守着保护哈勃岛锚地入口的炮台。

一七一六年某个秋日，霍尼戈的帮派虏获一艘二三十吨重的单桅帆船。通常，他们会把战利船带回拿骚，抢走货物，烧掉船只，并尽量招募船员。但这艘单桅帆船轻巧、易操作，而且可以携带六门炮，换句话说，这是一艘绝佳的海盗船。霍尼戈召开会议，建议留住这艘船，然后交给最受敬重与可靠的成员指挥，也就是蒂奇。大伙儿同意了。蒂奇是这位海盗共和国创始人忠诚的部下，现在终于有了自己的海盗船。[37]

大约是在这一时期，蒂奇开始自称"黑胡子"。他当海盗的几年间留起胡子，令人望而生畏。一位十八世纪早期的历史学家写道："这把胡子是黑的，他费了一番功夫才留到这么长，长到眼睛部分。""就这样，像可怕的流星一样，盖住他的整张脸，比长久以来出现过的所有彗星还要让美洲恐惧。"[38]蒂奇把胡子绑成许多小辫子，每一撮辫子尾端都绑着一条小缎带，有的塞到耳后。这个不寻常的整理方式让当时的评论者，想到英国步兵撒粉的拉米利斯假发（Remellies wig）那垂下的

161

辫子。部分二十世纪末的历史学家则认为，这可能意味着黑胡子本身是肤色淡的黑白混血儿，[39]有着遗传自非洲祖先的卷曲毛发；已过世的历史学家雨果·普罗斯佩·里明（Hugo Prosper Leaming）主张，"蒂奇"这个名字是"浓密毛发"的俚语。不论哪一种说法正确，蒂奇之所以赢得手下的敬重、让敌人心生恐惧，靠的是一双"凶猛野蛮"的眼睛，而不是胡子。

一七一七年三月，黑胡子的六门炮单桅帆船上有七十人，他成为拿骚第四大海盗，前面排着霍尼戈、詹宁斯，以及一艘单桅船的船长乔西亚·博格斯（Josiah Burgess）。[40]不久之后，黑胡子就会变成大西洋最强大的海盗。

整个冬天与春天，黑胡子继续与霍尼戈合作。他的恩师因为贝勒米的背叛，以及被迫售出"本杰明"号而元气大伤。有几个月时间，他的手下满足于小勾当：这里一艘贸易单桅船，那里几桶朗姆酒。然而，霍尼戈需要金银才能留住手下、购买货物的商人，以及拿骚乱斗群众的效忠。许多羽翼渐丰的海盗在拿骚一代活动。最近才抵达岛上的博格斯，已有一艘八门炮单桅船及八十名手下。另外，还有英明的詹宁斯，以及喜欢恐吓旧居民的冲动的范恩。如果霍尼戈要保住地位，他需要干一笔大买卖。一向忠诚的黑胡子赞成与他同行。三月初时，两艘单桅帆船起锚，往南航向货运航道。

离开拿骚一段时间后，霍尼戈的一名手下，某位"自由黑白混血儿"，病得奄奄一息，需要治疗，但在一百八十名海盗之中，没有人是医生。他们航向佛罗里达海峡时，霍尼戈与黑胡子拦下各式船只寻找医生。三月中旬，终于在佛罗里达南端附近一艘牙买加船上找到医生。约翰·豪尔（John Howell）

是一位医术高超的温和绅士，他恳求霍尼戈的登船队放他走。海盗拒绝了，因为好的船医很难找，太多同伴都徒然因牙痛、传染病、性病而受苦。海盗把豪尔拖上船时，豪尔恳求自己的船长本杰明·布莱克（Benjamin Blake）"告诉他的朋友，（以及）这个世界，他是如何被胁迫的，以证明他的清白"。豪尔登上"冒险"号时十分沮丧，不过毫不迟疑，立刻救治生病的混血水手。虽然病患的生命垂危，豪尔的治疗却产生了奇迹般的功效。几天之内，那名水手就能下床了。霍尼戈喜出望外，坚持给闷闷不乐的医生几颗坏掉的银扣子当奖励。豪尔不想牵扯进霍尼戈的罪行，把扣子给了别人。终有一天，这个举动将救他一命。[41]

　　海盗帮继续往南，经过哈瓦那，绕过古巴东端，到达中美洲的米斯基托海岸（Mosquito Coast）。月底时，他们来到波多贝罗（Portobello，位于今天的巴拿马）附近，各国商人都来这里，以奴隶交换西班牙金银。四月一日，海盗帮终于碰上好东西：牙买加的"波内特"号（Bonnet）。那是一艘大型的武装单桅帆船，刚在波多贝罗做完买卖准备回家。希金博登（Hickinsbottern）船长武力不如人，拱手让出指挥权，海盗在他的舱房里找到一个装满金币的箱子。"波内特"号是艘不错的舰船：这艘船比"冒险"号大且快，船况也比较好。希金博登很聪明，不战而降，海盗愿意用"冒险"号交换他的船。在海盗们把大炮及其他物品移至新旗舰时，豪尔恳求霍尼戈放了自己，让他跟"冒险"号走，但船员拒绝让他离开。一位船员后来说豪尔"太过稀有，他是霍尼戈与船员唯一能仰赖的好船医"。[42]

　　海盗回家时，继续交着好运。四月七日，在牙买加南方，黑胡子与霍尼戈又拿下装满金银珠宝的单桅船"复仇"号

163

（Revenge）。他们在劫掠后，放了那艘船。劫掠这两艘单桅帆船让海盗得到了惊人的四十万比索（十万英镑），比詹宁斯在艾兹棕榈地西班牙打捞营抢到的还多。黑人及黑白混血船员的感受一定更为美好，因为这里面的大部分钱都属于英属西印度群岛最大的奴隶联合垄断市场（cartel）。霍尼戈与黑胡子再也不必害怕发生叛变了。从现在起，他们的重大挑战只剩下巴哈马以外的地方。

一心招安海盗的罗杰斯

伍兹·罗杰斯对海盗有执念。自一七一五年夏天从马达加斯加回来后，他心心念念的就是这件事，相信胡萝卜与大棒就可以捣毁海盗的巢穴，然后有生产力、守法的殖民地就会出现。他假设大多数海盗和自己的私掠船船员一样，有时可能会一时冲动，不服从船长的命令或叛变，只要提供赦免的好处，表现出宽宏大量的态度，就可以收服大部分人。他觉得马达加斯加海盗是一群孤独、悲惨的人，急切地想要回到文明社会那母亲般的怀抱，他们会再度向国家、王权与上帝的命令鞠躬。有的人可能不知悔改，拒绝第二次机会。这样的人则要铁腕处理，杀鸡儆猴。

罗杰斯住在伦敦，靠着版税与东印度奴隶贸易的获利养活自己。一七一五年，对抗乔治国王的詹姆士党人起义，让他惊骇不已，他与这位备受争议国王的最重要支持者，很早就建立起友谊，其中包括理查德·斯蒂尔（Richard Steele）与约瑟夫·艾迪生（Joseph Addison）①。他们是孩提时代的朋友，创

---

① 剧作《卡托》（Cato）的作者，这部作品是众多自由主义观念的源头。

立了势力庞大的奇巧文学俱乐部（Kit-Kat Club）[1]，这是保守辉格党（Whig Party）支持贵族利益的重要圈子。斯蒂尔是爱尔兰出身的作家与记者，最近刚被乔治国王封爵。艾迪生也为国王服务，在管辖范围包括西印度群岛的南方事务部（Southern Department）担任大臣（secretary of state）。两人在帝国的决策领袖之中具有重大的影响力，能获取最佳消息与情报。他们将在罗杰斯打击海盗的计划中，扮演关键推手。

罗杰斯的另一名熟人是御医汉斯·斯隆[43]，其功绩是让安妮女王一直活到辉格党组织完汉诺威继位事宜为止。斯隆还是孜孜不倦的自然科学学者，在全世界搜集动植物与地质构造标本。在他占地广阔的切尔西（Chelesa）家中，"每一个壁橱与烟囱"里都塞着标本，成为英国最大的自然史知识储藏所[2]。一七一六年春天，罗杰斯寄给斯隆一封信，解释自己正"野心勃勃地推广马达加斯加岛上的殖民地"，恳求斯隆寄给他"跟那座岛有关的所有记录"。[44]

罗杰斯也联络基督徒知识促进会（Society for Promoting Christian Knowledge），那是英国国教会的传教组织，以制作丰富的宗教小册子、书籍、传单出名。[45]罗杰斯希望提高海盗的道德行为，他提出请求，想得到一批将在"马达加斯加英国居民"间散布的学会书籍。[46]天知道埃弗里一六九六年的旧部会拿基督徒小册子做什么，不过，这批书最终没有送出去。一七一六年下半年，斯蒂尔与艾迪生通知罗杰斯，他的马达加斯加岛计划不太可能获得官方支持。显然，在印度

165

---

① 据说是现代奇巧巧克力（Kit Kat）的名字根源。

② 斯隆去世后，他的收藏品成为大英博物馆的核心收藏。

洋拥有英国贸易独占权的东印度公司觉得,昌盛繁荣的皇家殖民地给公司贸易利润带来的威胁,大过躲在丛林小屋里的几个贫困海盗。不过,艾迪生带来了好消息:另一个海盗巢穴需要罗杰斯,而那个地方离东印度公司的管辖范围有一万英里远。

艾迪生与其他政府官员受到警示报告的轰炸,看来西印度群岛海盗的势力似乎正以飞快的速度发展。弗吉尼亚总督史波斯伍德在一七一六年夏天警告称,巴哈马已经成为"海盗巢穴","如果不及时平定,将危及英国贸易"。同年十二月,牙买加总督报告,海盗拿下前往牙买加与伊斯帕尼奥拉岛的"超过一半的大小船只",让他的殖民地贸易动弹不得。到了十二月中旬,就连皇家战舰的船长都担心自身安危。六门炮单桅战舰"雨燕"号的船长战战兢兢地前往罗亚尔港。[47]背风群岛的总督沃尔特·汉密尔顿,也被迫取消搭乘第六级护卫舰"锡福德"号(Seaford)① 前往维京群岛的官方之旅,因为众人担心被"贝勒米指挥的大小海盗船只"虏获。[48]春天时,伦敦高级别外交官通报艾迪生,海盗"人数大规模增加,大批出没,不只是牙买加附近海域,就连北方大陆也一样"。他们警告,"除非立即进行有效保护,大不列颠到那些区域的全部贸易不仅受到妨碍,还会有消失的危险"。[49]帝国的跨大西洋贸易正面临危机,必须采取某些手段处理海盗,而艾迪生知道谁是合适人选。

---

① 皇家海军"雨燕"号是造于一七〇四年的一百二十八吨重单桅帆船,可以乘载八十人与最多十八门炮,主要是三磅大炮,但这艘船在牙买加时只有六门炮与四十人。"锡福德"号是大型二百九十三吨重第六级护卫舰,拥有三十二门六磅大炮。

　　罗杰斯立刻接受这个点子。他告诉艾迪生，他的马达加斯加计划轻轻松松地就能用在巴哈马上。取得支持后，一定可以让美洲摆脱海盗。罗杰斯构想出一种官方与民间的合伙关系：政府将管理巴哈马外包给私人投资者公司。公司会提供必要的士兵、殖民者和补给，另外还有几艘私掠战舰与一名总督，也就是罗杰斯本人。国家则派出护卫舰小队支援最初的登陆，并颁发赦免书给同意向新总督和平投降的海盗。消灭海盗后，罗杰斯和其他投资人可从殖民地的获利中收回投资成本。一切只需要国王同意和领主的默认，换句话说，就是名义上依旧拥有殖民地的贵族圈。

　　罗杰斯在一七一七年的大部分时间里，都在替这趟冒险争取政治支持。他绞尽脑汁，联络每一个欠他人情的人，还动员自己的布里斯托尔商业网络、伦敦的人际关系，以及过世岳父在海军部的人脉。他和富裕商人山谬·巴克（Samuel Buck）结成同盟，这个人长期担任巴哈马领主代理人，自己也已因海盗损失两千七百英镑。两人合开了一家公司，名字是冗长的"在巴哈马群岛展开贸易暨殖民的共同伙伴"（The Copartners for Carrying on a Trade & Settling the Bahama Islands），[50]并招募了其他五位来自英格兰各地的投资人。伦敦与布里斯托尔一百六十三名商人领袖帮他们签署请愿书，请国王支持这个事业。[51]请愿书告诉政府，"伍兹·罗杰斯是正直能干的人，深深仰慕国王陛下的政府①……不管从哪一方面来看，这个人都有承担起这个重责大任的资格"。[52]

167

---

　　①　换句话说，不像阿奇博尔德·汉密尔顿总督是个詹姆士党人。

成立远征军

罗杰斯与巴克想办法让领主向国王提出放弃管理巴哈马的权利,两人指出,对卡罗来纳这块具有更高价值的土地来说,海盗代表着死亡威胁。此外,领主之所以会被说动,可能是因为像罗杰斯这样的著名奴隶商也加入这件事。他可能让不易管教的殖民地变成循规蹈矩的大农场社会,南卡罗来纳的奴隶会更难逃跑。领主可保留巴哈马的财产与贸易权,但同意把它们以象征性的费用,租给罗杰斯及他的伙伴二十一年。[53]与此同时,艾迪生拿着共同伙伴公司的提案穿越皇家厅廊,将之放在乔治国王桌上。

一七一七年九月三日,艾迪生得到国王的回应:罗杰斯可望获任命为总督与巴哈马驻军指挥官。不过,有个小问题:如果罗杰斯想要这份工作,这会是一个公益职位,没有薪水。罗杰斯已经为了共同伙伴公司投入三千英镑,也就是他大部分的财产。但他实在太热衷这个计划,同意接下这份无薪工作。这个决定最终使他破产,历史再度重演。

相关事宜的文书正在批准之时,罗杰斯与巴克奔走伦敦各处,替远征做准备。罗杰斯重达四百六十吨的"德利西雅"号将担任旗舰,巴克六门炮、二十六名船员的一百三十五吨重的"山谬"号(Samuel)在后头支援,另外还有一艘六门炮、七十五吨重的单桅战舰"巴克"号(Buck)。他们招兵买马,成立独立公司(Independent Company),成员是一百名士兵与一百三十名英格兰、德国与法国新教徒胡格诺派殖民者。他们订购数千磅补给物资:建房子与大炮座的木柴,修理堡垒与清理农地的工具,武器、大炮、士兵衣物,以及足够的食盐、面包、面粉、腌制食物，够远征队五百三十人撑过一年以上。大部分货物由第四艘船运送：配有二十门炮的三百吨重商船"乐意"号（Willing Mind）。这一年尚未结束，罗杰斯与其他五位共同伙伴公司的成员便已经花了一万一千英镑。[54]

十月底，罗杰斯得到通知，领主已经签署放弃管理的相关文书。[55]他开心地自请把文件交至圣詹姆士宫（St. James's Palace），[56]众领主同意。十一月六日，他的马车行驶在伦敦蓓尔美尔街（Pall Mall）的大型砖造房屋之间，朝着皇家宫殿（Royal Palace）高耸的都铎时代警卫塔而去。侍卫带着他进入一连串内院的第一个。在那里，在大英帝国的心脏，可能是艾迪生戴着棕色假发出面迎接罗杰斯，两人握手，脸上带着成功的笑容。辛勤的工作终于要开花结果。

一七一八年一月六日，乔治国王颁发委任状与官方指令给罗杰斯。国王宣布："鉴于巴哈马群岛领主的重大疏忽，该群岛遭受海盗及他人大肆劫掠作乱，大不列颠王冠面临丧失这颗珍宝的危机……我们……特此宣布任命你，伍兹·罗杰斯，担任我们的提督暨总督（Captain General and Governor in Chief）。"[57]

罗杰斯得偿所愿。但要不了多久，他就会希望国王当初拒绝他才好。

第七章　贝勒米
（一七一七年三~五月）

在拿下"维达"号的几个小时里，贝勒米的手下让这艘强大舰船停锚在最近的巴哈马小岛，也就是拿骚东南方一百六十英里的长岛。贝勒米让"苏丹娜"号迎着风，船帆飘动，然后下令让这艘船也下锚。沉重的铁锚沉入清澈的水里，风推着"苏丹娜"号到背风处。锚爪沉进沙中与珊瑚海底。船只停下来后，两艘战船并排，可以看出其中一艘比较袖珍；另一艘战船，"玛丽安"号则停在不远处。

普林斯船长松了一口气，他发现拿下"维达"号的海盗既高兴又有礼。其中几个人大概认识普林斯，或至少听过他的名号。他已去过牙买加好几次。此外，在一七一二年大飓风船沉了之后，他也曾困在当地几个月。"玛丽安"号的船需长弗雷契与威廉姆斯的水手长杰若米·希金斯（Jeremiah Higgins）都来自牙买加，很可能在那场可怕的大灾难后遇见过普林斯。他们可以做证，说普林斯和其他许多船长不同，对待船员很好。海盗展现出宽容的一面，决定留着"维达"号，普林斯可以开走"苏丹娜"号，并带着二十英镑金银的临别礼。[1]

海盗们忙着把货物与大炮从"苏丹娜"号搬到"维达"号。他们尽量把所有的贵重物品都搬到大船的货舱里。最贵重的物品、银子、金子、宝石放在袋子里，堆成一堆，放在"维达"号最大的船舱里。海盗们向囚犯吹嘘，光是这一堆金银珠宝就价值两三万英镑。"维达"号遭虏获时，贝勒米与威廉姆斯手下有一百二十多人听他们指挥，而且从十岁左右的约翰·金一直到非洲印第安混血的约翰·朱利安（John Julian），每个人至少可以拿到一百英镑。除此之外，"维达"号与"玛丽安"号的货舱里，象牙、靛色染料和其他贵重物品，多到堆不下。难怪临走时，好几名普林斯的船员要求留在这群海盗身边；当然，海盗也欢迎他们加入。

日子又过了几天，海盗们忙着把更多大炮吊到"维达"号的大炮甲板上，船上火力从十八门炮增加到二十八门，多出来的大炮就收进"玛丽安"号货舱。海盗们也如普林斯所愿，把不要的货物装到"苏丹娜"号。他们准备起航时，成堆的财宝装进箱中，抬出大船舱后就存放在大炮甲板上，靠近那些海盗的位子。船员霍夫后来做证，海盗相当信任彼此，"尽管无人看守，也没有人会未经船需长允许拿走任何东西"。[2]起锚之前，海盗还迫使两三个普林斯船长的未婚船员加入他们，原因似乎是需要他们的专长。

三月初时，贝勒米要海盗们集合，决定他们的"舰队"要做什么。春天就要到了，因此众人同意往北前进到北美东海岸，任意劫掠进出切萨皮克湾（Chesapeake Bay）、特拉华湾（Delaware Bay）或是查尔斯顿与纽约港口的船只。"维达"号与"玛丽安"号如果因天气不佳或没预料到的事件走散，两艘船将在缅因的达马里斯科夫岛（Damariscove Island）会合。途中，威廉姆斯会在罗得岛布洛克岛的家中停留，拜访家人。他大概希望留给他们一份战利品。海盗们知道，他的家族人士可以买下并分开处理较笨重的货物。[3]贝勒米可能也曾表示想在外角停留，回到他的情人玛丽·哈利特身边。

171

"我是自由的王子"

三月初时，"维达"号与"玛丽安"号在长岛南端绕圈，直到船首斜桁指向佛罗里达。众人正要展开海盗生涯中最具挑战性的一次旅程。

他们起锚后的一两天，在伊斯帕尼奥拉岛北海岸拿下第一艘战利品：刚离开法国港口小戈阿沃（Petit Goave）① 几小时的三桅商船"天纳"号（Tanner）。海盗登上"天纳"号时，他们发现这是一艘特别的船：这艘替法国工作的英国船，载着英法混合的船员，以及大量的海地蔗糖，正准备回到法国的最大商港拉罗歇尔（La Rochelle）。[4]海盗们在"天纳"号上寻找贵重物品时，告诉船员自己是"罗宾汉的手下"。至少有一名"天纳"号的船员对此印象深刻。来自法国南特（Nantes）的二十四岁水手约翰·薛安（John Shuan）不会说英语，用法文大声宣布自己也想成为海盗。贝勒米通过会说英法双语的船员下令；薛安当上海盗后受领的第一道命令是爬上"天纳"号索具，取下顶桅（topmast）。这会让船的速度变慢，使它无法在被释放后及时发出警报。急着证明自己的薛安一下子爬上船桅，取下上段，用滑轮降下。他还帮海盗找出藏在船长约翰·史托夫（John Stover）舱房里的五千里弗（两百零八英镑）。接着，在翻译的帮助下，他被"玛丽安"号迎上船，"天纳"号获释。

威廉姆斯留着"天纳"号的顶桅，因为"玛丽安"号这段时间的状况不佳。海盗们已拿下这艘五十吨重的单桅帆船将

---

① 当时是法属伊斯帕尼奥拉的主要港口，现在是海地领土。

近一年了，他们在这段时间中遭遇过风暴、至少一次严重打斗，还拿下将近五十艘船。海盗们尽了全力保持船底干净，定期清理，并在吃水线以下的船身涂上白铅漆。但受限于海盗身份，他们无法使用正规的修船厂与港口设备。吃水线以上的"玛丽安"号正在腐朽。后甲板的黄蓝边饰正在脱落，船尾的蓝漆也是一样。唯一的船桅在甲板上方的地方断裂，这是很严重的船身损坏，解决办法是像用夹板绑住断腿一样，用一根旧圆柱捆住船桅。船帆老旧，满是补丁。船首斜桅飘扬着旧英格兰国旗圣乔治红十字，下方船首的大部分则不见踪影。威廉姆斯可以用"天纳"号的顶桅补受损严重的索具，但很快就得帮"玛丽安"号找一根新的了。[5]

　　海盗在沿着巴哈马南端往北前进时，曾考虑在拿骚停留，因为或许可以在被弃置的战利船里找到船桅，并在安全地带大幅整修"玛丽安"号。该念头很吸引人，但贝勒米与威廉姆斯建议不要那样做。如果他们现在停下来，可能会错过满眼金银珠宝的春天海上劫掠季。在这个季节，美洲东岸会挤满冗长寒冬过后的送货船舶。他们的海盗船上现在载满金银珠宝，最好不要与巴哈马的死对头霍尼戈和詹宁斯，有任何气氛不好的碰面，这两人都有理由找上贝勒米与威廉姆斯。除此之外，他们有像"维达"号这样的一艘船，自信能设立自己的季节性海盗前哨站。威廉姆斯告诉大伙儿，西班牙王位继承战争已让缅因海岸变得像巴哈马一样。印第安人与他们的法国盟友烧毁了大多数英格兰殖民地，数百英里的海岸线因而无人居住，其中包括无数锚地。整个船队可以在那里修船，而且不会被欧洲人发现。最重要的是，被森林覆盖的海岸线有许多大松树，皇家海军就是借着那一带的植被为战舰增补树脂、木材与船桅的。

威廉姆斯可能建议快速前往东海岸，在布洛克岛卖掉沉重的货
物，然后在中段缅因海岸休息与整修"玛丽安"号。海盗们同
意了，几天后，他们看着最后的巴哈马小岛消失在船尾。

他们待在离卡罗来纳岸边一段距离的海上，希望能直奔切
萨皮克湾入口。没想到尽管已经离岸一百多英里，还是遇到一
艘从罗得岛新港出发的小型单桅商船。那艘单桅帆船的主人是
毕尔船长（Captain Beer），正准备前往查尔斯顿。他选择离岸
这么远的航道，可能就是为了避开据说正在侵扰佛罗里达海峡
与向风海峡的海盗，结果他和船员们却被抓上了这辈子见过的
最大的一艘海盗船。[6]

毕尔只在"维达"号上待了两小时，后来详细地写下他
遇见的一切，包括与贝勒米的对话。在对话当中，这名海盗头
子解释了自身行为背后的政治动机。

毕尔被带上"维达"号的同时，海盗们则在劫掠他那单
桅帆船上的货物，并试图决定要不要把船还给他。威廉姆斯与
贝勒米都想把船还给毕尔，那艘船太小，没什么用处，但手下
的人因为近日的胜利而自尊心膨胀，最后决定拒绝归还。贝勒
米命人把毕尔带到他面前，满怀歉意地将这个坏消息告知这名
倒霉的船长。

贝勒米告诉毕尔："真该死，我很抱歉他们不肯还你这艘
单桅帆船。我不愿这样对待任何人，对我没有好处。该死，我
们得弄沉这艘可能对你有用的船。"贝勒米停下来，望着远处
的罗得岛，他的同情心正在消失。

"该死，你这个偷偷摸摸的混蛋东西，还有所有那些愿意
臣服在法律统治下的人，法律是有钱人定的，他们想保障自
己，那些懦夫除了这种手法，没有勇气保护自己靠着诈欺得来

的东西。"贝勒米继续说下去，每多说一个字，怒气就增一分。"但你们全部的人都该死！他们该死，一群诡计多端的无赖。还有你们（船长与水手），你们这些服侍他们的人，都是一堆胆小的傻瓜！那些恶棍诋毁我们，真的，（我们之间）其实只有一点不同：他们在法律的保护下抢劫穷人……我们是在自己的勇气的保护下掠夺富人。"

174

贝勒米再次看着毕尔，小心翼翼地说了接下来几句有分量的话。他问毕尔船长："比起偷偷摸摸跟在那些坏蛋屁股后面当雇员，成为我们的一员不是更好吗？"

毕尔没犹豫多久就回应了。他告诉这位充满激情的海盗头子，自己的良知不容许"违背上帝与人类的法律"。

贝勒米嫌恶地看着他。"你这个恶魔的良知恶棍，你该死。"他大声说道，"我是自由的王子，就像在海上拥有一百艘船、在陆地上拥有十万军队的人一样，拥有向全世界宣战的权威。还有，我的良知说，……不用跟这种流鼻涕的小狗多费口舌，反正他们乐意让上头的人在甲板上踢自己，还把信仰寄托在那些拉皮条的教区牧师身上；那些讲道的矮肥仔，跟这些傻笑呆瓜讲的事情，自己根本不做也不相信。"①

说完之后，贝勒米命令毕尔离开。他要船员划小船，将这名船长送回"玛丽安"号，让威廉姆斯把他留在布洛克岛。

---

① 有些作家质疑这段最后出现在《海盗通史》的对话的真实性，是谁记录这段对话的？答案是毕尔本人。这名船长和贝勒米见面过后，被安置在"玛丽安"号上。他有一段时间无事可做，可以记录这段历史对话。一两个星期后，他被释放到布洛克岛上，日期是四月二十九日。他出现在新港，把自己的这段遭遇告诉《波士顿新闻通讯》的记者。几乎可以确认这段对话的细节是由罗德岛当局记录，并送到伦敦的。《海盗通史》作者便是在伦敦取得这份资料的。

海盗把最后的苹果酒和食物搬至"玛丽安"号后，烧了毕尔的单桅帆船。好几英里外都看得见烟雾，直到船烧至吃水线之下，火焰才被大海浇熄。

几天后，海盗们注意到天空正在变暗。现在是四月初，湿热海湾与切萨皮克地区湿地上方的暖空气团，移到冰凉的海面上，变成像豌豆汤一样浓的大雾。雾来得太快，威廉姆斯与贝勒米没有时间拉近船只距离，很快他们就看不到对方了。贝勒米的船员敲响了"维达"号的青铜钟，但听不见"玛丽安"号的回应。夜晚来临，隔天早上浓雾散去、弗吉尼亚角（Capes of Virginia）出现在眼前时，"玛丽安"号不见了踪影。[7] 贝勒米安慰船员，他们可以依照原先的计划，在布洛克岛上和威廉姆斯的船重新会合。要是没办法，也可以在离缅因海岸几英里的达马里斯科夫岛会合。在此同时，狩猎的时间到了。

薄雾正在消散，海上看得见船帆的船至少有三艘，但每一艘船船桨数量都多到不可能是威廉姆斯的船。贝勒米猜测那是商船，下令要"维达"号转身，背着风以超越它们。他们大约在白天八点追上第一艘船：一艘外表破旧、来自格拉斯哥的"爱格尼斯"号（Agnes）。船长安德鲁·托比特（Andrew Turbett）明智地没有抵抗。托比特正从巴巴多斯前往弗吉尼亚，载着来自殖民地的产品：蔗糖、糖浆，以及对海盗们来说最重要的朗姆酒。海盗在"爱格尼斯"号的货舱另有发现：这艘船漏水十分严重，只能靠着数小时不断抽水勉强浮在水上。海盗们知道"爱格尼斯"号对他们没用处，"维达"号于是追赶下一个目标。

下一艘是一百吨重的"安战舰"号（Ann Galley）。这艘船虽小但耐用，贝勒米建议留着当仓库，在缅因可以帮忙清理"维达"号。众人同意，派了二十八人登船，指派船需长诺兰指挥。与此同时，"维达"号拿下第三艘船：从英格兰布莱顿（Brighton）前往弗吉尼亚的中型船只"努力"号（Endeavor）。三艘船都拿下后，海盗舰队停留在近海完成劫掠。他们准备击沉"爱格尼斯"号，用"努力"号把船员送到弗吉尼亚。"努力"号太小，他们也用不到。海盗们继续往北前往布洛克岛、鳕鱼角与缅因的藏匿处，只有"安战舰"号留了下来。[8]

威廉姆斯在北美打劫

与此同时，一七一七年四月九日早晨，"玛丽安"号离地平线仅几英里，正对着弗吉尼亚角，它在寻找着自己的猎物。威廉姆斯再也不像是富裕商人的中年儿子了。他的白色假发与皮肤形成强烈的对比。在热带待了一年的他晒得黝黑，见到他的人，都被他"深棕色的面貌"吓了一跳。[9]他的船员血统混杂，其中有五个法国人、五个非洲人、一个印第安人，以及近三十名英国人，看起来和"玛丽安"号一样历经艰辛。威廉姆斯一定知道回到布洛克岛时，亲朋好友会吓一大跳，但他急着见到他们。他有很多钱要交给母亲、妻子与孩子，还要和从事走私的友人交换关键补给。

威廉姆斯和贝勒米走散之后，没有抓到半艘船。现在没有"维达"号的火力支持，他必须小心选择目标，远离所有可能防卫完备的船只。"玛丽安"号躲在现今名为弗吉尼亚海滩（Virginia Beach）的多丘陵岸边时，威廉姆斯负责瞭望的手下发现，一艘可能的目标船正自公海驶向海角。海盗们发动进攻时，风就在他们背后，因此不到一个小时就驶到那艘倒霉的船旁边了。那艘船是同样来自布莱顿的"泰来"号（Tyral），[10]正前往马里兰的安纳波利斯（Annapolis, Maryland）。他们对着这艘无武装船的船长约翰·卢卡斯（John Lucas）大声喊话，说如果他不自己划船来"玛丽安"号，他们就击沉他的船。海盗知道卢卡斯别无选择，只能服从；他只有七名成年船员与两名男孩，对手是四十人与十门大炮。"泰来"号掉头驶进风里，并慢慢停下来。之后卢卡斯登上了"玛丽安"号。

威廉姆斯依旧在寻找"维达"号，所以慢慢地劫掠。卢卡斯船长被囚禁在"玛丽安"号时，威廉姆斯派几个手下回**177**到"泰来"号上。在这十一个小时之中，海盗们仔细翻找货舱与船舱，敲开箱子盒子，撕开一捆捆货物，有些东西留下，有些则被丢到船外。"泰来"号还有两艘小船，海盗们把想留下来的东西堆在那两艘小船上，再划回"玛丽安"号。海盗把卢卡斯放回"泰来"号上后，威胁他如果不跟着他们的话，就得死。地平线上又出现另一艘船，"玛丽安"号希望那是"维达"号，便设定航线前去拦截。不久，风力开始增强，"泰来"号的速度快过较小型的"玛丽安"号。卢卡斯发现自己的优势后，赶紧让"泰来"号掉头，成功地冲到安全的地方。

威廉姆斯的手下已经拿走"泰来"号上所有的贵重物品，但完全不希望卢卡斯惊动整个切萨皮克区域，让人知道他们在这里。威廉姆斯审讯被抓的船员时，得知"肖勒姆"号（HMS Shoreham）[11]驻扎在弗吉尼亚首府威廉斯堡附近。那是一艘三百六十吨重、三十二门炮的皇家海军护卫舰。从那时起，他们得小心行动，[12]不能陷入"肖勒姆"号把大炮瞄准他们破旧单桅帆船的危险①。让人更失望的是，地平线那艘船不是贝勒米的。威廉姆斯的船员可能开始焦虑，他们已经和"维达"号货舱里的大量金银珠宝分开太久了。

威廉姆斯在切萨皮克渗入口多逗留了几天，但可能遇上"肖勒姆"号的恐惧，让他束手束脚。四月十三日前后，海盗们在怀特黑文（Whitehaven）外虏获一艘英格兰船后，便开始争论究竟要不要毁掉这艘船。在这场争论中，威廉姆斯似乎和几个手下吵起来。同时，另一艘单桅帆船与其他船只进入海湾入口。海盗们停止争论，留下战利船，出发进入海湾追逐新的战利品。不幸的是，他们在弗吉尼亚海岸航行时，看见兰厚湾（Lynnhaven Bay）有一艘大型护卫舰（frigate-rigged ship）。众人担心那可能是"肖勒姆"号，于是匆忙撤退，就连已经下锚的战利船都抛弃了。

船上的气氛越来越紧张，威廉姆斯决定返家。如果在布洛克岛，他的船员可以购买补给品，酒与新鲜食物可以大大提振船员的士气。如果幸运的话，他们还可以在那里找到"维达"号。[13]

布洛克岛面积为十一平方英里，距离罗得岛海岸十二英里。罗得岛殖民地明显比马萨诸塞贫穷，政府管理也较为松散。路不多，走私者很多。首府新港好似一个大村庄，直到五年前，它的三千名居民才开始给道路命名。布洛克岛更原始，自成一个岛屿王国，远离新港与波士顿当局的耳目与武器。岛

①　威廉姆斯其实不用担心。"肖勒姆"号一七一六年五月在卡罗来纳巡逻时，在暗礁上搁浅，龙骨与船身包板严重受损。"肖勒姆"号在五月二十九日摇摇晃晃地进入查尔斯顿，有将近一年的时间无法回到海上。威廉姆斯与贝勒米在弗吉尼亚角出没时，"肖勒姆"号还在查尔斯顿搬运补给，一直要到一七一七年五月一日才抵达京阔坦（Kinquotan）这个弗吉尼亚东南方的汉普顿锚地（Hampton Roads）。

民彼此效忠，威廉姆斯是他们的一员，他是大地主的儿子，也是最早一批殖民者的继子，他在法律、血缘、婚姻方面都有渊源。布洛克岛是威廉姆斯完美的避风所，不是巴哈马或缅因那种被战争蹂躏过的殖民地。[14]

四月十七或十八日，"玛丽安"号在布洛克岛的主要村庄下锚。从毕尔船长、理查德·克文里，以及其他被抓上"玛丽安"号的人那里，我们得知威廉姆斯上岸去看望了母亲安娜·古斯林（Anna Guthrie）与三个姐妹玛丽·威斯特寇特（Mary Westcott）①、凯瑟琳·山德斯（Catherine Sands）与伊丽莎白·潘恩（Elizabeth Paine）。他可能给了她们一部分新财富，或许还请她们带一部分给自己在新港的妻儿。他在岸上待了几小时，也可能是一两天。由于亲友的隐瞒，直到现在，我们仍无从得知他当时的行踪。

威廉姆斯回到"玛丽安"号后，在离岸边有点距离的地方下锚，身边有七个当地人，包括妹夫、地方典狱官与治安官约翰·山德斯，托马斯·潘恩（可能是大海盗托马斯·潘恩的侄子），去世继父的苏格兰叛军伙伴约翰·瑞思朋（John Rathbon）。根据这群人一个月后写下的证词，他们当时上了"玛丽安"号，待了"大约一两个小时"，然后在"不受任何干扰"的状况下登上一艘小船，划船回到村庄。他们宣称又突然被叫回"玛丽安"号的，其中有威廉·托什（William Tosh）、乔治·米切尔（George Mitchell）、詹姆士·史威特医生

① 玛丽的第一任丈夫爱德华·山德斯，也就是基德船长的友人，死于一七〇八年。威廉姆斯的异父妹妹凯瑟琳（一六九〇～一七六九年），嫁给爱德华·山德斯的侄子约翰·山德斯（John Sands，一六八三～一七六三年），玛丽则再嫁罗伯特·威斯特寇特（Robert Westcott）。

（Dr. James Sweet）三人，是"从我们这边被强制带走，被命令上船"的。不过，担任治安官的山德斯在一个多月的时间里都没上报这件事，这可能是因为这几个人其实是自愿加入海盗的，而威廉姆斯的姻亲登上"玛丽安"号也无须经过官方审问。

威廉姆斯在离开布洛克岛之前，放了毕尔船长和他的船员，他们最终会抵达新港报告自己被抓的事。等到毕尔抵达大陆时，已经发生的大事让他关于贝勒米的消息变得无关紧要。

威廉姆斯进入长岛海湾（Long Island Sound），造访加德纳岛（Gardiner's Island），[15]那是纽约长岛海岸外一座面积为三千五百英亩的岛屿，该地是同名家族的封建保留地①。威廉姆斯知道，基德船长曾在一六九九年造访这座岛，当时船长不但受到约翰·加德纳（John Gardiner）与印第安仆人的款待，还把两箱及数包金银珠宝交给后者保管。威廉姆斯可能也做了同样的事，把自己的财富交给能干的"第三代庄园领主"（the 3rd Lord of the Manor），等夏天结束时再来取回。

四月二十六日下午，天色昏暗，一阵强风从东南方吹来。长岛海湾翻搅着愤怒的白浪，狂风似乎要吹裂"玛丽安"号的补丁船帆，以及被绑住的断裂船桅。一场恐怖的风暴正袭击着新英格兰。威廉姆斯设法找到了避难所，他可能躲在加德纳岛后方，以及长岛东部两叉之间。风在索具间咆哮时，威廉姆斯待在安全港。他知道，在那片空旷的海域上，一整晚都充满着危险。

180

---

① 这座岛位于纽约东汉普顿（East Hampton）外海，四百年来都属于同一个家族。最后一个继承家族姓氏的罗勃·戴维·莱恩·加德纳（Robert David Lion Gardiner）直到二〇〇四年去世之前，都称自己是「第十六代庄园领主」。

贝勒米之死

东方不到一百五十英里处，贝勒米航过安静水域，乘着适当的风力，朝鳕鱼角前进。这一天有好的开始，早上九点，还看不到陆地时，他们就在楠塔基特浅滩（Nantucket Shoals）与乔治滩（Georges Bank）之间拦截了一艘双桅船，该地为新英格兰南方最多产的渔场。贝勒米对着船头射了一发炮弹，命令这艘船投降。七名海盗划船靠近战利品：都柏林的"玛丽·安"号（Mary Anne）。[16]他们命令船长与大多数船员自行划船登上"维达"号，贝勒米审问船长安德鲁·克朗普斯里（Andrew Crumpsley），高兴地发现这艘要从波士顿到纽约的船上载了一批酒。他加派四名船员去弄了一些酒，然后在"维达"号与"玛丽·安"号上分发。不幸的是，他们无法进入"玛丽·安"号的货舱，因为沉重的锚缆堆在入口处。"维达"号上的人暂时只能靠在克朗普斯里船长室找到的五瓶美酒解馋。没关系，他们会带走"玛丽·安"号，之后再慢慢搜刮财物。甲板间的海盗大概振奋了起来。找一座偏远的缅因小岛，然后就可以在岸边开饮酒大会了。

首先，他们得在鳕鱼角短暂停留，因为虏获"玛丽·安"号后，贝勒米下令三艘船往西北偏北方向走。这不会带他们到缅因中岸（Midcoast）的小岛，而会直接到普罗文斯敦，然后可以到伊斯坦。依据目前留存的资料，贝勒米告诉船员，他们会在鳕鱼角停留，储备新鲜食物与补给。[17]但依据伊斯坦的民间传说，他真正的目的是和年轻的哈利特小姐重聚，让她及家人看看他现在有多成功。

下午三点左右，一阵雾笼罩着"维达"号与两艘战利船，伸手不见五指，海盗们无法让三艘船靠在一起。贝勒米知道，如果船上没有领航员的话，靠近鳕鱼角海岸会过于危险；要是他的大船在那一带众多不知名的浅滩搁浅，就会轻易遭到皇家海军或任何拥有武力的政府当局捕获。虽然贝勒米希望抵达普罗文斯敦的锚地，但还是下令停船。船帆在风里缓缓飘动，三艘船在迷雾中起起伏伏，等着大雾消散。

不到半小时之后，海盗走了好运。他们在浓雾中飘荡时，自弗吉尼亚出发前往波士顿的小型贸易单桅帆船"渔夫"号（Fisher）直接驶到他们中间。显然，这艘单桅帆船的船长对这附近的海域很熟，这样的天气还愿意出航，正好是海盗需要的人。贝勒米对着这艘船大喊："船主是否对这一带（的海岸）很熟？""渔夫"号的船长罗伯特·英格斯（Robert Ingols）回答："非常熟悉。"贝勒米坚持让英格斯划船过来带路。五点钟时，英格斯及其大副被众人挟持，他们站在"维达"号的艉甲板上，指引贝勒米用最好的方式通过外角又长又没有港口的海岸。[18]

英格斯指引着"维达"号穿越迷雾，航向看不见的海岸，贝勒米开心地命令三艘战利船跟着他们走。天很快就要黑了，加上又雾茫茫的，海盗在每艘船的船尾挂上一盏大灯，以便彼此跟着。大队伍往北航行："维达"号上的贝勒米带着一百三十多名海盗，以及大部分俘虏；"安战舰"号上载着诺兰和十七名海盗；载着酒的"玛丽·安"号由贝勒米的八名手下控制；四名押解队的海盗则守着"渔夫"号里的俘虏。[19]

"玛丽·安"号上，八名海盗中有七名立刻去找货舱里的酒桶。五个月前被迫成为海盗的"圣麦可"号上的木匠托马斯·索思依旧闷闷不乐，安安静静地，也不拿武器，并远离其他海盗。其他人弄开舱口上方堆栈的锚缆时，索思偷偷告诉"玛丽·安"号上被俘虏的船员，他正计划以最快的速度逃离这帮海盗。同时，其他七名海盗轮流掌舵，剩下的人撬开第一批马德拉酒桶，开始他们计划好的长夜漫饮。很快地，"玛丽·安"号就落在其他船之后了。"维达"号上的贝勒米注意到这件事，他放慢速度，以便让这艘载着酒的小帆船跟上。他对着"玛丽·安"号上的海盗凡范斯特与约翰·布朗（John Brown）大喊："快一点。"已经微醉的布朗发誓自己让这艘船"全速前进，直到船桅断裂"。他和其他人命令俘虏帮他们操帆，在发现"玛丽·安"号船身漏水时，又要他们用力抽水。海盗们咒骂"玛丽·安"号，说"真希望从来没遇上这艘船"。黑夜降临时，他们把舵交给俘虏，又有一名海盗抽身执行重要的饮酒任务。布朗宣布自己是船长，另一名海盗托马斯·贝克（Thomas Baker）则开始向俘虏吹牛，说他们是在执行乔治国王本人的私掠任务。凡范斯特插话道："我们将一直驶到世界的尽头。"[20]

大约在晚上十点时，天气变得恶劣起来，狂风大雨，漆黑的天空中不断劈着闪电。更糟的是，风向变了，改吹东南偏东风，迫使船只前往望不见的鳕鱼角海岸。"玛丽·安"号上喝醉的海盗很快就看不到其他船只了。贝克可能因为沮丧，开始咒骂"玛丽·安"号的厨子亚历山大·马克康纳奇（Alexander Mackconachy），也就是正在掌舵的人，显然他正在往陆地开。贝克手里拿着火枪，大叫说："我会射杀你，就像杀一条狗一样。""你将永远无法上岸说出你的故事！"

不久之后，好像是在谴责贝克一样，海岸出现在眼前。"玛丽·安"号被二三十英尺高的海浪袭击，大浪像瀑布一样打在船上各处。每个人都知道，下一秒就可能搁浅，愤怒的海洋将让他们碎尸万段。马克康纳奇求海盗调转船身，船头对着海滩，让"玛丽·安"号能撑过这不可避免的船底碰撞。他们刚掉头，"玛丽·安"号就撞到东西，船身剧烈晃动，酒桶滚过甲板。贝克抓住斧头，开始砍下船桅，减少船身承受的压力。三根船桅被砍下两根后，一名海盗恐惧地大叫："看在上帝的分上，让我们到下方货舱死在一起吧。"不论是俘虏还是海盗，众人在甲板上和货舱里挤成一团，以为自己下一秒就会淹死。不识字的海盗求马克康纳奇朗读《公祷书》（*Book of Common Prayer*）。大伙儿听着厨子用盖尔腔念出祷文时，天空划过闪电，风在索具间咆哮，木头船身在大浪中战栗着。

其他战利船的船员比较清醒，可能也因此较为幸运。风雨增大时，"安战舰"号上的诺兰再也看不到"维达"号的提灯，但他一直和小型的"渔夫"号靠得很近。山一样高的海浪推着他们往岸边去，他们听见鳕鱼角无人海岸上的浪碎声。诺兰知道，他们唯一的机会是下锚，祈祷大铁钩会拖住船，让他们不至于太靠近海滩，直到风暴退去。他调转"安战舰"号的方向，船员抛出船锚。诺兰大叫，比画手势要"渔夫"号也依样行事。两艘船上的海盗与俘虏都焦急地看着锚缆飞出去、定住，然后奇迹般地在海滩外数百码处停下木船。如果那天晚上他们说了祷词，那绝对是在祈祷船锚的事。大西洋发泄怒气时，他们的船锚抓紧了沙质海床。[21]

北方几英里处，"维达"号也被无情地推向岸边。船身被大海一再抛向碎浪时，贝勒米可能想起了失事的西班牙宝船队。凶猛的狂风巨浪会让大型船身碎成小柴火。贝勒米知道自己身在何方。在闪电的微光之中，他看见伊斯坦的大峭壁笼罩

184

在碎浪上方一百英尺。如果他们撞向那里，大概不会有多少人生还。海浪冲刷着峭壁底部，升高至陡峭高地上，也就是那片让伊斯坦与比林斯盖特村庄远离大海、狂风吹拂且少有人居的平地。午夜时分，贝勒米知道，"维达"号半吨重的船锚将是唯一可能的救星。

海浪不停地席卷甲板，海盗费了很大功夫才能执行命令。舵手双脚站得很开，转着船舵，让大船船头迎着风。船锚被扑通扔进水里，沉重的锚缆开始下沉。每个人屏气凝神地看着绳子开始绷紧。"维达"号短短停了几秒钟，不再飘向后方的狂乱碎浪，众人可能暂时松了一口气，但可以感觉到船锚正在拖曳，救不了"维达"号了。

只有最后一个救船员的机会：学"玛丽·安"号上的人。他们必须试着让船上岸，船头在前，希望能尽量穿过凶猛的碎浪，让游泳的人有一丁点儿机会可以上岸。贝勒米大声下令切断锚缆。斧头落下时，粗锚缆断开了。贝勒米命令舵手让船大转身，面向海滩。但"维达"号没有动，所有人惊恐地看着船身向后滑动，船尾在前，飞过三十英尺高的海浪，朝着雾气翻腾的白色峭壁底部撞去。

"维达"号以惊人的力道搁浅。那一撞，可能把索具上的所有人都抛进致命的海浪里。他们一一撞进海底，然后被底流吸着远离海岸。大炮从滑车上松脱，掉落到较低的甲板上，一路撞击着挡在前方的每一个水手。一名海盗摔了出去，飞越甲板，一个锡铅茶壶的手把完全嵌入他的肩骨。自愿成为小海盗的约翰·金被压在甲板之间，身上还穿着几个月前登上"波内塔"号时母亲为他穿上的丝袜与昂贵皮鞋。十五分钟内，凶猛的海浪将"维达"号主桅折成两半，巨浪穿破甲板，海水灌进甲板下方的大炮与一桶桶货物中。黎明时分，"维达"号的货舱爆开，活人与死人都被抛进了浪里。[22]

清晨时分，暴风雨继续肆虐，退潮让岸边堆起越来越多的尸体。手脚不全的浮尸中，只有两个人在动。一个是米斯基托印第安人约翰·朱利安，他在贝勒米的佩利亚加船时期就跟着他，另一个人是从"圣麦可"号抓来的木匠托马斯·戴维斯（Thomas Davis）。贝勒米和其他一百六十个左右的人，不论是海盗、俘虏、白人、黑人或印第安人，全都死于这场暴风雨。

"玛丽·安"号熬过船难

南方十英里处，"玛丽·安"号上的海盗感谢自己还活着。天亮时，他们在一个半沉在海里的小岛搁浅，旁边是一个受到保护的小海湾。"玛丽·安"号的船员大概认得这个地方，那是伊斯坦南方的波契岛（Pochet Island）。退潮时，"玛丽·安"号半搁浅在小岛上，船上的人不用弄湿脚就能抵达岸上。他们在海滩上逗留数小时，吃了甜食，又多喝了些酒。[23]

大约在早上十点时，两个当地人注意到这艘失事的船，划着轻舟过来，带生还者到大陆上。两个当地人约翰·科尔（John Cole）与威廉·史密斯（William Smith）显然没有起疑，连海盗用混杂着英语、法语与荷兰语激烈讨论时也一样。他们偷听到几个遭遇船难的水手想尽快抵达罗得岛，大概是想躲在威廉姆斯那里。其他人似乎比较消沉，安静地坐在科尔家中的火炉边，直到一个人突然开口。这个人是马克康纳奇，他脱口说出其他八个人是残忍的海盗，是"黑山姆"贝勒米那声名狼藉的伙伴。海盗们知道该走了，向科尔受到惊吓的家人道别后，立刻跑进雨里。

186

他们逃到伊斯坦客栈（Eastham Tavern），接着治安官约
翰·道恩（John Doane）带人抓捕他们。道恩接到科尔的通报
后，直接前往客栈，那里是少数几个陌生人可以买马的地方。
很快地，道恩就抓到了"玛丽·安"号的所有成员，包括海
盗与俘虏，在武器的看守下，众人踏上泥泞的道路，走向巴恩
斯特布尔（Barnstable）监狱。

暴风肆虐，海盗凋零

"安战舰"号与"渔夫"号上的海盗比其他人幸运。他们
因为运气好或船比较轻，船锚得以撑住整晚。[24] 早上十点时，
大雨依旧倾盆而下，风向变回西风，从陆地上吹来，而不是吹
向陆地。诺兰松了一大口气，下令扬帆起锚，风在他们背后。
海盗驶离岸边碎浪，朝着缅因海岸前进，希望能在那里找到
"维达"号与船里的金银珠宝。

行驶十英里后，诺兰决定甩掉"渔夫"号。海盗们把所
有船员与贵重物品移到"安战舰"号，让"渔夫"号浮在公
海上，上面没有船员，舱口开着正对暴风雨。

两天后的四月二十九日，"安战舰"号在莫西干岛
（Monhegan Island）背风处下锚，此岛是一座高耸的岩石岛
屿，在缅因外海十英里处。自一六一四年起，莫西干岛就有
英格兰人的踪影，也是新英格兰第一个终年可捕鱼的据点。
但在一七一七年风雨大作的那一天，岛上没有任何人迎接海
盗。和法国人结盟的瓦班纳基印第安人（Wabanaki Indians）
摧毁了缅因大部分殖民地，法国和英国依旧在争夺海岸的中
部与东部地带，包括莫西干岛及达马里斯科夫岛、马丁库思
等其他近海岛屿。莫西干岛有淡水，而且到美洲最好的鳕鱼

渔场很方便。虽然没有良好的港口，但对正在逃命的罪犯而言，这是一个闲晃等待"维达"号、"玛丽安"号，以及"玛丽·安"号的安全地方。

日子一天天过去，仍然没有伙伴的踪影。诺兰和其他人开始担心最糟糕的结果：他们已成为美洲最强大海盗船队里仅存的成员。

镇民捡光财宝

戴维斯，"维达"号船难事件中两名生还者之一，他从碎浪里脱身，在疲惫发抖中跌跌撞撞地穿越黑夜，寻找避难所。他踏上海滩，走了几步路，大雨一直打在他身上，无法穿越的沙质峭壁将他困在了海边。闪电之中，沙壁似乎往两侧无穷无尽地延伸，只有一个方法可以让他活命。于是，戴维斯开始往上攀爬。[25]

还好他是年轻人，当时二十二岁，体格还算健壮，虽然又冷又累，他还是想办法爬上了一百英尺高（约三十米）的沙壁。他一定在顶端休息了一会儿，看见眼前那片诡异的青草地，上方迷雾笼罩。在他身后下方的碎浪中，"维达"号的残骸像鬼影一样，在闪电下忽隐忽现。最后，他蹒跚前行，在风雨里发抖，离开了海边。

清晨五点，戴维斯终于抵达山谬·哈定（Samuel Harding）的农场，距离失事地点二英里。戴维斯以某种方式，将自己的故事告诉了伊斯坦居民。哈定听到船难时，耳朵一定竖了起来，因为他立刻牵了自己的马，把差点淹死的戴维斯扶到马背上，带到海滩。

哈定沿着峭壁走，在戴维斯的指引下抵达船难地点。"维达"号现在裂成两半，船身碎片、货物、死去的船员散布在峭壁底部。两个人把值钱的物品装在马背上，回到哈定的农舍。然后，哈定立刻转身，再度回到失事地点寻宝，在清晨时分往返了好几趟。

到上午十点时，哈定的哥哥亚比亚（Abiah）、邻居爱德华·诺尔斯（Edward Knowles）与乔纳森·科尔（Jonathan Cole）①，以及另外大约七个人也加入了，他们知道当局随时可能出现，于是以最快的速度捡起贵重物品。他们可能已经在海滩上越堆越多的暴风雨留下的尸体中捞宝，那天下午，海滩上出现超过五十具尸体，他们从死人身上取下银衣扣与皮带扣、珠宝与硬币。结果，其实他们的时间相当充裕。伊斯坦的治安官道恩一整天都被束缚住，忙着在镇上追捕"玛丽·安"号的船员，押解他们到巴恩斯特布尔。一直要到隔天早上，道恩才出现在失事地点，也就是二十八日星期天。那个时候，"所有的贵重物品都已经消失"。道恩事后宣称自己"命令（那一带）的居民为国王尽力抢救"。与此同时，科尔的岳父、地方验尸官监督掩埋六十二名溺水死者，在这一过程中捡起了"属于（失事船）的几件物品"。所有为国王打捞到的贵重物品总价值只有两百英镑，也就是说，数千英镑的贵重物品大概落入伊斯坦的善良百姓手里。几天之内，两百人（几乎是全镇身体健壮的居民）跑去捞宝，翻遍失事残骸，"从沙里（取走）财富"。

波士顿后来向当局通报了一个奇怪事件。二十九日星期一

189

时，也就是"维达"号失事之后不到三天，海滩上出现一艘"非常巨大的单桅帆船"。这艘神秘船驶近"维达"号最大的残骸，放一艘小船到水上，几名船员划船查看被风雨摧残的碎片。这艘大船驱逐了当地的几艘渔船，然后驶进公海。殖民地当局认为那是"维达"号的同行船，但其实是被写进历史里的误传。

威廉姆斯得知失事

四月二十九日，威廉姆斯往东南方行进了一百四十英里，在长岛海湾入口处寻找着战利品。他还不知道"维达"号已经遇难了。

威廉姆斯的同伴前一天劫掠了一艘来自康涅狄格的单桅帆船，[26]夺走三蒲式耳的盐及两名水手，其中一名叫爱德华·萨金特（Edward Sargeant），相当熟悉附近区域，海盗潜伏在蒙托克岛（Montauk）与马莎葡萄园岛（Martha's Vineyard）之间时，他被迫担任领航员。不幸的是，那一天海盗没有任何收获，接下来几天也没有，因而抱怨声四起。

五月三日，在马莎葡萄园岛南方一座叫"无人岛"（No Man's Land）的荒岛附近，海盗拿下两艘正要前往北卡罗来纳的单桅商船。他们从"汉娜与玛丽"号（Hannah and Mary）上取得修补"玛丽安"号所需的物品，并抢来一个住在波士顿的德文郡人，这个人可以指引他们安全驶过鳕鱼角一带，前往缅因。[27]第二艘单桅帆船是来自新罕布什尔朴次茅斯的小船，船上没有任何有价值的东西。这么寒酸的战利品，当然无法平息海盗的怨言。如果"玛丽安"号无法取得任何有价值的战利品，抱怨声无疑会持续出现。过了一个星期，然后又过了两个星期，什么东西都没抢到。海盗们直接航向缅因，希望在那里找到贝勒米与"维达"号：一个受众人信任的指挥官和一艘锐不可当的好船，会让一切事情好转。

"玛丽安"号由被俘虏的领航员引导，远离鳕鱼角，踏上直接前往伊丽莎白角（Cape Elizabeth）的航程。那里是缅因南部一处显眼的岬角，海上数英里之外的范围内都看得见它。众人不知道的是，就在同一时间，"维达"号的残骸正四散在西边地平线的浪花里。

一七一七年五月十七日中午，大约离岸边七十五英里处的海上，海盗们拦截了单桅渔船"伊丽莎白"号（Elizabeth）。[28]这艘来自马萨诸塞塞勒姆（Salem）的船，正要前往乔治滩的大型鳕鱼场。当然，这艘可怜兮兮的战利船上没有金子，只有十六桶盐巴、鱼饵和食物。这艘单桅帆船很小，但威廉姆斯认为，等他们抵达达马里斯科夫岛时，这艘船的尺寸刚好适合帮忙清理"玛丽安"号。海盗强迫"伊丽莎白"号的船长登上"玛丽安"号，让几名海盗登上渔船，继续前往缅因。

十八日星期天黎明时，威廉姆斯的手下看见伊丽莎白角突出的轮廓，但领航员不知道如何前往达马里斯科夫岛，海盗决定驾驶着"玛丽安"号直接前往最近的港口，绑架当地水手。几小时后，他们在伊丽莎白角与里士满岛（Richmond Island）之间下锚，码头与一个有七十年历史的渔业站碎石堆，无神地瞪着他们。这个渔业站很早之前就没有渔夫了，但大陆岸边还有一栋农舍，港口里停着一艘小型单桅帆船，海藻遍布的海滩上还有一两艘敞船。威廉姆斯心想，一定可以在这里找到领航员的。

农舍里的多米尼克斯·乔丹（Dominicus Jordan）[29]嗅到了

麻烦的味道。他虽然是在这个小锚地岸边出生的，但看过的战争与暴力多过大部分海盗。西班牙王位继承战争开始时，一群印第安人占据了他父母设有武装防御的家。乔丹的父亲人高马大，拥有令人敬畏的名声，他用斧头劈开了一个印第安人的头，结果其他印第安人把他杀了，带走了十九岁的乔丹、乔丹的母亲，以及其他五个弟弟妹妹，关在加拿大荒原。接下来的十三年里，这家人和印第安人住在一起，学习他们的语言和生活方式，直到一七一五年被释放为止。乔丹看了载有众多船员的单桅战舰一眼，就知道应该离开。他找到妻子与三岁的儿子，带着仆人逃进树林。

威廉姆斯的人在伊丽莎白角待了一天一夜，抢劫了乔丹的财产，不知道在什么时候拦下一艘驶进锚地的倒霉渔船，船上一名渔夫坦承自己知道如何前往达马里斯科夫岛与莫西干岛，结果被押上船成为领航员。他的年轻助手则被放到岸上，于是跑进林子里，通知离此地最近的法尔茅斯（Falmouth）城镇海盗出没的事。

那天下午，海盗往东航行三十英里到达马里斯科夫岛，地点在今日布斯贝港（Boothbay Harbor）附近。达马里斯科夫岛是一个长条形岩石岛，南端有一个安全的小海湾，一百多年来都是渔夫造访之处。印第安战争之后，除了偶尔有渔夫来此，岛上并无人居住。渔民劳累一整天，把四五英尺长的鳕鱼拖出缅因湾冰冷的海水后，需要找个地方睡觉。"玛丽安"号安安稳稳地在小海湾里下锚，两侧突出的山脊，几乎盖住上方的船桅。这的确是个安全的藏身处，可以修理"玛丽安"号并休息，但没有任何迹象显示，"维达"号曾来过这座岛。[30]

威廉姆斯在达马里斯科夫岛待了五天，希望贝勒米会突然

191

带着船和财宝完整无缺地出现，结果没有。威廉姆斯尽了最大努力修理"玛丽安"号，他取出货物，拆掉受损船桅，清理船身底部。不负责修船的人聚集在小海湾顶头的砂石海滩上，严肃清点他们微不足道的财富：十门炮、几捆羊毛与亚麻布、一点儿废铁、几桶食物、盐和水。日子一天天过去，显然，"维达"号不会出现了。那艘货舱里堆满金子和珠宝的大船，一定在这群疲惫海盗的脑海中挥之不去。

192 　虽然威廉姆斯的船员离莫西干岛仅十五英里，但显然从未遇到"安战舰"号与"渔夫"号上的其他伙伴。诺兰一行人在缅因中岸外岛逗留了一段时间，修理船只，劫掠碰到的小渔船。这一头的海盗相当清楚"维达"号碰上了多危险的大风暴，大概早已放弃希望，往南回到巴哈马的安全之处。

五月二十三日，威廉姆斯也被迫接受朋友失约的事实。船员带着不祥的预感，投票决定踏上回拿骚的长途危险旅程。他们往南航向伊丽莎白角，在那里放了"伊丽莎白"号及其他渔船，然后航向鳕鱼角。

二十五日快中午时，鳕鱼角的尖端映入眼帘。威廉姆斯一行人终于得知了"维达"号的命运，这位带来坏消息的人是马萨诸塞塞勒姆双桅帆船"燕子"号（Swallow）的船长山谬·史基纳（Samuel Skinner），海盗们刚进马萨诸塞湾就拦下了这艘船。从朴次茅斯到新港到其他地方，现在，每个人都在谈论"维达"号失事的消息。史基纳可能告诉了海盗，还给他们看了《波士顿新闻通讯》。"维达"号、金银珠宝、威廉姆斯的朋友与同伴，全都没了，被大海吞噬了。威廉姆斯大概是在得知消息后的头晕目眩中放了"燕子"号，让它驶出海湾。[31]

剿灭残余分子

在英属美洲大陆的最大城市波士顿，"维达"号失事的消息未能让人松一口气。缅因与开阔海湾的渔船，以及康涅狄格、罗得岛、马莎葡萄园岛、鳕鱼角的商船，每几天就会有一艘抵达新英格兰港口，带来海盗攻击的故事。自从爆发海盗浪潮以来，新英格兰海域似乎第一次无处可逃。

马萨诸塞总督山谬·修特（Samuel Shute）让殖民地处于备战状态。他不相信海路的安全性，命令九名逃过海难的海盗走陆路，"在强大的看守与足够的手镣脚铐下……一郡接着一郡，一个治安官接着一个治安官"，[32]从巴恩斯特布尔押到波士顿，因为船难发生后头几天，波士顿依旧处于没有海军保护的情况下。即使是五月二日皇家海军第五级护卫舰"玫瑰"号（Rose）从西印度群岛抵达后，修特依旧担心贸易的安危。到九日时，他把"玫瑰"号派遣到鳕鱼角驱逐海盗，护卫舰在海上巡逻了将近三个星期，其中还有一天待在沉船地点。"玛丽安"号停靠伊丽莎白角的消息在五月二十一号传进总督耳朵里，他紧张到下令关闭波士顿港一个星期。他武装了单桅帆船"玛丽自由恋爱"号（Mary Free Love），并以私掠船名义，派这艘船追捕威廉姆斯与诺兰。他甚至让"玫瑰"号船长抓二十个波士顿人上船，[33]以免在巡防海岸时输给海盗。新英格兰的所有人都胆战心惊。

但没有人比被俘的海盗更担惊受怕了。他们在五月四日抵达波士顿，被押上市镇屋旁的山丘，接着被扔进波士顿破旧的牢笼铁狱。除了"玛丽安"号上的七个人，这批囚犯还包括木匠戴维斯，以及非洲印第安混血海盗朱利安，他们离开海滩

193

没多远，就被治安官道恩抓住了。很快地，朱利安被独自分开，命中注定。他由于肤色较深，被送至奴隶市场①。其他八名囚犯也许第一次希望自己不是白人，因为除非有其他伙伴来波士顿搭救，否则他们都会死在绞刑台上。或许他们躺在牢笼里时，祈祷着巴哈马的弟兄会听说他们的遭遇，并跑来搭救。

---

① 约翰·朱利安可能变成未来美国总统的家族奴隶。大约在这个时期，一名叫约翰的印第安人被卖给布伦特里的约翰·昆西（John Quincy）。这个人是第六任美国总统、废奴主义者约翰·昆西·亚当斯（John Quincy Adams）的外曾祖父，以及美国第二任总统约翰·亚当斯（John Adams）妻子阿比盖尔（Abigail）的祖父。

第八章　黑胡子
（一七一七年五～十二月）

黑胡子与霍尼戈从西班牙大陆带着单桅战舰"波内特"号这艘好船，以及十万英镑战利品回到巴哈马群岛时，声名鹊起。现在，霍尼戈无疑是海盗共和国的领袖，与敌手詹宁斯的地位一样高。黑胡子现在可能是三十七岁，被公认为群岛上最优秀的船长，办事效率高，人又勇敢。黑胡子与贝勒米不同，没有把首领丢到一边的意图，特别是霍尼戈现在已不那么抗拒劫掠英格兰船只了。

风声已经传开。年轻的贝勒米拿下一艘武力舰，往北拦截欧洲与加勒比海之间的殖民地春季航运。几个海盗帮也准备依样画葫芦，忙着把必要补给装上单桅帆船。法国海盗拉布其回到拿骚，把一艘强大的舰船占为己有。那艘船重两百五十吨，有二十门炮，几乎和"维达"号一样强大。拉布其忙着招募新船员，准备找到一百五十人后就去新英格兰，和贝勒米一起探路，然后直接抵达新斯科舍（Nova Scotia）与纽芬兰。[1]詹宁斯则没有意愿往北，他是海盗中唯一仍拒绝攻击英格兰船只的船长，可以预料到往北唯一会遇到的船就是英格兰船。范恩似乎也没兴趣跑到气候较冷的地区。他和詹宁斯的许多手下一样，似乎对在岸上享有的财富与自由很满意。

霍尼戈休息一小段时间，把"波内特"号装修成合适的单桅战舰，之后和黑胡子起航，不过从不离家太远。[2]七月初时，他们驾着各自的单桅帆船，潜伏在东古巴附近，希望拦截几艘满载的跨大西洋船只，结果却拦下毕夏普船长（Captain Bishop）从哈瓦那到纽约的单桅帆船，船上载着面粉。的确，那不是金子，但面粉在巴哈马永远有需求。巴哈马的海盗总数已经超过了还留下来的少数农夫。海盗悠闲地把船上的一百二十桶面粉搬到自己的单桅帆船上，然后放毕夏普船长走。大约一个星期后，在往西边一点儿的地方，他们虏获另一艘前往纽约的商船，船长姓瑟博（Thurbar），刚离开牙买加几天；海盗没有在船上找到什么让他们感兴趣的东西，只有"几加仑朗姆酒"。于是他们抢了酒，放了船。海盗帮一定觉得这些买卖太小，或许还是应该像其他海盗一样往北。

八月时，蒂奇与霍尼戈回到拿骚，他们的面粉让每个人在接下来的几个月都有面包吃。众人大概用了几天的时间卸下这批货物，然后准备朝东边的沿海地带进行时间较长的远航。海盗弟兄似乎接近无敌，控制着从牙买加到纽约一带的航路，几乎没有任何有关当局出面阻挡。他们和其他海盗船长分享从俘虏与哈勃岛商人那里得到的情报，大伙儿的结论是皇家海军无力阻拦他们。"肖勒姆"号刚回到弗吉尼亚，据说船况不佳，船长不敢离开切萨皮克湾的保护。贝勒米的人吓坏了英属背风群岛，光是谣传他们要回来了，殖民地总督就放弃搭乘"锡福德"号出航，害怕自己会被抓住。在巴巴多斯，据说海军的"士嘉堡"号船员几乎全都病到不能下床。在牙买加，他们只留下两三艘船保护从巴巴多斯到缅因的数千英里的海岸线。据说援军正从英格兰出发，但至少就眼前情况看来，美洲似乎仍是他们的天下。

有的海盗开始表现出更大的抱负，特别是苏格兰人与前汉密尔顿总督的私掠船船长。这些人厌恶乔治国王，对一七一五年詹姆士党人起义失败感到失望。这些支持斯图亚特王朝的海盗准备主动请缨，扶助目前在法国流亡的王位觊觎者（Pretender），让他成为斯图亚特王朝的詹姆士三世（Stuart king James Ⅲ）。这派海盗大概包括詹宁斯、范恩，以及黑胡子与威廉姆斯的数名手下。他们开始联络詹姆士党人的英格兰支持者，希望有朝一日可以通过这些人，取得斯图亚特国王的私掠船任务委托。声名狼藉的海盗共和国准备好登上世界舞台，选边站加入了当时的地缘斗争。

但是，坏消息传来了。

"玛丽安"号带着破烂的船帆与临时装上的船桅，歪歪斜斜地进入拿骚港，后头是历经风暴摧残、由诺兰指挥的"安战舰"号。艉甲板上站着威廉姆斯，但与他从不分开的战友贝勒米不见踪影。

威廉姆斯与诺兰说出"维达"号失事的悲剧消息：据说，九名活下来的人正在波士顿等候审判，不太可能无罪，而且贝勒米不在幸存者名单上。马萨诸塞与罗得岛总督至少武装了三艘私掠船，预备追捕威廉姆斯，并迫使海盗离开新英格兰海域。威廉姆斯行经新泽西、特拉华、南北卡罗来纳海岸时，继续劫掠船只，拿下足以让手下活命的酒与补给。由于死亡或偷溜，他现在只剩下三十多人，半途重聚的诺兰船上则大约有二十人。[3]那年春天跟着贝勒米离开南巴哈马的超过一百二十五名海盗，现在只剩下了五十人。

197

黑胡子对这个消息特别愤怒。他的朋友贝勒米死了，波士顿那群虔诚的傻子还决定处决最后几个活下来的人。不能让这件事发生。如果真的发生，他将对新英格兰人实施恐怖报复。黑胡子和威廉姆斯、诺兰谈话时，应该考虑过攻击波士顿及劫狱的可能性。要执行这么大胆的计划，黑胡子就需要拥有自己的海上武力舰。

八月底，一艘陌生船只进入港口。船帆索具破损，甲板伤痕累累，应该打过一场长时间的战役。那是一艘飘扬着海盗旗的单桅战舰，但拿骚没人见过这艘船。船长露面时，众人目瞪口呆。那是一个胖胖的绅士，穿着精致晨袍，身上绑着绷带，看起来这辈子没在海上待超过一天的时间。那些看过这个陆地上的上流人士跛行走过甲板的人，几乎都没有想到，这个人注定会成为黑胡子的头号共犯。

大农场主波内特

穿着晨袍的斯蒂德·波内特（Stede Bonnet），是最不可能成为海盗的人。一六八八年生于巴巴多斯一个拥有大甘蔗农场的富裕家庭的他，此时二十九岁。英格兰在一六二〇年代末期将巴巴多斯纳为殖民据点，比牙买加与巴哈马早一个世代，波内特的曾祖父托马斯正是早期殖民者。[4]之后的九十年间，波内特家族清理这个殖民地首府布里奇顿（Bridgetown）东南方数百英亩的低地丛林，一开始种植烟草，后来改种更成功的甘蔗。就像其他成功的大农场主一样，他们买下非洲奴隶，让奴隶照料农作物，以及糖厂内闷热无比的蔗糖浆桶子。波内特出生时，他的家族拥有岛上最成功的产业：四百英亩大的甘蔗糖场、两座风车，以及用牛拉的糖浆磨坊。[5]波内特早年在一望无际的大农场上生活，家人由三名仆人、九十四名奴隶服侍。他的人生并非无忧无虑。一六九四年他的父亲去世时，他才六岁。母亲似乎不久后也离开了人世。波内特成年之前，家族产业在监护人手中，他成为领着由仆人与奴隶组成的小型军队的孤儿。

波内特接受巴巴多斯式的贵族教育，受人文教育熏陶，然后在岛上自卫队当过少校，追求另一个富裕的大农场主威廉·亚蓝比（William Allamby）的女儿。一七〇九年，波内特二十一岁时，和年轻的玛丽·亚蓝比（Mary Allamby）结婚，地点是布里奇顿的圣麦可教堂（St. Michael's Church），离波光粼粼的卡莱尔湾（Carlisle Bay）不远。他们在布里奇顿港（Bridgetown Harbor）南方不远处买了房子，波内特在那里"受到普遍敬重"，之后却每况愈下。

他们的第一个孩子亚蓝比·波内特（Allamby Bonnet）很早就夭折。波内特一直无法忘怀这件事。接下来，又有三个孩子降临：爱德华（Edward）、小斯蒂德（Stede Jr.）与玛丽（Mary），但波内特的精神没有因此提振，反而陷入忧郁，甚至是精神错乱。朋友们觉得他"心智失调，而这个病在他身上已明显出现好一段时间了"，据说原因是"他在婚姻中的一些不舒服"。[6]

一七一六年年末，他走到了临界点。贝勒米与威廉姆斯的劫掠让邻近的背风群岛遭受重大贸易损失，其他大农场主正在发出怒吼。波内特却对海盗心生向往，虽然他自己是彻头彻尾的陆地人。他对航海之事一窍不通，但决定造一艘战舰，最后委托地方造船厂帮他造一艘重六十吨、有十门炮、可载七十人以上的单桅战舰。他一定是告诉当局，想将这艘船当成私掠船，宣称自己会去安提瓜或牙买加，也就是可得到官方追捕海盗任务的两个地方，但他其实是想当海盗。

船造好时，波内特将其命名为"复仇"号（Revenge），并开始招募船员。他付船员现金薪水，而不是劫掠的分红，这显示出他对私掠与海盗惯例的无知。此外，他需要支付船上指

199

挥官大笔钞票，因为他完全依赖他们开船。船员可能是为了政治目的而加入这个奇怪的大农场主团队，其中苏格兰人的比例高到不寻常，而且接下来的几个月，他们之中有些人会表现出詹姆士党人倾向。指挥官们忙着订购合适的武器、储备与补给品，波内特则专注于他认为会让海盗事业成功的最重要的一件事：让船长室配备丰富藏书。[7]

一七一七年晚春的一个夜里，波内特登上"复仇"号，命令船员准备启程。在黑夜的掩护下，这艘单桅帆船驶出卡莱尔湾，留下波内特的妻子、褓褓中的女儿，以及两个三四岁的年幼儿子。他此生再也不会见到他们了。

波内特可能担心自己在背风群岛被认出来，于是命令船舶长直接带"复仇"号到北美大陆。他雇用的水手告诉他，通往南卡罗来纳查尔斯顿的路上，可以得到丰富的战利品。理论上，那个地方不会有人认识波内特，但他还是要求船员叫他"爱德华兹船长"（Captain Edwards），以防万一。

巴巴多斯和查尔斯顿虽然相隔一千九百英里的海洋与岛屿，却有着惊人的相似之处。[8]查尔斯顿在不到五十年前，由一群巴巴多斯大农场主打下基础，他们成功地在南卡罗来纳沿岸湿地复制了西印度群岛的奴隶社会。查尔斯顿是个小巧、由城墙围绕的三千人城市，街道与低矮潮湿的海岸地区，立着巴巴多斯式房屋：挑高的天花板架构，以及大窗户、阳台、砖瓦屋顶。城墙之外，水稻与甘蔗农场沿着阿什利河（Ashley river）与库柏河（Cooper river）延绵数英里。闷热的田地由大批黑奴照料，几个武装白人监督着他们。如同在巴巴多斯，这块殖民地的白人人数少于他们的奴隶，比例约为一比二。查尔斯顿在陆路方面，完全与英格兰美洲隔绝，所有交通都要靠海路。其实，南卡罗来纳是北美湿地海岸上的一座西印度奴隶岛。

查尔斯顿是南卡罗来纳唯一像样的城镇，因此特别容易遭受海上攻击。这座城位于两条河交汇的半岛上，距离大海五英里。河湾部分入口被一道长沙洲挡住，船只出海或入港时，由三名忙碌的领航员引导。岸边没有多少人口，因为"成千上万的蚊子，以及其他恼人的昆虫折磨着人畜"。[9]邻近的北卡罗来纳则几乎是无政府状态，只有几个村庄。查尔斯顿与弗吉尼亚角之间，缓缓流动的河流形成湿软土地，数目不到一万的贫穷人口散居在这数千平方英里的土地上。[10]

对海盗来说，这是完美的天然环境。他们可以在沙洲入口处守株待兔，像蜘蛛一样，抓住网上所有猎物。当他们需要藏身处来劫掠船只与避开法律时，可以躲在蔓延数千英里的小溪、小水湾，以及北卡罗来纳沿岸小岛。那些地方的入口不是太浅，就是太过弯曲，大型战舰无法跟进去。对拥有强大舰船的新手海盗而言，卡罗来纳提供了完美的游戏沙箱，他们可以在那里学习这一行的技巧。

一七一七年八月下旬，波内特的手下带着"复仇"号到查尔斯顿沙洲（Charleston Bar），等待猎物上门。八月二十六日那天，托马斯·波特船长（Captain Thomas Porter）的双桅帆船从波士顿驶来。"复仇"号甲板上挤满水手和大炮，他们拿下波特船长，逼他投降。波特的押解队意兴阑珊，因为这艘双桅帆船没有值得劫掠的东西，但他们还是扣住这艘船，以防城镇收到警告。几个小时后，他们看见南方驶来一艘单桅帆船。海盗靠近那艘船，并亮出大炮，迫使对方立刻投降。波内特命令手下搜船，自己则与船长会面。他告诉每个人他是爱德华兹船长，不过单桅帆船的船长约瑟夫·帕玛（Captain

201

Joseph Palmer）没被唬住；这个人是巴巴多斯人，看见斯蒂德·波内特少校居然指挥着一艘海盗船，大概吓了一大跳。波内特当海盗还不到一天，就被认出身份了。[11]

帕玛的单桅帆船载着少量但珍贵的货物：巴巴多斯的主要出口品蔗糖、朗姆酒与奴隶。但"复仇"号的货舱里依然被补给品塞满，无法容纳更多东西。此外，船上已经很挤，波内特不想再多塞奴隶。他大概是听了船需长的建议，决定同时指挥两艘船，航向北卡罗来纳。几天后，"复仇"号停在殖民地水湾那流速缓慢的棕色水域里，确切地点可能是恐怖角（Cape Fear），那是十七世纪各式海盗船的著名避风港。他们卸下帕玛船上的货物，用那艘船协助清理"复仇"号后放火将其烧掉。帕玛和船员、奴隶都上了波特的双桅帆船，海盗们卸下了它的锚和大部分船帆索具。他们之所以要让船失去推进力，是想逃之夭夭，让波特无法太早到查尔斯顿通风报信，不过他们可能做过头了：这艘双桅帆船慢到不得不让部分奴隶上岸，"要不然他们会因没存粮而饿死"。南卡罗来纳一直到九月二十二日才知道波内特劫掠的事，也就是四个星期后。那时他早已扬长而去。

几年后，历史学家是这么记录波内特的："这位少校不是水手，因此不得不接受许多强加在自己身上的事……因为他缺乏航海事务的专业知识。"第一次的闷亏，发生在"复仇"号航向北卡罗来纳藏身处时。当时波内特已渐渐无法掌控船员，众人公开争论下一趟该航向何处，最终在"一团混乱中"往南进入佛罗里达海峡，这可能是希望试一试手气，看看能不能在古巴或佛罗里达"摸到"著名的西班牙失事船。[12]他们乱闯一通，最后差点害波内特丢掉性命。

聪明的海盗知道，最好不要和武力远胜自己的船只交战，

202

他们能分辨笨重的商船与致命的军舰，但波内特全无这类技能。总之，不管是出于傲慢、软弱，或是无能，他决定让"复仇"号和一艘西班牙战舰全面开战。等船员终于勉强脱身时，"复仇"号的甲板上已经血流成河。超过一半的船员，约三十到四十人，非死即伤，波内特本人也身受重伤，性命垂危。"复仇"号能逃走，大概是因为速度快过西班牙战舰，也比较灵活，这意味着波内特一开始就可以避免这起事件。[13]

波内特痛苦万分地躺在船长室的藏书中时，船员定下前往终极避难所的航程：新普罗维登斯岛与拿骚这一著名的海盗基地。

黑胡子接掌"复仇"号

拿骚的海盗专心听波内特及他船员说故事。然后，他们讨论了一番，决定照顾这个古怪的大农场主，至少等到他外伤痊愈为止，不过交换条件是借用他的优秀战舰。霍尼戈认为，如果黑胡子接掌"复仇"号，就可以做一笔大买卖。这艘船比他目前的船好上许多。几乎无法下床的波内特可以继续使用船长室，但黑胡子会接管"复仇"号。此时的波内特，不管在精神上还是肉体上，都处于痛苦状态，几乎无力拒绝。

黑胡子把大部分人手和两门大炮移到"复仇"号上，开始修理这艘新造的单桅战舰。只花了一两个星期的时间，他就已经准备好出发了。"复仇"号现在配备十二门炮与一百五十人，其中一个是霍尼戈底下长期担任船需长的霍华德。霍尼戈自己也有买卖要做，但他可能先和黑胡子约定好，要在几个星期内到弗吉尼亚海岸碰面。九月中旬时，黑胡子驶进墨西哥湾流，第一次独立指挥，好几个月后才会再次回到拿骚。

203

　　黑胡子出发后，霍尼戈打理好自己的事。他记录了接下来航程所做的部分准备，让人得以一窥海盗生活极少为人所知的面向。[14]他首先招募了诺兰，也就是贝勒米在世时的船需长，让他担任自己在拿骚的代理人，负责招募手下，以及看管他在岛上的利益。接着，霍尼戈把大量劫掠而来的货物，像是面粉、糖，以及大量其他物品，都搬上自己的海盗船"波内特"号，然后驶向哈勃岛。他在那里待了几天，拜访理查德·汤普森，以及岛上其他商人，并和他们做买卖。那些人靠着走私海盗货物到牙买加与查尔斯顿，变得越来越有钱。霍尼戈在岛上巧遇老敌人托马斯·沃克的儿子尼尔，吓了一跳。沃克一家人显然已经决定，如果无法制服海盗，不妨靠他们赚钱。尼尔此时正忙着将一桶桶海盗抢来的糖装上他的单桅帆船。后来，霍尼戈的船员在阿巴科外一座小岛上托马斯·沃克的新流亡住宅外，见到了这艘船。

　　霍尼戈在哈勃岛安全的锚地还碰上了巴哈马的新成员：法国海盗让·庞德维（Jean Bondavais）。[15]这个人的手下已经有了"粗暴对待"岛上居民的坏名声。庞德维和霍尼戈一样，正准备踏上新的海盗之旅，两人很快就开始争夺资源。庞德维的单桅帆船"玛丽·安"号，可能就是威廉姆斯的"玛丽安"号。威廉姆斯和手下经过先前那趟惊心动魄的旅程之后，可能会愿意卖掉那艘船。如果是真的，这个举动可能会惹恼霍尼戈，因为在十八个月前，他是最先虏获这艘单桅帆船的海盗。两名船长都试图向哈勃岛商人购买补给品，而且都需要小艇与更多船员，特别是船医。霍尼戈同情自己先前俘虏的豪尔医生，已在几个星期前放他走了，但厌恶海盗生活的可怜医生找不到去新普罗维登斯岛的船，生活在恐惧之中，一直害怕再度被另一个海盗押上船。庞德维不知道怎么得到的风声，有可能是从霍尼戈手下那里听到的，开始悄悄派人在拿骚找他。

豪尔医生住在商人威廉·品达（William Pindar）家，庞德维的手下敲门时，两个人都在家。品达打开门，面前是一群挥舞着水手刀的法国人。海盗告诉品达，他们来带走豪尔与"一大桶朗姆酒"，人和酒要是有一样没拿到，就"拿刀砍他"。品达只有一加仑朗姆酒，那是豪尔从镇上买来的。他告诉海盗这件事时，他们变得"相当粗鲁"，威胁要立刻拖走豪尔。豪尔声泪俱下地告诉品达："我宁愿选择跟着霍尼戈，也不要跟这群粗暴的法国人走。"他和品达不知道用什么方法拖住了海盗，找了个空档跑到诺兰住的地方。医生求诺兰收留他："如果被迫一定要选择，我宁愿服侍英国人，也不愿意服侍法国人。"诺兰同情医生，让他成为"波内特"号的成员。不久之后，霍尼戈的船需长约翰·马丁（John Martin）把他塞进一条小船，带着他到哈勃岛，那里是霍尼戈可以保护他的地方。

在哈勃岛的庞德维得知，医生现在人在"波内特"号上，非常生气。法国人找上霍尼戈，要求他交出豪尔。霍尼戈的回答很狡猾，他说很乐意，只要医生同意就行；豪尔当然不同意。庞德维最后放手，没有带走这个有名气的医生。豪尔仍拼命地想逃离海盗，尽管被一群人看着，还是屡屡试图逃跑。他有一次去找哈勃岛上的重要人物，理查德·汤普森的女儿，求她帮忙提供藏身之处。汤普森后来表示，岛上没有任何人敢帮助医生，"免得霍尼戈烧掉或毁掉他们的房子，或是干出其他坏事。整个地方都非常怕霍尼戈，没有居民敢出声反对或违抗（他的）任何命令"。"波内特"号离开巴哈马去找黑胡子时，我们知道豪尔在船上，不到一年之内，再度被迫成为海盗。

威吓力十足的火枪、水手刀、原始手榴弹

此时，黑胡子一行人已在北方千英里之外，他们在特拉华湾入口，也就是费城所有贸易的必经之地逗留。黑胡子在这趟离开拿骚的航程中，对"复仇"号古怪船主的能力渐起疑心。波内特船员说的故事表明这位大农场主即使身体健康，也完全不适合指挥，连滑轮和升降索都分不清。波内特大部分时间都待在船长室里，勇敢踏上甲板时则穿着优雅晨袍，通常手里还拿着一本读到一半的书。[16]他的精神状况也同样脆弱，黑胡子猜想不用费什么功夫，就能从他脆弱的手里永远拿下"复仇"号了。他和颜悦色地对待波内特，鼓励他在自己的船舱休息，哄他相信这艘单桅帆船得到安全妥善的照顾。

他们在半途中有过一次收获：弗吉尼亚四十吨重的单桅帆船"贝蒂"号（Betty），船上载着马德拉酒及其他商品。九月二十九日，海盗在弗吉尼亚角靠近这艘船时，黑胡子穿上吓人的新战斗服饰，肩上是丝质挂带，上头附着"三对手枪，像子弹带一样挂在枪套里"。帽子底下是导火索，他让其中几条垂在脸庞两侧，让脸上有烟与火的光圈。他的扮相齐全，同时期的传记作家表示："他的双眼天生凶恶又狂热，整体扮相看起来很吓人，人们想象不出比他更可怕的地狱愤怒使者了。"[17]商船船员看见这个幽灵时，一旁还有一群拿着火枪、水手刀、原始手榴弹的野蛮人物，于是他们不开一枪就投降了。这正是黑胡子想达到的效果。他利用恐惧，战斗时不用损兵折将，也不用浪费弹药，而且被虏获的船只也毫发无伤，可以取得整艘船的最大价值。"贝蒂"号是一艘不起眼的船，定期在弗吉尼亚与马德拉之间运酒。这艘船投降后，海盗拿走最好的货物。

206

黑胡子为了不让这艘船警告全弗吉尼亚与马里兰有海盗出没，下令把所有俘虏带上"复仇"号。船需长霍华德在"贝蒂"号的船身上钻洞，并在船开始沉的时候，登上一艘划艇回到了"复仇"号上。[18]

十月初，"复仇"号停在特拉华高耸的砂质海岬外，每一门炮旁边都摆放着五颗炮弹，等着猎物上门。下一艘遇上黑胡子海盗帮的船，是满载着货物的英国商船，才刚完成十到十二周的航程，从都柏林来到费城，甲板下方塞满一百五十名乘客与货物。几乎所有乘客都是契约佣工，因此大概处于惨兮兮的状态。拥挤、通风不良的船上疾病肆虐，"食物补给品不足、饥饿、口渴、严寒、高温、湿气、焦虑、贫穷、折磨、悲伤，另外还有……可以从下面刮出一大片的……吓人的虱子大军"。[19]乘客迫切希望上岸，却发现自己成为野蛮人的俘虏，那个人的头还会冒火和冒烟。

黑胡子在当霍尼戈的手下时相当节制，抢劫船只时只拿需要的东西。现在，他可以自由地向船员提出自己的抱负：一个远比导师有野心的抱负。霍尼戈把行动限制在海上窃盗，但贝勒米死了，黑胡子想要尽可能地重创英国贸易，其中不乏不必要地取人性命。他似乎是在向大英帝国宣战，准备用海盗与恐惧让帝国臣服。

对这种较为激进的海盗手段，客船上的佣工并不怕，因为他们没有什么损失，但商人就要失去很多东西了。黑胡子的手下和其他海盗一样，会拿走自己喜欢的货物与贵重物品，像是钱币、珠宝、朗姆酒、食物、火药与航海设备，但他们和霍尼戈或贝勒米有一点不一样：他们会把剩下的货物丢进海里。船上一名商人眼睁睁地看着自己价值一千英镑的货物被扔进海

207

里，他求他们留一点布，够做一套衣服就好，但海盗拒绝了，把最后一捆织物也扔进海中。等海盗放过这艘船时，货物一点儿也没剩下。

接下来的两个星期，黑胡子让大西洋海岸中段陷入一阵恐慌与毁灭；毕竟，那是因为和平时期从没听过这种事。"复仇"号在特拉华角（Capes of Delaware）一带，以及通往百慕大、切萨皮克湾、纽约港的航路上航行，从不在一个地方停留超过四十八小时。他们打劫从四面八方来的船只：从伦敦、利物浦、马德拉前往费城的船；在纽约和西印度群岛之间往返的单桅帆船，还有宾夕法尼亚要前往英格兰及其他地方的商船。在这个过程中，黑胡子一共拿下至少十五艘船，几乎在一夜之间就成为美洲最令人恐惧的海盗。[20]

余悸犹存的船长们带着痛苦的故事拥入纽约与费城。史波福德船长（Captain Spofford）描述自己离开费城还不到一天，就被迫看着黑胡子的手下把一千块木桶板投入海中，并把"海仙女"号（Sea Nymph）上吓坏的船员塞进货舱。"海仙女"号是布里斯托尔的一艘双桅帆船，正要前往葡萄牙时被海盗抓住。"海仙女"号上的商人约瑟夫·理查德森（Joseph Richardson）遭到海盗"非常野蛮的利用"，小麦货物被扔进海里。彼得·皮特斯船长（Captain Peter Peters）述说海盗拿下他的船，偷走二十七桶马德拉酒，还砍下船桅，让他搁浅。海盗让葛瑞格船长（Captain Grigg）的单桅帆船在海湾入口下锚，然后船锚被砍断，船上三十名契约佣工被带走。海盗带走了一艘前往弗吉尼亚的单桅帆船上的所有酒，然后把船弄沉。法莫船长（Captain Farmer）的单桅帆船从牙买加出发后，已遭其他海盗劫掠过，但黑胡子的手下坚持要取下索具，移除船桅

208

与锚，当作"复仇"号的备用品。接着，海盗还把三十名佣工房上船，让法莫的船在桑迪岬（Sandy Hook）附近的海上游荡。西普金斯船长（Captain Sipkins）则失去一艘"大型单桅帆船"的指挥权，贝勒米把那艘船装上十三门炮，留着当海盗船用。

趾高气扬的海盗吹嘘自己正在等"有三十门炮"的伙伴船，那艘船抵达后，就要往北航向特拉华，并围攻费城。其他人则吹嘘自己计划往南航向弗吉尼亚角，"在那里（拿下）一艘好船，是他们非常期待的一件事"。黑胡子刻意以贝勒米还活着的船员的名义（当时他们正在波士顿监狱受苦），恐吓来自新英格兰的俘虏。告诉他们要是"海盗伙伴有任何一人（在波士顿）受苦，他们会在这些俘虏身上报复回来"。[21]

黑胡子从俘虏身上搜集了大量情报，得知贝勒米船难的幸存者正在受审，大概会被判处绞刑。[22]如果说黑胡子曾想救他们，乔治国王下令要以"适当武力"镇压美洲海盗的消息，[23]也让他打消了这个念头。据说波士顿现在有两艘护卫舰："玫瑰"号与"松鼠"号（Squirrel）。皇家海军的"凤凰"号已经抵达纽约，弗吉尼亚则有第六级战舰"莱姆"号（Lyme）支持破旧的"肖勒姆"号。[24]黑胡子的俘虏皮特斯船长告诉他，他在非洲海岸载运马德拉酒时，两艘英国皇家海军护卫舰曾驶进港口，一艘要到纽约，一艘要到弗吉尼亚。① 皮特斯说就算那两艘护卫舰尚未抵达，也很快就到了。黑胡子意识到北美东岸太危险，海盗船不适合待在这里，该是结束买卖往南回到加勒比海诸岛的时候了。他们势单力薄，至少在他能指挥一艘战

209

---

① 其实，这两艘船是四十门炮的第五级战舰。其中一艘是"珍珠"号（Pearl），正要前往弗吉尼亚取代破旧的"肖勒姆"号。另一艘是"钻石"号，正要前往牙买加的舰队总部。

舰之前，只有这样的实力。

十月底，有人看到黑胡子的单桅帆船与战利船出现在长岛外海，²⁵正朝着加德纳岛或布洛克岛前进。他们可能是要去其中一座岛，取走威廉姆斯留下的物品，又或者是要存放一些金银珠宝。不论海盗此行的目的究竟为何，只见他们其后飞快往南，航向东加勒比海岛屿。

黑胡子、霍尼戈分进合击

跟大多数的记录不一样，黑胡子并没有在往加勒比海的途中回到巴哈马，也没有找到什么可信的证据，证明他加入了霍尼戈阵营。当时的霍尼戈似乎正领着自己"巨大的单桅帆船"往北，船名恰巧就是让人弄不清楚的"波内特"号。²⁶黑胡子让沿海一带吓破了胆，好几起攻击事件都被说成是他的人做的，但不可能，因为较为翔实可信的记录显示，发生那些攻击时，黑胡子在数百或数千英里之外。另外，有好几份错误的报告都说，他是和霍尼戈一起行动的；或许，真正的罪魁祸首是他的导师，只是这个导师此时还带着一艘新的类似"复仇"号的同行船。^① 如果真是如此，那么黑胡子一行人往南时，霍尼戈正往北前进。因此，黑胡子前往加勒比海远东地带，也就是向风群岛（Windward Islands）对着开阔大西洋的地方时，大概是一路远离海岸行驶的。

---

① 如此一来，霍尼戈在一七一七年十月十七日那天应该在北卡罗来纳外海处（当天他房获两艘船），并在一七一七年十一月二十六日来到弗吉尼亚角（当天他拿下一艘前往马里兰的船）。十月十七日，蒂奇似乎依旧在特拉华角一带活动，他在十月十二日到二十二日之间拿下几艘船，接着又往北到长岛。十一月二十六日（根据英格兰历或儒略历），蒂奇在东南两千英里的向风群岛，位于圣文森特（St. Vincent）附近。

　　另一件令人混淆的事是黑胡子现在亲自带领两艘单桅帆船："复仇"号与一艘战利船。那艘战利船重四十吨，是百慕大造的单桅帆船，可能最接近事实的推测是，那是西普金斯船长的船。现存文献没有提到这艘单桅帆船的名字，而这艘无名船只此刻正载着八门炮与三十名左右的海盗；较大的"复仇"号有十二门炮、一百二十人。[27]水手们已习惯看到黑胡子与霍尼戈一起出动，一人指挥着一艘单桅帆船。现在，他们两个人已经分开行动，但各自领着两艘船，难怪他们劫掠的船只会误以为另一个人在第二艘船上。

　　黑胡子和先前的贝勒米一样，希望可以拿下一艘武力舰。这么一来，他所属的海盗帮连皇家海军的护卫舰都拿得下来。有了两艘单桅战舰，海盗知道他们胜过护卫舰的机会将很大，而黑胡子知道要去哪里找那样的舰船。在外海上，就在向风群岛弧形外不远处，那个地方标示为加勒比海外缘，跨大西洋的航路在那里交会。一个人可以在那一带小岛之间的深水航道中找到从法国到马提尼克或瓜德罗普、从英格兰到巴巴多斯、从西班牙到西班牙大陆的船。黑胡子的人决定在那里撒网。

　　这是个好选择。十一月十七日那天，他们抵达当地才几天，甚至才几个小时，负责瞭望的海盗就大喊起来。地平线上出现船帆，一艘船驶了过来。[28]

目标恰好出现

　　法国奴隶船"协和"号（La Concorde）的船长皮耶・多赛（Pierre Dosset）看见西边有两艘大型单桅帆船正在逼近时，心情不会太好。他知道，那意味着麻烦。由于盛行风，许多往加勒比海的船只会行驶在这个纬度，但没有人会朝着相反方向而来。"协和"号是一艘快速、强大的大型船只，是重两百五十吨的全帆奴隶船，船壳是坚硬栎木，射击孔足以容纳四十门炮。然而，多赛的船员此时并没有战斗能力。

211　　　　八个月前，这艘法国船离开家乡港口南特（Nantes），带着七十五名船员及满满的货物，准备在非洲贝宁湾（Bight of Benin）与维达（Kingdom of Whydah）的王公贵族交易。"协和"号的船主是商人芮南·模多敦（Réne Montaudoin），他让多赛船长在面对其他竞争奴隶船船长时具有优势：非洲人愿意付许多奴隶以取得货物。维达王国的人民，喜爱印度产的彩色印花棉布。模多敦是南特最有钱的人，他在卢瓦尔河（Loire river）河口附近盖了纺织工厂，专门模仿印花布（Calico）与印度布（Indiennes）样式。多赛船上载满五颜六色的棉布，他预期这趟旅程会利润丰厚。

　　　　结果，一开始就诸事不顺。多赛从南特出发几天后，就碰到两次威力强大的暴风雨，船身受损，昂贵的船锚弄丢了，一名船员死亡。多赛出海七十七天后，在七月抵达维达，成功用货物换得五百一十六名奴隶，以及少量金粉，不过跟着上船的还有充足的热带微生物与细菌，许多船员生病。待在非洲的三个月以及在穿越大西洋的六周时间里，有十六名船员死亡，另有三十六人生病，染上"坏血病与血痢"。奴隶也死了六十一人。多赛开始担心自己根本无法抵达马提尼克的奴隶市场。

　　　　多赛七成的船员不是死了就是身体虚弱，他没有人力同时操作船上的大炮与索具。面临这种境况的船长可以虚张声势，摆出大炮吓走攻击者，但多赛连这个选项也办不到，因为他正带着非常多的奴隶；比起"协和"号之前的任何一次旅程，这次的奴隶数量要多一百人以上。他必须增加载货容量，因此只能装载十六门炮。多赛知道，如果前方的陌生人是海盗的话，就麻烦了。

单桅帆船进入视野时，多赛及其副手法兰瓦·恩诺（François Ernaud）的恐惧感一定跟着逐渐上升。小望远镜中出现两艘单桅战舰，对方的大炮已推出射击孔，甲板上也挤满了人。那两艘船已经亮出骷髅头海盗旗帜，较大的那艘船艉甲板上，站着一个留着胡子的恐怖男人。他的头上开始冒出烟和火花时，任何猜想和疑虑都消失了。

其中一艘单桅帆船的侧面冒出一阵烟雾，火力全开，用大炮攻击"协和"号。有的炮弹让大海水花四溅，有的则飞跃甲板，紧接着是一阵火枪子弹。多赛继续前行，试着激励船员，然而第二波的大炮和火枪射击让最后一丁点儿士气也消失无踪。多赛下令降旗投降，舵手让"协和"号渐渐停下。模多敦先生将会十分生气。[29]

虏获大战舰

黑胡子望着自己的新战利品，知道终于找到了合适的旗舰。"协和"号体积大、速度快，动力也强，就跟贝勒米那恶名昭彰的"维达"号一样，说不定还更胜一筹。有了这么一艘船，黑胡子知道自己手下的破坏力可望胜过老飞帮剩下所有人的总和。这艘法国奴隶船只需要稍微改造一下，换个名字就够了。

海盗们把"协和"号带到贝基亚岛（Bequia），那是一座草木丛生的多山小岛，位于圣文森特东南九英里处，有一个有掩护的大型锚地。黑胡子知道那里不太可能遭人打扰，因为圣文森特、贝基亚岛与周围大部分的岛屿不同，它们不在欧洲人手上，控制那两个地方的人是加利比印第安人（Calib Indian），以及一六三五年两艘失事奴隶船上非洲裔幸存者的混血子孙。① 他们是加里富纳人（Garifuna），会不屈不挠地捍卫自己的土地，不让欧洲人染指，不过海上行动只限于几艘加利比式的轻舟战船，而且就算真的以军队的形式出现，可能也不会满足于阻止奴隶船抵达目的地。30

不过，对"协和"号上的数百名奴隶来说，并没什么好庆祝的。黑胡子虽然有几名船员是非洲裔，但他们大概生于西印度群岛，熟悉欧洲的风俗、语言与技术。黑胡子手下碰到那些"直接从船上下来"的非洲人，似乎多半还是把他们当成货物，认为他们只是来自异域文化的奴隶，不够资格加入海盗。四百五十五名被锁在"协和"号货舱里的奴隶，大多交给多赛船长，由他的人在贝基亚岛岸上看守着。黑胡子为"协和"号留下了六十一名奴隶，大概是用来做体力活，不过，也许有几个人会被招募成为海盗。很遗憾，这方面没有留下多少历史记录。31

海盗强迫多赛的十名船员成为海盗，从选择了谁可以看出他们的需求：正副船医、领航员、船上仅有的两位枪炮工（gunsmith）、正副木匠师傅、一名船身防漏专家、一名厨子，以及一名技能不明的水手。除此之外，还有四名多赛的船员主动请求海盗让他们加入，包括舵手及他的两名船舱小厮。这两名小厮，分别是十五岁的刘易斯·阿洛特（Louis Arot），以及

① 尽管在十八世纪晚期，英国把加里富纳人逐出圣文森特，他们依然存在至今。现今的加里富纳人在洪都拉斯的海湾群岛省（Bay Islands）、伯利兹城南部普拉圣西亚（Placencia）一带，有属于自己的小区。

年纪比阿洛特稍大的胡力安·约瑟夫·摩森（Julien Joseph Moisant），他们是这艘奴隶船船员中薪资最少的人，每个月分别只有五里弗与八里弗（零点二英镑与零点三五英镑）。年轻的阿洛特可能有什么理由讨厌多赛跟他的指挥官，于是出卖了他们，告诉海盗这些人在船上某处或身上偷偷藏着金粉。黑胡子的人拷问了多赛和那些指挥官，威胁要是不把金子交出来，就要割了他们的喉咙。法国人乖乖听话，得到的奖励是海盗四十吨重的小船；"协和"号则被海盗留为己用。海盗还留给他们"两三吨豆子"，以防奴隶饿死。多赛把新单桅帆船命名为"厄运"号（Mauvaise Recontre/Bad Encounter），用这艘船载着船员与奴隶回到马提尼克，他往返两趟才完成任务。

在黑胡子的监督下，所有的个人财物都被从"复仇"号搬到"协和"号，另外还有原来那艘四十吨重的单桅帆船上的大炮与补给，以及大部分的海盗成员。波内特先前打斗留下的伤已经养好，即使经验不足，还是获得允许得以继续指挥"复仇"号和至少五十名船员。从证人几天后的证词来看，我们知道"协和"号现在有二十二门炮与一百五十人，显然部分被海盗留下的非洲人成为船员。[32]海盗也给了"协和"号一个新名字："安妮女王复仇"号（Queen Anne's Revenge）。这个名字包括了最后一任斯图亚特君王的名字，承诺以她的名义，向乔治国王与他的汉诺威王室复仇，这显示出黑胡子船员的詹姆士党人政治倾向。

黑胡子现在指挥着一艘强大的战舰，准备名留青史了。他意识到在小安的列斯群岛，欧洲殖民者处于相对虚弱的状态。贝勒米帮一年前劫掠时，可能已经见证这件事了。黑胡子建议海盗帮横扫这个一千四百英里长的岛链，袭击所有船只与港口，直到抵达向风海峡，再从那里拿下正载着军饷到古巴的西班牙大帆船。众人同意这个策略，"复仇"号与"安妮女王复仇"号驶出南方港口，设定前往格林纳达（Grenada）的航线，也就是岛屿链的第一座岛。他们抵达法国小岛后，又掉头回圣文森特继续往北，从一座小岛跳到另一座小岛，拿走所有的贵重货品，好像他们走过的是一排水果树一样。

为时两天的第一段旅程吉凶参半。领航员虽然是法国人，也许正是由于这个原因，海盗的一艘船搁浅在格林纳达。众人想办法把船从不知名的礁石中弄了出来，虽然船身没有受损太厉害的地方，海盗还是觉得需要抛下几个奴隶。[33] 后来，多赛又把这些奴隶抓了回来，得以抓到的部分原因是他已经在奴隶身上烙上"协和"号的缩写。尽管如此，海盗还是有了第一次斩获：一艘大型双桅帆船，备有十门炮，非常适合航海。历史上没有留下这艘船的劫掠记录，因此无从得知这艘船来自哪里，要往哪里去，但海盗留下了这艘船，让它成为舰队的第三艘船，大概有几名船员被迫成为海盗，剩下的人则被放到小船上，或是圣卢西亚岸上。不论实际是哪种情形，海盗拿下这艘双桅帆船的时间是在他们将多赛船长留在贝基亚岛，和大约一两天后在圣文森特北方的深水航道碰上下一个猎物之间。

下一个猎物是波士顿的"大艾伦"号（Great Allen）。那是一艘非常巨大的商船，正在从巴巴多斯到牙买加的途中。黑胡子依旧对马萨诸塞当局感到愤怒，他允许船员虐待"大艾伦"号的船长克里斯托弗·泰勒（Christopher Taylor），逼他说出贵重物品放在哪里。这名被铐住的船长不是拒绝吐实，就是否认除了"大艾伦"号货舱里找到的东西，船上还有其他金银珠宝。海盗不信，重重地鞭打他。不知船长最后有没有说出来，海盗终究拿到了一个精美无比、工艺绝伦的杯子；那些后来被抓到的人说，在黑胡子船上看到的金银珠宝中，他们对那个杯子记忆深刻。接着，泰勒眼睁睁地看着自己的大船被海盗烧到吃水线之下。隔天，泰勒和船员上了一条小船，然后被载到马提尼克一个人烟稀少的海岸。

　　一直到三个月后，关于这起攻击事件的消息才传回"大艾伦"号的家乡波士顿。而那个时候，贝勒米船员的故事早已落幕。

越来越壮盛的船队

　　黑胡子的手下证明，加勒比海的法国当局不足为惧。马提尼克是蔗糖殖民地，有九千四百名白人，以及超过两万九千名奴隶。该地是法国西印度帝国的中心，却没有任何海上军事力量保护。黑胡子不攻击港口可能是因为当地有一座皇家堡垒（Fort Royal）。这座碉堡厚实的城墙与重炮，提供了足够的保护。然而，马提尼克北方七十五英里的姐妹殖民地瓜德罗普，就没有这么牢固的防御工事了。海盗是在审讯多赛及其船员时得知这件事的。黑胡子会在那里第一次粗暴地攻击欧洲人的美洲殖民地首府，而这次之后又陆续发生了很多次。

　　这次的瓜德罗普城镇攻击，时间大概是一七一七年十一月二十八日的晚上，我们只知道一点细节。当时，海盗直接驶进港口，开火，已经下锚的船只来不及躲避。他们拿下一艘大型法国船只，那艘船才刚装完蔗糖货物，扬起帆，拉起船锚，准备快速离开。接着，海盗做了到目前为止最粗暴的举动：放火烧了城镇。他们大致上是把红热的炮弹，射进一排排整齐的木造房屋。海盗驶离港口时，浓烟就在背后升起。等到居民终于控制住火势时，瓜德罗普城镇已经被烧掉一半了。

　　二十九日早晨，海盗驾驶着一艘法国蔗糖大船，乘着微风往北缓缓进入宽四十英里的海峡。这个海峡分隔着法属瓜德罗普，以及邻近的蒙特塞拉特、安提瓜、尼维斯等英格兰岛屿。此时，一艘飘扬着英格兰旗帜的大型商船出现了。而且，在海盗还没展开攻击之前，船上许多人竟爬上大艇。海盗们吓了一跳，因为那些人没有试图逃跑，而是直接划船到三艘海盗船中距离最近的一艘，也就是波内特的"复仇"号。波内特让船帆逆风，让大艇得以停在一旁。他往栏杆下看，看到一个自称是托马斯·奈特（Thomas Knight）的人跟他打招呼，那人说自己是"蒙特塞拉特商人"号（Montserrat Merchant）船上的指挥官。波内特很快得知，奈特的指挥官误以为"复仇"号与"安妮女王复仇"号是两艘来自非洲的英格兰奴隶船，派他过来询问是否载着寄往瓜德罗普或英属背风群岛的信件。看起来像贵族奴隶商的波内特，自我介绍是"爱德华兹船长"，他告诉奈特自己正要从巴巴多斯到牙买加。他说船上的确有他们要的东西，坚持要他们上船。但就在这个时候，奈特终于发现"复仇"号的船尾挂着骷髅头海盗旗。于是，他隐藏了自己的不安，礼貌回绝。波内特改变语气，命令奈特和他的小船船员上船，不然就直接淹死他们。几个倒霉鬼遵照命令，惊慌地爬上站着一群武装海盗的甲板。奈特后来回忆道："我们上船时，他们对我们说的第一句话是，欢迎来到海盗船。"[34]

　　接下来的几个小时，奈特和船员处于恐惧与困惑之中。首先，波内特的船员邀请他们用餐，奈特拒绝。接着，海盗第二次邀请，这次附带说明如果遭拒，"我们会（对你们）做一些不好的事"。在这顿被迫的宴席之中，波内特和船员询问贵宾，搜集英属背风群岛的情报：蒙特塞拉特的金赛尔（Kinsale）碉堡有多大？有多少门炮保护岛上的主要港口普利茅斯？在那里停泊的船有多强大？奈特据实以告：金赛尔的六十年碉堡有四门炮，但有另外七门炮保护着普利茅斯的入口。那里的船都没有武装，顶多有私人枪支。接着，他求海盗放了他和船员，或是至少放他们到瓜德罗普或蒙特塞拉特岸上。此时他们的船长已经发现情况不对，逃之夭夭了。波内特的人拒绝了他的要求，告诉奈特，在放人之前，他们"必须前去和军舰谈话"，这里的军舰指的是"安妮女王复仇"号。

太阳下山后，波内特追上"安妮女王复仇"号与法国蔗糖船。他靠到黑胡子旗舰旁，距离近到可以用喊着交流。他询问该如何处置抓到的人，答案是用小船把俘虏送过来。奈特和船员划到强大的军舰旁，在他们眼中，这艘船的外形是荷兰船，又快又灵活。他们靠近时，大海盗船上某个人用喇叭筒跟他们打招呼，传递的讯息和先前一样："欢迎来到海盗船。"

奈特一行人一上了"安妮女王复仇"号甲板，又受邀去吃另一顿饭，这次他们没有拒绝。海盗吹嘘着自己的丰功伟业，但没说出谁在指挥他们。他们称波内特为爱德华兹，称黑胡子为"肯特人"（Kentish）。不过，黑胡子并没有加入他们。俘虏很快就知道他生病了，大概是先前非洲奴隶船带来的疾病。海盗表示，船长稍后才会跟他们说话，在这段时间之前，他们要暂时在船上劳动。

海盗行过黑夜，蒙特塞拉特毫发无伤，尼维斯才是他们的目标，也就是英国背风群岛殖民地第二重要的岛屿。那是一个坐落在闪耀大海中的火山岛，水面以上的高度约三千二百英尺。海盗船队在天亮时抵达尼维斯，黑胡子下令，航向岛屿西

218

海岸的主锚地。

几个小时后，海盗船队已抵达尼维斯港（Nevis Harbor），但黑胡子病到几乎无法离开船长室。他的船需长霍华德监督各船在甘蔗田海岸下锚。那里有各式各样的商船可以劫掠：单桅帆船、帆式独木舟，以及几艘大型单桅帆船或小船。然而，那里也有一艘大型护卫舰，霍华德认为，那是被派到背风群岛的军舰：第六级皇家海军战舰"锡福德"号。海盗的反应是兴奋而非恐惧。海盗认为应该就地解决这艘护卫舰，破坏甲板，割去锚索，在岸上有关当局回应之前，把这艘船带出海。霍华德向黑胡子提出这个大胆的计划，但黑胡子的身体太过虚弱，自知无法参与这次冒险的攻击。于是他劝大家放弃，告诉他们只要越来越熟悉自己的船和船的战斗力，就会有别的机会；大家应该先专注于简单的目标上。黑胡子最后说服了大家，霍华德命令船队航向安提瓜，也就是英属背风群岛的首府。众人希望那里没有海军力量的保护。

海盗挂着英格兰旗帜前进，尽量假装成做生意的简单商船。三艘海盗船在前往安提瓜的路上，遇到两艘没有起疑的商船。海盗或许是不想惊动所有人，因此没有发动攻击，而是派"复仇"号上的波内特前去探听消息。这一天结束时，一艘单桅商船恰巧航行到"复仇"号旁。波内特或另一名船上指挥官呼唤那艘船，宣称自己来自巴巴多斯。单桅商船上有一个人回应，自称是"新部门"号（New Division）的船长兼船主理查德·乔伊（Richard Joy），正要从圣克里斯托弗到安提瓜。海盗坚持要他上他们的船，并保证不会伤害他。乔伊事后回忆道："我上船时，他们请我吃吃喝喝，问我沿岸有什么样的船只。（我）无从辨识他们是不是海盗。"

　　乔伊用餐时，波内特的几名船员爬上"新部门"号，控制住艉甲板，强迫船上所有人登上"复仇"号。[35]他们继续审问乔伊，想知道圣克里斯托弗港口有什么样的船只。一开始，这名商人哀求他不知道，但当海盗威胁要烧了他的船时，他就什么都招了。港口有两艘船，一艘刚从利物浦抵达，货物是英格兰食品。海盗听到这个消息很高兴，但宣布他们还是会弄沉"新部门"号。乔伊向波内特求情，哀求把船还给他："（我）告诉他，那是我养活家人的唯一办法。"波内特同情他，要船员把单桅帆船还给他，但要到傍晚才放人。[36]"新部门"号远离海盗时，黑胡子的船需长霍华德也允许奈特和船员一同离开。俘虏扬帆离去后，海盗把船聚在一起开会。他们依据新情报，决定攻击圣克里斯托弗而不是安提瓜。三艘船再次掉头，朝着西北航向新目标。

220

　　黑胡子的船队在十二月一日抵达。英格兰殖民者看见三艘索具上飘扬着黑色海盗旗的船驶进沙角（Sandy Point）时，不会太开心。当地居民尚未从战时猛烈的法国攻击中恢复过来，无力防卫小岛。大炮几乎无用，缺乏火药、炮弹，以及熟练的炮手，就连岛上硫黄山（Brimstone Hill）俯视锚地的主碉堡也一样。[37]民兵们大概被叫去操作他们的大炮，但无法阻挡黑胡子拿下并劫掠好几艘单桅商船；不过，那艘传说中的利物浦船不见踪影。黑胡子为了象征性地侮辱国王的碉堡，要手下把巨大的法国蔗糖船直接驶到碉堡大炮的下方，并在硫黄山正下方烧了那艘船。船上因为载着蔗糖而变成一片炼狱，浓厚的呛鼻烟雾飘过碉堡的石头城垛。"复仇"号与"安妮女王复仇"号驶出港口时，海盗还烧了数艘商船，让沙角看来就像又遭法国人劫掠似的。[38]

黑胡子与波内特继续朝背风群岛前进，船上载着银子、金粉与糖。黑胡子另外还偷了六门炮，海盗航向维京群岛时，船员把那些大炮装上炮台，推进"安妮女王复仇"号空着的射击孔。[39]黑胡子的旗舰现在拥有二十八门二至四磅大炮，还有空间装十二门炮。黑胡子本人也恢复了健康，大概后悔先前没有在尼维斯攻击海军的"锡福德"号。

其实，"锡福德"号不在尼维斯。黑胡子与波内特在尼维斯与圣克里斯托弗徘徊时，"锡福德"号正航行在维京群岛一带，载着沃尔特·汉密尔顿总督造访殖民地四散的领土。那艘迷你护卫舰正掉头要回安提瓜，航行途中会撞上黑胡子与波内特。

汉密尔顿总督与"锡福德"号的船长乔纳森·罗斯（Jonathan Rose）开始担心自己的安危。在幅员辽阔的背风群岛殖民地中，"锡福德"号是唯一的军舰，但这艘船是海军最小型的护卫舰，船龄二十年，长度只有九十三英尺，重两百四十八吨，拥有二十四门炮及八十五名船员。如同一般情况，许多船员被热带疾病折磨得东倒西歪。汉密尔顿总督与罗斯船长都意识到，"锡福德"号无力对抗重度武装的海盗单桅帆船与护卫舰，如果海盗登船的话，就更难阻挡。其实，贝勒米前一年途经殖民地时，他们就已被迫取消汉密尔顿总督的维京之旅。现在他们终于成行，但已与危险短暂交锋。几天前，他们在圣托马斯就遇到一艘海盗船，"大约有二十六门炮、两百五十名船员"。那艘船飘扬着"白色旗帜，上面有一个死人轮廓"。依据罗斯船长的说法，指挥那艘船的人不是别人，正是拉布其。"锡福德"号的大炮数和人数虽都不如人，但还是去追拉布其，不过未能成功，因为连速度也比别人慢。[40]

十二月二日左右，黑胡子的手下在圣托马斯附近看到

221

"锡福德"号。距离很远，但他们确定没看错，大概是认出索具上飘扬的独特的海军旗帜。海盗讨论了一下，知道必须在人数上胜过这艘护卫舰，但要实现这个优势，就得登船。一艘船停锚时进行出其不意地攻击，很容易登船，也就是海盗在尼维斯考虑过的做法，但要在海上追逐战中登上敌船，风险就会高出许多。皇家海军的炮手受过良好的训练，发射大炮的速度是法国与西班牙敌手的两倍。如果他们抓对时机，舷炮齐发，可以在几秒钟内解决一百人。"复仇"号上的老船员想起波内特袭击西班牙军舰时的恐怖大屠杀。波内特本人那时受的伤也才复原。最后，海盗投票反对攻击，觉得这是在冒不必要的险。一名俘虏后来转述海盗的说法称："他们说已经遇过这个驻扎地的军舰，但也说不会去碰那艘船。但假如那艘船追踪了他们，就会知道他们维持着原来的航线。"海盗就这样守着预定路线，看着"锡福德"号离去。[41]

"锡福德"号上的罗斯船长与汉密尔顿总督，以为刚才碰上的是一艘奴隶船与商船，一直到当天晚些时候才知道自己和危险擦身而过。快到圣尤斯特歇斯岛（St. Eustacius Island）时，一艘单桅帆船从东南十英里外的地方呼唤他们，"我们从圣克里斯托弗那里送来快报"。这艘单桅帆船的船员告知总督海盗的身份，以及两天前他们劫掠沙角的事。汉密尔顿总督事后回忆说，这起攻击"让圣克里斯托弗的人民……忧虑我的安危"。他请他们主动武装一艘六门炮的单桅帆船，护送"锡福德"号回安提瓜。一百名民兵自请上船，另有十人登上"锡福德"号以壮声势，防止海盗爬上船。[42]慌乱的总督回到安提瓜时，写了一封信给巴巴多斯的休姆船长，请求他立刻把"士嘉堡"号开到背风群岛，协助"锡福德"号追捕海盗。

222

未来几个世代的历史学家会说，黑胡子与"土嘉堡"号战成平手，这个事件被视为黑胡子最传奇的丰功伟业之一。然而，在详细查看"土嘉堡"号与"锡福德"号的日志，以及休姆船长与罗斯船长的信件后，会发现这场战役并未发生。"土嘉堡"号与"锡福德"号追捕海盗近一个月，试着追踪黑胡子与波内特在安的列斯群岛的动向，但永远慢一个星期以上，从来没追上过海盗。海军船长接到错误的报告说，有人在圣文森特附近的多米尼克（Dominica）看到黑胡子，造成他们朝错误的方向猛追了三百英里。不知道为什么，"锡福德"号与黑胡子的擦肩而过，以及"锡福德"号与马特尔等其他海盗的交战这两件事最后被混在一起，夸大成从未发生的海军全员战役。[43]

223

其实，黑胡子与波内特在十二月二日错过"锡福德"号之后，就航向圣克洛伊岛，也就是一年之前马特尔与贝勒米的集会地。途中，海盗掳获两艘单桅帆船，一艘是丹麦船，另一艘是英格兰船。他们把两艘船带进圣克洛伊岛港口，在那里待了一两晚，补充饮用水和柴火，然后把更多抢来的大炮安装在"安妮女王复仇"号上，这艘船因而有了三十六门炮。海盗烧英格兰单桅帆船取乐，将这艘船的船身安在马特尔海盗船与单桅帆船烧毁的船骨上。这些商船的船员一样没有受到伤害。黑胡子准备离去时，把俘虏放在丹麦单桅帆船上，另外，还有"属于百慕大的一名印第安人与一名黑人"。那两个人大概当了几个月的俘虏，显然很讨海盗欢心，因为他们都带着十五盎司的金粉；不过，丹麦和英格兰单桅帆船的船长在前往托尔托拉岛（Tortola）的途中，从他们身上抢走了。[44]

黑胡子与波内特继续往东，十二月五日抵达波多黎各东端。那天，他们虏获最后一艘背风群岛单桅帆船：圣克里斯托弗的"玛格丽特"号（Margaret）。"安妮女王复仇"号往船头仅发射一枚炮弹后，就拿下了这艘船。海盗命令"玛格丽特"号的船长亨利·波士托克（Henry Bostock）带着五个船员划船到海盗的旗舰。后来，波士托克向英格兰当局提供了最详细的关于黑胡子与海盗船的报告。海盗"不像缺补给的样子"，但依旧拿走波士托克船上几头活牛与活猪，还有他的书、导航仪器、水手刀与枪支。波士托克上报黑胡子"是一个高大散漫的人，留着非常黑、非常长的胡子"。黑胡子的手下有三百人，旗舰有三十六门炮，是"一艘荷兰建造……法属几内亚人的船"。船上有大量银子，还有从泰勒船长手中夺来的"精致杯子"。海盗没有虐待波士托克或船员，但的确强迫其中三个人到他船上工作，另外还有一个自愿加入的利物浦人罗伯特·毕狄（Robert Biddy）。[45]

227　黑胡子审问波士托克及船员，想知道波多黎各海岸一带还有哪些商船在做生意。波士托克拒绝回答，但毕狄及其他船员则全盘托出，说出自己碰到过的所有法国与丹麦单桅帆船。波内特被派去前头，负责带着"复仇"号拿下那些船，黑胡子的人则负责把尖叫的猪和不开心的牛，都移到"安妮女王复仇"号上。海盗吹嘘自己碰上"锡福德"号的事，以及他们烧掉的大小船只。波士托克偷听到他们预备前往伊斯帕尼奥拉的萨曼纳湾（Samana Bay，在今日多米尼加共和国境内），在那里清船，"等着攻击西班牙舰队"。海盗预计西班牙舰队会"带着（波多黎各）驻军的军饷"从哈瓦那而来，黑胡子说西班牙人"以为我们已经离开，但我们很快就会无声无息地从他们背后扑过去"。

基于某些理由，黑胡子和手下急着想知道"平克萨船长"（Captain Pinkentham）[46]的下落，"时常问起他"。平克萨是一位和牙买加与罗得岛有牵扯的船长，西班牙王位继承战争期间曾是私掠船船长，指挥着一艘轻快的船，船上有一百六十名船员。黑胡子大概认识这个平克萨，甚至可能当过他的船员。如果是这样，黑胡子的动机大概就不只像劫掠平萨克的船那么单纯。波士托克的船员告诉黑胡子，他们最后一次是在丹麦控制的维京群岛的圣托马斯岛上看见平克萨，他在一艘有八门炮的单桅帆船上，预备前往牙买加，接着到佛罗里达打捞西班牙失事船，而且已取得英国官方许可。黑胡子大概希望能在平克萨前往牙买加的路上找到他。不过，他最后没有成功，平克萨的单桅帆船后来被百慕大海盗格林纳威（Grinnaway）虏获，平克萨船上的"十名男子、两名男孩、六个黑人"后来想办法制服了挟持者，并顺利逃脱。

国王颁布大赦令

波士托克还提供了另一则消息，一则让海盗世界天翻地覆的消息：乔治一世据信已颁布了大赦令（Act of Grace），海盗只要自首，所有人将获得赦免。实际公告尚未抵达背风群岛当局手中，但十一个星期前的《伦敦公报》（London Gazette）已刊出这则消息，也有水手在英格兰看过这道命令了。波士托克告诉海盗，大赦令会随时抵达。他后来描述海盗听到这则消息时，"似乎不是很在乎"。然而，毋庸置疑，这则消息仍会引发波澜。黑胡子船队近四百人中的每一个人，原本都以为自己已踏上犯罪与叛乱的不归路，却发现还有第二次机会。每个人一定都想过不再干海盗、带着不义之财退休，包括黑胡子在内。

　　不确定黑胡子手下的海盗是否讨论过这则消息，因为他们的争论内容并没有留下历史记录。其实，波士托克是近三个月最后一个看过黑胡子的英格兰人。黑胡子让波士托克离开后，海盗们更深入法国与西班牙领地，"士嘉堡"号与"锡福德"号的船长渐渐搜集不到情报。他们收到的最后一批报告显示，海盗在波多黎各与伊斯帕尼奥拉之间的莫纳岛（Mona Island），接着出现在萨曼纳湾附近，其后黑胡子就从英格兰记录中消失了，进入没有人知道他名字的西班牙世界。[47]

第九章　请求赦免
（一七一七年十二月～
一七一八年八月）

　　波士托克没有骗黑胡子。一七一七年九月五日，国王乔治一世真的颁布了皇家公告，作为镇压海盗计划的一部分，宣布任何海盗只要在一年内向某位英国总督投降，一七一八年一月五日以前犯下的海盗罪，全都可以获得赦免。[1]黑胡子航向大安的列斯群岛时，这纸"海盗镇压公告"（Proclamation for Suppressing of Pirates）的副本，正从英格兰被带到商船上，即将送往波士顿、查尔斯顿与巴巴多斯。各船抵达目的地后，就连监狱里的海盗都会被释放。

　　赦免令是伍兹·罗杰斯的主意，也由他奔走，目的是让乔治国王在反击海盗之前，先减少他们之中活跃分子的数量。他期望接受大赦的海盗能再度成为有生产力、奉公守法的臣民，当然，抵抗的人将遭到无情的追杀。乔治国王已经下令，要所有的军队与殖民地人员捉拿不肯悔改的海盗：每抓到一个海盗船长，可以拿到一百英镑，抓到资深海盗"指挥官"的，还可多拿五十英镑，而抓到海盗船上的其他成员，则拿到二十到三十英镑。国王的顾问认为，在一捉一放之间，等到罗杰斯终于抵达巴哈马重建秩序时，加勒比海的海盗会弱到无法抵抗。

　　官方的赦免消息首先传到波士顿。[2]一七一七年十二月九日，《波士顿新闻通讯》刊出公告内容。但这个消息来不及解

救那些从船难中逃生的贝勒米船员。在一七一七年春夏两季，　227
这八名因犯还等着有人能救他们逃出波士顿监狱，不过希望落
空了。十月底，他们受审，[3]地点在波士顿那盖好已经四年的市
镇屋二楼法庭①，从监狱沿着街道往南走一百码即可抵达。[4]
"圣麦可"号上被迫成为海盗的索思与戴维斯两名木匠被无罪
释放，其他六人则被判处绞刑。

　　被定罪的海盗过完人生的最后两个星期，陪他们走最后一
程的大概是当时全新英格兰最有影响力的人物：清教徒牧师科
顿·马瑟（Cotton Mather）。马瑟当时五十九岁，从马萨诸塞
建立开始，他的家族就掌控着当地的精神与政治生活。马瑟对
海盗产生兴趣，去牢房喋喋不休地对他们布道，谴责他们可耻
的行为，并错误地指控他们于海盗船撞毁在鳕鱼角时，杀光了
所有的俘虏。在这样的会面之中，因犯凡范斯特自始至终坚持
自己是无辜的，是被迫上船的。马瑟当时指责他道："被迫！
不对。""宁愿当残酷（海盗）手中的殉道者，也不该成为他
们的一员。"不过马瑟离开时，在日记上草草写下"待办事
项"："替其中一个海盗争取缓刑。如果可能的话，争取赦免，
这个人不但表现出较深的悔意，也比其他人无辜。"[5]如果马瑟
真的曾试图争取赦免，他的努力看来是白费了。

　　十一月十五日下午，马瑟陪着被判处死刑的因犯，从监狱
走到查尔斯河渡口。马瑟听完因犯最后的忏悔后，治安官领着
他们到潮滩上的绞刑台。大批群众看着因犯说出最后遗言。依

---

①　波士顿监狱在一六九九年也关过基德船长，现址是法庭街二十六号（26
　　Court Street），从市镇屋（一七一三年），也就是现今的老州议会大厦往
　　上坡走，只有一小段路。纳撒尼尔·霍桑（Nathaniel Hawthorne）的小说
　　《红字》（*The Scarlet Letter*），对这栋监狱有一些幻想式的描述。

据马瑟的说法，大部分人"真心忏悔"，特别是凡范斯特。凡
228 范斯特用荷兰母语读了一首旧约诗篇，接着劝告"年轻人要
过着虔诚的生活……遵守安息日，孝敬父母"。最后，因犯被
吊到断气为止。马瑟日后出版了海盗人生最后几小时的记录，
其中写道："看啊，海盗的末日！"①

离海盗黄金年代结束，还有一段很长的时间。

赦免派与拒降派

国王大赦的消息，慢慢自波士顿传到各处。一场暴风雪耽
搁了带着消息到罗得岛与纽约的骑马邮差，但一艘无名商船只
用一个多星期的时间就把消息带到百慕大，并把大赦令交给总
督本杰明·班奈特（Benjamin Bennett）。原本一直建议伦敦上
级处理巴哈马海盗共和国的班奈特，开始四处告知海盗大赦
令。他印了好几份公告，命儿子搭乘一艘快速的百慕大单桅帆
船送到拿骚。[6]

这位等于羊入虎口的总督之子，随身武器只有一叠印刷
纸。海盗早已拿下许多同胞的船，甚至攻击百慕大本土。如果
他们的反应不佳，年轻的班奈特可能就此丢掉性命。

当时，许多走私货物的商人常在巴哈马那一带来来去去，
大概正因如此，面对那艘陌生的单桅帆船，海盗也没有多看两
眼。尽管小班奈特是近两年来的第一位官方访客，但海盗可能
仍没注意到他的出现，直到发现他站在岸上，拿出国王颁布的

---

① 处决过后一个星期，马瑟在日记里写道："针对最近被处决的海盗，如果
我能提供给书商一些对他们处境的描写，不知是否有益？"后来，他的
《死者境遇，生者之诫》（*Instructions to the Living, from the Condition of the
Dead*）在波士顿出版。

赦免令。这纸赦免令传给了识字的人，识字的人念给不识字的人听。几个小时之内，岛上的每个人一定都听说自己有了第二次机会。

拿骚海盗立刻分裂成两个敌对阵营。[7]至少有一半的海盗欣喜若狂，把年轻的班奈特视为英雄与救星。这一派的代表人物是詹宁斯，他从来不想成为亡命之徒。该阵营的人还包括贝勒米从前的船需长亚许沃斯、诺兰、单桅海盗船老船长博格斯，以及先前想把船医豪尔从霍尼戈手中抢走的法国海盗庞德维。班奈特抵达时，霍尼戈人在海上，但他也同情这一派。中规中矩的海盗也属于这一派，他们通常是为了钱而当起海盗的前水手与前私掠者。这群支持赦免的人急着把握这次洗白的机会，后来还把抢来的东西投入自由的商业贸易中。他们在岛上数十名俘虏和被迫成为海盗的人的支持下，爬上拿骚碉堡顶部庆祝。众人升起英国国旗，表示臣服于王权。

这个举动让另一个阵营气坏了。他们是死硬的罪犯，这群充满怨气、愤怒的人不认为自己是商人，也不认为自己是窃贼，而是叛乱者或游击起义者，他们对抗的是船主、商人，许多时候甚至反抗乔治国王。在这群反对赦免的人里头，有许多人支持斯图亚特王朝或同情詹姆士党人。一七一五年时推翻乔治国王与汉诺威王朝起义的失败，令他们大感失望。这一派包括威廉姆斯、残忍无情的单桅帆船船长克里斯托弗·维特（Christopher Winter）与尼古拉斯·布朗（Nicholas Brown），以及好几个野心勃勃的年轻人。这些年轻人即将恶名远播：爱德华·英格兰（Edward England）、埃德蒙·康登（Edmund Condent）、"印花布杰克"拉克姆（"Calico Jack" Rackham）。毫无疑问，范恩是他们的领袖。

但直到这个时候，范恩还未崛起。他和其他数百人一样是低阶海盗，在拿骚街上享受时光，吃喝嫖赌和打架。他用在詹宁斯船上工作得来的金钱生活，特别是一七一六年抢劫西班牙失事船只时分到的赃物。他可能会继续跟着其他海盗船长短暂出航，但在这一年半的过渡期里，他似乎和詹宁斯一样消磨着时光：在岸上，对自己的成就心满意足，尽情享受巴哈马海盗共和国的自由。赦免的消息威胁着要终结海盗老巢，乔治国王已指派新任巴哈马皇家总督的谣言也一样。范恩同情詹姆士党人，读到乔治国王的公告时并不是太开心。在看到没那么忠诚的海盗弟兄爬上堡垒、在新升起的英国国旗下庆祝后，他大发雷霆。

范恩的帮派在主广场集合，那里很快就挤满数百个拿着武器的愤怒男人。他们冲向一旁的堡垒，赶走在里头庆祝的人，降下英国国旗，并在原本的位置升起"有着骷髅头的黑色旗帜"，清楚宣誓他们效忠的对象。

范恩这一派还试图寻找外援。海盗通过走私者与詹姆士党人在英格兰的人脉，向乔治·康默克船长（Captain George Cammocke）传递讯息。康默克曾是皇家海军船长，叛变支持僭君，现居法国。海盗说自己"一心一意、异口同声地支持詹姆士三世为他们的王"，"决意以（抵抗乔治一世）的勇敢作为，光荣战死"。康默克后来表示，海盗在信中写着"他们蔑视赦免令"，"谦卑地渴望"斯图亚特王朝"赐给他们一个拥有英格兰皇家海军声望的人"，来担任詹姆士党人的"美洲陆海提督"，授权委托海盗私掠船任务，协助组织抵抗汉诺威王朝的势力。海盗说，有了这样的指引，他们可以成功突袭百慕大，替斯图亚特取得殖民地。[8]

230

这个了不得的提议通过英格兰支持者的协助，仅仅用了三个月的时间，就交到康默克手里。这名前海军官员热情地拥抱海盗的计划，立刻自请到拿骚去。康默克在一七一八年三月二十八日，寄了一封信给詹姆士·斯图亚特之母——被罢黜的摩德纳玛丽皇后（Queen Mary of Modena），提议以一万五千英镑购买加的斯一艘五十门炮战舰，然后带着英格兰的詹姆士党人，以斯图亚特司令的名义航向巴哈马群岛。一旦抵达拿骚，康默克将在詹姆士三世的允许下，赦免所有海盗，任命他们为私掠者。他会在拿骚与西班牙之间设置定期往返的邮船，让流亡在外的斯图亚特宫廷能与海盗密切沟通。康默克写道："利用他们抵抗共同敌人，将是（斯图亚特家族）得以复位的唯一办法。因为如果我们能摧毁西印度群岛与几内亚的贸易，就能使英格兰商人……热切地期待复辟，而不会希望不伦瑞克公爵（Duke of Brunswick，意指乔治国王政权）继续掌权。"[9] 然而，康默克的计划尚未展开，巴哈马发生的事件让一切成为过眼烟云。

一七一八年一月，拿骚的情势依旧紧绷。有几艘海盗船带着好几艘载满货物的战利船回来，这让人想起了当海盗的好处，例如货舱里塞满酒瓶的布里斯托尔"玛丽战舰"号（Mary Galley），以及三艘载着白兰地、白酒、红酒的法国船。霍尼戈自墨西哥的韦拉克鲁斯带回两艘武装齐全的荷兰商船，一艘有二十六门炮，足以增援拿骚碉堡。另一艘是荷兰法拉盛（Flushing）的"杨格·亚伯拉罕"号（Younge Abraham），船上载着一大批处理不良的动物皮革，它有四十门炮，这即将深刻影响拿骚的命运。[10]

海盗们召开大会，试图解决分歧，但引用《海盗通史》中

231

的话来说，大会上"太多吵吵闹闹，没有达成任何共识"。范恩阵营主张众人应该在岛上设置防御工事，在等待詹姆士·斯图亚特流亡朝廷的回复时，迫使乔治国王谈判。另一方的詹宁斯则坚持应接受赦免并投降，"不要节外生枝"，等皇家总督抵达，**232** 就把岛交给他。聚集在一起的海盗，意见分歧到令人"不知所措"，"海盗大会没有做出任何结论，就突然解散了"。[11]

自那以后，新普罗维登斯岛上的每个人似乎都在打包。顽固派开始打点港口大小船只，准备踏上漫长艰难的旅程。维特与布朗航向古巴，准备藏身在西班牙人之中。[12]康登与其他九十七人签约登上单桅帆船"巨龙"号（Dragon），眼下正准备前往非洲与巴西时所需要的物品。[13]范恩与十六个追随者控制住单桅帆船"云雀"号（Lark），把船藏在附近的隐秘锚地，并改装成海盗船。与此同时，其他居民航向临近的英格兰殖民地接受招抚。詹宁斯及十五名手下乘着"巴谢巴"号前往百慕大，由班奈特总督赦免。其他人则预定了前往南卡罗来纳、罗得岛与牙买加的商船船位。霍尼戈留在拿骚，但派了一艘单桅帆船和八名手下到牙买加。他一定是担心反对赦免的海盗会危及他的人身安全，因为他让离开的手下要求罗亚尔港当局派一艘军舰来"保护"拿骚。

不过，当时已有一艘皇家海军护卫舰出发，但目的地是纽约，而不是牙买加。

"即将接受赦免海盗"名单

文森特·皮尔斯舰长（Captain Vincent Pearse）是皇家海军第六级战舰"凤凰"号的指挥官。[14]一场大风雪拖慢了波士顿邮差的脚步，[15]皮尔斯在圣诞节那天才得知国王的公告。[16]其他海军战舰的船长消极地对待公告，如同往常一样过日子，但皮尔斯年轻、野心勃勃，准备直接向海盗宣布这个消息。他得到纽约总督的祝福，立刻准备好他原本预备停留过冬的船，让大炮就位，并取得补给，重新装上顶桅及其他索具。[17]

皮尔斯知道要是海盗反应不佳，他的护卫舰就需要一切优势。"凤凰"号是英国最小型的护卫舰，重两百七十三吨，长九十三英尺，大小不如"维达"号或"安妮女王复仇"号等大型海盗船，火力也不及海军部在前一年移走船上战时使用的艉甲板大炮，眼下船上只剩下二十门六磅大炮。此外，船上人员也不足，只有和平时期的九十人编制，船身也不是特别坚固。如同船名"凤凰"暗示的一样，这艘船原本是一艘火船（fireship），用途是装满易燃物、点火，然后航向敌人的战舰队伍，船员要在最后一秒钟搭乘逃生小船离开。[18]二月五日下午，"凤凰"号航向拿骚时，皮尔斯舰长一定祈祷过自己不是热心过头。[19]

二月二十三日早晨，"凤凰"号抵达拿骚港口的主要入口，船员紧张地瞄着破败碉堡上的大炮，以及桅杆上飘扬的骷髅头旗帜。港口停泊的十四艘船挂着各国旗帜：荷兰、英格兰、法国、西班牙，以及海盗喜欢的黑色或红色旗帜。其中五艘是大船，包括霍尼戈拿下的两艘武装齐全的荷兰战利船、"玛丽战舰"号、没有武装的法国酒船，以及一艘小一点的英格兰商船。皮尔斯后来在日志上写道，其他九艘船"是与这些海盗贸易的商船，但假装自己从未做过这种事，一直到大赦令公布（后）才开始"。[20]

皮尔斯命令副官西蒙德先生（Mr. Symonds）组织登陆队，将公告副本带上岸。"凤凰"号的大艇缓缓进入港口时，西蒙

德高举停战白旗，海盗有一点时间思考。他们可以轻松驱逐
"凤凰"号。除了碉堡的大炮外，海盗已登上有三十六门炮的
"杨格·亚伯拉罕"号。如果开火，大概会有惨重的人员伤
亡，而且活下来的人里头，没有谁会得到赦免。霍尼戈是当时
234 岛上最有经验也最具影响力的海盗，他建议采取愿意和解的姿
态。如果是希望得到赦免、回到文明世界的人，可以那么做。
不想那么做的人，依旧可以接受赦免，利用这个优势，替自己
多争取一点时间。一般来说，海盗都同意了。皮尔斯的日志可
以为证：西蒙德手里拿着公告踏上海滩时，"大批海盗有礼地
迎接他"。副官大声向海盗宣读大家现在已经很熟悉的公告
时，众人"欢天喜地"地接受。[21]

西蒙德在岸上待了几小时，赞成赦免的那方成员向他汇报
情势。这一派的海盗比反赦免那方的每一个人，都更希望能摆
脱具有煽动性的范恩。他们告诉西蒙德如何找出范恩的秘密锚
地。赦免派的海盗看着"凤凰"号驶出港口去追逐范恩时，
一定很开心，范恩的盟友则战战兢兢地看着这一幕。

在小岛布思克斯沙洲（Buskes Cay）后方，皮尔斯发现范
恩的独桅帆船，和线人说的一模一样。皮尔斯让"凤凰"号
堵住锚地入口，下令对范恩的船开火。

"云雀"号上的范恩没有多少选择，只能投降。六磅的大
炮在小船周围开火时，十六个人捏造出一个说辞。他们会告诉
"云雀"号的指挥官自己并不是预备劫掠，而是要航向拿骚来见
他，了解国王的大赦令。范恩和新任船需长、大胆的爱尔兰人
爱德华·英格兰想着这个说辞，航向"凤凰"号并投降。[22]

皮尔斯没有被范恩的故事骗到。他以乔治国王的名义拿下
"云雀"号，监禁范恩一行人。虽然太阳正在西下，皮尔斯自

信可以找到回拿骚的路，因此"凤凰"号夜行，并在早上抵
达。皮尔斯把船锚抛进三十英尺深的水中，"云雀"号也停在
附近。两艘荷兰船上的海盗依照当时的礼节，发射大炮迎接国 **235**
王陛下的船，象征他们承认国王的权威。[23]

　　不久之后，几艘小船从镇上划出来，船上载着皮尔斯所谓
的"他们的指挥官与头目"：霍尼戈、弗朗西斯·莱斯里
（Francis Lesley）、博格斯与托马斯·尼寇司。皮尔斯那天稍晚
时，在日志里回想了他们之间的对话：他们"告诉我，我拿
下单桅帆船时，几乎惊动了所有人，海盗普遍认为，船上载的
人（范恩及其他人）会被处决"。海盗头子向皮尔斯保证，如
果他放了范恩一伙人，"将可对（拿骚居民）起非常大的招降
作用，让大家投降，并接受大赦令"。皮尔斯意识到自己脆弱
的地位，便接受了海盗头子的建议，释放范恩、英格兰及其他
十四人，并向他们保证"国王对他们抱持善意"。[24]不过，皮
尔斯留下了"云雀"号，并派人将其改装成商船。皮尔斯告
诉海盗首领，战时曾拿下马尼拉大帆船、著名的航海家罗杰
斯，已获任命为巴哈马总督，那年夏天将抵达拿骚。他还告诉
他们，对接受国王赦免的每一个人，他都愿意给他们一份签名
证明，提供某种程度的保护，直到罗杰斯抵达。海盗如果要到
其他殖民地接受当地总督的赦免，那份证明也可以保护他们。
霍尼戈、范恩及其他海盗首领划回岸上，承诺他们会尽全力说
服岸上的人接受赦免。

　　海盗离开后，天空开始飘雨，隔天一整天都没有停。皮尔
斯在闷热的船舱里等待岸上的回复。第二天早上，也就是一七
一八年二月二十六日，一艘接一艘的小船冒雨划了过来，每艘
船上都载满希望投降的海盗。皮尔斯在接下来的两天里接见他

们，接受他们的投降，签署保护证明，将他们的名字加进越来越长的"即将接受赦免海盗"名单。[25]

236　　　小船上的第一批人，包括霍尼戈、威廉姆斯、博格斯、莱斯里与尼寇司，另外还有贝勒米从前的船需长诺兰，以及霍尼戈的船需长马丁。皮尔斯的五十人名单变成一百人，最后变成两百零九人。这是名副其实的黄金年代海盗名人录。很快，名单上加进了霍尼戈佩利亚加船时期最初的伙伴：托马斯·特瑞尔（Thomas Terrill）、约翰·寇克兰与丹尼尔·史蒂威尔，还有詹宁斯的私掠伙伴亚许沃斯，以及好几个海盗生涯尚长的人，包括山谬·穆迪（Samuel Moody）与范恩。皮尔斯在巴哈马第一周的尾声，觉得自己已经取得上风。以他的话来说，他原本以为自己会看到数千名海盗，却只有五百个"年轻坚决的小伙子"，他们是"一群思虑不周的人"。[26]

许多海盗毫无收山的意愿，他们很快就觉得"凤凰"号碍眼。三月一日，皮尔斯挂起护卫舰上所有的信号旗，装饰船只，庆祝乔治国王的长子继承人威尔士亲王（Prince of Wales）生日。[27]部分詹姆士党人海盗的回应是烧了一艘英格兰商船，破坏庆典的气氛。[28]

与此同时，范恩与追随者正悄悄地准备重拾海盗勾当。十六日深夜，他带着十六人爬上拿骚码头海滩的一艘船，静静划过"凤凰"号，离开港口西侧开阔的入口。隔天晚上，又有二十四人离开，与巴哈马的新海盗首领会合。

范恩评估了一下自己的船员。他的船需长英格兰聪明又有勇气，曾是商船副手，先前被海盗维特逼迫成为海盗，之后就一直专心当海盗，尽管他仍然比范恩本人中规中矩。《海盗通史》写道："英格兰是那种理性十足的人，他的性格似乎原本应该让他更明智。"此人不应该成为海盗。"他天性良善，不缺勇气。原本应该会满足于有节制的劫掠，不会为非作歹……然而，他的意见通常遭到驳回，而且他身处黑社会，不得不参与海盗的所有恶行。"[29]范恩的"黑社会"有四十人，当中的约翰·拉克姆很显眼，因为他有穿着亮眼印度印花布的奇怪习惯。大家已经习惯于叫他"印花布杰克"。[30]范恩一伙人只有两艘小船与一堆轻型武器，不过，霍尼戈、黑胡子、贝勒米起家时，也只有这样而已。如果说皮尔斯与班奈特总督以为巴哈马群岛的海盗行动已经结束，那么范恩会有惊喜在等着他们。

皇家海军被摆一道

范恩一伙人潜伏在东拿骚好几天，等待合适机会出击。三月二十一日，完美时机出现了。当天风势不强，而且不断变换方向，海盗用划艇就能拿下帆船。一艘牙买加单桅帆船来到新普罗维登斯岛东端，缓缓地前进到拿骚港狭窄的东侧入口。那艘船经过时，范恩的人从藏身处划着小船跑出来，他们拿着绳索与爪勾，扑上那条小单桅帆船。船上的人未经反抗就投降了。[31]海盗需要有安全的地方存放赃物，便重新改造这艘战利船。他们决定前往麻烦的皮尔斯舰长眼皮底下：拿骚港。

范恩的人将利用拿骚港那的特别地形。[32]其实，海盗选这里当基地的原因之一是除了朝西的主要入口之外，这个港口还提供了后门：东侧有一条狭窄但可通行的海峡，老到的领航员可引导着单桅帆船通过。入口附近有一道叫波特礁（Potter's Cay）的矮沙堤，几乎把港口分成两半：吃水八英尺以上的船，无法通过小岛两侧的浅沙洲。"凤凰"号停在这座沙洲的

西岸，因船身太大而无法通过。但海盗可以驾着单桅帆船通过
东侧水道，在皮尔斯舰长可以看得一清二楚的情况下，于波特
礁后方进行分赃。

238

这是一场出色的斗争表演。造反的海盗进入港口，船桅上
飘荡着红旗或"血腥"旗帜，在安全小港湾下锚，并在"凤
凰"号完全看得见的情况下，开始热热闹闹地分赃。范恩把战
利船船员放到波特礁上，让他们游到镇上，但扣留船长，承诺
等他们虏获另一艘更合意的船时，就把小船还他。众人庆祝了
一整晚，饮酒作乐的声音召唤着岸上海盗再度从事不法勾当。

皮尔斯舰长知道自己被当傻子耍了；全巴哈马的人都知道
他抓到范恩又放了他，还签署了赦免状。现在，范恩还胆敢嘲
弄他。必须要做点什么，而且要快，皮尔斯召集指挥官，拟出
了一个计划。[33]

夜里一点，海盗狂欢的声音消失后，皮尔斯武装了一个小
队，命令他们登上"凤凰"号最大的小船。这群人尽可能安
静地划过漆黑港口，抵达波特礁附近后就朝海盗船前进，希望
攻其不备。不过，范恩派人看守着，海军一进入火枪射程，就
遭遇轻型武器的连发攻击。"凤凰"号的人回击几次后，发现
海盗的火力显然强上许多，这迫使他们仓皇撤退。皇家海军想
要小试身手，却被迫逃跑。

这场短暂的交战，大大鼓舞了拿骚海盗的士气。突然间，
军舰看起来很脆弱，范恩的人看起来像英雄。一夕之间，气氛
从放弃变成反抗。[34]皮尔斯后来写道："我几度以国王的名义召
集居民，费尽唇舌说服他们协助我镇压那些海盗，但不管我提
出什么方法，他们统统拒绝。（他们）用补给与生活必需品款
239   待与协助（范恩的党羽），不时流露出对政府的深仇大恨。"[35]

从那时起，皮尔斯的处境急转直下。三月二十三日晚上，他离港护送四艘单桅帆船安全离开巴哈马；其中，范恩的"云雀"号与他个人的利益相关。他把"凤凰"号的水手布置在"云雀"号上，派那艘船到圣奥古斯丁，进行赚取利润的私人贸易任务。六天后，他回来时，发现众人比之前更公开地藐视他的权威。拿骚海盗烧了"杨格·亚伯拉罕"号与"玛丽战舰"号，[36]并让二十六门炮的荷兰船搁浅在猪岛。三月三十一日，范恩返回拿骚港小港湾东部的避难所，用最新拿下的"云雀"号嘲弄皮尔斯。尽管皮尔斯做了布局，范恩还是重新夺回"云雀"号。更令人担心的是，他安排在"云雀"号上的三名皇家海军水手变节，加入了范恩的帮派。皮尔斯不但人数与武器不如人，还得担心自家水手视海盗为英雄。

范恩的手下把大炮与补给搬上"云雀"号时，还对着"凤凰"号叫嚣。[37]范恩大声威胁要烧掉"凤凰"号，接着，海盗大胆地划船经过港湾西侧抵达城镇，与战舰擦身而过。皮尔斯同时用大炮和连射炮开火，命令海盗登上"凤凰"号。海盗无视他的命令，炮弹落入一旁的水里，他们进入了城镇。

才不过三天时间，范恩的帮派就从十九人变成七十五人。[38]同时，他又虏获了两艘单桅帆船。[39]那两艘船的船长没有意识到危险，停锚在海盗船旁边。皮尔斯试图警告他们，要让上桅帆"旗帜飘荡"，但徒劳无功。

四月四日，范恩让一面黑旗升到"云雀"号桅首，然后航向大海。他带着灵活的六门炮单桅帆船，以及能力出众的海盗，有能力让巴哈马的所有贸易停摆。他对这些受害者没有太多同情心，特别是哈勃岛的商船走私者。那些人一见到皮尔斯亮出英国旗帜，就立刻投降，他们即将因为对海盗共和国不忠

240

而付出代价。

即使范恩已经离开，皮尔斯仍发现自己无法再待下去。班奈特总督询问了在百慕大寻求赦免的海盗后，上报称海盗"已改变他们的待客之道，恐吓舰长……最好离开，要不然还有更糟的等着他"。"我推论所有人已经改变主意……我担心他们的人数很快就会加倍，太多（水手）在（他们的船）被拿下时，自愿加入他们。"[40]

皮尔斯尽最大的努力，不表现出软弱的样子，但是四月六日，他的木匠在战舰上煮沥青时，不小心让"凤凰"号着了火。[41]虽然船员很快控制住火势，然而象征性的伤害已无法弥补。两天后，"凤凰"号起锚，在五艘单桅商船的陪伴下驶出港口，准备前往纽约。到了最后一秒钟，皮尔斯舰长又出了一次糗，他驶到海上时搁浅了。在好几个小时的时间里，拿骚居民看着"凤凰"号上的人忙着让船脱身，然后船离开了，拿骚再度落入海盗手中。[42]

"不曾听说过他食言，而且没人听说他杀过人"

一七一七至一七一八年的冬天，黑胡子与波内特在西班牙领土度过，英国当局失去了有关他们的行踪与活动的消息。西班牙水手告诉他们的牙买加同伴，一名被称为"大魔王"（Great Devil）的海盗，此时正在墨西哥湾出没，船上载了"许多宝藏"。[43]不久后，波内特与黑胡子据传在墨西哥湾港口韦拉克鲁斯一带"航行"，带着四艘单桅帆船与"一艘有四十二门炮的船"。据说海盗正在追逐一艘叫"皇家王子"号（Royal Prince）战舰，还吹嘘自己"有机会的话，会拿下'冒险'号战舰"。[44]这显然是在吹牛，因为三十六门炮的"冒险"

号是驻扎在牙买加的四百三十八吨第五级战舰，可能是当时整个西半球最强大的皇家海军护卫舰。[45]

三月底时，黑胡子与波内特在洪都拉斯湾分道扬镳。黑胡子带着"安妮女王复仇"号抵达图奈富岛（Turneffe Island），那个由红树林与珊瑚沙小岛组成的巨环，位于今日伯利兹海岸二十五英里外，英格兰商人喜欢在那里休憩。波内特带着"复仇"号往南行驶一百英里，来到海湾群岛，就是今日洪都拉斯外海三个有珊瑚围绕的小岛，寻找战利品。

一七一八年三月二十八日，波内特的船员发现，海湾群岛的最大岛罗阿坦岛（Roatán）附近有一艘大船：波士顿的"新教徒恺撒"号（Protestant Caesar）。[46]那是一艘巨大的四百吨重商船，有二十六门大炮的炮口伸出射击孔，体积是只有十门炮、五十人的"复仇"号的四倍。尽管成功概率不高，波内特和船员还是决定冒险攻击，看能不能重演一年前这位古怪大农场主惨败于西班牙战船的事件。他们在晚上九点追上"新教徒恺撒"号，聪明地攻击大船脆弱的船尾。波内特的船员发射五门大炮与一阵火枪射击，大船只以船尾两门炮与冰雹般的子弹回击。烟雾散开后，波内特向对方大喊，说如果再度开火，他们将"不会手下留情"，威胁要杀光船上的每一个人。"新教徒恺撒"号那经验老到的波士顿船长威廉·怀尔（William Wyer），识破了波内特的虚张声势。他让大炮再度齐射。这次交战进行了三个小时，大炮在夜间闪烁，直到波内特终于放弃，退回黑暗之中。

波内特的船员很不高兴，认为他们的指挥官跟黑胡子学了一年，却显然没学到多少。在这场胡乱攻击之后，他们投票决定前往图奈富岛休养生息。此外，他们也跟波内特说得很明

241

白，说他的指挥地位岌岌可危。

四月二日，"复仇"号驶进图奈富岛五英里宽的潟湖。"安妮女王复仇"号也停在那里，让"复仇"号的船员松了一口气。一名船员求黑胡子运用自己的势力，终止波内特的指挥权。黑胡子要波内特的人召开船员大会，在大会上，他提议以自己的指挥官理查德斯取代波内特。众人接受这个提议，波内特便被送到"安妮女王复仇"号上了。黑胡子告诉这个任性的船长，说他"不习惯这个位子带来的疲惫重担"，最好和他待在一起，"在这样一艘船上轻松地活着，快快乐乐的，不用被迫担起海上航行时必要的责任"。[47]波内特遭到软禁，而且持续了好几个月。

海盗们又在图奈富岛待了七天，恢复体力，大啖鱼获和海龟，劫掠弄不清东南西北的船只。他们的第一艘战利品是牙买加八吨重的墨水树伐木船，这艘叫"冒险"号（Adventure）的船，不小心闯进图奈富岛。海盗喜欢这艘单桅帆船，于是把船留了下来，指挥官戴维·哈略特（David Herriot）成为"安妮女王复仇"号上的囚犯，黑胡子的副手伊斯雷尔·汉兹（Israel Hands）接掌了他的位子。几天后，海盗至少又拿下四艘单桅帆船，三艘来自牙买加，还有一艘是来自罗得岛的"应许之地"号（Land of Promise）。[48]黑胡子的手下因为讨厌船长，烧了其中一艘牙买加船，但在其他船上升起红旗，让它们成为现有五艘船的船队的一员。大约在四月六日，海盗们离开图奈富岛，黑胡子告诉一名俘虏，他们"将前往洪都拉斯湾，烧掉'新教徒恺撒'号"，要让怀尔船长"去英格兰时，不敢吹嘘自己打败过海盗"。

四月八日早晨，海盗们发现"新教徒恺撒"号停锚在洪都拉斯海岸，一半的货舱装满刚砍下的墨水树。怀尔发现有"一艘大船、一艘挂着骷髅头黑旗的单桅帆船、三艘挂着血红旗帜的单桅帆船"，于是把所有船员召集在甲板上，问他们是否愿意挺身而出，保护自己的船。根据怀尔的说法，他的船员表示，"如果那是西班牙人，他们只要还有一口气在，就会站在他身边，但如果是海盗的话，他们就不愿意战斗了"。怀尔的船员发现，攻击者是他们先前抵抗过的单桅帆船，而且现在有恶名昭著的黑胡子撑腰时，"全都宣称自己无法作战而弃船，因为他们相信自己会被单桅帆船上的人杀掉"。有三天的时间，怀尔船长和船员躲在岸上的丛林植物与一堆墨水树间，看着海盗劫掠自己的大船。四月十一日，黑胡子派人送信给怀尔，告诉他如果和平投降，就会毫发无伤。黑胡子在美洲商船船长之间有令人恐惧的名声，但不曾听说过他食言，而且没人听说他杀过人。怀尔决定相信黑胡子。他投降了，被带到黑胡子面前。黑胡子说他够聪明，没有烧掉或破坏"新教徒恺撒"号，"要不然，自己单桅帆船上的手下会因为他反抗而伤害他"。不幸的是，黑胡子也有坏消息：他还是得烧了"新教徒恺撒"号，因为那艘船来自波士顿，而他的帮派致力于摧毁所有马萨诸塞的船，好替"六名被处决的海盗"报仇；这些海盗原本在鳕鱼角船难中活了下来。隔天，怀尔看着海盗登上自己的船点火，墨水树与一切东西全都烧了起来。黑胡子没有食言，他放了怀尔和船员，没有伤害他们，也放了"应许之地"号的船员。所有的俘虏最后都回到了波士顿。[49]

　　黑胡子的船员还决定北上。春天将至，是时候把劫掠目标放在北美沿海地带了。不过，首先他们要在新普罗维登斯岛停留一下，了解其他海盗弟兄的情况。

243

黑胡子回来了

范恩的海盗帮羞辱完皮尔斯舰长后，三个半星期没有回到拿骚，这段时间，他们在巴哈马群岛掀起恐怖统治。贝勒米和黑胡子会避免不必要的武力，范恩则不同，他主导着毫无节制的暴力与残忍，让王室当局最后把所有的巴哈马海盗都描绘成怪物。光是这次旅程，从一七一八年四月四日到二十八日，他那"有节制的"帮派就拿下十二艘商船。[50]所有船只都不战而降，但他们仍野蛮地对待大多数的俘虏。

遭到最糟糕对待的是来自百慕大的船，它占那十二艘船里的七艘。[51]百慕大人会定期造访巴哈马取得食盐，这是那个时代主要的食品腌渍方法。他们会到位于巴哈马群岛东部、当时无人居住的特克斯和凯科斯群岛（Turks and Caicos islands）。由于他们的航线通常相同，很容易成为下手目标。范恩的手下最近特别痛恨他们，原因似乎是百慕大总督抓了一个叫托马斯·布朗（Thomas Brown）的海盗。布朗已经被释放，大概是因为缺乏证据，但范恩还是要报复。这就好像有人惹了黑手党的"正式"成员，其他成员会让同一带的人得到教训一样。[52]

四月十四日，爱德华·诺斯（Edward North）的单桅帆船"威廉与玛丽"号（William & Mary），在拉姆岛（Rum Cay）落入范恩手里。范恩的人上了船之后，立刻开始殴打诺斯，以及他的乘客与船员，要他们交出所有金银珠宝。[53]这艘小船没有多少有价值的东西，只有十七枚西班牙皮斯托尔（pistole），价值十七英镑；一点食物；十盎司的龙涎香（ambergiris）。龙涎香是某些鲸鱼体内产生的坚硬物质，通常会被冲到巴哈马海滩，可搜集来制作珠宝。范恩对收获感到不满，他抓住诺斯的

244

一名水手，绑住手脚，在"威廉与玛丽"号船首斜桁上鞭打。接着，海盗把装着子弹的火枪塞进他嘴里，并把点燃的火柴，塞进这名无助水手的眼皮里。如果他不说出钱藏在哪里，他们就让火烧光他的眼球，让他变成瞎子，然后再枪杀他。在那之后，范恩自信他们已搜刮完所有的贵重物品，剩下的有价物品就是诺斯的黑人船员，他们也成为战利品。

严刑拷打还在进行时，范恩的手下又抓到第二艘百慕大船只"钻石"号（Diamond），并带到"威廉与玛丽"号旁。如同先前一样，他们开始殴打船长约翰·帝比（John Tibby）与船员，并挑出一名水手虐待。[54]他们绑住这位不幸的水手纳撒尼尔·卡特灵（Nathaniel Catling），在他脖子上放了一个索套，然后拉着绳子，把他吊上船桅。卡特灵双脚乱踢，喘不过气来，就这样挂在船桅上，脸色发青，直到昏厥。海盗砍断绳子让他掉下来，然后把他当成死人一样留在甲板上。过了一段时间后，卡特灵开始恢复知觉，一名海盗拔出刀，划开这名倒地水手的锁骨，然后再度举刀想砍死他，但另一名海盗出面阻止。卡特灵事后回忆，那名海盗说"那太残酷"。海盗劫掠了"钻石"号上的贵重物品：三百枚八里尔银币（七十五英镑）及"一个黑人"。接着，海盗强迫所有船员登上已改名为"游侠"号（Ranger）的"云雀"号，砍下两艘百慕大船的船桅，接着就放火烧了"钻石"号。海盗在放走已残缺不全的"威廉与玛丽"号的人员之前，吹嘘自己在一个星期前，如何虐待其他两艘百慕大单桅帆船上的成员。他们告诉船长诺斯与帝比，日后回到百慕大的家时，应该告诉班奈特总督，说海盗"将集结所有势力，夺取（他的）国土"，"在上面建立新的马达加斯加"。诺斯与其他目击者回忆，范恩的手下醉醺醺地庆

245

祝时，举杯"诅咒乔治国王"、政府，[55]以及"所有更高的力量"，威胁要在那年夏天占据百慕大。[56]范恩的人似乎相当清楚，海盗已送请愿书给流亡的詹姆士·斯图亚特，乐观地认为那一边很快就会协助他们。

范恩在四月二十八日回到拿骚时，又拿下三艘百慕大船、三艘牙买加船、一艘纽约船，以及一艘要到波士顿的船。在这一期间，他的船员数目膨胀到九十人以上，大多招募自牙买加船。[57]那些水手可能于范恩在罗亚尔港的时代就认识他。海盗大概只搜刮到一千英镑左右的贵重物品，但他们的行动已消灭掉巴哈马的合法贸易。范恩认为，如果海盗不控制这片群岛的贸易，也没有其他人能控制。

246　　　范恩发现皇家海军的"凤凰"号已撤出拿骚时，一定很得意，没有人能和海盗争这座岛。几天后，一艘巨型战舰驶进港口时，他更开心。那艘船的桅顶挂着骷髅头旗帜，旁边跟着一艘海盗的单桅战舰，以及两艘战利船。黑胡子回来了。[58]

黑胡子率领着大约七百人，让新普罗维登斯岛的人口在一夜之间几乎变成原来的四倍。有那么短短的几天，黑胡子与范恩、威廉姆斯，以及这座城镇其他死硬派的海盗船长交换故事，拿骚的街道活了起来，黑胡子的船员此时大概已经分好赃，约三百人离开了他。有些人无疑是打算等待罗杰斯总督到来，以接受国王赦免。其他人则想在岸上享受人生，然后继续当海盗，黑胡子的炮手威廉·康宁汉（William Cunningham）就是其中一人。有些人可能是詹姆士党人的坚定支持者，希望能和范恩一起留下，等待斯图亚特流亡朝廷的增援。有些人可能会跟着威廉姆斯走，威廉姆斯宣布他很快就要离开这座岛，到非洲去劫掠欧洲奴隶船。

可以想象威廉姆斯与黑胡子在拿骚户外酒馆帆布遮雨棚下的画面，两人一块儿喝酒，交换着"维达"号失事、"安妮女王复仇"号被拿下，以及差点跟国王战舰打起来的故事。他们可能会交换想法，聊到两人先前在牙买加时共同的船长霍尼戈，好奇他是否已经收山。黑胡子听说同为布里斯托尔人的罗杰斯，将是巴哈马的新任总督。如果爱德华·蒂奇真的是为了保护黑胡子家人的化名，这个消息排除了他在拿骚接受赦免的所有可能性，因为罗杰斯会认出他。黑胡子有两个选择：一是和范恩一起留下，试图对抗罗杰斯；二是永远离开拿骚。

一两天之后，黑胡子召集所有人登上他麾下的五艘船，其中有几张新面孔；这是一批没有意愿"就此"放弃海盗生活的人，其中包括霍尼戈从前的船需长马丁。海上最强大的海盗船队在拿骚起锚，设定前往佛罗里达海峡、艾兹棕榈地，以及西班牙失事残骸的航线。

罗杰斯进军拿骚

几乎是在同一时间，在数千英里之外，另一支船队在伦敦南部的泰晤士河起锚，载着罗杰斯前往巴哈马。

那是一支壮观的远征队。罗杰斯用了好几个月的时间集结，一共有七艘船，其中五艘是罗杰斯与事业伙伴的财产。罗杰斯搭乘的是四百六十吨重的私掠军舰"德利西雅"号，配有船员九十人、大炮三十门。同行的舰船还有三百吨重的运输船"乐意"号，配有二十门炮、二十二名船员；重一百三十五吨的"山谬"号，配有六门炮、二十六名船员；私掠单桅战舰"巴克"号，配有六门炮、十二人。这四艘船载着"独立公司"的一百名士兵，许多人才刚从切尔西军医院

（Chelsea military hospital）出院。另外还有一百三十名带着家眷的移民者，成员大多是来自法国、瑞士，或是德国普法尔茨巴拉丁地区（Palatinate）的清教徒流亡者。船上一并载着够所有人十四个月吃穿的食物与补给，以及所有必要的工具与物资。以罗杰斯共同投资人的话来说，那些东西可以拿来"建造要塞与房屋"，清理田地，种出"糖、姜、靛色染料、棉花……以及足以比拟哈瓦那鼻烟的烟草"。[59]罗杰斯深信，海盗会对精神教诲做出回应，甚至带上一批"基督徒知识促进会"的宗教小册子。[60]这支远征队代表着"共同伙伴公司"一万一千英镑的投资，罗杰斯自己也投入了三千英镑。[61]

除了士兵、船员与移民外，还有几名绅士陪伴着罗杰斯，他们想帮助罗杰斯，让堕落的殖民地重新恢复秩序。其中的主要代表人物是威廉·费尔法克斯。这位二十六岁的贵族，家中拥有弗吉尼亚五百三十万英亩的土地，想成为罗杰斯的首席大法官（chief justice）。费尔法克斯和其他贵族一样，认为巴哈马太过危险，目前不适合妻子随行。他在即将启程之前，在"德利西雅"号上写了一封信给母亲："虽然我预期要与妻子分开（但只不过是）一小段时间……我相信上帝，她将不需要任何事物抚慰她的忧伤。"[62]

三艘皇家海军战舰将护送罗杰斯的船到拿骚：四百二十吨重、配有三十门炮的第五级护卫舰"米尔福德"号（Milford），指挥官是彼得·张伯伦（Peter Chamberlaine）；两百七十三吨重、配有二十门炮的第六级战舰"玫瑰"号（Rose）以及单桅战舰"鲨鱼"号（Shark），这两艘船分别载着一百人。[63]这些军舰代表着史上对抗巴哈马海盗最集中的海军势力，再算上罗杰斯武装齐全的船只后，它们组合成一支势不可挡的力量：载着五百五十名士兵与水手的七艘武装船。船队在一七一八年四月二十二日驶出泰晤士河口时，船上的所有人几乎都认为，海盗共和国很快就会寿终正寝了。[64]

黑胡子企图勾搭白道

黑胡子已经做了一个没有告诉手下的决定：气焰高涨的海盗时代即将结束。乔治国王的赦免令已经分裂了海盗阵营，许多最好的海盗领袖已经投降，其他许多人则四散各地。范恩不惜一切也要稳住海盗基地的决心，或许令人印象深刻，但黑胡子是相当谨慎的策略家，不打会输的仗。除非能得到斯图亚特国王的援军，否则拿骚区区几百名海盗不太可能击败仁慈的罗杰斯总督的军队力量。黑胡子不像范恩，不想像瞬间陨落的流星，而想当可以逍遥法外的海盗，例如让自己演绎十八世纪版的《教父》：有钱有势的犯罪头子，与部分当局勾结，扮演着不为人知或无法向其他人证明的角色。他知道要从哪里建立这种角色，但首先，他需要再大干一笔。

遭受羞辱的班奈特可能给了他封锁查尔斯顿的点子。查尔斯顿的贸易队伍必须通过浅滩，以及港口的狭窄入口。波内特去年曾乘着"复仇"号封锁南卡罗来纳首府，但不得不限制自己只采取"抢了就跑"的方式，必须在城镇居民驾着单桅帆船追出来之前，就逃离现场。不过，黑胡子有强大的船队，不必担心查尔斯顿商人火力不齐全的单桅帆船。卡罗来纳没有皇家海军驻扎，就算港口刚好出现一艘护卫舰，火力也会远逊于"安妮女王复仇"号及其他三艘友舰。海盗可让整个殖民地臣服，甚至可能考虑连城镇一起劫掠。众人同意前往查尔斯顿。

海盗北上时，船上有几个人倒下，染上没有明确记载的疾

249

病，其有可能是从拿骚妓女那得来的梅毒。船医手边没有可供治疗的药，取药很快就变成第一要务。海盗船队希望取得情报与战利品，他们在佛罗里达海峡拿下好几艘船，包括两艘单桅帆船和一艘双桅帆船，并因此赚了一笔。[65]其中两艘船的指挥官，是旧飞帮的成员。博格斯曾是拿骚海盗船长，正要从查尔斯顿回巴哈马，驾着十吨重的单桅帆船"普罗维登斯"号（Providence），船上载着瓶装麦酒与两批陶盘，显然是海盗窝里很受欢迎的两种产品。博格斯乐于分享他的查尔斯顿情报，得到赦免后，他在那里待了几星期，先前也带着好几个海盗朋友，许多人现在还留在那里，很愿意见到老友。黑胡子很高兴得知港口没有军舰，但有几艘商船预备前往伦敦与新英格兰。黑胡子的手下买下了博格斯的所有货物，派他回查尔斯顿充当岸上耳目。南卡罗来纳的海关记录显示，博格斯离开查尔斯顿仅几天后又折返，船上空空如也，几小时之后，黑胡子的船队就占据了港口。[66]

碰见博格斯几天后，海盗还拦截了一艘重三十五吨的牙买加单桅帆船"安"号（Ann），该船的指挥官是另一个接受赦免的海盗雷·亚许沃斯。几个星期前，亚许沃斯驾驶着另一艘不同的船，从拿骚前往查尔斯顿，船上载着满满的走私品。他接受赦免后，以家人名义买下"安"号，在货舱里装满一桶桶焦油、沥青与牛肉，带到罗亚尔港出售。亚许沃斯告诉黑胡子，他准备在自己买下的牙买加庄园退休。他可能加强了黑胡子成为"半合法"人士的决心，不过现在要先劫掠查尔斯顿。[67]

海盗船队抵达城镇南方九英里的查尔斯顿沙洲，时间是一七一八年五月二十二日。他们拿下领航船，以免它回去警告城镇。[68]接着，海盗把自己的四艘船分散在沙洲几个地方，像蜘蛛一样等着船只陷入网中。才不过几天的时间，他们就至少拿下五艘船①：两艘往伦敦的船、两艘从英格兰来的船，以及一艘正要回费城的迷你八吨重单桅帆船"威廉"号（William）。[69]"威廉"号船长托马斯·赫斯特（Thomas Hurst）是熟面孔：他最近去过拿骚，从海盗手里买下八门"重炮"，那些炮还放在他小单桅帆船的货舱里。前一天他还在跟海盗交易，现在则成为阶下囚。

这一批收获中，第一艘船最值钱。一百七十八吨重的"克劳利"号，从河中顺流而下，预备前往伦敦。货舱塞满超过一千二百个桶子，不过里头装的是沥青、焦油和米，那是卡罗来纳的出口品，对海盗来说，不是特别有用。不过，"克劳利"号载着几个付费搭船的乘客，好几个人是查尔斯顿最显赫的市民。海盗搜刮"克劳利"号上的补给与必需品时，这些吓坏的乘客被小船载到"安妮女王复仇"号上，接着好好地接受了一番盘问，海盗要知道他们是谁？他们的船载了什么？查尔斯顿还停着其他哪些船？[70]结果其中一名乘客是山谬·蓝格（Samuel Wragg），他是殖民地治理议会的议员，在地方上拥有两万四千英亩土地，正带着四岁的儿子威廉要回英格兰。黑胡子知道，对海盗来说，这些俘虏会比"克劳利"号货舱里的货物值钱许多，该是时候召开大会来决定他们的命运了。

251

---

① 这五艘船分别是："克劳利"号（Crowley），船长是罗伯特·克拉克（Robert Clark）；查尔斯顿五十吨重的"红宝石"号（Ruby），船长是乔纳森·葛雷格（Jonathan Craigh）；费城的单桅帆船"威廉"号；英格兰韦茅斯（Weymouth）六十吨重的"威廉"号，船长是奈平·基伏（Naping Kieves）；伦敦八十吨重的"亚斯米雅"号（Arthemia），船长是乔纳森·达佛（Jonathan Darnford）。

海盗准备开会时，各艘船上共八十名俘虏被塞进"克劳利"号货舱，锁在黑暗之中。[71]《海盗通史》的作者后来显然是在跟目击者谈完话后，写道："一切是（如此）匆忙与突如其来，这群不幸的人吓个半死，真以为世界末日到了。"蓝格议员及其他乘客听说过海盗嗜血的故事，以为俘虏他们的人会放火烧船。"此外，海盗不论是什么身份地位，什么人都抓，这点似乎进一步证实了这个看法。""商人、各阶级士绅，甚至是蓝格先生的孩子"，都和普通的奴仆水手关在同一个地方，在他们心中，这是死亡的预兆。[72]

俘虏缩在货舱里"哀号自己的命运"时，海盗在旗舰上拟定计划。他们将送一艘小船到查尔斯顿，要求俘虏的赎金。如果被拒，就威胁不只要杀掉所有的俘虏、烧掉他们的船，还会驶进查尔斯顿港，弄沉那里所有的船，或许还要攻击城镇。不论海盗究竟染上什么疾病，情况一定已变得极度令人忧虑，因为他们唯一要求的赎金，是船医开出的一箱药材，总价值约四百英镑。海盗开完会后，黑胡子命人把俘虏带到面前，宣布了这个计划。蓝格求海盗从俘虏中派出一名士绅，跟着负责要求赎金的人一起去，以求能说动总督，让他明白情况有多严重。海盗表示同意，有人提议就派蓝格去，他的儿子留下来当人质。永远是策略家的黑胡子反对这个方法，他不想失去自己最宝贵的谈判筹码，因为如果他的虚张声势遭人识破，也不想真的杀了小威廉·蓝格及其他俘虏。海盗最后从俘虏中另选一人，由某位马尔克斯先生（Mr. Marks）和海盗的送信人一同出发。海盗表示如果随行的人没有在两天内带着药材回来，他们将兑现自己的威胁。

小船载着马尔克斯与两名海盗出发，结果变成一场闹剧。

三个人前往城镇时，一阵突如其来的狂风弄翻了他们的小船。他们想办法平安游到无人岛上，一整天等着别人来救他们。他们很清楚，时间正在一分一秒地流逝。隔天下午，他们又饿又全身湿透，知道要自力救济，于是在岸边找到一块大木头舱门，但浮力不足以支撑三个人。别无选择之下，马尔克斯坐上那块舱门，由海盗推着到海上。海水没过头的时候，海盗抓着舱门边缘，奋力游泳，推着这个临时筏子前往九英里外的查尔斯顿。他们就这样游了一整晚，但没有前进多少路。白天时，三个人认为必死无疑，却被经过的渔夫救起。渔夫把他们带到自己的营地。马尔克斯知道，杀俘虏的时间已经到了，他付钱给渔夫，要他们告诉黑胡子发生了什么事。同时，他雇了第二艘船，带他们三个人到查尔斯顿。

　　等渔夫找到海盗时，黑胡子暴跳如雷。最后期限已经过了，这名海盗头子威胁蓝格和其他人，"咒骂他们一千次，发誓他们活不过两小时"。虽然黑胡子尽了全力恐吓俘虏，却没有以任何方式伤害他们。渔夫告诉黑胡子，马尔克斯遭遇了事故，代他请求再宽限两天，黑胡子同意了。然而，两天又过去了，海盗派出去的人还是没有回来。黑胡子的帮派依旧没有杀害任何人，他们决定亲自航向查尔斯顿，恐吓城镇里的人。

　　与此同时，马尔克斯正在查尔斯顿疯狂地寻找同行的两名海盗。三个人一到城镇，马尔克斯就冲进总督罗伯特·约翰逊（Robert Johnson）的家，而总督也立刻答应了黑胡子的要求，结果两名海盗却跑去喝酒，还在途中碰到一些老朋友。镇上有近十二名海盗，等着国王赦免。两名海盗在城墙围住的城内街道闲晃时，发现许多平民仰慕他们。[73]他们很高兴自己成了名人，老友又在身旁，便从一摊喝到下一摊，忘记了时间。一直到一两天

253

后外头街道响起尖叫时，他们才想起自己的任务。黑胡子的船队已经抵达港口，居民吓坏了，"妇孺发疯般地在街上奔跑"。两名喝醉的海盗跌跌撞撞走到滨水区，阻止同伴报复这座城镇。

马尔克斯带着药材箱与约翰逊总督的信，划船登上海盗战舰。总督表示，如果黑胡子愿意放下武器，他愿意赦免他。[74]黑胡子拒绝了这个善意的提议，但释放了所有的俘虏与船只，不过，地方官员却呈报他们已经"摧毁大多数的货物……并让船只部分毁损，只为了逞凶斗狠"。[75]海盗最后只带走药材、补给、几桶米、四千枚八里尔银币（一千英镑），以及士绅俘虏的衣服；海盗在放人之前，扒掉了他们身上的东西。他们离开查尔斯顿时，只带着一艘战利船：一艘在佛罗里达拿下的西班牙单桅帆船。黑胡子让整个殖民地瘫痪超过一星期，但为了不知名的原因，他还是愿意带着价值大概不到两千英镑的战利品离开。

海盗船队继续往北，途中又扣留了两艘往南卡罗来纳的船只。一艘是波士顿籍、装着木材与玉米的重六十吨的"威廉"号，另一艘是布里斯托尔籍、四十五吨重的双桅帆船"公主"号（Princess），货物是来自安哥拉（Angola）的八十六名非洲奴隶。[76]海盗取走"公主"号上十四名查尔斯顿官员口中"他们最好的黑人"，让海盗船队四艘船上人数原本就不少的非洲人，又多了一些；奴隶被移到新船时，黑胡子告诉"公主"号的指挥官约翰·贝德福德船长（Captain John Bedford），说他"得到十三人"，[77]这显示他视这些黑人为商品，而不是新船员。至于"威廉"号与船上货物，海盗帮离开查尔斯顿时最后留下的话，是他们将为了贝勒米的人被处决而"报复英格兰人与船只"。[78]然而，抓到"威廉"号的其实是"复仇"号。出于某种原因，"复仇"号的指挥官、黑胡子的副手理查德斯放走了"威廉"号。之后，俘虏偷听到黑胡子大声斥责理查德斯"没有烧掉……那艘船，那是波士顿船"。[79]

黑胡子很快便不再愤怒，因为有更重要的事。他已经偷偷决定，该是时候清理自己的门户了，他没有意愿与全数四百人分享最近的战利品。在中美洲时，几名普通船员因为朗姆酒没了开始暴动。黑胡子当时在日志里写道："我们的船员酒醒了几分后，便在我们之中闹出该死的乱子！有些小流氓在密谋，大谈要分开的事。"① 幸运的是，船队下一个战利品"船上有大量酒精"，"让船员浑身发热，真他妈的热，然后一切事情又恢复正常"。[80]然而，黑胡子从未原谅闹事者，也没有意愿奖励这样的行为。他想出一个摆脱那些人的计划，顺道摆脱无能的波内特，还有效忠他的人。黑胡子只把这件事告诉几个亲信，其中包括船需长霍华德，以及水手长汉兹。汉兹目前负责指挥船队中八十吨重的战利品"冒险"号。这些人帮他说服船员，驶向北卡罗来纳人烟稀少的海湾清理船身，假装准备拦截每年都会在佛罗里达海峡出现的西班牙宝船。[81]

離开查尔斯顿六天后，时间来到一七一八年六月三日前后，黑胡子的船队驶进今日的博福特海峡（Beaufort Inlet），地点在北卡罗来纳低湿海岸中段。为了避开多沙、位置不明的浅滩，船只必须通过一条受潮汐影响而形成逗号状的狭窄水道；这样缓慢的出口处水流，提供了一个静止的锚地。[82]虽然这个港口就在博福特小村庄正前方，但海盗不用害怕几个住在那里的家庭，那些人没有什么派得上用场的方法可以由陆路寻

---

① 这份日志后来落入皇家海军手中，但可惜最后仍然遗失。这里似乎是唯一留存的摘录片段。

求协助。"冒险"号、"复仇"号，以及体积较小的西班牙战利船等单桅帆船首先出发，通过十五英尺深的外沙洲，前进到连接锚地的弯曲水道。黑胡子平安地把"安妮女王复仇"号驶过外沙洲，但他在船帆全张的状况下，接近受潮汐影响的水道时，显然原本是命令舵手维持航线，结果直接撞进暗礁。巨大的"安妮女王复仇"号跌跌撞撞地停下，碰撞的力度大到让人站不稳，拉扯到船头的一条锚缆，结果锚落入水里。黑胡子按照计划，派霍华德搭乘小船驶进水道，要汉兹带着"冒险"号下来，大概是要他们帮忙在潮汐退去之前，把"安妮女王复仇"号拉出暗礁。结果，汉兹驾着"冒险"号也直接撞进浅滩，离旗舰只有一个射程那么远，船身撞出一个大洞。等到"复仇"号与西班牙单桅帆船抵达现场时，黑胡子的船已经开始往左舷倾斜，船舱进水。水道里的海盗把"安妮女王复仇"号的一个锚载到四百码外固定好，试着用自己的锚，把"安妮女王复仇"号拖出浅滩，但徒劳无功。[83]众人知道"安妮女王复仇"号已回天乏术，每个人忙着把东西搬到"复仇"号与西班牙单桅帆船上，然后往博福特前进。

256　　　海盗清点现场存货时，黑胡子开始进行计划的下一部分。波内特陷入完全的忧郁已长达数周时间，他对所有人说自己乐意放弃海盗生涯，但他的行为"太令人羞耻，无颜再面对任何英格兰人"，所以将隐瞒身份，在西班牙或葡萄牙"度过余生"，因此，当黑胡子宣布要把"复仇"号的指挥权交还给这个可怜的家伙时，众海盗一定大吃一惊。[84]

　　波内特不敢相信自己的耳朵，他决定尽快取得国王的赦免。他可能是从博福特的村民那里，得知北卡罗来纳的总督查尔斯·伊登（Charles Eden）住在小村庄巴斯（Bath），沿着帕姆利科河（Pamlico river）往南航行一天即可抵达。波内特与几个忠实的部下跳上一艘吃水浅的小船后出发了，答应很快就会回到其他人身边。

波内特一离开，黑胡子和一百个左右知道计划的人就拿出武器，把其他人关了起来。他们把其中的十六个人，以及"冒险"号船长哈略特绑在伯格岸（Bogue Bank）。伯格岸是一个无人居住的沙岛，离大陆有一英里远。另外的两百名海盗，则被留在博福特自生自灭。黑胡子与包括"四十名白人与六十名黑人"的船员，在登上西班牙单桅帆船后扬长而去，还带着所有人的战利品，价值约为两千五百英镑。哈略特后来告诉当局"一般来说蒂奇是故意让船搁浅的"，以让自己能"和众海盗分开，保住自己的钱和财物"。波内特三天后取得赦免令回来时，"复仇"号在博福特等他，但金银珠宝都没了。他救出被扔在伯格岸的人，发誓要报复骗他的导师黑胡子。

波内特不知道的是，黑胡子也在航向巴斯，沿着环绕屏障小岛的外围水道前进，而不是里头的浅水通道。波内特回到博福特时，他要报复的对象就在屏障小岛的另一头，跟他方向相反。等到波内特发现背叛时，黑胡子八门炮的单桅帆船正在通过狭窄溪流，前往北卡罗来纳朴实的首府。

虽然巴斯是北卡罗来纳的行政中心兼最古老的城镇，还是入北卡罗来纳的官方港口，但这个地方比村庄好不了多少，只有三条长街道、二十几间房子、一间谷物磨坊、巴斯河（Bath Creek）旁一个小型木造堡垒。长着柏树的河岸又低、又平、又泥泞，看不出水断在哪里，陆地又从哪里开始。[85]黑胡子的单桅帆船逆风停泊在棕色水里，一边是小镇，一边是码头与农庄房舍。巴斯仅有一百名左右的居民，无法不注意到访客：他

257

们抵达之后，镇上人口多了一倍。海盗上岸后，大概问了哪里可以找到法院或政府所在地，而居民大概告诉他们，北卡罗来纳没有这两种东西。治理议会没有固定开会场所，议员在彼此家中碰面，有时地点离村庄好几英里远。人们建议黑胡子如果要得到国王的赦免，应该划船到小溪另一头的船坞，伊登总督的家就在尽头。

黑胡子与伊登总督的首次会面在历史上并没有留下目击者的说法，但显然相当顺利。四十五岁的伊登是富有的英格兰贵族，拥有四百英亩地产，但他治理着一个贫穷的殖民地。[86]那是一个恼人的闭塞地区，居民是受迫害的印第安人，以及一文不名的殖民者。黑胡子这一群人有钱，他们有两千五百英镑的西班牙钱币，还有前一年干海盗存下的东西。此外，他们有方法也有意愿带更多钱来，只要总督不要问太多问题，别问钱从哪里来就好。总督和海盗达成了协议。伊登发赦免状给黑胡子的所有人，大部分人将各自去生活。黑胡子与几个最亲密的部下则会在巴斯定居，盖房子，诚实度日，至少表面上如此。

258 其实，他们会悄悄继续扣留往来于东海岸，以及隔壁弗吉尼亚的船只。傲慢的弗吉尼亚领袖长期看不起后方的南部邻居。伊登总督和友人得到的好处是可以分享海盗的货物，海盗则可以得到他们的保护。北卡罗来纳实际上变成新的巴哈马，更好的是，北卡罗来纳有自治政府，不会被英国入侵。

黑胡子的大部分部下立刻离开北卡罗来纳，前往宾夕法尼亚与纽约。[87]霍华德带着两个奴隶去了威廉斯堡，一个奴隶来自"协和"号，另一个来自双桅帆船"公主"号。黑胡子与其他二十人待在巴斯，包括至少六名自由黑人海盗。黑胡子依据当地传统住在李子角（Plum Point），那是村庄边缘的海角。[88]依据《海盗通史》作者的说法，黑胡子很快娶了"一名年约十六的年轻少女，结婚典礼由总督主持"。据说那是黑胡子的第十四任老婆，他会"逼迫她……沦为娼妓"，在他的观看下，与"五六名他的残暴部下性交"。[89]这个故事被添油加醋，黑胡子长时间待在海上，大概没时间娶十四个女人。此外，依他非常仁慈的海盗记录来看，很难想象他会安排自己尚是青少年的新娘被定期轮暴。不过，黑胡子的确在巴斯娶了某个女人，一名驻扎在邻近弗吉尼亚的皇家海军舰长后来提到他的婚礼，这位舰长一直在监视他的行动。地方传说这名新娘叫玛丽·欧尔蒙（Mary Ormond），是巴斯未来治安官的女儿。欧尔蒙在二十世纪初的子孙后代，认为确有其事。《海盗通史》里另一个关于黑胡子的故事听起来像真的："他时常到岸上和大农场主寻找乐子，日夜狂欢。这些（人）款待他，但究竟是出于喜爱还是恐惧，我不知道。"[90]

黑胡子和埃弗里一样，买下了殖民地总督的忠诚，但他累积的财富尚未多到余生都能活得像国王一样，因此休息几个星期后，他又回去工作了。

范恩的困兽之斗

返回巴哈马的范恩并没有转为地下行动的打算。他完成四月时的航程后，有将近一个月的时间待在拿骚，苦苦地等待詹姆士党人的增援。不过，援军一直没有出现。当时，康默克把巴哈马计划呈给詹姆士·斯图亚特的母亲，也就是摩德纳的玛丽皇后后，她就过世了，计划显然也跟着胎死腹中。[91]时间一周周地过去，范恩知道乔治一世的总督罗杰斯会比詹姆士党人先到达拿骚，他开始感觉到海盗共和国大概撑不下去了。回到拿骚的霍尼戈，以及其他接受赦免的海盗，计划要为罗杰斯总督服务。詹宁斯甚至更进一步，已拿着班奈特总督的私掠状，要捉拿范恩，准备把他带回百慕大受审。[92]据说詹宁斯为了达成该目的，开始武装两三艘单桅帆船，即将来到拿骚。范恩希望继续从事海盗这一行，但意识到自己已经四面楚歌。

到五月底时，范恩再也等不下去了。他在拿骚到处召集旧部众，结果总共有七十五个想法类似的死硬人士，同意加入他的"云雀"号，包括英格兰与"印花布杰克"拉克姆。[93]他们的计划是趁罗杰斯总督出现之前做最后一票，最好能取得一艘大型私掠船：一艘可以长期不用回家乡港的船。如果范恩被迫离开海盗巢穴，他要自己有能力远走高飞，寻找另一个藏身地。

范恩的首次出手很大胆。一七一八年五月二十三日，在巴哈马克鲁克德岛（Crooked Island）附近，也就是拿骚东南两百英里处，他们追上一艘熟悉的船。十四吨重的单桅帆船"理查德与约翰"号已经是在拿骚当地多年的熟面孔，这艘船从查尔斯顿与牙买加替海盗带来补给，以交换海盗的战利品。范恩与"云雀"号上的每一个人，都知道这艘船属于哈勃岛的重要民间领袖理查德·汤普森，以及他的女婿约翰·寇克兰，也就是海盗共和国的奠基者，他们曾在一七一四年驾着轻舟，和霍尼戈一道出航。"理查德与约翰"号一向是海盗不能碰的船，但这次不同。[94]寇克兰是赦免派的主要成员，不是范恩这帮人的朋友。海盗对"理查德与约翰"号开火，迫使船长、寇克兰的弟弟约瑟夫逆风投降。范恩的船员把他扔到克鲁克德岛荒凉的海岸，带走他的单桅帆船。范恩发表明确声明：依据他的定义，洗心革面派的海盗是可以攻击的对象。

范恩在六月上半月又拿下几艘船，包括一艘双桅船与一艘有二十门炮的法国船。[95]双桅船交给爱德华·英格兰，接着众人又投票，让衣着华丽的拉克姆代替他的位子，成为船需长。法国船是结实的两百至两百五十吨重的船只，相当适合做海盗船，范恩把这艘船当成新旗舰；"云雀"号似乎在解除武装后，被交给法国人。六月二十三日那天，海盗徘徊在法国港莱奥甘（Leogane）外，他们在今日海地太子港（Port-au-Prince）附近拿下另一艘法国船：波尔多（Bordeaux）的双桅帆船"圣马丁"号（St. Martin）。[96]船上载着糖、靛色染料、白兰地、红酒与白酒。范恩把船长和几名船员扔到岸上，但留下"圣马丁"号与十三名船员。范恩的人得到战利品，现在又有酒可以喝，同意回到拿骚：范恩驾驶法国船，英格兰驾驶双桅船，"圣马丁"号、"理查德与约翰"号则由战利船船员驾驶。

海盗现在带着大型船只，被迫走哈勃岛与伊柳塞拉岛附近的深水航道。比起直接穿越巴哈马浅滩区，这条航道需要花较长的时间，但结果很幸运。七月四日早晨，海盗船队发现自己身处一小群正在进出哈勃岛的单桅商船之中。短短几小时内，海盗们拿下三艘船：罗得岛的"德雷克"号（Drake），船长是约翰·德瑞普（John Draper），船上载着葡萄酒、烈酒与朗姆酒；纽约的"阿尔斯特"号（Ulster），船长是约翰·弗瑞德（John Fredd），船上载着安德罗斯岛（Andros Island）的热带木材；罗得岛的"老鹰"号（Eagle），船长是罗伯特·布朗（Robert Brown），船上载着糖、面包与两桶钉子。这些单桅帆船不是宝船队，但可以当成很好的补给船，而且酒精也可以让大家至少高兴几天。那天晚上，范恩的战利船船队抵达拿骚，在那里，他的手下又立刻拿下两艘单桅帆船："鸽子"号

261

（Dove），船长是威廉·哈里斯（William Harris）；"兰开斯特"号（Lancaster），它的指挥官不是别人，正是尼尔·沃克，也就是前法官托马斯·沃克的儿子。[97]一七一六年，沃克一家人被霍尼戈赶出新普罗维登斯岛。范恩六个星期前曾带着一艘单桅帆船离开拿骚，但现在至少控制着九艘船。

范恩很快就整合了岛上的势力，据说他拔出剑，在岸上发飙，威胁要"烧掉镇上的主要房屋，杀鸡儆猴"。据有丰富拿骚资料的《海盗通史》作者说，范恩是在对抗霍尼戈及其他接受赦免的海盗，"立榜样给许多人看"，"极度粗鲁地对待所有不像他那么坏的人"。"他如同总督一样统治此处二十日，停下所有进港船只，不让任何船只离开……他发誓只要待在港口一天，除了自己以外，不会忍受任何其他总督。"

范恩这一派威胁完对手后，忙着把货物从"圣马丁"号移到不同单桅帆船上，并把多出来的大炮搬到法国大船上。范恩的帮派准备航向巴西海岸，希望在那里和拉布其、康登以及其他死硬派海盗结合势力，或许可以在南美洲建立另一个海盗共和国，一个汉诺威国王鞭长莫及的地方，海盗可以在那里重整势力。

一七一八年七月二十四日晚上，离范恩的人出发仅三四天，人们发出大喊：皇家海军护卫舰的船帆出现在猪岛后方。

伍兹·罗杰斯来了。[98]

第十章　危险边缘
（一七一八年七～九月）

伍兹·罗杰斯站在"德利西雅"号艉甲板，手上拿着拐杖，支撑那只不良于行的腿。他眺望着大海，看着大船缓缓向右舷靠去，船帆逼近风里。新普罗维登斯岛隐隐约约的轮廓，出现在船头三英里外，笼罩着南方地平线。皇家海军指挥官张伯伦的旗舰"米尔福德"号跟在一旁，主桅上负责眺望的人员与三十门重炮都已准备就绪。"德利西雅"号驶过的翻腾水流后方，吃水深的运输船"乐意"号在波浪里起伏，船上载着大批士兵与补给，私掠单桅战舰"巴克"号则在不远处航行着。罗杰斯不时拿出望远镜寻找护卫舰"玫瑰"号身影，那艘军舰的后桅挂着一盏亮灯，正绕过三英里外的猪岛西侧；而单桅战舰"鲨鱼"号紧跟着，就在其后方半英里处。[1]凌晨时分，指挥官张伯伦让地方领航员登上"玫瑰"号与"鲨鱼"号，派他们先到拿骚侦察情形。十五小时过后，算总账的时间到了。"玫瑰"号正在入港。罗杰斯与张伯伦所在的那两艘吃水深的大船上，并没有领航员，他们计划整晚在深水里来回航行。在天亮之前，也只能等着、看着、听着"玫瑰"号与"鲨鱼"号的回报。几分钟后，罗杰斯心中一沉，拿骚港内传来错不了的大炮回声。

傍晚六点三十分，"玫瑰"号舰长托马斯·惠特尼（Thomas Whitney）命人把护卫舰的船锚直接扔进港口主入口处，"玫瑰"号驶进东风里，二十门炮显然无用武之地，只能对着海岸线上的无人地带：左舷对着猪岛尖端，右舷对着拿骚低矮、野草丛生的原野。主锚地就在前方，一半死寂。四十艘左右的战利船的船骸遍布在海岸上，荷兰船、法国双桅帆船、各种大小与国籍的单桅帆船，全部遭到破坏，有的被火烧灼，零件与船帆不见踪影，索具凌乱地在风中飘扬。锚地中央有一艘下了锚的有二十到三十门炮的大型船，外观看起来是法国建造的船，主桅上飘扬着圣乔治旗，象征效忠的是旧英格兰，而不是才建立十年的大不列颠。单桅帆船及其他船只全部下锚，围在这艘船周围，有些船还飘扬着海盗骷髅头旗帜。整个拿骚碉堡都飘扬着同一面海盗旗，面对大海的城墙破旧，从远方就看得见裂缝。风为港口带来腐肉的恶心气味，就好像岸上有上千具腐烂的动物尸体一样。

突然间，位于港口中央、范恩的大船船尾冒出火花与一阵烟，惊动了惠特尼。稍后传来的声响，不管是一开始的船尾大炮爆炸声，或是接下来的炮弹落水水花声，都离"玫瑰"号不远。超过两颗炮弹飞过惠特尼头顶，至少有一颗击碎了"玫瑰"号的部分索具。[2] 惠特尼举起白旗，要求停战。显然，这位年轻的舰长一定觉得眼前的事不好解决。

在海盗船貌似接受了投降旗的同时，惠特尼派副官搭小船入港，根据他的说法，是"想知道（海盗表现出敌意）的原因"。副官驾船来到范恩的船舰旁，大声地询问船长，为什么要对国王的船开火。惠特尼在航海日志里写道："他的答案是，会尽最大努力来烧光我们全部人，以及港口里全部的船只。"[3] 范恩也交给这名副官一封给罗杰斯总督的信，[4] 信的外头写着："我们等着立即回复。"那天晚上，这封或许有也或许没有交给罗杰斯的信写道：

264

一七一八年七月二十四日

　　在此，很开心地告诉阁下，我们愿意接受国王陛下最宽宏大量的赦免，条件如下：

　　您允许我们处理目前手上所拥有的全部货物。同样，每一样属于我们的东西，像国王陛下的大赦令，我们也都会自行视情况处理。

　　如果阁下愿意接受，我们就立刻接受国王陛下的大赦令。如果不愿意，我们就不得不保护自己……

您谦卑的仆人
查尔斯·范恩及全体船员

　　范恩只是试着多争取一些时间，以便带着新船和所有的战利品逃出新普罗维登斯岛。他的船太大，无法通过波特礁沙堤，以及穿越港口东侧的浅水道，而"玫瑰"号又下锚在西侧入口，把他困在了港口。范恩想尽了所有驶过"玫瑰"号大炮的想法，像是双方一同开炮，但最后都打消了念头，因为几分钟后，配备十门炮的"鲨鱼"号也驶近港口，直接下锚在"玫瑰"号前方，后面跟着的是二十门炮的运输船"乐意"号，以及十门炮的私掠船"巴克"号。范恩的船困在那里，船员是生是死，要看罗杰斯总督的军队怎么说。太阳西下，港口陷入一片黑暗。

　　范恩焦急地等候了数小时，最后总算确定自己没有这个荣幸得到罗杰斯的回复。他的船员也同意这个看法，毕竟，停在港口入口处的战舰似乎已说明了一切。范恩告诉他们，他们的船没救了，不过，还是有办法可以逃离总督的利爪。其后，九十名船员便认真听着范恩说明他大胆的逃脱计划。

265

凌晨两点，在舱房的惠特尼舰长被气喘吁吁的部属摇醒。海盗展开了攻击，"玫瑰"号陷入危险之中。惠特尼冲上甲板，看见眼前这骇人的一幕：范恩的船遭火焰包围，正朝着"玫瑰"号及其他友船径直冲来。范恩的人在半夜卸下船上货物，并将甲板与索具淋满沥青与焦油，所有的大炮推进炮孔，每一门炮里都装着火药与两颗炮弹。[5]他们起锚，悄悄地把船拖向闯入者的方向。距离拉近后，一名海盗负责掌舵，让船直接瞄准下锚的"鲨鱼"号与"玫瑰"号，其他人则在即将毁灭的船上奔跑，降下船帆，点燃浸满沥青的甲板与索具。如果一切依计划进行，他们的船就会撞进皇家海军的船舰，并在大火之中吞噬掉一切。

最后一批海盗弃船时，水手正在冲上"玫瑰"号、"鲨鱼"号、"巴克"号、"乐意"号的甲板，有的人松开帆，有的人用斧头砍断锚缆，试图松开岌岌可危的船只。船锚一松开，惠特尼和其他舰长立刻让船掉头，驶向开阔海域。火船靠近时，惊险万分。大炮里的火药遇热燃烧，里面的两颗炮弹爆炸发射。接着，"玫瑰"号及其他船只缓缓地启动，驶离后头迫近的炼狱。

范恩本人在"凯瑟琳"号（Katherine）上看着一切。那是一艘轻便的百慕大船，范恩在半夜强行从一名海盗手中征用了这艘船。"凯瑟琳"号的主人是小海盗查尔斯·叶慈（Charles Yeats），人依旧在船上，不太开心自己的船被抢走。范恩的手下把东西放进这艘单桅帆船里，并让船上的火力增加到十到十二门炮。他们失望地看着"玫瑰"号与"鲨鱼"号逃进大海，但这场行动下来，为他们争取到了时间。接着，在天亮前的四小时内，他们要逃离拿骚。范恩派人到镇上拿走所有可能有用的东西：装备、补给、武器与贵重物品。岛上最好的领航员与木匠从床上被抓起来，一同带上"凯瑟琳"号。[6]然后，海盗等待破晓，船桅上挂着黑旗。

早上七点，天亮后不久，罗杰斯的船队全数出现在港口入口。总督第一眼看到的新首府，是水道中央一艘起伏的大船那正在阴燃的木板，灰烬嘶嘶作响，岸边是毁损船只的墓地。[7]港口有两艘下锚的私掠船，就停在波特礁后方。如果罗杰斯曾希望能体面进场的话，他恐怕要失望了。进入港口时，"德利西雅"号和"米尔福德"号都搁浅在沙洲上，枯等了两个小时，以待涨潮时浮起来。范恩的人大概好好笑了一阵，看着挂着总督与指挥官私人旗帜的船只卡在猪岛沙洲。他们的大笑在十点钟左右停下。涨潮后，吃水浅的"巴克"号与另一艘单桅帆船开始在波特礁沙堤附近绕行，甲板上满是士兵。范恩知道自己逗留太久了，于是下令起锚张帆。"凯瑟琳"号掉头，驶出狭窄的港口东侧入口，"巴克"号紧追其后。[8]

那天早上，从东南偏南吹来的风很是强劲，让追逐战变得难分难舍。"凯瑟琳"号行驶得比追捕者慢，让范恩担心了几小时，直到绕过新普罗维登斯岛东侧时，才松了一口气。范恩松开船帆，开始取得速度优势。范恩的手下开炮示威，"巴克"号不得不放弃追逐，返回拿骚。[9]范恩一帮人将继续逍遥法外，不过，新普罗维登斯岛就落在罗杰斯总督手里了……至少目前是如此。

收复大业困难重重

罗杰斯在二十七日早上上岸，隆重登场。罗杰斯的小船碰上沙滩时，"玫瑰"号与"鲨鱼"号发射十一枚礼炮。赦免派的居民欢天喜地迎接，让罗杰斯松了一大口气。最近几个星期 267

回到岛上的托马斯·沃克第一个迎接总督，一旁还有老敌人霍尼戈。一个是前法官，一个是"海盗总督"，两人带着罗杰斯与随行人员走进倾颓的拿骚碉堡。一路上，霍尼戈、博格斯及其他几个被赦免的海盗头子，排成整齐的队伍，站在道路两旁，罗杰斯走过时，每个人都对着天空鸣枪，让欢迎仪式一路进行到碉堡大门。[10]

罗杰斯往碉堡的最高点走去，以便对聚集的群众发表谈话，只要望一眼，就会发现碉堡已经年久失修。面海的棱堡看来随时都会崩塌，套句罗杰斯的话来说，就是"地基上只有一道疯狂碎裂的墙"。[11]阅兵场杂草丛生，本该是驻军长屋的地方只有一间小屋，里头住着一个可怜的老人。海盗已经带着大炮逃跑，只留下一门九磅的炮，这解释了范恩为什么没有试图守住碉堡。罗杰斯抵达碉堡屋顶后，威廉·费尔法克斯、沃克、霍尼戈站在身旁，一群士兵则跟在后头，而底下的广场已经聚集了三百人左右。罗杰斯大声读出国王的任命，指派自己为巴哈马总督。罗杰斯说在场的人"因政府的再度成立，表现得非常欢欣"。

接下来的几天，罗杰斯忙着整合岛上势力，并调查岛上现况。他的百人独立公司掌控了拿骚碉堡，用棍子和矮棕榈树的树叶搭建避难所。同时，厌倦海上生活的殖民者开始用借自"德利西雅"号、"巴克"号、"乐意"号的船帆搭建帐篷。[12]"玫瑰"号上的水手，以国王名义拿下"圣马丁"号、"德雷克"号、"阿尔斯特"号、"鸽子"号、"兰开斯特"号，以及其他恰巧停在港口里的船。罗杰斯搬进旧总督府，那是在西班牙王位继承战争中留存下来的少数几栋建筑物。他在临时办公室和几位居民商议，寻找"没当过海盗的居民……让最没有意愿与他们交易的人"进入十二人治理议会。罗杰斯在八月一日宣布最初的任命，其中包括哈勃岛的走私大王理查德·汤普森，以及几个跟着罗杰斯一起来的人，包括新任法官费尔法克斯，以及"德利西雅"号的船长与大副。[13]议会当天在罗杰斯官邸开会，接着花了几个小时，接受两百名左右尚未获得国王赦免的海盗自首。

岛上的海盗估计在五百人至七百人之间，大批原本离开拿骚、在其他殖民地寻求赦免的海盗回来了。[14]另外，岛上还有两百个不是海盗的居民，根据罗杰斯当局的官方说法，那些人从前在战争时期"逃离西班牙人"，现在"住在树林里，缺乏一切必需品"。罗杰斯让这些人统统去工作，清理海盗放着不管，盖过建筑物、庭院、田地的厚重植被。其他人则受到征召，去协助士兵武装与修理碉堡，建起一个独立炮台，以保卫港口的东侧入口。[15]罗杰斯船队的最后一艘船，就是补给船"山谬"号，终于抵达，平安入港，宽敞的船舱装满食物与补给。[16]罗杰斯度过总督任期第一周后，乐观地觉得自己好像会成功。

结果，海盗在附近海域出没的报告破坏了好气氛。第一则是范恩的消息，他扣住两艘返航的船，并号称要加入黑胡子。[17]就像罗杰斯说的，范恩计划"烧掉我的哨舰，很快就会来拜访我，报复我抵达时给他的见面礼。当时我派出两艘单桅帆船追击他，而不是回信"。不久之后，八月四日那天，费城水手理查德·泰勒（Richard Taylor）带来不祥的消息。先前在巴哈马南部，泰勒曾被西班牙私掠船抓住。尽管现在是承平时期，西班牙人依旧洗劫卡特岛（Cat Island）与克鲁克德岛上的英格兰村庄。私掠船领袖告诉泰勒，新的西班牙总督已经

269

抵达哈瓦那，有五艘战舰与近一千五百人撑腰。"他带着腓力国王的命令，准备摧毁巴哈马群岛上所有的英格兰殖民地。"泰勒表示，西班牙总督得到指示，如果英格兰人投降，就会把众人驱逐到弗吉尼亚或南北卡罗来纳，"不过只要遭遇抵抗，就会把英格兰人送到哈瓦那，让他们就此成为……老西班牙的（囚犯）"。[18]

罗杰斯同时面临范恩与西班牙国王的夹击，知道必须尽快完成防御工事才行。不幸的是，他手边可用的劳动力开始减少。首先，他带来的士兵、水手与殖民者大量病倒。人们认为，引发这场不知名的疾病以及导致在镇上徘徊好几个星期的恶臭的，是海盗大量抛在岸边的腐烂动物毛皮。不过，在罗杰斯抵达前两个星期，这场疾病其实就已经暴发了，他写下"好像只有新鲜的欧洲血，会……引来感染"；长期居民"很快就摆脱"传染，新来者则"受到猛烈攻击，我这边有超过一百人一起生病，没有（任何一个）健康的军官"。[19]罗杰斯这边死了八十六人，"玫瑰"号与"米尔福德"号也死了六名船员，罗杰斯的治理议会也死了两名地方人士。罗杰斯本人则在八月中因"肠搅动与……传染性瘟热病"[20]倒下，无法出席议会。岛上大部分的牛也死了，对食物补给造成重大影响。

拿骚地区的长期居民不但能抵抗疾病，还会抗拒罗杰斯要他们工作的指令。罗杰斯向母国报告道："大部分穷人沉溺于懒散过日，宁可饿死也不愿工作。""他们极度憎恨工作，因为清出一小块地后，就能种马铃薯、番薯，以及非常少量的其他东西，（再加上）丰富的渔产，以及邻近岛屿上的海龟或（可捕捉到的鬣蜥），他们可以吃（那些东西）来代替吃肉，也不会想吃牲畜或牛，因此（他们）贫穷度日（又）懒散……

而且只求有（船只）残骸或海盗，其他什么也不管……宁愿　　270
一整天待在酒馆，而不愿缴（税）给我，来救他们的家人，
以及其他重要的东西。"地方人士也是不可靠的民兵。身为总
督的罗杰斯抱怨道："无法让这些蠢家伙守夜，就算他们真的
来了，也很少神志清醒，而且很少整夜醒着，即使我的官兵常
突袭他们，几乎每天都拿走他们的武器，并处罚、罚钱或关他
们禁闭。""我不害怕，除了海盗（的攻击）之外，要是有任
何人试图（入侵），他们会站在我身旁。不过，要是他们的老
朋友有了足够的力量，可以设计我或攻击我，我高度怀疑能否
找到一半的人加入我的阵营。"[21]

就在这个紧要关头，张伯伦司令宣布他的三艘军舰要离
开。罗杰斯大吃一惊。殖民地正处于最脆弱的时刻，守军病
了，防御工事也尚未完成。"米尔福德"号、"玫瑰"号、"鲨
鱼"号，以及船上服役的三百人，对防守来说是不可或缺的。
但是，张伯伦的态度强硬：他已清理船身，分得港口海盗战利
船的赃物，而且坦白说"没有任何命令"要他继续停留。罗
杰斯无权管辖海军人员，只能恳求司令不要抛弃殖民地。张伯
伦不情愿地让有二十二门炮的"玫瑰"号再多停留三个星期，
罗杰斯表示"我希望到时候，我的人和防御工事已处于好一
点儿的状态"，得以独自对抗海盗与西班牙人。[22]就这样，八月
十六日早上九点三十分时，"米尔福德"号与"鲨鱼"号起航
前往纽约。[23]

罗杰斯的情况雪上加霜。接下来几天，巴哈马被大雷雨袭
击，惠特尼舰长预计会有飓风，要船员取下"玫瑰"号顶桅。
罗杰斯在潮湿的卧房辗转难眠，肠绞痛，发着高烧。碉堡以蜗
牛般的速度重整，罗杰斯的部属几乎叫不动那些成为良民的海

盗，他们连清理碉堡周围的矮树丛都不肯，更不要说去做像是
从猪岛残骸中抢救出大炮，并搬到棱堡这种更耗费体力的工作
了。雨持续下了两个星期，最后一艘小船载着人抵达，盘问之
后发现他们是范恩的手下。这些人坦承范恩正驾驶一艘双桅帆
船往北，但答应会在九月十四日左右到阿巴科找他们；阿巴科
属于巴哈马群岛，距离拿骚有六十英里远。范恩是否要往北与
波内特或黑胡子会合？如果是的话，他是否准备执行先前的威
胁，前来攻击拿骚？九月八日时，传来更多坏消息。一艘船载
着约翰·寇克兰的弟弟菲利浦（Phillip）抵达，上头还有其他
几个俘虏，已经被西班牙海岸巡防船监禁了两个月。他们在那
段时间被迫担任西班牙人的领航员，行驶在阿巴科与新普罗维
登斯岛一带，替西班牙人接下来的入侵行动搜集情报。西班牙
人放了菲利浦和其他人，让他们带话给罗杰斯：向我们证明你
是合法总督而不是海盗，要不然就走着瞧。[24]

　　罗杰斯立刻写信给哈瓦那总督。同时，他的副官把要跟古
巴交易的货物放上"巴克"号。这艘单桅战舰在九月十日出
发，体积较小的单桅帆船"马韦贸易者"号（Mumvele
Trader）也陪同前往，但"巴克"号最后根本未能抵达哈瓦
那，因为在途中那些接受赦免的海盗，以及罗杰斯水手组成的
船员叛变了，成为海盗。几个跟着"巴克"号从英格兰过来的
水手，显然觉得当海盗很吸引人；从沃尔特·肯尼迪（Walter
Kennedy）这位成员的动机记录，就可以看出端倪。肯尼迪是
伦敦沃平船锚师傅的小儿子，他在西班牙王位继承战争时期曾
在皇家海军服役，"有时会听说海盗的丰功伟业……从亨利·
摩根爵士的时代……到埃弗里船长在马达加斯加较为晚近的事
迹"。肯尼迪受这些故事启发，觉得"只要有适当时机出现，

自己也可能成为伟大的人，就像这些窃贼英雄一样"。肯尼迪抓住机会，显然在众人前往非洲之前，杀害了"巴克"号船长乔纳森·巴斯（Jonathan Bass），以及其他抵抗的人。[25]

罗杰斯失去"巴克"号后，恳求惠特尼舰长留在岛上帮忙抵御范恩，范恩现在随时可能出现。惠特尼多待了一个星期，但在九月十四日清晨，"玫瑰"号在罗杰斯的大力反对下，依旧离开了拿骚。惠特尼向罗杰斯承诺，会在三个星期内回来，但这是一个他无意遵守的承诺。罗杰斯看着最后一艘海军护卫舰乘着西南风，消失在地平线上。[26]

几个小时后，另一艘小船带着惊天动地的消息进港：范恩已经抵达阿巴科。[27]

海盗逆袭

七月二十六日晚上，范恩在逃离"巴克"号后，究竟做了些什么，没有留下太多资料。他的手下显然驾驶单桅帆船"凯瑟琳"号继续往南，原本的船长叶慈依旧在船上，满腔怨恨，不大高兴。八月的上半个月，海盗们似乎在南巴哈马与古巴海岸之间来来回回。七月二十八日，他们虏获一艘巴巴多斯单桅帆船，交给叶慈跟他的船员，条件是他们必须跟着范恩。[28]两天后，另一艘单桅帆船"约翰与伊丽莎白"号（John & Elizabeth）也落入范恩手里。[29]不久后，一艘双桅帆船也被拿下，由范恩负责指挥。一家伦敦报纸后来报道，大约在这个时候，有两艘往伦敦的船在离开拿骚时遭到海盗攻击。依据那名海盗的行为，非常可能是范恩。伦敦的《一周报》（*Weekly Journal*）报道，海盗船长想要"连同指挥官与船员"击沉那两艘船，但手下不同意"这么不人道的残忍行为"。海盗扣押俘虏五天，在此期间，海盗头子保证会再抓两艘预计要到拿骚的伦敦船只，"把它们碎尸万段"。海盗在无人的巴哈马藏身处喝酒清船时，另一艘船载着海盗补给品抵达，还"带来其他海盗的消息，以及哪些军舰正在追捕他们"。据说海盗船长吹牛说："如果来两艘军舰攻击他，他会和它们作战，如果躲不过，就会到火药室炸掉自己的船，送船上的（所有）人和他自己一同进地狱"。[30]

八月中旬时，范恩派几个人到拿骚搜集情报与取得补给，东西准备带到阿巴科附近的一个隐秘锚地。范恩似乎是在静观其变，观察敌人，希望最终能和黑胡子或波内特一起攻击岛上。他甚至还可能希望西班牙人会展开攻击，削弱或摧毁罗杰斯的武力并乘机让海盗势力重返岛上。与此同时，他靠着老朋友买下他的货物，以及为帮派走私必要补给品，顺带让自己了解了新普罗维登斯岛的最新情势。

到八月中旬时，范恩手下的士气可能正在衰退，因为他决定暂时去一趟查尔斯顿，希望可以让船员荷包满满。范恩带着二十门炮的双桅帆船与将近九十人，以及载着叶慈的八门炮、二十人的单桅帆船（大概是"凯瑟琳"号），在一七一八年八月三十日封锁港口。南卡罗来纳的商人一定惊骇自己又得听任海盗摆布，船一艘接一艘地落入海盗手里。在三十六小时内，从巴巴多斯小型的十五吨单桅帆船"鸽子"号，到伦敦三百吨重的"海王星"号（Neptune），范恩与叶慈一共拿下八艘船。[31] 范恩从八十吨重的伦敦双桅帆船"桃乐丝"号（Dorothy）上，得到九十名几内亚奴隶。他强迫他们登上叶慈的单桅帆船，想把那艘船当成水上仓库，但叶慈有其他打算。他的单桅帆船现在装满珍贵的人类货物，他航向另一个方向，企图逃离骄傲自大的海盗头子。范恩追上去，至少猛烈地攻击过一次，但无法阻止部属逃脱。叶慈把自己的船藏在查尔斯顿南方三十五英里的埃迪斯托海湾（Edisto Inlet），并派人传话说，要是总督愿意赦免他的人，他们愿意投降。[32]总督最终同意。

不用说，叶慈的叛变让范恩气急败坏，但其他两艘战利船给了他安慰：五十吨重的"帝王"号（Emperor）与"海王星"号。[33]两艘船都载着沥青、焦油、米与松节油，正要前往伦敦。这些货物在巴哈马立刻找到买家，但一共有两千九百大桶，过于笨重，不适合放到范恩中型的双桅帆船上。范恩的手下决定带着这两艘船，抵达巴哈马后再慢慢劫掠。他们将到阿巴科附近的藏身地，已经从拿骚取得情报与补给的同伴理论上会在那里等待。

范恩一群人离开查尔斯顿，时间可以说刚刚好，因为地方武装团已经出发，要缉拿他们归案。南卡罗来纳的商人派出两艘武装齐全、人员也齐全的单桅帆船，交由民兵上校威廉·瑞特（William Rhett）指挥。瑞特是一名富裕的商人，这些年来因为海盗损失了不少钱。他的船驶出查尔斯顿港口时，范恩已消失无踪。瑞特决定在北卡罗来纳海岸一带抓人，希望能在海盗巢穴中找到他们。九月二十七日下午，他在恐怖角港口找到一些海盗，但并不是范恩的部下，而是另一个运气不太好的海盗帮。范恩的人当时早已在前往巴哈马的途中了。

逮到波内特了！

可怜的波内特。黑胡子在上桅帆湾（Topsail Inlet）骗了他，带着西班牙战利船及大多数的金银珠宝消失。在那之后，波内特在一七一八年六月的大部分时间都试图追捕黑胡子。他

274

听见谣言，说黑胡子在奥克拉寇克湾（Ocracoke Inlet），也就是北卡罗来纳海岸北上五十英里处。他驾着"复仇"号抵达那里，但只发现几个无人沙岛。

波内特陷入绝望。他当海盗已经超过一年，但手中的东西比出发时好不了多少，只有单桅帆船"复仇"号、四十名船员，以及由于北卡罗来纳总督的赦免而保有法律上干净的记录。他是个完全失败的海盗船长。他的糟糕决定让自己的许多船员丧命，还弄丢剩下的宝藏。他所有可能参与詹姆士党人起义、抵抗乔治国王的希望完全破灭：对他们来说，詹姆士三世这位"真正"的国王已自身难保，更不要说帮美洲海盗了。不管在尊贵人士，还是亡命之徒的圈子，波内特的名声都糟透了，不论是回到旧生活，也就是回到巴巴多斯的奴隶大农场，或者是回巴哈马和其他海盗在一起，对他来说，都是无法忍受的羞辱。他在巴斯得到赦免时，得知丹麦国王——这个英格兰在西班牙王位继承战争的小盟友——依旧与西班牙处于交战状态，如果去圣托马斯，也就是丹麦在加勒比海的主要殖民地，或许可以说服总督委托他进行私掠任务。波内特的船员觉得这是个好主意，哈略特船长等几个海盗的前俘房也赞同这个计划。[34]

波内特一行人离开博福特湾时，海盗选罗伯特·塔克（Robert Tucker）当船需长。[35]塔克是来自牙买加的水手，几个星期前，被黑胡子从商船上抓来。他和其他许多俘房一样，发现自己喜欢海盗生活，而且成为受欢迎的成员。他对波内特没有太大敬意，也对重新成为奉公守法的人没有太大兴趣。船员发现黑胡子偷走了剩下的物品，"复仇"号上只剩十或十二桶食物时，塔克找到了一个简单的解决办法，就是拦住下一艘碰到的商船。[36]波内特反对这个计划，甚至威胁要放弃并离开"复仇"

号，但船员似乎觉得失去他也没什么关系，大部分的人投票支持塔克。海盗虏获下一艘碰上的船，拿走补给品，然后又虏获下一艘。很快，他们就在弗吉尼亚角拿下每一艘能拿下的船。

波内特试图阻止船员做出会使他的赦免无效的事。他为了隐藏自己的身份，坚持大家叫他"爱德华兹船长"或"托马斯船长"，但这个小伎俩没骗过任何俘虏。为了进一步隐藏行踪，海盗们把"复仇"号的名字改成"皇家詹姆士"号（Royal James），向詹姆士·斯图亚特致敬。[37]波内特还坚持海盗要为抢来的东西，付"货款"给俘虏，这样就可以宣称他们是商人，而不是海盗了。[38]头两名受害者得到小包的米、糖浆，甚至还有一根旧锚缆，交换被抢走的几桶猪肉与面包。但一两周后，大部分的海盗拒绝使用这种花招，几个支持塔克的人甚至威胁并虐待俘虏。七月二十九日，塔克在新泽西的开普梅（Cape May）登上五十吨重的单桅帆船"幸运"号（Fortune），依据一名证人的说法，他"用水手刀袭击与砍伤人们，砍断一个人的手臂"。[39]两天之后，他们登上一艘下锚在特拉华刘易斯（Lewes）的单桅帆船，并在船长室举行派对，吃菠萝、喝朗姆酒、唱歌，以及为詹姆士·斯图亚特的健康干杯。依据这艘单桅帆船一名船员的说法，海盗说自己"希望见到他成为英格兰国的国王"。塔克现在除了头衔之外，其实是实质上的船长，海盗甚至开始称他为众人的"父亲"。[40]

但在"皇家詹姆士"号上，并不是所有人都希望重新成为海盗，他们冒了很大的险，以逃离塔克的掌控。有七个人成功地在七月二十一日逃跑，偷了一艘战利船前往罗得岛，当地的掌理机关监禁了他们，不过其中五个人在审判前成功逃脱。[41]海盗在新泽西、特拉华、弗吉尼亚等地，至少拿下十三艘船后，

276

才回到恐怖角，等待飓风季节过去。好几个被迫的人逃进树林。他们在地势湿软的野外找不到食物，也找不到遮风避雨的地方或民居，无计可施之下，几天后就只好乖乖回去，被安排"在黑人之中"，一起清理"皇家詹姆士"号。[42]一名黑白混血俘虏向别人哀叹，说"再也受不了了，但不得不顺从（海盗），因为他们说，不论他（皮肤的）颜色是什么，他们都会让他成为奴隶"。另一次海盗又告诉同一名黑白混血俘虏，说他"如同黑人，如果不加入（海盗），无论是什么肤色都会成为奴隶"。[43]在波内特的船上，黑人似乎可以选择当奴隶或海盗。

277　　　船员再度成为海盗后，波内特没有试图逃离"皇家詹姆士"号。海盗计划在飓风季节过去后回到圣托马斯，因此波内特依旧抱持希望，期待当上能为丹麦人效命的合法私掠船船长。[44]

　　一七一八年九月二十七日，民兵上校瑞特在恐怖角后方找到下锚的"皇家詹姆士"号。人数几乎比海盗多出两倍的民兵，包括瑞特领着有八门炮、七十人的单桅帆船"亨利"号（Henry），以及有八门炮、六十人"海仙女"号（Sea Nymph），来对抗波内特有十门炮、四十五人的单桅帆船。但瑞特失去了突袭优势，因为他搁浅了，不得不与海盗展开火力全开的海战。波内特的船员起锚，试图直接冲过两艘南卡罗来纳单桅帆船的中间，逃向公海。海盗的优势是"皇家詹姆士"号恰巧往右舷倾斜，接下来的火枪战中，斜到上方的栏杆保护了海盗。相反，瑞特上校往左舷倾斜，整个甲板都暴露在海盗的炮火中。双方接着交战五小时，直到涨潮了让"亨利"号脱困。海盗在依旧无法脱逃和面临"亨利"号大炮轰击的情况下投降，九个人在这场战斗中重伤而亡，瑞特上校那边也死了十四个人。[45]

　　波内特毫发无伤，他在十月三日被带到查尔斯顿严密看守。殖民地居民中，有些人对这个结果感到开心，但不是所有人都这样。波内特是英国当局第一个抓到的著名海盗。

总督和首席大法官的包庇

一七一八年七月底，黑胡子决定该是再次上工的时候了。他和手下做一些小买卖：证人供称他"侮辱虐待所有贸易单桅帆船的船主，随心所欲地拿走货物或酒"。[46] 依据北卡罗来纳总督伊登的说法，黑胡子和手下在饮酒作乐时，在巴斯犯下"一些脱序行为"。[47] 伊登可能鼓励黑胡子带着人暂时回海上。黑胡子自博福特带来的西班牙战利船，伊登已经给他无异议的所有权，现在又签署海关文件，允许他带着船到圣托马斯；黑胡子缺乏原创性，又把那艘船重新命名为"冒险"号。如果黑胡子想的话，可以让手下在那里忙着当海盗，结果他没有。

黑胡子和手下并没有到圣托马斯。他们显然往北两百五十英里，抵达特拉华河，悄悄在费城上岸，卖掉一些精心挑选的金银珠宝。宾夕法尼亚总督威廉·基斯（William Keith）后来报告说，有人在城市街道上看见黑胡子，许多当地人认得他，因为多年前，他在一艘牙买加船上当副手时，曾数次造访这座城市。一七四〇年代初，几名费城老人告诉历史学家约翰·沃森（John Watson），他们本人或亲戚在年轻时见过黑胡子和他的船员，其中一个人是"一名老黑人"，曾与酿酒商乔治·葛雷（George Gray）的家人一同生活。依据他们的说法，黑胡子造访了商店街七十七号（77 High Street），他在那里"大肆购买，出手阔绰"。据说他也常到商店街上的一家客栈，"腰间永远带着刀剑"。没有人敢逮捕黑胡子，他们怕黑胡子的手下可能上岸，"半夜突袭替他报仇"。[48]

到了八月的第二个星期，海盗办完事，"冒险"号悄悄地离开特拉华湾，进入公海。这时候，应该是要离开他们熟悉的地方，以便再度填满他们的宝库。他们驶进大西洋，朝着百慕大方向前进，目标是外国船只。毕竟，外国船只的船员不可能有能力指证他们的罪行。海盗自费城出发后，一路上可能早已在这个热闹的航道上拿下几艘船，不过第一件记录在案的打劫发生在一七一八年八月二十二日，地点是东百慕大。受害者是两艘法国船，一艘载满货物，另一艘几乎是空的，正要从马提尼克返回法国家乡。法国人反抗，"冒险"号毁损，几名船员受伤，不过最终还是海盗获胜。黑胡子的手下把所有货物移到其中一艘船上，留着那艘船，然后把所有法国船员移至另一艘船，并让那艘船离开。[49]黑胡子驶回北卡罗来纳时，对这次事件将带给他多少麻烦尚一无所知。

九月十二日左右，海盗在无人居住的奥克拉寇克湾沙地后方，让战利船下锚，拆下索具，移除重要的船锚、桅杆、绳索，卸下糖与可可等货物。一名路过的水手后来报告称，黑胡子拒绝让任何人登上他的船，"只让一名医生上船替他疗伤"，据说在海浪汹涌时，有一门大炮移位害他受伤。[50]

十三日下午，黑胡子让两艘船留在奥克拉寇克，自己领着四名黑人水手划着小船，从帕姆利科河抵达巴斯。黑胡子带着甜食、方糖、一袋巧克力，以及几个在法国船上找到的神秘箱子，全都是要给伊登总督隔壁邻居托比亚斯·奈特（Tobias Knight）的礼物。奈特是北卡罗来纳的首席大法官，也是负责抽关税的官员。依据四名黑人船员的说法，黑胡子抵达奈特的大农场时"大约是晚上十二点或一点"，他把礼物交给奈特，进屋一直待到"天亮前约一小时"，接着下令回奥克拉寇克。黑胡子注意到帕姆利科河三英里外，有一艘佩利亚加船绑在一栋孤立农舍的船坞上，船上有两名成人男子与一个男孩。黑胡子决定打劫这艘贸易轻舟，于是让手下划到那艘船旁边。

那艘佩利亚加船的主人是威廉·贝尔（William Bell），他在约翰·切斯特（John Chester）的船坞过夜，那天晚上稍早时，曾看到黑胡子经过。贝尔没有什么船员，只有自己年幼的儿子和一名印第安奴隶，所以当五名海盗来到面前时，他知道很难反抗。一开始，黑胡子只问贝尔有没有什么可以喝的，贝尔回答"天色太暗，伸手不见五指，无法取出（酒桶）的东西"。黑胡子转向一名黑人水手，水手递给他一把刀。接着，　280
黑胡子跳上佩利亚加船，要贝尔"手放到后面，乖乖就缚"，"他破口大骂，说要是不说出钱究竟藏在哪里，就要杀掉（贝尔）"。贝尔来自弗吉尼亚边界附近的柯里塔克（Currituck），不认识黑胡子，坚持要知道他的身份。贝尔幸运地活下来后，告诉有关当局称："蒂奇回答自己来自地狱，他会把他的现世带到（那里）。"当时贝尔鲁莽地抓住蒂奇，试图逼迫他离开佩利亚加船。黑胡子呼唤手下，贝尔一下子就被制伏了。接着，海盗把佩利亚加船划到河中央，抢走船上的手枪、白兰地、一箱陶瓷烟斗、六十六英镑现金，以及"一个极度精致的银杯"。黑胡子接着扔掉贝尔的桨和帆。此外，为了报复他抵抗，还用刀背打他打到刀子断裂，之后继续前往奥克拉寇克。[51]贝尔一定在切斯特的船坞找到了备用桨，因为两个小时后，他就出现在奈特的巴斯宅子，报告这起犯罪事件。贝尔后来会在法庭上做证，奈特也很耐心地听他说话，记录他的报案，但从未提到犯案人当晚就在他家过夜。

九月二十四日那天，黑胡子乘着冒险号前往巴斯，向伊登总督报到。[52]他发誓法国的"船和货物，都是他在海上失事地点找到的"。当一个穷凶极恶的海盗到某人家门口，宣称自己"找到"浮在海中央一艘装满贵重物品的船，而那艘船还有办法航行七百英里左右，大可以回到北卡罗来纳，这说法着实令人怀疑。[53]伊登与黑胡子显然达成了协议。总督马上宣布，那艘法国船只是黑胡子的财产，这是打捞者的权利。[54]另外，失事船上的一大批糖，不知怎么地跑进首席大法官奈特的谷仓，藏在一堆干草下面。[55]伊登还允许黑胡子把那艘法国船只当成航行阻碍，立即烧毁，恰巧销毁了所有发生过海盗行为的物证。[56]

281

在总督和首席大法官的包庇之下，北卡罗来纳开始成为比巴哈马之前任何时刻都要安全的海盗巢穴，但黑胡子做梦也想不到，其他殖民地的总督居然胆大包天到来入侵这个地方。

第十一章　亡命天涯
（一七一八年九月～
一七二〇年三月）

弗吉尼亚总督史波斯伍德，已经监视黑胡子好几个月了。282他得到情报，知道黑胡子故意让"安妮女王复仇"号搁浅，还从伊登总督那里获得赦免，接着又在北卡罗来纳潮湿港湾掠夺商船。史波斯伍德与弗吉尼亚两艘海军护卫舰的舰长合作，其中"莱姆"号的舰长伊利斯·布兰德（Ellis Brand），派出间谍到北卡罗来纳"进行特别的海盗打探活动"。史波斯伍德甚至捉拿了黑胡子从前的船需长霍华德。霍华德此时已得到国王的赦免，人在汉普顿锚地一带，但史波斯伍德宣称，霍华德无法解释口袋里怎么会有五十英镑，也无法解释船员里怎么会有两名非洲奴隶。他和布兰德舰长以这种在法律上站不住脚的方式，押着霍华德上了"莱姆"号，接着关进威廉斯堡的大型砖造监狱。史波斯伍德依靠拷问霍华德，以及询问自己的间谍，详细拼凑出黑胡子想做什么、在哪里打发日子，以及他如何得到北卡罗来纳最高阶官员的保护。十月底时，史波斯伍德决定动手。

史波斯伍德后来辩称，黑胡子为弗吉尼亚的贸易带来威胁，有他在，会鼓励其他人从事海盗活动。这些说法都没错，但不是他决定对付海盗的真正原因。史波斯伍德和先前与以后的政治人物一样，准备在境外发动军事远征，以转移老百姓的283注意力，掩盖自己在家乡的不当行为。

史波斯伍德治理着美洲沿岸地带第二强大的殖民地，仅次于马萨诸塞，辖下有七万两千五百名白人，以及两万三千名黑人。[1]弗吉尼亚和北方的马萨诸塞殖民地完全不同，弗吉尼亚遍地是大农庄，烟草地围绕，一旁的小屋住着佣工奴隶。每个大农场都有自己的码头充当工厂，雇员与奴隶现场生产最必要的产品与服务，因此几乎没有什么所谓的城镇。有事要办的话，大农场主会到乡下的码头、教堂、法院与每周市集。就连首府威廉斯堡都几乎只是行政中心，有立着典雅政府建筑物的一角，地点就在威廉与玛丽学院（College of William and Mary）砖造房屋附近。威廉斯堡终年人口仅一千出头，他们是行政人员、工匠、老师与学生。殖民地的贵族议员在宏伟的砖造议会大厦开会时，威廉斯堡会恢复生气，旅社、民宿、酒馆人满为患，热情的观众聚集在英属美洲唯一一家戏院看戏：美轮美奂的绿宫（Palace Green）东侧，有一栋盖好两年的建筑物。[2]

近年来，议员聚在一起批评史波斯伍德总督，以及在他治理殖民地八年期间培养的贪污文化。他们起草正式投诉文件，说明史波斯伍德是如何"挥霍国家的钱"，兴建最近刚盖好的总督府（Governor's Palace）[3]，里面有气派的宴会厅、精雕细琢的大理石壁炉，以及整齐的果园、花园与大门。其他人则被史波斯伍德的土地贪污交易激怒。[4]他通过保密信托最终将八万五千英亩的公家土地移转到自己名下，那片土地因为他的缘故，被称为史波斯韦尼亚郡（Spotsylvania County）。大多数议员反对总督的专断独行，他还控制着英国国教这个殖民地官方宗教的教堂牧师、高阶人员的任命权。一七一七年，议会成功地向国王请愿，废止史波斯伍德部分经济规章，现任议员则努力地要直接拉他下台。[5]

284

这么多敌人都挤在门边，史波斯伍德与"莱姆"号的布兰德舰长、"珍珠"号的乔治·戈登（George Gordon）舰长，在一七一八年十月初会面时极度保密。史波斯伍德要求两位舰长协助他，一举让黑胡子永远在美洲消失。

海盗变成的海盗猎人

拿骚这一边，罗杰斯正在准备应付海盗攻击。一七一八年九月十四日，他收到线报，说范恩人在阿巴科附近的绿蠵龟礁（Green Turtle Cay），那里位于拿骚北方一百二十英里处。罗杰斯面对西班牙人的入侵，现在又丧失皇家海军的人力支持，知道只能孤注一掷，指望赦免派的海盗首领帮他。

霍尼戈与寇克兰响应总督的请求，同意成为海盗猎人。罗杰斯帮他们配备好一艘单桅帆船，大概是霍尼戈的"波内特"号，然后派他们去搜集情报。[6] 如果可能的话，最好还能对抗范恩。这两个人在四天后离开拿骚，接下来的几个星期没有人见过他们。

罗杰斯在等待霍尼戈返航时，试图让拿骚的防御步上轨道。拿骚的治理议会同意颁布戒严令，"严密看守"，并要岛上居民与奴隶帮忙整修碉堡。但几乎每个晚上都有海盗偷小船逃离岛上，希望能加入范恩的行列。罗杰斯预估在七月底至十月下旬之间会有一百五十人抛弃他。几天变成几星期后，罗杰斯开始担心霍尼戈"不是被范恩拿下，就是已经再度成为海盗"。岛上的大部分人也同意这种猜测。但霍尼戈的单桅帆船离开三星期后驶回港口，还带着一艘战利船及几名海盗俘虏。[7]

霍尼戈告诉每个人，他和寇克兰大多数时间都躲在绿蠵龟礁附近观察范恩，希望等他落单时突袭。可惜一直没有出现这　**285**

样的机会。霍尼戈和寇克兰判断范恩势力太强大，没办法直接拿下。范恩除了自己乘坐的双桅帆船外，还带着"海王星"号与"帝王"号，也就是他在查尔斯顿沙洲虏获的那两条船。范恩一伙人大部分时间都在搜刮这些船，清理自己的船身。过了近三个星期后，海盗向"海王星"号与"帝王"号的船员俘虏说再见，"祝他们平安到家"，不过正当他们驶离锚地时，出现另一艘驶进来的单桅帆船，霍尼戈认出那是三十吨重的"野狼"号（Wolf）。几天前，这艘船在罗杰斯的允许下驶出拿骚猎海龟，但其实，"野狼"号的船长是获赦免的海盗尼古拉斯·伍多（Nicholas Woodall），他走私弹药、补给与情报给范恩。范恩下锚和伍多商议，伍多仔仔细细地告诉了他罗杰斯的行动与防御工事。范恩大概是希望岛上海盗已起来反抗总督，但显然很失望。一名俘虏问海盗拿骚那边有什么消息时，海盗回答称"没有好消息"，要他们别问太多问题。"消息让（海盗）相当心烦意乱"，他们投票决定把俘虏赶到无人岛上，毁掉"海王星"号，砍下船桅与索具，然后直接对着货舱发射"装填着两颗炮弹"的大炮。范恩的海盗帮搭乘双桅帆船与"野狼"号一起离开港口，霍尼戈乘机提供俘虏的必需品，让他们知道援军来了。那天晚上，霍尼戈出发前往追捕海盗，几天后拦截到"野狼"号，并将其带回拿骚。[8]

霍尼戈带回"野狼"号这件事，提振了罗杰斯的士气。[9] 罗杰斯向伦敦上级报告道："霍尼戈船长证明自己是个诚实之人，拒绝帮助老朋友……分化这里的人，让我变得比预期中强大。"罗杰斯不确定自己有没有权力审判伍多，他铐住伍多，请下一艘出航的船送他回英格兰。季节已经转换，天气也在变好，罗杰斯这方的病人开始康复。一支商船船队离开岛上，准备和古巴的友善人士交易，希望得到额外的补给。碉堡几乎快要完工，而且重要的海盗首领站在自己这边，罗杰斯的心安定了下来。

十一月四日，罗杰斯接获消息，说他派到古巴的四艘单桅帆船全都投奔海盗，正准备加入范恩，但据说这群叛徒人在绿蠵龟礁，还有希望抓到他们。罗杰斯再次向霍尼戈与寇克兰求援，两人航行到绿蠵龟礁，向惯犯全面开战。海盗变成的海盗猎人，在十一月二十八日带着十名囚犯回到拿骚，其中包括黑胡子的前炮手康宁汉，以及三具尸体。罗杰斯欣喜若狂，写信给英国大臣道："我很高兴霍尼戈船长提供这个世界新证明，他洗清了自己到目前为止的污名。虽然他从前犯下海盗罪行，但大部分的人都赞扬他宽宏大量。"[10]

海盗囚犯是个大问题。罗杰斯没有人力可确保他们会锁得好好的，但要是在拿骚审判与处决他们，又可能会引发暴动。罗杰斯让治理议会召开秘密会议，一一列出选项，例如前首席大法官托马斯·沃克，现在也成为议员了。议员们最担心的就是范恩，范恩有众多眼线提供情报，可能会试图放了囚犯。议员们最后决定，"如果我方表现出任何害怕的样子，可能会让现在这里的好几个（海盗）煽动外头的海盗，试图营救被羁押的囚犯。因此……为了防堵海盗范恩的企图"，议会决定应该"尽快……审判囚犯"。[11]罗杰斯没有监狱，他把十名囚犯锁在"德利西雅"号上，然后展开他深知十分危险的任务：对抗岛上的海盗支持者。

两个海盗帮开起派对

一离开绿蠵龟礁后，范恩往北走。他从伍多那得到的情报　　287

表明，如果要实现先前的威胁，真的攻击拿骚，是需要援手的。由于对斯图亚特家族前来协助的期待已然幻灭，他知道得请老战友伸出援手。拉布其已经消失在南方，威廉姆斯、英格兰和康登也已经去了非洲与巴西，但还有一个海盗依旧在这一区，而且每个人都知道要到哪里找他。范恩的手下同意了，众人将航向北卡罗来纳的帕姆利科海峡（Pamlico Sound），希望能在那里联络上黑胡子。

范恩一行人在十月第二个星期抵达奥克拉寇克湾。他们在奥克拉寇克岛后方看见一艘武装的单桅帆船，后来证实那是黑胡子的"冒险"号。两个海盗帮在认出彼此之前，一定困惑了几分钟，因为双方都不是驾驶彼此熟悉的船。黑胡子和范恩不知道用了什么方法证实彼此的身份，大概是依靠喇叭筒。范恩马上欢迎战友，对空发射单桅帆船大炮，黑胡子也回礼。范恩让自己的船下锚在"冒险"号旁。海盗划着小船到彼此身边，开起海盗派对，在奥克拉寇克岛狂欢好几天。[12]

两个男人交换了先前几个月的经历。黑胡子大概先告诉范恩关于波内特被抓的消息，从查尔斯顿到波士顿，每个人都在谈论这件事。范恩告诉黑胡子，说他在拿骚对付皮尔斯与罗杰斯，以及罗杰斯政府的进展。范恩可能试着说服前伙伴加入他，一同攻击新普罗维登斯岛，不过就算真的发生过这件事，黑胡子也拒绝了，他对新的现状很满意。他的人高枕无忧，可以继续当海盗，又不用害怕政府采取军事报复。

狂欢结束了。范恩与蒂奇分道扬镳，追寻各自的道路。

288　黑胡子在法律上站得住脚

史波斯伍德总督计划秘密攻击黑胡子。他没有通知弗吉尼亚的治理议会，也没有告诉议员，而且绝对没有意愿让伊登总督知道这件事。他后来解释称，这是因为海盗实在太受欢迎了。"我没有和国王陛下在这里的议会沟通，也没有告诉任何其他人，只告诉对执行（计划）绝对必要的人士，以防我们这一带许多支持海盗的人中有人可能会向蒂奇通风报信。"史波斯伍德总督有理由担心。几个月之前，几个黑胡子的人前往费城时，曾经路过这片殖民地，并试图引诱几个商船水手加入他们。地方官员想逮捕这些海盗，但他们向史波斯伍德报告，说自己"找不到人（愿意）协助他们镇压，让海盗缴械"。史波斯伍德的确设法逮捕黑胡子的船需长霍华德，但不久之后，他底下附属海军法院的一名法官，也就是伊登总督的朋友约翰·哈罗威（John Holloway），下令逮捕"珍珠"号的戈登舰长与罗伯特·梅纳德上尉（Lieutenant Robert Maynard），而"珍珠"号正是霍华德被扣押的地方。哈罗威代表海盗，对两名海军官员提起民事诉讼，要求每个人做出五百英镑的损害赔偿。史波斯伍德担心陪审团可能放走霍华德，在没有任何一名陪审员的情况下就审判了霍华德，这件事被治理议会厉声谴责。史波斯伍德嗤之以鼻，指弗吉尼亚人"对海盗有无法解释的偏好"。[13]

霍华德接受审判时，史波斯伍德告知布兰德与已经和他分享情报好几个月的戈登舰长自己的计划。[14]这是一个完美的机会，史波斯伍德可乘机和两位皇家海军官员碰面，又不会引起怀疑，因为这两人也是威廉斯堡协助调查的法庭官。开庭过后，霍华德被判有罪，布兰德与戈登从雄伟的 H 形议会大楼走过四个街区，穿越市集广场，经过绿宫，抵达总督府。在总督府奢华的房间里，史波斯伍德说出了自己的计划：既然黑胡子在巴斯和奥克拉寇克两地跑，那就分头进击。布兰德是最资

289

深的军官，由他带领一个水兵小队走陆路到巴斯，一路上和士绅支持者联络。第二支小队则走海路到奥克拉寇克，不让任何海盗有机会逃到大西洋。五百三十一吨重、四十门炮的"珍珠"号，以及三百八十四吨重、二十八门炮的"莱姆"号都太大，不适合穿梭在北卡罗来纳咸水海湾，以及堰洲岛的危险暗礁之中。[15]史波斯伍德提议由他自掏腰包，买下两艘轻便的单桅帆船，由两位军官处理。布兰德与戈登同意由他们找人，并武装与补给那两艘单桅船，交由戈登的大副梅纳德上尉指挥；而戈登待在后方，在汉普顿锚地守着护卫舰。除了可能分得黑胡子部分的金银珠宝外，海军还有另一个想参与这件事的动机：史波斯伍德让议会立了新法，若是抓住黑胡子一帮人，可以获得特别奖金。[16]布兰德与戈登同意了这个计划。要是一切顺利，既可以报效国家，又可以拿钱。

不过，史波斯伍德的计划完全不合法，因为总督和军官都无权入侵另一个殖民地。从法律上来讲，黑胡子是各方面都站得住脚的公民；他先前犯下的罪已经获得赦免，后来申请打捞法国"沉船"，也的确得到伊登总督的官方批准，目前尚未遭任何罪名的指控。[17]

远征队在十一月十七日离开汉普顿。梅纳德是美洲年纪最大的海军军官，[18]他登上旗舰"简氏"号（Jane），那是史波斯伍德总督雇来的两艘单桅帆船中较大的一艘。"简氏"号上有三十五人，以及齐全的火枪、水手刀和剑，另外还有够吃一个月的补给，但没有大炮，因为"简氏"号小到装不下火炮了。另一艘单桅帆船"游侠"号（Ranger）甚至更小，载着二十五名水手，由"莱姆"号的爱德蒙·海德准尉（Midshipman Edmund Hyde）指挥。[19]两艘船都没有大炮，而且一共只有六十人，梅纳德上尉知道如果要用这两艘船对抗黑胡子，就得趁他停锚时突袭。十一月十七日下午三点时，他们起锚驶出切萨皮克湾。[20]

290

几小时后，"莱姆"号的布兰德舰长带着一支小型水手队伍，骑马从汉普顿村庄出发。他们骑过弗吉尼亚乡下泥泞的小路，穿越空旷田野，在秋高气爽的时节，成群奴隶照料着正在晾干烟草叶的架子。隔天，他们进入北卡罗来纳没有道路的荒原之中，田野、大农场与道路消失无踪。

他们度过了痛苦的三天，穿越绵延数英里的松林，以及名副其实的大沼泽（Great Dismal Swamp），最后在十一月二十一日抵达伊登顿（Edenton），也就是这片殖民地为数不多的聚落之一。[21]布兰德来自满是田园农庄的弗吉尼亚，北卡罗来纳的贫穷可能让他大吃一惊。一名十八世纪的访客在提到这一区的居民时说："这里的人民愚昧无知，没有几个人识字，会写字的人更少，就连治安官也一样。""他们一般吃腌猪肉，有时是牛肉。另外，他们不得不用印第安人的玉米做面包，因为没有磨坊磨面粉。此外，他们在这方面随便又不清洁，马槽里的玉米和他们桌上的面包差不了多少。"

两个人在伊登顿等候布兰德时，先彼此自我介绍一番，其中一个人是殖民地的民兵上校莫瑞斯·摩尔（Maurice Moore），他是南卡罗来纳前总督之子。另一个人是爱德华·摩斯里（Edward Moseley），他是伊登顿最早的一批殖民者，也是成功的有钱律师，曾是北卡罗来纳治理议会的成员。[22]布兰德形容他们是"两名饱受蒂奇折磨的绅士"，但他们也是伊登总督长期的政敌，大概还是史波斯伍德在北卡罗来纳的主要情报提供人。布兰德一群人在伊登顿一带过夜，大概是在摩斯里的家。布兰德告知众人，他"是来抓蒂奇的"。隔天早上，摩斯里与摩尔安排前往阿尔伯马尔海峡（Albemarle Sound）的交通工具，两人与其他几名居民陪同布兰德，走完到巴斯的最后一段路，继续往南三十英里。[23]

布兰德一行人大约在十一月二十三日晚上十点抵达巴斯郊区，也就是离开汉普顿六天后。摩尔先到前方探路，一如布兰德所料，黑胡子不在镇上，但"下一秒钟"就可能带着另一批从法国船中"抢救"而来的货物出现。布兰德留下大部分的部属，穿越巴斯河，直接到伊登总督的大农场宅邸。布兰德事后汇报称："（我）去求见，让他知道我来找蒂奇。"伊登总督心中一定警铃大作。布兰德突然出现，还带着他的两个政敌。总督只能希望黑胡子已经逃跑，布兰德不会发现大批被偷的货物就藏在邻居奈特的谷仓里。我们可以想见布兰德坐在伊登的火炉旁直到天亮，手边放着装填好子弹的火枪，等着黑胡子从伊登船坞的石子路走进来。

黑胡子没有出现。

"你们这些天杀的人是谁？从哪里来的？"

梅纳德上尉在前往北卡罗来纳外滩群岛（Outer Banks）时，一路上听到各种关于黑胡子的故事。他的领航员是史波斯伍德找来的北卡罗来纳人。根据他的说法，黑胡子一直在奥克拉寇克与巴斯之间，运送抢来的货物。在前往外滩群岛的途中，地方上的水手在洛亚诺克湾（Roanoke Inlet）告诉他们，上个星期一，他们看见黑胡子的"冒险"号搁浅在布兰特岛（Brant Island），那是柯里塔克海峡（Currituck Sound）往弗吉尼亚方向三十英里的一个沼泽小岛。[24]那天稍晚的时间，梅纳德上尉一直在柯里塔克海峡来来回回，但没有发现黑胡子或任何人的踪影。史波斯伍德本人亲自警告过蒂奇"正在奥（克拉）寇克海湾加强一座小岛的防御工事，并让那个地方成为强盗的秘密集会所"。梅纳德大概还从其他水手那里听到另一个让人不安的传闻。同样的传闻几天后会传到威廉斯堡："其他海盗帮派的成员，已经在（奥克拉寇克和黑胡子）会合"，海盗成员人数增加到一百七十人；梅纳德无从得知，范恩的海盗帮两个月前已经来了又走。[25]

292

　　十一月二十一日下午四点，梅纳德领着两艘小型单桅帆船，带着越来越不安的心情，抵达哈特拉斯角（Cape Hatteras）南方三十英里的奥克拉寇克海湾。[26]布兰德一抵达奥克拉寇克海岛外缘，就看见小岛后方人称"蒂奇洞"（Thatch's Hole）的地方，停着两艘单桅帆船。其中一艘有九门炮，符合人们对黑胡子"冒险"号的描述。另一艘船没有武装，看起来像是海岸单桅贸易帆船。梅纳德应该会在岛上看到一个大型帐篷与营火灰烬，或许还有几个空置的大小桶子，但没有防御工事的踪迹。他留意风势、潮水与西下的太阳，下令"简氏"号与"游侠"号下锚。他不希望在黑暗中与黑胡子交战。

　　范恩离开后，黑胡子的确往返于巴斯与奥克拉寇克之间。他在奥克拉寇克监督这二十几人好几个星期，然后在巴斯陪了妻子几个星期。他现在原本应该回到镇上。四天前，也就是十一月十七日，他收到奈特法官的信，催促他"尽快北上……有更多话要告知，信上不方便写"，署名"你真正的朋友与仆人奈特"。但黑胡子有更重要的事要做，没空理奈特，也没空理海湾刚出现的两艘中型单桅帆船；他的海盗帮正在款待商人朋友山谬·欧戴尔（Samuel Odell），停在"冒险"号旁边的就是欧德欧的商船。梅纳德的人试图入睡，准备迎接战斗；与此同时，黑胡子的人则喝酒到深夜。[27]

第二天早上九点，梅纳德下令起锚，直接航向"冒险"号，希望能抢在黑胡子推出大炮前登上"冒险"号。他们在最弱的微风中进入锚地时，海德准尉的"游侠"号搁浅在沙洲上。他下令把压舱石抛出船外，希望减轻单桅帆船的重量，以让船身再度浮起。梅纳德乘着较大型的"简氏"号奋力前进，结果也搁浅，完全失去了突袭的机会。黑胡子的人虽然宿醉，但还是注意到这两艘单桅帆船想要偷袭他们，而且还有数量多到不寻常的船员，正在吵吵闹闹地要把压舱石与水桶扔出船外，想急忙脱身。海盗们明白自己正在遭受攻击时，马上行动起来，冲去松开船帆，砍断锚缆，准备好大炮。一切发生得太快，海盗的贵客欧戴尔与三名船员都来不及下黑胡子的船。就在"冒险"号船帆接触到第一阵微风气息时，海德让"游侠"号浮了起来，直接驶向海盗，只有二十五名船员的"游侠"号上，大部分人奋力划桨。

海盗开始用火枪射击，两艘船的距离只剩"半个手枪射程"时，黑胡子要大炮手开炮。"冒险"号大炮炮口火花四射，一瞬间，四磅与六磅重的炮弹炸毁"游侠"号的前甲板，损坏前桅帆，海德及其副手、"莱姆"号舵手艾伦·阿灵顿（Allen Arlington）丧命。"游侠"号渐渐静止不动时，受伤的船员在这艘单桅帆船血流成河的甲板上抽搐。一阵混乱之中，"冒险"号擦身而过时，几个海军水手奋力发射小型武器，一颗火枪子弹射断它的艏帆升降索，也就是撑住海盗前桅帆的绳子，让"冒险"号的速度慢了下来。这是梅纳德的人非常幸运又关键的一枪。"简氏"号脱身后，发疯般地划向海盗，希

293

望能够登船。"冒险"号要不是升降索被射中，原本可以逃到公海上，结果两艘船仅相隔五十英尺远。

依据《海盗通史》的说法，当时黑胡子对梅纳德大喊："你们这些天杀的人是谁？从哪里来的？"据说，梅纳德是这么回应的："你应该可以从我们的旗帜看出我们不是海盗。"　294依据梅纳德的说法，胡子上绑着黑缎带的蒂奇拿起一杯酒，"敬我（梅纳德）与我的船员，要我们下地狱。他说我们是懦夫，他不会求饶也不会接受求饶"。梅纳德则回答"没问题"。接着，黑胡子要炮手菲利浦·莫顿（Phillip Morton）再度猛烈攻击。莫顿把霰弹与连发弹装进大炮，在这么近的射程，这样的发射极度致命。其他海盗则扔掷当场做的手榴弹，将火药、火枪子弹，以及旧铁屑塞进朗姆酒空瓶。烟雾散去后，"简氏"号的甲板上满是尸体。几秒钟之内，梅纳德等二十一名船员非死即伤，只有两个人还能站在单桅帆船的甲板上。黑胡子认为这场交战已经结束，命令"冒险"号开到"简氏"号旁边，让手下准备登船。

但其实刚才在火药烟雾的掩护下，梅纳德命令十几名没有受伤的手下躲进"简氏"号货舱，等他的信号。梅纳德蹲在梯子上，轻声对舵手与大副贝克先生下令，要他们蹲低身体，海盗过来时就打暗号。

"冒险"号撞击"简氏"号时，黑胡子第一个越过船栏，"手上拿着绳子，准备捆住两艘单桅帆船"。贝克打了暗号，梅纳德从货舱冲出来，手上拿着剑，后面跟着十二名船员。接下来这一幕启发了许多好莱坞电影：梅纳德与黑胡子对峙，两人拔出剑，一个是精神抖擞的海军上尉，另一个是令人闻风丧胆的海盗。后来，北卡罗来纳水手汉福瑞·约翰逊（Humphrey

Johnson）向新英格兰报告了这次战役："梅纳德向前一冲，剑尖指着蒂奇的子弹盒（他放弹药的地方），然后让剑弯到刀柄处。"黑胡子接着奋力一击，打断梅纳德的长剑攻势，削过他的手指。梅纳德往后一跳，"丢掉剑，开枪伤到蒂奇"。此时，黑胡子的十名手下已经爬上"简氏"号，正与梅纳德的手下厮杀。混乱之中，"简氏"号的舵手亚伯拉罕·德摩特（Abraham Demelt）来到梅纳德身旁与他并肩作战，砍伤黑胡子的脸。"简氏"号上的海盗人数少于梅纳德的人，很快就倒在染血的甲板上。更多人将手枪瞄准黑胡子，黑胡子摇摇晃晃，对着梅纳德与德摩特挥剑，脸上和身上不断流出鲜血。水手们围住黑胡子，更多火枪子弹击中他高大的身躯，几把剑被抽了出来，准备围攻杀死黑胡子。

依据约翰逊的说法，最后的一击来自一个苏格兰高地人，他猛力一挥，砍下黑胡子的头，"身首分离"，头颅和肩膀间只剩一点儿肉连接。《海盗通史》的作者则不这么认为，他说黑胡子伤势过重，"正准备开另一枪时"突然断气。梅纳德在写给亲友的信中，没有提到黑胡子是怎么死的，但提到他倒下时"已中五枪，身上还有二十处严重刀伤"。这场混战只持续不到六分钟，上船的海盗全数被杀，没有杀掉梅纳德半个人，尽管梅纳德上报称有数人"被砍伤得很严重"。

"游侠"号过来帮忙解决还在"冒险"号上的海盗，几乎是三人对一人。许多海盗跳进水里，在海中被海军水手解决；依据戈登舰长事后的报告，一名海盗游上岸，伤重不治，"几天后在暗礁上被发现，有鸟类在尸体上方盘旋"。"游侠"号上一名水手被自己人误杀，海军总伤亡情况是十一人死亡，二十多人受伤。最后，这场胜仗在"冒险"号的火药室里演出

295

了一场惊险。当时，海军发现一名叫恺撒（Caesar）的黑人海盗，他手上拿着火柴，奋力要让商人欧戴尔与他的一名船员脱困，以完成黑胡子最后的命令：要是打输了，就把全部的人炸成碎片。海军成功制服恺撒，让他成为十四名海盗囚犯中的一员：九名白人与五名黑人束手就缚。身上"有不只七十处伤口"的欧戴尔也被关起来，不过稍后被释放。[28]

打斗结束后，梅纳德的人搜索"冒险"号，希望能找到大量的西班牙金银，结果只找到一点金粉，还有几个银器（包括贝尔那被抢的高脚杯），以及"其他抢来的小东西"。他们还发现了法官奈特最近写给黑胡子的信，以及几份透露奈特、伊登总督和海盗勾结的文件。岸上的帐篷盖住剩下的法国船货物：一百四十袋可可豆与十桶糖。[29]就算黑胡子积累起惊人财富，他也没将其放在奥克拉寇克。

不论黑胡子究竟是不是在这场战斗中被砍头，他的头都挂在"冒险"号的船首斜桅，变成一个恶心的战利品。等水手回到弗吉尼亚时，他们会得到一百英镑赏金。梅纳德把黑胡子无头的尸身扔进帕姆利科海峡。依据传说，尸体在"冒险"号旁绕了三圈，才沉进咸咸的海水中。[30]

黑胡子之岬

由于天气恶劣，梅纳德上尉和布兰德一直要到十一月二十七日才见面，那天，梅纳德上尉到巴斯递交对奈特与伊登不利的证据。[31]布兰德原本对奈特十分气恼，说他"大量找麻烦……建议总督不要协助我，还一直帮海盗脱罪"。这位大法官"义正词严地否认自己的大农场有任何（海盗）货物"。现在，布兰德得以握着奈特有罪的证据与他对质，[32]包括黑胡子的信、"蒂奇笔记本里的备忘录",以及曾帮忙卸下赃物的数名证人证词。[33]奈特终于"承认整件事",让布兰德看自家谷仓里"用饲料盖住"的二十桶糖与两袋棉花。[34]伊登眼见东窗事发,命令执法官把六名奴隶与六十大桶的糖交到布兰德面前。[35]那些东西原本属于黑胡子或黑胡子的手下,后来交给了伊登。布兰德也追查到"几名潜伏(在巴斯)的海盗",包括黑胡子的水手长汉兹。汉兹最终同意做证指控同伴,换取自己活命。在巴斯和奥克拉寇克搜出来的货物总价值为两千两百三十八英镑,这个数字算进了"冒险"号这条船。

梅纳德上尉在一七一九年一月三日,乘着"冒险"号回到汉普顿锚地,黑胡子的头还挂在船首斜桅上。[36]梅纳德来到"珍珠"号身边时,让"冒险"号九门炮齐发,向戈登致敬。戈登以殊荣接见自己的上尉,也用国王陛下的战舰回礼。戈登与梅纳德把黑胡子的头呈给史波斯伍德总督,史波斯伍德把头挂在汉普顿河西侧的一根高柱上,称为"黑胡子之岬"(Blackbeard's Point),以血腥手段警告想成为海盗的人。[37]

从新英格兰到伦敦、罗亚尔港,以及更远的地方,梅纳德在几个星期内,成为家喻户晓的名字。在波士顿,当时还是十三岁的印刷商学徒本杰明·富兰克林,写下并印刷了一首赞扬梅纳德成就的"水手歌",拿到街上贩卖。[38]这首歌现已失传,只剩下一小节:

> 宁可游在底下的大海
> 不可在风中飘荡喂乌鸦
> 布里斯托尔欢乐的蒂奇如是说

这场海盗征讨让司法体系忙了好几年，因为各方都想要算总账。一七一九年三月十二日，囚犯在威廉斯堡议会受审，除了商人欧戴尔，所有人都被判有罪。十三名海盗被处决，尸体沿着汉普顿－威廉斯堡路挂在绞刑台上。[39]最后，汉兹在处决前夕获释，因为一艘船及时带着国王延长时限的赦免令抵达。这道赦免令也救了霍华德。布兰德与梅纳德找到的证据让奈特在北卡罗来纳受审，罪名是勾结海盗。奈特被判无罪，主要原因是他找到办法让黑胡子四名黑人船员的证词无效，辩称"依据整个美洲的法条与习惯"，黑人的证词"对全体白人皆不具效力"。[40]伊登总督威胁依据非法入侵北卡罗来纳领主土地的罪行起诉布兰德，并与史波斯伍德就入侵合法性和赃物所有权两项议题争执了好几个月，不过最终失败。[41]伊登的政敌摩斯里与摩尔闯进一名官员的房子，试图找到证明伊登与黑胡子勾结的证据，但没有成功。两人被抓住，审理后被判煽动叛乱罪。[42]梅纳德则控告戈登与布兰德，因为这两名舰长后来决定让"莱姆"号与"珍珠"号的船员，一起分享史波斯伍德的赏金，而不是只有曾在奥克拉寇克出过力的人可以拿到。梅纳德输了官司。大部分曾经参与战斗的水手最后只拿到一英镑。[43]

波内特的末日

在查尔斯顿，法院不仅忙碌异常，还被包围。针对波内特及其他被瑞特上校在恐怖角抓到的海盗，居民不同意官方判定的结果。毫无疑问，大部分殖民者都乐于见到最近造成海上贸易封锁的恶徒被绳之以法，尤其是在相关事件中失去船只、货物的商人与大农场主，但查尔斯顿当地有为数众多的人支持海盗，他们炙热的情绪超过北卡罗来纳与弗吉尼亚的人。这一派包括大量获得赦免的海盗与拿骚前走私者，另外还有佣工、水手、自由黑人，以及南卡罗来纳大量的其他社会底层成员。他们辩称波内特是"一名绅士，有荣誉、有财产，接受过人文教育"。他的船员被视为英雄，他们不怕从富人手中抢夺货物，也不怕干杯诅咒不列颠所谓的国王。民众以不太安静的方式，坚持官方释放所有的海盗。

299

约翰逊总督和在拿骚的罗杰斯一样，一点儿都不确定自己能关得住海盗。南卡罗来纳刚打完一场大型印第安战争，人力短缺。查尔斯顿没有监狱，约翰逊被迫把海盗关在警卫厅（Court of Guard），那是一栋小型的两层楼建筑，地点在海湾街（Bay Street）滨水区防御工事半月炮台（Half-Moon Battery）。这栋建筑物的木墙上有无数窗户，虽然有武装警卫，但一点儿都不保险。约翰逊为了礼遇波内特的士绅身份，也为了防止他和船员串供，把这位海盗船长关在殖民地宪兵司令纳撒尼尔·帕翠吉（Nathaniel Partridge）的家里，"晚上早早就布置哨兵"，防止他越狱。约翰逊做了这些临时准备，希望能把海盗从十月三日（他们被带来的那一天）关到十月二十八日（法庭预计开始审理的那一天）。

尽管如此，一七一八年十月二十四日晚上，波内特在理查德·图克曼（Richard Tookerman）的协助下逃离司令家。[44]图克曼是一名商人，他在海盗统治时期，靠着往来巴哈马群岛走私货物发了一笔小财。帕翠吉司令可能也是共犯，因为这场逃脱显然没有太多打斗，帕翠吉在几天后遭到撤职。奇怪的是，波内特和哈略特一起逃走了。哈略特是被迫上海盗船的人，几乎确定可以被无罪释放，因为就在那天早上他交出了检举证据，长篇大论地做证揭发海盗。为了奖励他的配合，他被从警卫厅移送到司令宅邸。结果他却选择与波内特一起消失在黑夜里。警铃大作时，他们已经乘着图克曼的轻舟逃向港口，另外还有几名黑人与印第安奴隶负责划桨。

不久，查尔斯顿发生民众暴动。这场"骚乱"细节不明，不过从接下来提到这件事的法律文件来看，其间一群武装暴民围攻警卫厅，试图放出剩下的海盗。[45]副检察总长托马斯·汉普沃斯（Thomas Hepworth）几天后表示："（我们）不能忘记这座城镇劳心劳力看顾（这些海盗）多久，这场骚动的主要目的是释放他们。""最近这场骚乱，显然让我们处于失去（性命）的危险，暴民以卡罗来纳荣誉之名，威胁放火烧镇，彻底摧毁一切。"汉普沃斯的结论是，这场攻击"显示出必须立即依法行事的必要性，以镇压其他人，保护我们自己的性命"。审判在十月二十八日开始，直到十一月五日结束那天，三十三名海盗中有二十九人被判有罪。三天后，二十二个人在白岬（White Point）被吊死，那是查尔斯顿半岛南端一块沼泽地。[46]

同时，波内特与哈略特划船前往北卡罗来纳时，遇上一场风暴，被迫在沙利文岛（Sullivan's Island）上岸，离查尔斯顿南方仅四英里。十一月八日那天，他们又遭到瑞特带领的地方武装团埋伏。双方短暂开火，哈略特被杀，两名奴隶受伤。波内特重新被俘，被带至查尔斯顿，十一月十二日那天遭判处海盗罪。[47]在奇怪的巧合下，首席大法官是尼古拉斯·特罗特，他是与巴哈马前同名总督的侄子，当年那位不名誉的总督曾协助埃弗里脱身。如果波内特曾希望特罗特的侄子会宽大为怀，他要失望了。特罗特法官告诉他："你……将从此处抵达处决地，你会被吊起来，直到死亡。"[48]

300

据说可怜的波内特听到判决时失态至极，造成好几名查尔斯顿的市民，大多数是女性，请求总督赦免他。依据《海盗通史》作者的说法，"好几名波内特的朋友"请求总督，把这名绅士海盗送到英格兰，"或许能让他的案件送到国王陛下那里"。据说瑞特上校自请和波内特一起去，还替这趟旅程募款。[49]这些 301 请求和其他的干预，让约翰逊总督七次延缓波内特的行刑。伦敦的《原创周报》（*Original Weekly Journal*）后来报道，这件事让城内商人愤怒至极，他们"蜂拥"到总督面前，要求"立刻处决犯人"。[50]波内特害怕自己末日已至，写了一封忧伤的信给总督，求他"以同情怜悯的心肠考虑在下的案件"，"仁慈决定对我的处置"。"（让）在下成为您与政府的奴仆……我的朋友会乐意为我的行为担保，永远听令于您。"[51]总督没有被打动。

一七一八年十二月十日，斯蒂德·波内特被带到白岬绞刑台吊死。

拿骚最后的海盗

这场"骚乱"与波内特手下遭处决的消息很快就传回拿骚，罗杰斯与治理议会发现，必须立刻移走关在"德利西雅"号上的十名海盗。[52]

不用说，罗杰斯的处境比约翰逊总督还要不利。他抵达时，巴哈马群岛一直是大西洋海盗的中心，即使走了许多人，海盗与海盗追随者依旧是新普罗维登斯最主要的居民。到了一七一八年十一月底，罗杰斯连看住十名囚犯的人力都没有，更不要说替殖民地抵御范恩或西班牙的入侵舰队了。疾病使他独立公司的人数锐减，甚至连医生都死了。[53]他带来的四艘船中有三艘不见了：十门炮的"巴克"号被海盗偷走，二十门炮的"乐意"号撞毁在沙洲，六门炮的"山谬"号正在前往伦敦的路上，准备请求更多的军队与补给。[54]罗杰斯和敌人中间唯一的阻隔只有"德利西雅"号、人力不足的碉堡废墟，以及霍尼戈、寇克兰与博格斯的势力。罗杰斯与岛上海盗支持者最终的意志考验来临了。

十二月九日那天，囚犯被带到碉堡，护送进一间警卫室，审判在那里展开。独立公司的领袖罗伯特·波乡（Robert Beauchamp）带着剩下的六十名士兵全员守着入口，然后加入审判。他坐在罗杰斯、首席大法官费尔法克斯，以及其他罗杰斯任命为法官的五人旁边，其中包括已经金盆洗手的前海盗船长、现任民兵军官博格斯，以及托马斯·沃克。不用说，沃克一定很高兴终于可以参与巴哈马海盗的判决。审判持续了两天，无数证人指证九名海盗的罪行，只有约翰·西普斯（John Hipps）证实是被迫上船的，无罪释放，其他人都被判处绞刑，包括黑胡子的前炮手康宁汉。行刑日定在两天后，有几个人求罗杰斯暂缓行刑，但总督拒绝了。审判记录写道："总督告诉他们，从他们被抓的那天起……就该知道自己逃不了。"[55]

十二月十二日上午，三百人集合在碉堡东北面的土墙下，绞刑台建在沙质海岸线上，一旁就是大海。聚集的人群几乎都是前海盗，有人可能是去阻止行刑的。官方审判记录写道："除了总督的追随者，还有一些人目睹这场悲剧，但（那些人）近来也应得到相同的命运。"[56]上午十点，九名囚犯由宪兵司令带出特别监狱，在层层戒备下被送到土墙上方。群众的举止不太寻常。有些人替前弟兄欢呼，其他人则带着提防的眼神，看着土墙上瞄准他们的重炮，以及绞刑台周围。囚犯站在土墙上，大部分的人感到恐惧，包括他们的带头者约翰·奥格

302

（John Augur）。他身穿肮脏的衣服，没有洗澡也没有刮胡子。相较之下，二十八岁的丹尼斯·麦卡锡（Dennis McCarthy），以及二十二岁的托马斯·莫里斯（Thomas Morris）则穿得花枝招展，手腕、脖子、膝盖与头上都装饰着蓝色与红色长缎带。莫里斯心情很好，不时微笑。麦卡锡开心地看着群众，大喊："他知道曾经有个年代，岛上有许多勇敢的人，不会让他像条狗般受苦。"他还把两只鞋子踢出墙外，踢进围观人群里，因为"有些朋友常说他会横死街头，但他要让他们变成骗子"。人群闹哄哄的，但没有人试图穿越有重兵把守的碉堡。在囚犯的要求下，岛上的胡格诺派牧师朗读了数段祷词与圣诗，"所有在场的人都加入"。牧师念完后，司令把囚犯一个一个带到土墙边，爬下梯子，走到绞刑台上。莫里斯在梯子上方停住，出言讽刺："我们有个好总督，但他是个严厉的人。"梯子下方不远处，是一个挂着九个绳结的木台子，由三个大桶撑住。审判记录写道，每个人都被带到自己的绳结前，"行刑人绑好绳子，灵巧得就像在泰伯恩（Tybourne）工作过一样"——泰伯恩是伦敦主要的行刑场所。囚犯的双手被绑在身后，绳结等着，他们有四十五分钟时间，可在喧闹的人群面前说出遗言，喝最后一杯酒，唱最后的圣歌。

大部分的囚犯喝酒以减少恐惧，特别是前职业拳击手威廉·刘易斯（William Lewis）。他急着向其他囚犯与围观者敬酒，在要求多给一点酒时，闷闷不乐的囚犯威廉·林（William Ling）大声回答："（这种）时候水比较适合他们。"二十四岁的爱尔兰人威廉·道林（William Dowling）醉到不行，"他在台子上的举止十分放松"。麦卡锡与莫里斯还没放弃人群，一再怂恿他们冲到台上。依据《海盗通史》的说法，莫里斯开始"指责围观者怯懦胆小，就好像他们丧失荣誉，不敢挺身而出，抢救他们即将面临的耻辱死亡"。依据官方记录，几个"他们从前的帮派弟兄"冲到前方，"一直跑到绞刑台下方司令卫兵能够容忍的底线之处……但头顶上方有太多武装力量压制着他们的意志，他们无法做任何事"。 304

时间一分一秒过去，罗杰斯站到前方，宣布年轻的乔治·罗习维尔（George Rounsivell）在最后一刻获得缓刑。他后来解释称，"我听说（他）是韦茅斯忠诚良善双亲的儿子"；韦茅斯位于罗杰斯家乡多实郡。[57]这个幸运的年轻人被松绑并带下木台。司令的部下接着抓紧绑在支撑台子的桶上的绳索，等着罗杰斯下令。在最后一秒钟，莫里斯大喊他"原本可为这些小岛带来更大的灾祸，他希望当初真的那么做了"。[58]

罗杰斯做出手势，卫兵拉紧了绳索。依据官方记载，"台子崩塌，八人弹了出来"。拿骚港平静的蓝色海水前方，八具尸体摇晃。罗杰斯知道自己终于占了上风。

的确，罗杰斯知道这次的处决给了希望推翻政府的人致命一击。圣诞节过后不久，几个不满的居民秘密集会，密谋杀害罗杰斯与官员，"然后占据碉堡交给海盗使用"。[59]但拿骚的民众不赞同这些密谋者，几个知道阴谋的人向罗杰斯通风报信，罗杰斯抓住了为首的三个人，"处以……严厉的鞭刑"。行刑过后，这场政变少有人支持，罗杰斯判断他的新囚犯无法伤害他，几个星期后，他写信告诉英国大臣，"我将释放他们"，并在未来"加强警备"。

岛内安全了，但罗杰斯还面对着其他威胁。他依旧在关注西班牙人，以及范恩和其他几个依旧逍遥法外、在巴哈马群岛一带行动的海盗。

范恩被罢免

范恩在一七一八年十月中旬，从奥克拉寇克往南航行时，一定感到很沮丧。他无法说服黑胡子加入，和他一起对抗拿骚，二十门炮的双桅帆船上又只有九十人。依据线报，他们人数这么少，就连罗杰斯在新普罗维登斯岛上明显不足的武力，也抵挡得了他们的攻击。如果他要驱逐总督，振兴海盗共和国，就得累积势力，或是希望西班牙人再次入侵并摧毁政府，然后抛下这座岛。眼前他只能瞄准较小、较弱的目标。对他来说，连哈勃岛这个目标也过大，当地的防御人手充足，而且有汤普森与寇克兰一家人在维护。邻近的伊柳塞拉岛上的那座农业小村庄，就不一样了。两百平方英里的小岛上，只有几户人家，而且只能召集七十名民兵。范恩提议攻击伊柳塞拉岛，抢劫补给，然后往南到人烟稀少的伊斯帕尼奥拉岛，建立自己的海盗营地，等着旁边的巴哈马岛出事。包括船需长"印花布杰克"拉克姆与大副罗伯特·迪尔（Robert Deal）在内，大家都同意了。[60]

伊柳塞拉岛的劫掠十分成功。海盗们跑到岸上，抢走居民的酒，以及所有带得走的牲畜。双桅帆船像一阵风似地离开，就跟来的时候一样。甲板上满满都是活猪、活山羊、活绵羊，还有家禽，足够大吃大喝好几回。十月二十三日那天，他们穿越巴哈马群岛往南时，房获两艘船：一艘小型单桅帆船，以及从金斯敦回塞勒姆的四十门炮单桅帆船"努力"号。[61]"努力"号船长约翰·夏托克（John Shattock）事后做证称："范恩……攻击他，升起黑旗，然后对他开了一枪。""（范恩）命令他放下小船并到船上来，（他）听令行事。"夏托克的船员显然船划得不够快，因为海盗开始大吼"如果不快一点"，他们会"大肆扫射"。海盗把夏托克的船员留在海盗船上两天，并殴打与虐待他们的船长。与此同时，"努力"号的火药、盐、鲸油被掠夺一空。夏托克抱怨遭受虐待时，大副迪尔回答："去你的，你这条老狗。说出钱在哪里。如果我们发现你说了任何一个谎，都会让你和你的船下地狱。"吓坏了的船长说出海盗想知道的事，二十五日那天，他获准驾驶"努力"号离开。小单桅帆船则被范恩留下来当补给船，一起带到伊斯帕尼奥拉岛。

这趟航程中，海盗"在船上放荡"过日，大量饮酒，大嚼新鲜屠宰的农场动物。[62]或许是因为放纵过度，他们几乎一个月都没有虏获任何一艘船。最后的鸡被杀掉、酒桶只剩残渣时，海盗们的士气开始消沉。他们放弃了赦免，希望能开心度日，发财致富，威胁汉诺威国王的军队，现在却发现自己处于清醒、无聊、心中充满怨气的状态中。

十一月二十三日那天，他们糟糕的心情提振起来。负责瞭望的同伴发现一艘大型护卫舰顺风而来。[63]范恩命令双桅帆船与单桅帆船攻击那艘船，主桅挂上黑旗，等着那艘船投降，几乎就像先前的每艘船一样。但是，那艘船的船长升起一面装饰着金色鸢尾花的白旗：那是法国海军的旗帜。[64]大炮口推出先前没人留意到的射击孔，一阵隆隆的爆炸声之后，法国军舰连珠炮似地轰炸范恩的双桅帆船。不过，法国炮手因为把大炮藏到最后一秒钟而无法准确瞄准，一阵万弹齐发后，双桅帆船几乎毫发无损。

范恩不是怯战的人，但他看出自己火力不如人，下令掉头逃进风里。法国护卫舰依据风向调整船帆，然后出乎范恩意料地跟了上来。据俘虏事后回忆：针对接下来该怎么办，"海盗们吵了起来"。范恩主张逃跑，但船需长拉克姆及许多船员想拿下这艘军舰，主张"虽然那艘船的大炮较多，可以发射的炮弹也较重，但他们可以登船，身手最好的人就会获胜"。范

307 恩回应称："这样做太轻率，也太孤注一掷，这艘军舰的武力看起来是他们的两倍（二十四门炮）。""他们还没能登上军舰，双桅帆船就可能被击沉了。"迪尔和其他十五名海盗同意范恩的主张，但其他七十五人支持拉克姆。范恩不愿意执行他眼中的自杀任务，便摆出权威姿态，强迫海盗们撤退，船长在"战斗、追逐或逃生时"有绝对的权力。船员气坏了，但出于尊重他们签署过的条款，只有遵从命令，加紧控制船帆，最后把法国护卫舰抛在后头。

这一事件让范恩付出了惨痛代价。隔天海盗脱离危险后，范恩再也没有战时的权力了。拉克姆身穿五颜六色的印度印花布召开船员大会，自信地以投票挑战范恩的领导权。《海盗通史》的作者几年后写道："一项违反（范恩）荣誉与尊严的决议通过了。""他被冠上懦夫之名，指挥权被剥夺，带着耻辱的印记被赶出船员的队伍。"范恩、迪尔，以及十五个忠诚者被放上海盗在长岛拿下的小单桅帆船，另外还给了一些补给与弹药。海盗选拉克姆为新船长，驾驶单桅帆船离开，前往牙买加。范恩遭到罢免，丧失了指挥权。[65]

黄金年代结束了

不管范恩曾有过多少"凶猛"的记录，像是反抗皇家海军、封锁城镇、让整个殖民地陷入恐慌，但他的海盗生涯却有些虎头蛇尾。

范恩现在只剩下一艘单桅帆船、十五个人，以及一两门大炮，再也无力威胁国王陛下的政府，但无论如何，他还是试图重建势力。他们往南到丛林遍布的洪都拉斯湾海岸时，他和迪尔尽了最大的努力，让他们微不足道的小船从补给船变成了炮艇。他们装上大炮，移动压舱石，调整索具。十一月底时，他们在牙买加西北海岸逗留数天，抓到两艘佩利亚加船与一艘单桅帆船，还说服船上大部分甚至全部的人加入他们。迪尔接下第二艘单桅帆船的指挥权，海盗们继续往南，在十二月十六日抵达洪都拉斯湾一个锚地，突袭了两艘单桅商船，扣押后拿来帮忙清理船身。几天后，范恩虏获这辈子最后一艘船："王子"号（Prince）。[66] 那是一艘来自缅因基特里（Kittery）的四十吨重单桅帆船，船长是托马斯·沃登（Thomas Walden）。范恩的手下现在散在五艘船中，他领着众人来到最终目的地：距离洪都拉斯海岸四十英里的海湾群岛。

对一个还在恢复元气的海盗船长而言，海湾群岛是完美的巢穴。从亨利·摩根一直到约翰·考克森（John Coxon），这里是好几代海盗的隐居处。这里的小岛植物茂密、多山又避人耳目，提供了范恩一群人所需的一切：新鲜泉水、隐秘的锚地、木材、猎物、鱼群汇聚的珊瑚礁。珊瑚礁离海岸非常近，涉水即可抵达。范恩在瓜纳哈岛（Guanaja）设立营地，锚地在南方海岸那尖锐的暗礁与沙洲之间，出入口不下七十处。[67] 从十二月底到二月初，范恩在这里清理船身，和船员聊天，在岛上沙滩享受鲜鱼、螃蟹、腌猪肉。这段平静的插曲结束时，范恩与迪尔登上各自的单桅帆船，前往西班牙大陆。他们一定想要拿下一艘"战船"，让自己重新成为霸主。

出海几天后，海盗们碰上凶猛的飓风。范恩与迪尔在滔天

308

巨浪与狂风暴雨中走散，风吹雨打两日后，范恩的单桅帆船被冲上岸，地点是洪都拉斯湾一个无人居住的迷你岛。他的船支离破碎，大部分船员及船上所有的食物和补给，都消失在了海里。[68]范恩九死一生，但"由于缺乏必需品，窘迫至极"。他以落难身份过了几个星期，靠着造访岛上的好心海龟猎人才活了下来。那些猎人乘着平底小船从大陆过来，给了他一些肉。海龟猎人一定是惨兮兮的一群人，因为范恩宁可待在岛上，也不肯加入他们的丛林营地。他知道，来这里寻找饮水与柴火的英格兰商船一定会出现，可以带他重返文明世界。

范恩是对的。在冬天的尾声或一七一九年早春，一艘来自牙买加的船在他的小岛下锚。范恩和他们打招呼，意外发现船长是老朋友。那个人是退休的加勒比海盗，名字是霍尔福德（Holford），但霍尔福德知道这位老友的名声，拒绝让他上船。据说他告诉这个可怜的海盗："查尔斯，除非把你当成囚犯对待，否则我无法信任你，让你待在我船上。"要不然，"我会（发现）你勾结我的船员，敲昏我的头，然后带着我的船跑去当海盗"。他让范恩待在岸上，说他大约一个月后会带着墨水树货物回来。他保证"如果我回来的时候你还在这座岛上，我会带你回牙买加，然后吊死你"。

范恩很幸运，一个月过去之前，另一艘船来到小岛找水，这一次船长和船员都不认得他。范恩因为急着离开小岛，便捏造了一个名字，签约成为余下航程的船员。

霍尔福德不久后抵达锚地。范恩现在担任船员的那艘船的船长，邀他上船吃饭。霍尔福德走下甲板前往船长室时，恰巧瞄了货仓一眼，看见范恩正在工作。霍尔福德立刻去见船长，告诉友人这名落难者的真实身份与名声。霍尔福德此时正要回牙买加，于是自愿带范恩回去受审。范恩很快发现一把枪指着自己，霍尔福德的船员将他铐上铁链。一艘普通单桅商船的船员抓到了全美洲恶名昭彰的海盗。[69]

一两个星期过后，范恩回到牙买加，被遭他鄙视的国王关进监狱。出于不知名的原因，他在监狱里度过了快一整年的时间，才被带到牙买加首府西班牙镇接受审判，时间是一七二一年三月二十二日。他知道判决不会有异议。无数证人到法庭上指证他：他虏获过的各种船只的船长、船员与乘客，就连皇家海军的"凤凰"号皮尔斯舰长也来了，证明范恩是如何嘲弄国王的赦免。轮到范恩替自己辩护时，他没有传唤证人，也没有问任何问题。他的海盗生涯从汉密尔顿总督的私掠船开始，而如今，汉密尔顿的继任者尼古拉斯·劳斯（Nicholas Lawes）总督宣布："如同以往的判决。""吊起脖子，直到死亡为止，愿上帝保佑他的灵魂。"

一七二一年三月二十九日星期三，范恩在罗亚尔港的绞刑地（Gallows Point）被吊死。[70]劳斯总督命人砍断绳子，将尸体运到港口入口处的大炮礁（Gun Cay），挂在示众架链子上，让所有水手都看到。接下来的几个月，甚至是几年后，众人看着范恩的身影一点一点消失，鸟类和昆虫噬食，风吹日晒，直到他的残骸以及海盗的黄金年代成为故事，回荡在一千艘破烂船只嘎吱作响的甲板吊床上，或在酒馆炉火边由旁人述说着。

310

尾声 海盗末日
（一七二〇～一七三二年）

311　　一七一八年十二月，拿骚的海盗处决完毕后，罗杰斯再也不担心自己的政府会被推翻了，但西班牙人的威胁依旧存在。一七一八年到一七一九年冬天，他尽了最大努力增强穷困殖民地的防御基础，激励懒惰的人防守拿骚碉堡，写信请求增援，并乞求牙买加分部指挥官张伯伦司令提供海军援助，但没有成功。一七一九年三月，他收到英国与西班牙再度开战的官方消息①，立刻将私掠任务交给许多巴哈马的前海盗。[1]大概大部分人都很热心地重返类似海盗的工作。罗杰斯的政府很快就资金告罄，他开始自掏腰包，支付殖民地水手与士兵的薪饷、食物与补给，希望其他投资人或国王以后会弥补他。[2]尽管罗杰斯做了一切努力，他自己也知道，要是有人极力试图入侵，巴哈马绝对无力驱逐敌人。

312　　一七一九年五月，西班牙侵略舰队从古巴出发，带着三四千名士兵。如果这支舰队依照计划攻击新普罗维登斯，岛上微弱的防御工事一定会被摧毁一空。但西班牙司令在途中收到消息：英法联军此时在佛罗里达彭萨科拉（Pensacola），拿下具

---

①　一七一八年十二月到一七二〇年二月的四国同盟战争，造成西班牙对抗英国、法国、奥地利与荷兰。英国历史学家把这场战争恰如其分地形容为"我们所有冲突中最为人遗忘的一场"，最后，西班牙未能成功地把巴哈马、南北卡罗来纳、法属路易斯安那纳入帝国版图。罗杰斯在一七一九年三月十六日收到官方的开战通知，不过他从前一年的十一月就已经预见这件事了。

有重要战略地位的要塞。西班牙舰队因此掉头，航向佛罗里达湾沿岸地区，再度放过巴哈马，这一时间长达九个月。[3]

罗杰斯继续强迫与催促拿骚"非常懒惰"的市民完成碉堡修缮工作。千钧一发的西班牙人入侵让每个人动了起来，但也只持续了几个星期，之后大部分人都抛下自己的工作岗位，让罗杰斯"只剩几个最好的人手……黑人，还有我自己的人"。[4]罗杰斯没有从王室那得到任何财政支持，继续靠着赊账购买必要的战争补给：到了一七一九年年底，金额已达两万英镑，有些是用他个人的名义，而不是他所属的投资团体。许多供货商开始因为收不到钱就不供货。他在一七二〇年年初提醒贸易及种植业委员会（Council of Trade and Plantations）官员："我收不到账单在本土得到支付的消息，我被迫欠下太多债务。""我不得不（继续这么做）……要不然我们会饿死，或是死在西班牙人之手。"这封信跟他以往寄给政府的每一封信一样，没有收到任何答复。其实，他已经有几乎一整年的时间，没有从中央政府那里收到任何的消息了。[5]海盗被击败后，乔治国王的政府似乎忘了巴哈马群岛的存在。此外，罗杰斯也没有从海军那里得到太多支持。根据他的说法，海军舰长"不太在乎这个才起步的殖民地"。他当总督的第一年，只有两艘军舰造访过拿骚：一艘是为了转交官方邮件，另一艘是惠特尼舰长的"玫瑰"号，航行状况不佳，为了取得淡水才不得不来此。惠特尼在写给海军部的报告中，不屑地提到"本人留意到总督对一切事都感到不满"。罗杰斯依旧在"抱怨缺乏支持，恐怕（他和他的投资人）会一直如此，直到他们在全美洲的信用得到清偿（意指他们的账单得以支付之后）"。[6]

即使如此，当西班牙侵略舰队于一七二〇年二月二十四日

313 出现在拿骚时，罗杰斯还是有办法以五十门炮的碉堡面对他们，此外还有十门炮的东侧炮台、"德利西雅"号、一百名士兵、五百名武装的民兵。机缘巧合之下，配备二十四门炮的第六级护卫舰"夫兰巴洛"号（Flamborough）当时在拿骚，尽管罗杰斯必须威胁粗鲁的舰长约翰·希尔德斯里（John Hildesley）留下来防守小岛。西班牙人有三艘护卫舰，各有四十门、二十六门与二十二门炮，另外还有一艘二十门炮的双桅帆船、八艘武装单桅帆船，以及一千三百名负责入侵的士兵。罗杰斯的防御工事让西班牙人打消了直接攻击港口的念头，改在猪岛后方上岸，准备在黑夜中乘着小船通过狭窄的东侧水道。两名英勇的哨兵都是自由黑人，奇迹般地发射足够多的火枪子弹，吓退了西班牙人。[7] 讽刺的是，这两个救了罗杰斯的人之前大概是奴隶，而罗杰斯则以买卖奴隶为业。

巴哈马保住了，但相关的努力掏空了罗杰斯的健康和财务。皇家政府依旧无视他的信件，商人不让他赊账，殖民地的经济因为缺乏具有生产力的殖民者，依旧处于瘫痪状态。罗杰斯的身体差到两度濒临死亡。一七二〇年十一月，他到南卡罗来纳待了六个星期，希望较为凉爽的天气以及查尔斯顿较为文明的环境，能让自己恢复健康，不料却碰上这座城市的政治斗争。罗杰斯在一场决斗中受伤，对手是"夫兰巴洛"号的舰长希尔德斯里，起因是"他们在（新）普罗维登斯的争论"[8]。罗杰斯回到拿骚前，送了最后几封信给伦敦，恳求协助与指示。就像先前的许多信一样，石沉大海。

到了仲冬，罗杰斯再也忍不下去了。他在一七二二年二月二十三日写信给贸易委员会称："我再也无法在这样的基础上撑下去，从我抵达后，就一直是这样的状态。""我在这个被

抛弃的地方与情势里，没有任何足以抚慰心灵的事，（除了）
我已经尽了对国王陛下与国家的职责，尽管代价是完全破
产。"一个月后，罗杰斯把殖民地交给威廉·费尔法克斯，航
向英格兰，希望面对面的会议能比通信更为有效。[9]他在八月抵
达伦敦，却得知乔治国王解除了他的职务，新总督已启程前往
拿骚。更糟糕的是，他的投资人也已变卖在巴哈马群岛开展贸
易、殖民的共同伙伴公司，并未支付罗杰斯个人替他们先垫付
的六千英镑。罗杰斯再度破产，债主开始对付他，不久之后，
他就被锁在债务人监狱里。这个曾经拿下马尼拉大帆船、驱逐
加勒比海盗，并成功在武力是其两倍的侵略势力面前守住战略
性国土的人，锒铛入狱。[10]

前海盗的终局

　　许多前海盗在四国同盟战争期间成为私掠者，斩获不一。
海盗共和国的奠基者本杰明·霍尼戈从罗杰斯手中接下委任，
在海上对抗西班牙海盗，基地是熟悉的拿骚避风港。一七一九
年春天，他的船潜伏在哈瓦那附近时，被一艘西班牙船与一艘
双桅帆船抓住，他可能死在交战之中或古巴监狱，因为他的巴
哈马同伴此后再也没有见过他。[11]乔西亚·博格斯一度是拿骚第
三大势力的海盗，曾以上尉身份在罗杰斯的独立公司服务，还
是附属海军法院法官与私掠船船长。博格斯的私掠船在阿巴科
沉没，他本人淹死了。[12]遭逢相同命运的人还包括罗杰斯在绞刑
台赦免的年轻人罗习维尔，他在回到水中试图救博格斯时溺毙。

　　亨利·詹宁斯与雷·亚许沃斯两个人都在牙买加之外，以
私掠者的身份活动着。詹宁斯特别成功，他在一七一九年十月
抵达纽约，乘着自己值得信赖的"巴谢巴"号，还带了两艘

双桅帆船，以及一艘在韦拉克鲁斯从西班牙人手中得来的单桅帆船。詹宁斯活过了战争，重返百慕大体面的海上贸易。一七四五年在奥地利王位继承战争期间，他的单桅帆船在西印度群岛被拿下，可能是监狱生活夺走了这个六十出头的家伙的性命。[13]亚许沃斯则行踪不明，不过在一七一九年五月，他再度越过私掠者与海盗之间的界限，攻击罗杰斯的私掠船船主，在古巴绑架了托马斯·沃克的一个儿子。[14]

其他人则完全跳过那条界限，其中最恶名昭彰的，就是范恩从前的船需长"印花布杰克"拉克姆。

不让须眉的安妮与瑞德

拉克姆不缺勇气，但或许缺乏判断力。他在一七一八年十一月抛下范恩后，说服部下航行到牙买加海岸附近，那一带特别危险，岛上正是皇家海军西印度群岛舰队的基地，以及大量武装商船来往之处。不过，风险带来报酬。十二月十一日，海盗追逐商船"金斯敦"号（Kingston），在离罗亚尔港非常近的地方拿下那艘船，镇上的人看着那场攻击。[15]"金斯敦"号载着价值两万英镑的货物，大部分是藏在大宗货物里的大包金表。牙买加船主不会让这么厚颜无耻的小偷得逞。港口当时恰巧没有战舰，但在总督的祝福下，船主武装了两艘私掠船，以夺回自己的船。

三个月过后，在一七一九年二月初，私掠船终于在松树岛找到"金斯敦"号。拉克姆的双桅帆船也停在一旁，但大部分的船员都在岸上，他们把双桅帆船的船帆改成临时帐篷与雨篷，在船帆下呼呼大睡，以减轻宿醉。拉克姆的海盗帮被突袭，完全没办法自保，逃进树林，直到私掠船带着"金斯敦"

号与大部分的货物离开。拉克姆和手下只剩两艘小船、一艘轻舟、一些小型武器、二十只银表、几大包丝质长筒袜与蕾丝帽。海盗们穿上华美衣物，开始争论对策。他们从俘虏那得知，乔治国王已延长赦免期限，而这次延长让黑胡子部分手下得以逃脱弗吉尼亚的绞刑，拉克姆与六名追随者决定在拿骚接受赦免，宣称是范恩强迫他们当海盗的。他们搭着其中一艘小船离开，跑到古巴东端一带，一路上拿下好几艘西班牙小船。[16]

　　拉克姆在一七一九年五月中旬抵达拿骚，说服罗杰斯赦免他的手下。他们在拿骚待了一阵子，兜售手表和长筒袜，享受酒馆与妓院剩下来的东西；此时罗杰斯还在发送新教徒宗教小册子给前海盗，他大概严格限制了拿骚的部分道德放纵。钱花光后，拉克姆的朋友搭乘私掠船或商船出航，他自己则因为船长可分双倍赃物，撑了比较久的时间。在这段时间，他结识了新普罗维登斯最出名的荡妇安妮·伯尼。[17]安妮是小海盗兼罗杰斯的线人詹姆士·伯尼的妻子。拉克姆喜欢上这个性格急躁的年轻女人，她像海盗一样骂脏话，随时随地可能让丈夫戴绿帽子。拉克姆把剩下的钱花在追求安妮上，然后加入博格斯最后的私掠任务，并把自己分得的战利品花在这位新情人身上。两人陷入爱河，一七二○年春天或初夏的某个时刻，两人跑到詹姆士·伯尼面前，要求取消婚姻。伯尼同意了，换来大量现金，但还需要有体面的证人签署相关文件，结果他们选了一个非常糟糕的人：理查德·特恩里（Richard Turnley）。这个人被部分圈子轻视，因为罗杰斯最初抵达时，他当了领航员，让"玫瑰"号安全进港。特恩里不但拒绝当证人，还告知了罗杰斯总督这件事。罗杰斯可能是读了太多自己带来的宗教小册子，他告诉安妮，要是她取消婚姻，他会把她扔进

316

监狱，然后强迫拉克姆在监狱里鞭打她。安妮"答应自己会非常乖，好好跟丈夫过生活，再也不在外面乱来"，但她无意遵守任何一项承诺。

拉克姆和安妮无法在岸上继续两人的关系，决定到海上当海盗。这对情侣招募了六名牢骚满腹的海盗，以及安妮的一名密友：女扮男装的水手玛丽·瑞德（Mary Read）。《海盗通史》的作者误称安妮与瑞德在海上结识，说瑞德在扮成男人时，被强押上拉克姆的海盗船。依据这个常被引用的说法，安妮喜欢上了这张年轻的新面孔，却在追求时发现她的真实性别。据说瑞德接着向安妮解释，自己的母亲把她当男孩扶养，以假冒成另一个男人的儿子。她后来成为水手与步兵，海盗虏获她服务的商船时，让她来到拿骚。的确，两个女人可能是在安妮误认瑞德为年轻帅哥后认识的，但这场相遇几乎肯定不是发生在海上，而是在拿骚。我们之所以知道这件事，是因为拉克姆和安妮决定一起当海盗时，玛丽·瑞德就已经和他们在一起，而且罗杰斯总督早就清楚她的身份和性别。[18]罗杰斯发表在波士顿报纸的官方声明中，便直指这名女子的姓名。

《海盗通史》的说法部分正确，即这名女子的确变成女扮男装的海盗。一七二〇年八月二十二日深夜，拉克姆、安妮·伯尼、玛丽·瑞德，以及六名男子，偷了全巴哈马最轻巧的"威廉"号。[19]这是一艘十二吨重、六门炮的单桅帆船，船主是外号为"有办法就抓住他"的私掠者约翰·哈姆（John "Catch Him if You Can" Ham）①。"德利西雅"号上的看守者

---

① 《海盗通史》错把这个人当成约翰·韩门（John Haman）。应该认识他本人的罗杰斯，在一七二〇年九月五日的官方公告上，提供了较为确切的信息。

在海盗离开港口时挑战他们，但他们宣称因为弄断了锚缆，那天晚上会待在港口外，然而实际上却带着"威廉"号跑到新普罗维登斯岛后方，开始劫掠小渔船，以及来自巴哈马各地的其他船只。不满意生活的水手与前海盗陆续加入他们，人数因而越来越多，拉克姆与安妮还出航抓特恩里，他们知道此人正在巴哈马外围沙洲猎海龟。这两个人毁了他的船，强迫三名船员加入他们。同时，特恩里和年纪尚小的儿子躲进了树林。拉克姆与安妮留下第四名船员，要他带话给特恩里：要是再被拉克姆和安妮碰上，他会被鞭打至死。[20]

318

接下来的两个月，安妮与瑞德变得难分难舍，并在时尚方面达成折中方案。一名曾被她们俘虏的人，后来在法庭上做证称，"当她们看到任何船只，并开始追逐或攻击时，会穿上男人的衣服"，如同瑞德希望的一样；"在其他时候，她们则穿女人的衣服"。在这个女水手闻所未闻的年代，安妮与瑞德积极参与格斗、替男人运送火药、交战时打斗与恐吓俘虏。在牙买加北侧被海盗扣押的渔妇桃乐丝·托马斯（Dorothy Thomas）做证称，两个女人"穿着男人的外套与长裤，头上缠绕着手帕……手上拿着大刀与手枪，对着男人咒骂，（一直说）……他们应该杀了她，以防她（做证）对他们不利"。托马斯说自己能看出两人是女人的唯一理由，是"她们的大胸脯"。一七二〇年十月二十日，海盗大胆袭击停在潮漫滩的单桅帆船"玛丽与莎拉"号（Mary & Sarah），地点是牙买加北岸。船长注意到安妮"手上拿着枪"，"她们都非常无礼，不停咒骂，非常愿意随时在船上做任何事"。[21]

虽然拉克姆的情人就在船上，但他还是继续采取不顾后果的策略。几乎整个十月都待在牙买加沿岸，从一个港口跑到另一个，偷走小型船只，并招募更多船员。很快，好几艘牙买加私掠船尾随其后，包括由前巴哈马海盗庞德维指挥的船。庞德维一直在威胁西班牙航运，他趁拉克姆在牙买加西端岸边招募船员时追上他。拉克姆没有试图隐瞒自己的身份，而是立刻朝着庞德维的船开火。庞德维撤退，并告诉乔纳森·巴内特船长（Captain Jonathan Barnet）这件事。巴内特是私掠船船长，正驾驶火力充足的单桅帆船追捕拉克姆。巴内特整个下午都在追逐拉克姆，接着天黑了，拉克姆的许多手下开始喝酒。酒精可能影响了海盗驾驶轻快船只的能力，因为到十点时，巴内特把距离拉近到能听见喊话的距离。他命令海盗"立刻臣服于英格兰国王的旗帜"。拉克姆单桅帆船上的某个人回应"我们谁都不臣服"，于是巴内特的船员发射旋转炮。[22]

拉克姆的大部分手下躲进货舱，留下瑞德与安妮在甲板上。依据《海盗通史》的说法，瑞德"要甲板下的人出来，像个男人一样打架，那些人动也不动，所以她朝着货舱里的人开枪，杀了一个人，而其他人则受了伤"。[23]不久之后，巴内特的人猛烈开火，一阵子弹落下，海盗的纵帆下桁掉落到甲板上，弹痕累累的主桅也跟着垮下。海盗这下无法操纵船只了，只好求饶。巴内特的人一拥而上，翻越栏杆，拿下船上所有人，并在隔天早上把他们移送给岸上的民兵军官。不久后，印花布杰克、安妮·伯尼、玛丽·瑞德身处西班牙镇牢笼，等候审判。

和他们关在一起的还有范恩。我们不知道海盗能否彼此交谈，如果可以，范恩可能有些非常不好听的话要告诉自己的船需长。要不是拉克姆两年前背叛他，范恩可能会成功建立足以媲美贝勒米与黑胡子的海盗舰队，但分裂之后，两个人都无力对大英帝国造成什么严重伤害。拉克姆被安排第一批受审，被

319

判有罪。行刑日是一七二○年十一月十八日，安妮·伯尼获准见他最后一面。据说她告诉他："很遗憾见到你这样，但如果当时你像个男人战斗，现在就不会像条狗被吊死。"[24]接着，拉克姆与其他四个人在罗亚尔港的绞刑地被处死，尸体放在小岛港口的一个示众架上，该地称为"拉克姆礁"（Rackham's Cay）。拉克姆和范恩被分开吊死，但两人在罗亚尔港摇晃的尸体可以彼此相望。[25]

320

玛丽·瑞德与安妮·伯尼则在一七二○年十一月二十八日受审，宣告有罪，被判处死刑。两人在西班牙镇法庭上，替劳斯总督及其他官员准备了惊喜，"替自己的肚子请命"，宣称"自己怀着孩子"，不能被处决，因为法庭剥夺胎儿性命是违法的。[26]劳斯命人检查两个女人，证明她们的宣称属实。行刑延后，两人大概被送回监狱。瑞德后来在监狱死于高烧，一七二一年四月二十八日埋在牙买加的圣凯瑟琳教堂（St. Catherine's church）。[27]安妮·伯尼下落不明，似乎没有被处决。[28]她的父亲是南卡罗来纳大农场主，可能有些门路。安妮怀孕期间，这个长久没有来往的父亲可能想办法让她得到赦免。就算她真的死在牙买加，下葬记录也遗失在历史里了。

余党挣扎求生

拉克姆与范恩被处决后，海盗的黄金年代落幕。船只依旧会遭受攻击，特别是在西非一带，但海盗再也不曾取得上风。除了几个特例外，海盗在一七二○年代几乎都在与官方玩猫抓老鼠的游戏，再也未能威胁殖民地。英国当局估计全世界的海盗人口在一七一六年到一七一八年之间大约是两千人，但一七二五年时只有不到两百人，锐减九成。[29]一七二二年之后，大部分的海盗都放弃了希望，不再想着建立自己的共和国，或是推翻英格兰的汉诺威国王。他们大部分的时间都只是在挣扎求生而已。

那并不是说飞帮所有的海盗都被打败了。其实，许多在一七一八年放弃巴哈马群岛的死硬派海盗，还继续活跃了几年，其中几个人还让自己舒服退休。长期和贝勒米合作的奥利维·拉布其带着自己的战舰，在海盗共和国垮台前去了背风群岛。一七一八年六月十二日，"士嘉堡"号的休姆舰长在布兰基亚岛困住拉布其，当时他下锚在那里，正在掠夺一艘小型单桅帆船。护卫舰靠近时，拉布其和大多数船员靠着速度更快、更灵活的战利船逃跑，最终逃到西非，碰上几个巴哈马弟兄，包括爱德华·英格兰与保斯葛雷福·威廉姆斯。[30]整体来说，拉布其在西非与印度洋顺利建立起长久事业，一直到一七三〇年被法国官方抓到，处决地是留尼旺岛。[31]他的墓穴现在是观光胜地。

威廉姆斯也跑到非洲，人们最后看到他是在一七二〇年四月，当时他在拉布其的双桅帆船上当船需长。[32]曾被抓上那艘船的奴隶船长威廉·史内尔葛雷福（William Snelgrave）回忆称，威廉姆斯脾气暴躁、精神沮丧，没被挑衅就威胁暴力相向。另一名俘虏告诉史内尔葛雷福："不用怕他，他平常就是这样讲话，但你上船之后，一定要叫他船长。"的确，威廉姆斯喜欢别人用从前的称谓叫他，因为丧失指挥权让他不太开心。史内尔葛雷福还说，海盗船队上的海盗喝酒向"詹姆士三世"致敬，显示威廉姆斯身旁依旧有詹姆士党人。威廉姆斯大概跟了拉布其一段时间，然后可能和其他年纪大的海盗一起定居在马达加斯加。他再也没有见过自己在罗得岛的妻儿，但他的长子似乎从未忘记他。小保斯葛雷福·威廉姆斯长大后，成为假发制造商，专门制作他父亲喜爱戴的长假发。[33]

偷了罗杰斯私掠船"巴克"号的小海盗，制造了新一批亡命之徒，威胁着大西洋与印度洋。他们劫掠从弗吉尼亚到西非的船只，领袖是大胆的韦尔斯人霍维尔·戴维斯（Howell Davis）。[34]一七一九年十一月，戴维斯胁迫木匠巴瑟罗姆·罗伯茨（Bartholomew Roberts）到"巴克"号上服务，不久后，戴维斯在攻击葡萄牙奴隶要塞时被杀，在那之后，罗伯茨主持了大概是史上最具生产力的海盗队：到一七二二年二月，他们在被皇家海军抓到之前，拿下超过四百艘船。[35]另一名"巴克"号叛变者是爱尔兰人沃尔特·肯尼迪，他因为听了埃弗里的故事，而立志成为海盗。他驾驶自己的海盗船一段时间后，回到伦敦享受财富，在德特福德路（Deptford Road）开了一家妓院，参与抢劫及其他小型犯罪。他最后被捕了，并于一七二一年在沃平被处决，那里是他二十六年前的出生地。[36]"巴克"号上，肯尼迪有个老朋友托马斯·安提斯（Thomas Anstis），也成为成功的海盗船长，但在一七二三年的一场叛变中，被自己的船员杀害。[37]

成就最接近埃弗里传说的海盗，或许是范恩第一任船需长爱德华·英格兰。英格兰与范恩分道扬镳后，专门攻击非洲西海岸的奴隶船，而奴隶船上士气低落的船员是可靠的新人力来源。他在一七一九年春天，虏获了九艘这样的船，超过三分之一的水手叛变，加入海盗行列。在科索角（Cape Corso）时，他差点儿抓到普林斯船长的新船：两百五十吨重的"维达"二号（Whydah II）。"维达"二号在一座奴隶要塞的炮火下逃离，避免重蹈同名船只的覆辙而成为海盗船。英格兰和埃弗里

322

一样，在印度洋上待了相当长的一段时间。他劫掠莫卧儿帝国的航运，接着抓了一艘三十四门炮的船，并命名为"幻想"号，就和从前的埃弗里一样。最后，英格兰的船员罢免他，因为他拒绝让他们伤害俘虏。船员们将英格兰放逐到非洲东方毛里求斯（Mauritius）的一座小岛上。他想办法做了一艘木筏，并划行到马达加斯加，在那里，和埃弗里剩下的海盗一起度过余生。[38]

白道，没有比较好

大体来说，海盗的仇人与高层次共犯过得并没有海盗好。

"米尔福德"号的张伯伦司令抛下拿骚的罗杰斯后，依旧指挥着皇家海军的西印度舰队，直到一七二〇年六月。当时他接到命令，要负责护送十四艘商船回伦敦。六月二十八日，舰队在通过向风海峡时遇上一场大风暴，所有的船都被冲到古巴东端。一名目击证人后来说："岸上满是死尸。"四百五十名水手与乘客中，有三分之二的人溺毙，包括张伯伦与"米尔福德"号的所有船员在内。只有三十四人活了下来，包括水手、事务长，以及一名瞎眼厨师。[39]

"士嘉堡"号的指挥官休姆击败马特尔与拉布其的海盗船，一七二三年得到奖励，成为第三级战列舰"贝德福德"号（Bedford）的指挥官，而当时战列舰还只有十二艘。尽管如此，一七五三年二月时，他在苏格兰"因为某些私人恩怨"中弹身亡。[40]

皮尔斯的"凤凰"号在纽约停驻多年，让他有机会与城内许多达官贵人维持长久关系，这让他娶到玛丽·莫里斯（Mary Morris），也就是新泽西总督路易斯·莫里斯（Lewis

Morris）的女儿，莫里斯在今日的布朗克斯（Bronx）拥有庞大地产。不过，这场婚姻并不幸福。皮尔斯人在英格兰时，玛丽和另一名海军军官调情。皮尔斯在夫妻同住伦敦的几年后，才发现这场外遇。愤怒的皮尔斯以通奸罪把玛丽告上法庭，这件丑闻被大量记载于莫里斯家族成员之间的通信中，后来成为控告、反控告、和解失败与阴谋诡计的肥皂剧。一七四二年，皮尔斯在伦敦和妻子缠斗时，另一件与婚姻无关的一千五百英镑官司，纽约法庭判他败诉，导致其破产。皮尔斯一七四五年五月去世时，大概还在跟妻子争吵。[41]

梅纳德上尉杀死黑胡子不久后，被人发现拿走了"冒险"号上几件贵重物品。戈登直接命他交还找到的赃物，但他拒绝。梅纳德吹嘘自己在奥克拉寇克的战绩，也让上级和史波斯伍德总督进一步诋毁他。那些人的信件明显缺少对这位上尉的赞美。梅纳德在接下来的二十一年间，都没有被晋升为指挥官。他最终成为舰长，在一七四〇年九月得到第六级战舰"希尔内斯"号（Sheerness）的指挥权，但当时他垂垂老矣，最后在一七五〇年死于英格兰。[42]

伊登总督的治理议会洗脱了他的罪名，但他的名声因为和黑胡子挂钩，再也没能恢复。一七二二年三月十七日，他因黄热病去世于伊登顿家中，时年四十九岁，墓碑上刻着"他把这个国家带向繁荣，死时众人哀叹"。[43]

史波斯伍德的政敌凭借他违法入侵北卡罗来纳一事，成功把他拉下弗吉尼亚总督的位置。一七二二年九月，史波斯伍德退休，待在其四万五千英亩的庄园里，涉足铁矿探勘与生产。一七三〇年代，他成为美洲殖民地副邮政大臣（deputy postmaster-general），建立起威廉斯堡与费城之间的邮政服务，

324

拔擢富兰克林为宾夕法尼亚邮政局长。一七四〇年，他获任命为少将（major general），在奥地利王位继承战争期间，负责率领特遣队攻打西班牙。一七四〇年六月七日，他在监督小队出发时患上热病，死于马里兰安纳波利斯。[44]

讽刺的是，牙买加名声不佳的阿奇博尔德·汉密尔顿总督比其他人好运。他在被捕的状态下离开牙买加，但即使参与詹姆士党人的密谋，鼓励海盗，在英国法庭上所有这些指控都获判无罪。一七二一年，贸易及种植业委员会甚至命令牙买加总督，分给他一七一六年时在私掠船上抢来的战利品。汉密尔顿娶了伯爵的女儿，在爱尔兰与苏格兰拥有地产与城堡。一七五四年时，他以八十四岁的高龄，舒舒服服地死在伦敦帕摩尔街的家中，之后埋在威斯敏斯特大教堂。[45]汉密尔顿很早就放弃让斯图亚特王朝复辟，詹姆士党人在一七四五年由詹姆士·斯图亚特的儿子小王子查理（Bonnie Prince Charlie）领导最后一次起义时，他似乎完全没有伸出援手。

325　　詹姆士·斯图亚特和儿子埋在梵蒂冈圣彼得大教堂（St. Peter's basilica）的地穴。乔治国王的子孙今日依旧高坐英国王位。

《海盗通史》在大西洋两岸大畅销

伍兹·罗杰斯在伦敦度过海盗黄金年代的最后时光，又生病又负债，陷入重度忧郁。他后来写道，"有一段时期"，我"被（手中）事务令人忧郁的前景深深困住"。共同投资人解除了与他的合伙关系，罗杰斯以公司名义欠下的六千英镑债务，合伙人与政府都不还，最后债权人可怜他，免除他的债务，让他得以走出负债人监狱。[46]

一七二二年或一七二三年，有人找上罗杰斯。这个人想写关于海盗的书，正在找资料，需要罗杰斯帮忙提供细节，说明他所剿灭的海盗共和国，或许还希望他能提供官方信件与总督报告副本。罗杰斯显然同意了，因为这名作者提到的信息，只有罗杰斯才有可能提供。一七二四年五月出版时，书名是《最恶名昭彰的海盗抢劫谋杀通史》。这本书和那个时代的许多书一样，以化名出版，作者为"查尔斯·约翰逊船长"。英语读者对书中的海盗活动深深着迷，即使那些行为在当时仍持续发生着。这本书在大西洋两岸都大为畅销，有无数个版本，推荐文章与广告不断出现在伦敦的《一周报》，以及费城的《美洲水星周报》（*American Weekly Mercury*）。这本还在再版的书几乎"单枪匹马地"创造了海盗的大众形象，我们今日对海盗的印象仍受这本书影响。

几个世代的历史学家与图书馆学家，误以为查尔斯·约翰逊船长是作家笛福。笛福是《鲁滨孙漂流记》与《辛格顿船长》（*Captain Singleton*）的作者，和罗杰斯同一个时代。最近，德国基尔大学（University of Kiel）的恩内·比鲁席伏斯基（Arne Bialuschewski）找出了更有可能的候选人：纳撒尼尔·米斯特（Nathaniel Mist）。这个人当过水手、记者，以及《一周报》出版人。《海盗通史》第一位登记在案的出版商查尔斯·列文顿（Charles Rivington）替米斯特出过许多书，米斯特的家离列文顿的办公室仅几码路之遥。更重要的是，《海盗通史》在皇家出版局（His Majesty's Stationary Office）登记的是米斯特的名字。米斯特曾是西印度群岛的水手，他是全伦敦的作家与出版商中，最有资格写这本书的人。他熟悉海盗出没的海上世界背景，还是热情的詹姆士党人，最终被放逐到法国，因

326

为他是伦敦与罗马的斯图亚特朝廷之间的送信人。这点可以解释为什么《海盗通史》有些同情海上的亡命之徒。在一七二二年到一七二三年之间，米斯特也有试图写下畅销书的动机：由于报纸竞争日益激烈，《一周报》的获利已数年萎靡不振。[47]

"只要一息尚存，就抱持希望"

《海盗通史》强调罗杰斯在驱逐巴哈马海盗时扮演的角色，这本书的出版让这位被免职的总督，再度成为全国英雄人物。读者非常好奇罗杰斯发生过什么事，并显然尴尬地发现他的爱国贡献被多么糟糕地对待，其中包括许多英国的精英分子。罗杰斯不久后开始恢复好运，这应该不是巧合。一七二六年年初，他成功得到国王赔偿。有关当局读到罗杰斯的诉愿时报以同情，诉愿状上以第三人称写道："他因为正直的抱负，以及服务国家的热忱，失去……八年的人生精华岁月。为了服务国家，他失去金钱，也没有得到任何新任命，而且根本没有人抱怨过他任何行政失当或失职之处。"国王最后赐予罗杰斯抚恤金，金额等同步兵上尉（infantry captain）的半额薪饷，有效日期可以回溯至一七二一年六月。此外，一七二八年时，国王第二次任命他为巴哈马总督。[48]

327　　罗杰斯前往新普罗维登斯前，留下可能是这辈子唯一一张肖像画。画师威廉·贺加斯（William Hogarth）把罗杰斯放进浪漫版的拿骚背景里。罗杰斯戴着白色假发，身穿优雅的外套，坐在舒服的手扶椅里，露出侧脸，藏住因西班牙火枪子弹而毁容的脸。他的背后是拿骚港棱堡，上面有一个饰板，里面写着他的座右铭"DUM SPIRO SPERO"，意思是"只要一息尚存，就抱持希望"。当时五十岁的罗杰斯，左手边有一个地球仪，象征他环游世界，右手拿着圆规，即将接下儿子手中的地图，测量新普罗维登斯岛。威廉·惠史东·罗杰斯（William Whetstone Rogers）即将陪父亲到拿骚，他站在画中，头戴假发，身穿绅士的优雅服饰。罗杰斯的女儿莎拉·罗杰斯坐在左边，女仆拿着一碟水果准备伺候。在他们后方的港口，一艘大战船发射了多枚礼炮。[49]

罗杰斯和儿子在一七二九年八月二十五日抵达拿骚时，当地不如画师贺加斯想象的那样美好。岛上刚被一场飓风横扫，许多居民躺在满目疮痍的家中，因传染性热病虚弱不已。岛上的经济与防御工事依旧摇摇欲坠。此外，前总督外向的妻子也让许多拿骚居民心烦意乱。她试图利用自己的地位妨碍司法、垄断商店，还在别人家的佣工契约尚未到期前，就让佣工到她那里工作。罗杰斯离开的八年间，岛上建设没有多少进展：市镇中心多了一座新教堂，通往碉堡的入口多了一间石造警卫室，另外还多了总督府（Government House）。那座总督府是一栋两层楼的乔治式建筑，罗杰斯会在那里度过人生的最后几年。

罗杰斯最后的任期比第一任轻松，但谈不上舒服。他因为征收地方税问题，和殖民地新的治理议会代表陷入激烈的争执。罗杰斯希望收税以修理碉堡，议会代表的意见与之相左。议员的不让步让罗杰斯沮丧，他采取极端手段，解散议会，惹恼了地方大农场主。一七三一年年初，这场争执让罗杰斯精疲力竭，他再次病倒，并像先前一样到查尔斯顿养病。[50]同时，他在治理议会担任书记的儿子，尽最大的能力为家里建立起良好的奴隶农场，数次到西非买下必要的劳力；而在一七三五年，为了这个目的出航时，威廉·罗杰斯在维达港死于热病，

328

当时他是皇家非洲公司三名主要商人之一。

罗杰斯总督在一七三一年五月返回新普罗维登斯，但从未真正恢复健康，一七三二年七月十五日去世，埋在拿骚。他的墓地已经找不到了，但他的名字使这座城市的滨水区大街生色，并且巴哈马官方箴言也向他致敬：驱逐海盗，恢复贸易（Expulsis Piratis，Comercia Restitua）。[51]

致　谢

　　完成《海盗共和国》这部史书，要感谢好几个世代的历史学家、档案学家、系谱学者、抄写员与文人。要不是坎贝尔未在一七〇四年创立《波士顿新闻通讯》，并决定在西班牙王位继承战争后的几年间定期报道海盗活动，我们恐怕无法了解太多海盗黄金年代的史实。某些电讯传到伦敦，加入总督及其他殖民地官员的报告，保存在贸易及种植业委员会，以及美洲与西印度群岛大臣档案中。皇家海军战舰的舰长也收集海盗情资，他们的信件与航海日志最终都会被交到海军部。殖民地当局成功捕获海盗时，接下来的审判记录也会被送回伦敦。《海盗通史》的匿名作者在伦敦取得堆积如山的资料，使得这本书出版近三世纪后，依旧主导着关于巴哈马海盗的论述。

　　今日看来，《海盗通史》作者认真的写作态度依旧令人惊叹，巧妙地结合档案记录，资料显然来自罗杰斯及其他主要人物的访谈。但这本书也充满错误、夸大与误解，其中大部分的谬误，一直到二十世纪历史学家得以亲自检阅原始记录后，才为人所发现。英国学者约翰·威廉·佛特斯古（Sir John William Fortescue，1859～1938）与塞席尔·黑德勒姆（Cecil Headlam，1872～1934）用上几年时间，搜集《官方文件日历：殖民地系列》（*Calendar of State Papers*, *Colonial Series*）的相关卷宗，内含英国档案中许多最重要文件的摘录与摘要，相当于画出一张藏宝图，让无数研究者得以找出并重新发现美洲的部分过去。那些历史老早被埋藏在羽毛笔与墨水之中。能写成本书必须感谢他们，以及后来的历史学家作品，包括罗伯特·李（Robert E. Lee）的《海盗黑胡子：重新评价他的生平与时代》（*Blackbeard the Pirate：A Reappraisal of His Life and Time*，1974）、罗伯特·利齐（Robert Ritchie）的《基德船长与对抗海盗的战争》（*Captain Kidd and the War Against the Pirates*，1986），以及布莱恩·利特尔（Bryan Little）的《鲁滨孙船长》（*Crusoe's Captain*）。《鲁滨孙船长》出版于一九六〇年，至今仍是最好的罗杰斯传记。

世界各地几位重要海盗学者的建议、慷慨与鼓励，也让我获益良多。匹兹堡大学的马库斯·瑞迪克协助我找到许多难以取得的资料，并分享了他的第一手经验，他教我在邱园（Kew Gardens）附近的新国家档案馆（National Archives）做研究。相较于从海盗对手的观点出发，他的《各国恶棍》（*Villains of All Nations*）与《恶魔与深蓝海之间》（*Between the Devil and the Deep Blue Sea*），为基于海盗视野的海盗研究打下基础。马萨诸塞州普罗文斯敦维达远征队博物馆的肯寇，对海盗贝勒米的了解比海盗自己的父母还多。他慷慨分享众多档案抄本，省下我好几个星期的工作时间，以及车程往返耗费的大量汽油。圣保罗马卡莱斯特大学的乔艾尔·巴艾尔（Joel Baer）是埃弗里研究权威，他亲切回答我的疑问，提供我某些难以取得的海盗审判记录缺页。研究人员会乐于看到他即将出版的《黄金时代的英国海盗》（*British Piracy in the Golden Age*）。我要深深感谢你们三位：让自己沉浸在过去，有时可能令人孤独，但你们让这段旅程变得愉悦惬意。

我也要以同样的话，感谢其他一路上协助我的人。佛罗里达赛百灵（Sebring）的盖尔·史望森（Gail Swanson），花时

间从塞维亚（Seville）的西印度档案馆（Archive of the West 331
Indies）复印与寄送文件翻译件给我，让我取得一七一五年西
班牙宝船队的资料。同样来自佛罗里达的麦克・丹尼尔
（Mike Daniel），则花时间协助我弄清楚黑胡子虏获"协和"
号的法文记录。西雅图的罗德尼・布鲁（Rodney Broome）提
供了在他家乡布里斯托尔可参观与拜访的宝贵建议。我往来与
暂居卡罗来纳时，弗吉尼亚诺福克（Norfolk）的薛普与泰
拉・史密斯夫妇（Shep and Tara Smith），让我有地方可住。艾
贝尔・贝茨（Abel Bates）与我的姻亲拉瑞与安德丽亚・索以
尔夫妇（Larry and Andrea Sawyer），也让我在外鳕鱼角有地方
可待。丹尼尔・霍登（Daniel Howden）向我介绍他居住的伦
敦东区（East End），在数日阅读老旧羊皮纸上的褪色墨迹后，
那是非常舒适的暂时休息地。

　　我要特别感谢波特兰公共图书馆（Portland Public Library）
的职员，他们的馆际借阅办公室在我整个写作计划期间，提供
了难以找到的书册。我还要感谢缅因地方人士，他们以税金供
养着缅因信息网（Maine Info Net），提供卓越的全州借书系
统，让知识真正成为力量。此外，我也要感谢缅因鲍登学院的
霍桑朗费罗图书馆（Hawthorne-Longfellow Library at Bowdoin
College），他们反复出借馆内的《官方文件日历：殖民地系
列》合集，提供早期英格兰报纸的微缩胶片。感谢贝茨学院
的赖德图书馆（Ladd Library at Bates College）提供早期美洲报
纸的缩微胶片，感谢波特兰缅因历史社会研究图书馆（Maine
Historical Society Research Library）、奥古斯塔缅因州立图书馆
（Maine State Library in Augusta）与奥兰诺缅因大学佛格兰图书
馆（Fogler Library at the University of Maine in Orono）。我还要

感谢达勒姆的新罕布什尔大学的戴蒙德图书馆（Dimond Library of the University of New Hampshire in Durham），以及哈佛大学怀德纳图书馆（Widener Library）提供的资料，那里拥有为数不多的《牙买加报》（*Jamaica Courant*）幸存胶片。北卡罗来纳方面，感谢巴斯博物馆（Bath Museum）员工，感谢戴维·摩尔（David Moore）与他在北卡罗来纳海事博物馆的同事（North Carolina Maritime Museum），我希望那艘沉船真的是"安妮女王复仇"号。英格兰方面，我要感谢邱园国家档案馆人员的工作效率，特别是吉奥夫·巴克斯特（Geoff Baxter）。他让我在抵达的第一天，就有一大沓船长日志等着我：你们的文件检索系统树立了榜样。我还要感谢布里斯托尔纪录局（Bristol Records Office）的员工，你们放任我在一个阴暗的十二月下午，搜寻蒂奇名字的各种拼法（Teaches, Thatches），以及罗杰斯名字的拼法。

332

我的柏林朋友兼同事塞缪尔·罗文伯格（Samuel Loewenberg），不辞辛劳地阅读本书多个版本的草稿，并提供了宝贵建议。塞缪尔，谢谢，我真的需要多一双眼睛。我也要感谢波特兰的布莱特·阿斯佳里（Brent Askari），帮我润色初期的草稿。当然，如果还有任何错误，都是我的问题。

这本书要不是有吉儿·葛林伯格（Jill Grinberg）的建议与才干，不可能付梓；她是纽约市最出色的经纪人。感谢提莫西·本特（Timothy Bent）的热心支持，他是我原来在Harcourt出版社的编辑，现在任职于牛津大学出版社（Oxford University Press）。我还要感谢安德丽亚·舒尔茨（Andrea Schulz），能干的她让各个版本顺利转换。我也要感谢Harcourt出版社的戴维·霍夫（David Hough）的协助、文稿编辑玛格丽特·琼斯（Margaret Jones），以及罗根·弗朗西斯设计公司（Logan Francis Design）的乔乔·葛里根辛（Jojo Gragasin），他制作了本书的地图与插图。

最后我要感谢父母，感谢他们的爱与支持，还要感谢我的妻子莎拉·史基林·伍达德（Sarah Skillin Woodard），她无数次阅读本书草稿，让各位手中的这本书能够出版。感谢你，我最亲爱的妻子，感谢你的耐心支持，感谢你在这个过程中提供的建议，以及感谢你在这期间说了"我愿意"。

二〇〇七年新年
写于缅因波特兰

注　释

缩写词

ADM1/1471–2649: Admiralty Records, Letters from Captains, National Archives, Kew, UK.

ADM33/298: Navy Board Pay Office, Ship's Pay Books, National Archives, Kew, UK

ADM33/311: Navy Board Pay Office, Ship's Pay Books, National Archives, Kew, UK

ADM51/606: Admiralty Records, Captain's Logs, *Milford*, 16 Jan 1718 to 31 Dec 1719, National Archives, Kew, UK.

ADM51/672: Admiralty Records, Captain's Logs, *Pearl*, 26 July 1715 to 8 Dec 1719, National Archives, Kew, UK.

ADM51/690: Admiralty Records, Captain's Logs, *Phoenix*, 8 Oct 1715 to 6 Oct 1721, National Archives, Kew, UK.

ADM51/801: Admiralty Records, Captain's Logs, *Rose*, 18 Jan 1718 to 9 May 1721, National Archives, Kew, UK.

ADM51/865: Admiralty Records, Captain's Logs, *Scarborough*, 11 Oct 1715 to 5 Sept 1718, National Archives, Kew, UK.

ADM51/877: Admiralty Records, Captain's Logs, *Seaford*, 19 Sept 1716 to 22 Sept 1720, National Archives, Kew, UK.

ADM51/892: Admiralty Records, Captain's Logs, *Shark*, 18 Jan 1718 to 23 Aug 1722, National Archives, Kew, UK.

ADM51/4250: Admiralty Records, Captain's Logs, *Lyme*, 23 Feb 1717 to 14 Aug 1719, National Archives, Kew, UK.

C104/160: Chancery Records, Creagh v. Rogers, Accounts of the Duke & Dutchess, 1708–1711, National Archives, Kew, UK.

CO5/508: Colonial Office Records: South Carolina Shipping Returns, 1717–1719, National Archives, Kew, UK.

CO5/1265: Colonial Office Records: Documents relating to Woodes Rogers's appointment, National Archives, Kew, UK.

CO5/1442: Colonial Office Records: Virginia Shipping Returns, 1715–1727, National Archives, Kew, UK.

CO23/1: Colonial Office Records: Bahamas Correspondence, 1717–1725, National Archives, Kew, UK.

CO23/12: Colonial Office Records: Bahamas, Misc. Records, 1696–1731, National Archives, Kew, UK.

CO23/13: Colonial Office Records: Bahamas, Letters from Governors, 1718–1727, National Archives, Kew, UK.

CO37/10: Colonial Office Records: Bermuda Correspondence, 1716–1723, National Archives, Kew, UK.

CO137/12: Colonial Office Records: Jamaica Correspondence, 1716–1718, National Archives, Kew, UK.

CO142/14: Colonial Office Records: Jamaica Shipping Returns, 1709–1722, National Archives, Kew, UK.

CO152/12: Colonial Office Records: Leeward Islands Correspondence, 1718–1719, National Archives, Kew, UK.

CSPCS 1696–1697: John W Fortescue, ed., *Calendar of State Papers, Colonial Series: America and the West Indies: 15 May 1696 to October 1697* (Vol. 10), London: His Majesty's Stationary Office, 1904.

CSPCS 1697–1698: John W Fortescue, ed., *Calendar of State Papers, Colonial Series: America and the West Indies, 27 October 1697 to 31 December 1698* (Vol. 11), London: His Majety's Stationary Office, 1905.

CSPCS 1712–1714: Cecil Headlam, ed., *Calendar of State Papers, Colonial Series: America and the West Indies, July 1712 to July 1714* (Vol. 27), London: His Majesty's Stationary Office, 1926.

CSPCS 1716–1717: Cecil Headlam, ed., *Calendar of State Papers, Colonial Series: America and the West Indies, January 1716 to July 1717* (Vol. 29), London: His Majesty's Stationary Office, 1930.

CSPCS 1717–1718: Cecil Headlam, ed., *Calendar of State Papers, Colonial Series: America and the West Indies, August 1717 to December 1718* (Vol. 30), London: His Majesty's Stationary Office, 1930.

CSPCS 1719–1720: Cecil Headlam, ed., *Calendar of State Papers, Colonial Series: America and the West Indies, January 1719 to February 1720* (Vol. 31), London: His Majesty's Stationary Office, 1933.

CSPCS 1720–1721: Cecil Headlam, ed., *Calendar of State Papers, Colonial Series: America and the West Indies, March 1720 to December 1721* (Vol. 32), London: His Majesty's Stationary Office, 1933.

CSPCS 1722–1723: Cecil Headlam, ed., *Calendar of State Papers, Colonial Series: America and the West Indies, 1722–1723* (Vol. 33), London: His Majesty's Stationary Office, 1934.

E190/1164/2: Exchequer Records: Port Books, Bristol, 1708, National Archives, Kew, UK.

GHP: Charles Johnson, *A General History of the Pyrates*, ed. Manuel Schonhorn, Columbia, SC: University of South Carolina Press, 1972.

HCA1/54: High Court Admiralty Records: Examinations of Pirates and Other Criminals, 1710–1721, National Archives, Kew, UK.

HCA1/55: High Court Admiralty Records: Examinations of Pirates and Other Criminals, 1721–1725, National Archives, Kew, UK.

SAT: Translations of Spanish and Vatican Documents from the Archive of the West Indies, Seville, Spain; overseen by Jack Haskins, Kip Wagner, and others. Unpublished manuscript: Islamorda Public Library, Islamorda, Florida.

TEP: *The Trials of Eight Persons Indited for Piracy*, Boston: John Edwards, 1718.

TJR: *The Tryals of Captain John Rackham and other Pirates*, Kingston, Jamaica: Robert Baldwin, 1720.

TSB: *The Tryals of Major Stede Bonnet and Other Pirates*. London: Benjamin Cowse, 1719.

序 言

1 当然，黄金年代的海盗在一七七六年早已消失，但海上的反抗精神则绵延了一整个世纪。不满的水手与黑人带头暴动，对抗皇家海军的强征队，像是一七四七年到一七六八年在波士顿；一七六四年在新港、罗得岛、缅因波特兰；一七六四年与一七六五年在纽约，以及一七六七年在弗吉尼亚与诺佛克，都是这样的例子。一七四七年的暴动为时三天，奴隶、仆人、水手拥至波士顿市，迫使总督逃离家中，殴打治安官，扣押一名海军官员。水手也带头反抗《印花税法》（Stamp Act），英国士兵开枪射杀愤怒的波士顿暴民，这件事后来被称为"波士顿屠杀事件"（Boston Massacre）。

2 Marcus Rediker, *Villains of All Nations: Atlantic Pirates in the Golden Age,* Boston: Beacon Press, 2005, pp. 73–74.

3 Benjamin Bennett to the Council of Trade and Plantations, Bermuda: 31 May 1718 in *CSPCS 1717–1718,* No. 551, p. 261.

4 Author's Interview, Kenneth J. Kinkor, Provincetown, MA: 15 June 2005.

5 Walter Hamilton to the Council of Trade and Plantations, Antigua: 15 May 1717 in *CSPCS 1716–1717,* No. 568, p. 300.

6 Alexander Spotswood to Lord Carteret, Williamsburg, VA: 14 February 1719 in R. A. Brock (ed), *The Official Letters of Alexander Spottswood,* Vol. I, Richmond, VA:Virginia Historical Society, 1882, p. 274.

第一章 传奇人物埃弗里（一六九六年）

1 Examination of John Dann, 3 August 1696, in John Franklin Jameson, *Privateering and Piracy in the Colonial Period: Illustrative Documents,* New York: Macmillan Co., 1923, pp. 169–170.

2 John Oldmixon, *The British Empire in America,* London: J. Brotherten, 1741, pp. 428–431.

3 "The Case of Nicholas Trott," 25 October 1698, in *CSPCS 1697–1698,* No. 928, p. 506; Michael Craton, *A History of the Bahamas,* London: Collins, 1962, pp. 86–87.

4 Oldmixon, p. 429.

5 Oldmixon, pp. 429–430.

6 "The Trial of Joseph Dawson, Edward Forseith, William May, William Bishop, James Lewis and John Sparkes at the Old Baily for Felony and Piracy," London: 19 October 1696, in Francis Hargrave, *A Complete Collection of State Trials and Proceedings,* Volume V, London: T. Wright, 1777 p. 10; "The Case of Nicholas Trott," p. 506; Examination of John Dean, pp. 169–170; Affidavit of Phillip Middleton, London: 11 November 1696, in Jameson, pp. 171–173.

7 依据菲利普·布鲁斯（Phillip A Bruce）的《十七世纪弗吉尼亚经济史》（*History of Virginia in the Seventeenth Century,* New York: MacMillan & Co., 1896, pp. 503, 507, 510–11）所述，当时一西班牙比索（peso）或一枚八里尔银币，价值五先令或零点二五英镑。每"一枚金币"（piece of gold）据信等于一西班牙皮斯托尔（pistole）。依据约翰·康迪乌特（John Condiuitt）的《我们的金银币现况

观察》(*Observations upon the present state of our Gold and Silver Coins*, 1730)所述,一皮斯托尔等同于三十二莱艾尔(ryal)。

8 一七一三年,拥有巴哈马的贵族也拥有北卡罗来纳殖民地,贵族向他们的总督支付的年薪约为三百英镑。Warrant from the Lord Proprietors to Daniel Richardson, St. James's Palace, London: 13 August 1713 in *CSPCS 1712–1714,* item No. 451, p. 219.

9 "The Case of Nicholas Trott," pp. 506–507.

10 Affidavit of Phillip Middleton, p. 172; Hargrave (V), p. 10.

11 Affidavit of Phillip Middleton, p. 173.

12 "The Case of Nicholas Trott," pp. 506–507.

13 Affidavit of Phillip Middleton, pp. 172–173.

14 Joel H. Baer, "'Captain John Avery' and the Anatomy of a Mutiny," *Eighteenth Century Life,* Vol. 18 (February 1994), pp. 3–4.

15 Ibid., pp. 4–5.

16 Ibid., pp. 5–6.

17 Ibid., pp. 8–9, 11.

18 Ibid., p. 9.

19 Ibid., p. 9.

20 Ibid., pp. 13–14; Hargrave (V), p. 6.

21 Hargrave (V), pp. 6–8.

22 Baer (1994), p. 15.

23 For examples see Gomer Williams, *History of the Liverpool Privateers and Letters of Marque with an Account of the Liverpool Slave Trade,* Montreal: McGill-Queen's Press, 2004, p. 31; Angus Kostram, *Privateers & Pirates 1730–1830,* Oxford, UK: Osprey Publishing, 2001, p. 20.

24 Examination of John Dann, 3 August 1696, in Jameson, p. 165; Hargrave (V), p. 10.

25 in Declaration of Henry Avery to All English Commanders, Johanna, Comoro Islands: 28 February 1694, enclosed within Petition of the East India Company to the Lord Justices, London: July 1696, in Jameson, p. 154.

26 Examination of John Dann, pp. 165–167; Hargrave (V), pp. 8–10; Examination of Peter Claus in *CSPCS 1697–1698,* No. 404ii, p. 184.

27 Examination of John Dann, pp. 167–168; Hargrave (V), pp. 9–10.

28 Examination of John Dann, p. 168; Hargrave (V), p. 10.

29 Hargrave (V), pp. 9–10.

30 "Khafi Khan" in H. M. Elliot and John Dawson, *The History of India as Told by its Own Historians,* Volume VII, London: Trubner, 1867–1877, pp. 421–422.

31 *The Life and Adventures of Captain John Avery,* London: 1709, pp. 30–32.

32 "Abstract of East India Company Letters from Bombay," 12 October 1695 in Jameson, pp. 158–159; "Khafi Khan" in *The History of India as Told by its Own Historians,* Volume VII, pp. 421–423.

33 Hargrave (V), p. 10; Examination of John Dann, p. 169.

34 John Graves to the Council of Trade and Plantations, New Providence,

Bahamas: 11 May 1698, in *CSPCS 1697–1698,* No. 444, p. 208.

35 Examination of John Dann, p. 170.

36 Examination of John Dann, p. 170.

37 Affidavit of Phillip Middleton, p. 174.

38 "Case ofNicholas Trott . . . ," pp. 506–507.

39 Robert Snead to Sir John Houblon, 29 September 1697, in *CSPCS* 1696–97 No. 1331, pp. 613–615; Edward Randolph to William Popple,New York: 12 May 1698, in *CSPCS* 1697–98, No. 451, pp. 211–212;Narrative of Captain Robert Snead, in *CSPCS* 1697–98, No. 451i, pp. 212–214; Information of Thomas Robinson, in *CSPCS* 1697–98, No. 451ii, pp. 214–215.

40 Examination of John Dann, p. 171; "Abstract of Letters from Ireland," in Jameson, pp. 160–164.

41 Examination of John Dann, pp. 170–171.

42 Examination of John Dann, pp. 170–171.

43 Hargrave (V), p. 18.

44 Bernard Lintott, 1713, pp. 3–4; *The Life and Adventures . . .* pp. 46–7, 57–59.

45 GHP, pp. 49–50, 56–57.

第二章　乘风破浪（一六九七～一七〇二年）

1 Kenneth J. Kinkor, "The Whydah Sourcebook," unpublished document, Provincetown:Whydah Museum, Provincetown, MA: 2003, p. 355; *Parish register printouts of Hittisleigh, Devon, England christenings, 1673–1837,* FHL Film 933371, Item 4, Provo, UT: Church of Jesus Christ of Latter-day Saints Genealogical Society.Microfilm.

2 *The National Gazeteer of Great Britain and Ireland,* London, Virtue, 1868.

3 [Daniel Defoe] *A Tour Thro' the Whole Island of Great Britain,* 4th ed., London: S. Birt, et al., 1768, pp. 360–361.

4 Jane Humphries, "Enclosures, Common Rights, and Women:The Proletarianization of Families in the Late Eighteenth and Early Nineteenth Centuries," *The Journal of Economic History,* Vol. 50, No. 1, March 1990, pp. 17–42.

5 Ibid., p. 24.

6 M. Dorothy George, *England in Transition,* Baltimore: Penguin, 1953, pp. 12, 15.

7 David Ogg, *England in the Reigns of James II and William III,* Oxford, UK: Oxford University Press, 1969, pp. 33–34.

8 Ogg, pp. 34–35.

9 John Komlos, "On English Pygmies and Giants:The Physical Stature of English Youth in the late-18th and early-19th Centuries," Discussion Paper 2005-06, Munich: Department of Economics, University of Munich, April 2005.

10 Vane lived in Port Royal: *TJR,* p. 27.

11 Marcus Rediker, *Villains of All Nations: Atlantic Pirates in the Golden Age,* Boston: Beacon Press, 2004, p. 51.

12 Ogg, 132;Maureen Waller, *1700: Scenes from London Life,* New York: Four Walls, Eight Windows, 2000, pp. 1–4.

13 *New State of England,* 4th ed., London: R. J., 1702, p. 149.

14　Waller, p. 95.

15　Ibid., p. 149.

16　John Stow as quoted in Sir Walter Besant, *The Thames*, London: Adam & Charles Black, 1903, p. 110.

17　E.N.Williams, *Life in Georgian England*, London: B.T. Batsford, Ltd., 1962, pp. 113–114.

18　Waller, pp. 96–102; includes a photograph, "A General Bill of all the Christenings and Burials from the 19 of December 1699 to the 17 of December 1700."

19　Waller, p. 62.

20　*A Trip Through the Town*, London: J. Roberts, 1705.

21　J. P. Andrews, *An Appeal to the Humane on behalf of the most deplorable class of society, the Climbing Boys*, London: John Stockdale, 1788, pp. 8–9, 30–31.

22　Edward Ward, *The London Spy*, London: The Folio Society, 1955, Originally published 1698–1700, pp. 27–28.

23　*An Account of a Dreadful and Amazing Fire*, London: Edward Harrison, 1703. Pamphlet.

24　David Cordingly, *Under the Black Flag*, New York: Harcourt, 1997, p. 224; Richard Zacks, *The Pirate Hunter*, New York: Hyperion, 2002, pp. 386–392.

25　*An Account of the Behavior, Dying Speeches and Execution of Mr. John Murphy, for High Treason, and William May, John Sparkes, William Bishop, James Lewis, and Adam Forseith, for Robbery, Piracy, and Felony*, London: T. Crownfield, 1696.

26　R. D. Manning, *Queen Anne's Navy*, London: Navy Records Society, 1961, p. 170.

27　Ibid., p. 170.

28　Rediker (1987), p. 13.

29　Edward Barlow quoted in Ibid., p. 81.

30　Ibid., pp. 43, 81–82.

31　Ward (1955), pp. 249–250.

32　Christopher Lloyd, *The British Seaman 1200–1860: A Social Survey*, Rutherford, NJ: Fairleigh Dickinson University Press, 1970, p. 104.

33　*A Copy of the Marquis of Carmarthen's Method for the Speedy Manning Her Majesty's Royal Navy and for Encouraging Seamen*, Speech given 12 February 1705, London: John Humfreys, 1706, pp. 3–4.

34　Lloyd (1970), p. 109;Marquis Carmarthen, p. 2.

35　John Dennis, *An Essay on the Navy*, London: John Nutt, 1702, p. 32.

36　Marques Carmarthen, p. 3, Dennis, p. 32.

37　Lloyd (1970), pp. 108–109.

38　Ibid., pp. 142–143.

39　Dennis, p. 33.

40　Ibid., p. 32.

41　R.D.Merriman, *Queen Anne's Navy*, London:Navy Records Society, 1961, p. 172.

42　*GHP*, p. 71; Robert E. Lee, *Blackbeard the Pirate: A Reappraisal of His Life and Times*,Winston-Salem,NC: John F. Blair, 1974, pp. 175–176n.

43　Elizabeth Ralph and Mary E.Williams, *The Inhabitants of Bristol in 1696*, Bristol, UK: Bristol Records Society, 1968.The author also examined partial tax records from the 1690s at the Bristol Records Office.

44   Lease of Martin Nelme to Thomas Thatch and Charles Dymock, Bristol: 27 November 1712, Bristol Records Office, Bristol, UK, Document 00452/12b; Marriage Settlement ofMartin Nelme, Bristol: 28 November 1712, Bristol Records Office, Bristol, UK, Document 00452/12a.

45   CO 152/12, No. 67iii: Deposition of Henry Bostock, St. Christopher, Leeward Islands: 19 December 1717.

46   Roger H. Leech, *The Topography of Medieval and Early Modern Bristol, Part I,* Bristol, UK: Bristol Record Society, 1997; Author visit, Bristol, November 2005; Frank Shipsides and Robert Wall, *Bristol: Maritime City,* Bristol, UK: Redcliffe Press, 1981, pp. 47–50.

47   Ogg, p. 328.

48   James Boswell, *The Life of Samuel Johnson,* London: 1791, p. 876.

49   Rediker (1987), pp. 89, 91, 93.

50   Quoted in Lloyd (1970), p. 106.

51   Rediker (1987), pp. 92–93.

52   G. E. Manwaring, *The Flower of England's Garland,* London: Philip Allan & Co., 1935, pp. 157–169; Edward Ward, *The Wooden World Dissected,* 3rd ed., London: M. Cooper, 1744, p. 70.

53   Hans Sloane, *A Voyage to the Islands of Madera, Barbados, Nieves, St Christopher's and Jamaica,* Vol. I, London: B. M., 1707, p. 25.

54   Rediker (1987), pp. 160–161; Stephen R. Brown, *Scurvy: How a surgeon, a mariner, and a Gentleman solved the Greatest Medical Mystery of the Age,* New York: St Martin's Press, 2003, pp. 14–15.

55   Gottlieb Mittelberger as quoted in John Duffy, "The Passage to the Colonies," *Mississippi Valley Historical Review,* Vol. 38. No. 1 (June 1951), p. 23.

56   Rediker (1987), pp. 127–128; "mouldy and stinking" Edward Barlow quoted in Lloyd (1970), p. 108;Web site on HMS *Victory* (1797) at www.stvincent.ac.uk/Heritage/1797/Victory/food.html.

57   Rediker (1987), p. 143.

58   "Dispatch from *Dublin Post-Boy* of 11 March," *Boston News-Letter,* 1 May 1729, p. 1; "Boston Dispatch,November 4," *Boston News-Letter,* 6 November 1729, p. 2.

59   Rediker (1987), pp. 215–221.

60   *The Tryal of Captain Jeane of Bristol,* London: T.Warner, 1726, pp. 5–7.

61   *Instructions,* London: [for the Admiralty], 1714, p. 27; Dudley Pope, *Life in Nelson's Navy,* London: Unwin Irwin, 1987.

62   Rediker (1987), pp. 32–33, 47–48, 92–93.

63   Rediker (1987), pp. 144–146.

64   Lloyd (1970), pp. 107–108; Merriman, pp. 171–173; Rediker (1987), p. 33.

65   Ralph and Williams, p. 107.

66   他的出生记录没能留存下来，但他的弟弟妹妹生于一六八〇到一六八八年之间。我们知道，一七〇五年，他在伦敦结婚时，"年约二十七"。见 Little, 第18页。

67　Newton Wade, "Capt. Woodes Rogers," *Notes and Queries*, Vol. 149, Number 22, 28 November 1925, p. 389; Manwaring (1935), pp. 92–93; Bryan Little, *Crusoe's Captain*, London: Odham's Press, 1960, pp. 15–17.

68　*A Tour Through the Whole Island of Great Britain*, pp. 346–347; on the Newfoundland fish trade see Michael Harris, *Lament for an Ocean*,Toronto:McClelland & Stewart, 1998, pp. 42–43.

69　Little, pp. 17–19.

70　Ralph and Williams, p. 106.

71　Kenneth Morgan, *Bristol and the Atlantic trade in the eighteenth century*, Cambridge, UK: Cambridge University Press, pp. 29–30.

72　Ibid., p. 33.

73　Andor Gomme, Michael Jenner, and Bryan Little, *Bristol: an architectural history*, London: Lind Humphries, 1979, p. 94; Roger H. Leech, *The Topography of Medieval and Early Modern Bristol*, Part I, Bristol: Bristol Records Society, 1997, pp. xx–xxvii, 119–162; Morgan, pp. 7–9.

74　Captain [Woodes] Rogers to William Dampier, circa 1695, as excerpted in William Dampier, *Dampier's Voyages*,Volume II, John Masefiled, ed., London: E. Grant Richards, 1906, pp. 202–203, 321–324.

75　Christopher Lloyd, *William Dampier*, Hamden, CT: Archon Books, 1966, pp. 15–16; Dampier, pp. 202–203, 321–324.; David Lyon, *The Sailing Navy List*, London: Conway, 1993, p. 26.

76　Joel H. Baer, "William Dampier at the Crossroads: New Light on the 'Missing Years,' 1691–1697," *International Journal of Maritime History*, Vol. VIII, No. 2 (1996), pp. 97–117.

77　Little, p. 19.

78　我们知道他在一七〇八年前，因为渔业贸易的关系去过那里。资料见 Woodes Rogers, *A Cruising Voyage Around the World*, Originally published 1712, New York: Longmans, Green & Co., 1928, p. 99。

79　W. N. Minchinton, *The Trade of Bristol in the Eighteenth Century*, Bristol: Bristol Record Society, 1957, p. 6.

80　"Poole," "Trinity Harbour," and "Old Perlican" in *Encyclopedia of Newfoundland and Labrador*, St. John's, Nfld.:Memorial University, 1997.

81　J. K. Laughton, "Whetstone, Sir William (d. 1711)" in *Oxford Dictionary of National Biography*, Oxford University Press, 2004; Little, pp. 19–20.

82　Gomme, Jenner & Little, pp. 96–98; Little, pp. 22–23.

83　J.K Laughton, "Whetstone, Sir Willaim," *Oxford Dictionary of National Biography*, Oxford, UK: Oxford University Press, 2004; David Syrett (ed.), *Commissioned Sea Officers of the Royal Navy 1660–1815*, London: Navy Records Society, 1994, p. 983.

84　Wikipedia, "Charles II of Spain" and "War of Spanish Succession," online resource, viewed 10 January 2006.

85　G. J. Marcus, *A Naval History of England, Volume I: The Formative Centuries*, Boston: Little, Brown & Co., 1961, pp. 221–223.

86　Little, p. 22.

87 *Oxford Dictionary;* Syrett, p. 983; Manwaring, p. 93n.

88 *Notes & Queries,*Volume 149,Number 22, 28 November 1925, p. 388; Newton Wade, "Capt.Woodes Rogers," *Notes & Que*ries, 10th series, Number VIII, No. 207 (December 14 1907), p. 470.

89 Manwaring, p. 93.

90 William Hogarth, *Woodes Rogers and his Family* (1729), oil on canvas painting,National Maritime Museum, London.

第三章　海上大战（一七○二 ~ 一七一二年）

1 A. B. C.Whipple, *Fighting Sail,* Alexandria, VA: Time-Life Books, 1978, pp. 12–15.

2 Merriman, p. 365.

3 Whipple, pp. 146–165.

4 N. A. M. Rodger, *The Command of the Ocean: A Naval History of Britain 1649–1815,* London:W.W. Norton, 2004, pp. 166–174.

5 Merriman, p. 338; "Letter from the Masters of six merchant vessels to the Victualling Board of the Royal Navy," Dover, 30 December 1704, reproduced in Merriman, pp. 341–342; Julian Hoppit, *A Land of Liberty: England 1689–1727,* Oxford: Oxford University Press, 2002, p. 112; G. N. Clark, "War Trade and Trade War," *Economic History Review,* Vol. 1 No. 2 (January 1928), p. 263.

6 John Taylor (1688) as quoted in Allan D.Meyers, "Ethnic Distinctions and Wealth among Colonial Jamaican Merchants, 1685–1716, *Social Science History,* Vol. 22 (1), Spring, 1998, p. 54.

7 Cordingly, pp. 141–142.

8 *A New History of Jamaica,* London: J.Hodges, 1740, pp. 270–272.

9 Edward Ward, *A Collection of the Writings of Mr. Edward Ward,* Vol. II, fifth ed., London: A. Bettesworth, 1717, pp. 164–165.

10 George Woodbury, *The Great Days of Piracy in the West Indies,* New York:W.W. Norton, 1951, pp. 32–46.

11 Ward (1717), pp. 161–162.

12 Richard S Dunn, *Sugar and Slaves: The Rise of the Planter Class in the English West Indies, 1624–1713,* Chapel Hill, NC: University of North Carolina Press, 1972, pp. 164–165.

13 Dunn, pp. 300–305.

14 *A New History of Jamaica,* pp. 217–223; Dunn, pp. 238–246.

15 Mavis C. Campbell, *The Maroons of Jamaica 1655–1796,* Granby,MA: Bergin & Gravey Publishers, 1988, pp. 49–53.

16 Wikipedia, "Economic History of Spain," viewed 5 April 2006.

17 Ruth Bourne, *Queen Anne's Navy in the West Indies,* New Haven: Yale University Press, 1939, pp. 59–61.

18 N.A.M. Rogers, *The Wooden World,* New York:W.W.Norton, 1996, p. 46.

19 Bourne (1939), pp. 66, 70.

20 Ibid., pp. 74–75.

21 Ibid., pp. 73–74.

22 Ibid., pp. 75–76.

23　Ibid., p. 80 (also in *CSPCS 1710–11,* No. 824).

24　Bourne (1939), pp. 87–88.

25　Bourne (1939), pp. 93–95; see Josiah Burchett, *A Complete History of the Most Remarkable Transactions at Sea,* London: 1720, pp. 699, 701.

26　Dunn, pp. 273–275.

27　Bourne (1939), pp. 100–101; his first name from John Hardy, *A Chronological List of the Captains of His Majesty's Royal Navy,* London: T. Cadell, 1784, p. 29.

28　Dunn, p. 185.

29　Clark, p. 265.

30　Oldmixon, p. 340; Howard M. Chapin, *Privateer Ships and Sailors,* Toulon, France: Imprimerie G.Mouton, 1926, pp. 240–241.

31　Oldmixon, pp. 342–343.

32　*The State of the Island of Jamaica,* London: H.Whitridge, 1726, p. 4.

33　*A New History of Jamaica* (1740), p. 273.

34　Shipsides & Wall, p. 50.

35　Powell, p. 102; Patrick McGrath (ed.), *Bristol, Africa, and the Eighteenth-Century Slave Trade to America,* Vol. I, Bristol, UK: Bristol Records Sociey, 1986, p. 12; Bryan Little, *Crusoe's Captain,* London: Odham's Press, 1960, pp. 41–42.

36　Powell, p. 95; Little, p. 42.

37　Summarized nicely in Gary C.Williams, "William Dampier: Pre-Linean Explorer, Naturalist," *Proceedings of the California Academy of Sciences,* Vol. 55, Sup. II, No. 10, pp. 149–153.

38　Timothy R. Walton, *The Spanish Treasure Fleets,* Sarasota, FL: Pineapple Press, 1994, pp. 136–138.

39　Kip Wagner, *Pieces of Eight: Recovering the Riches of a Lost Spanish Treasure Fleet,* New York: E. P.Dutton & Co., 1966, pp. 52–54; Walton, pp. 47–55; Charles E. Chapman, "Gali and Rodriguez Cermenho: Exploration of California," *Southwestern Historical Quarterly,* Vol. 23, No. 3 (January 1920).

40　Lloyd (1966), p. 117.

41　Edward Cooke, *A Voyage to the South Sea and Round the World,* London: B. Lintott and R. Golsing, 1712, Introduction.

42　Lloyd (1966), p. 96.

43　Lloyd (1966), pp. 97–121; Donald Jones, *Captain Woodes Rogers' Voyage Round the World 1708–1711,* Bristol, UK: Bristol Branch of the Historical Association of the University, 1992, pp. 5–6.

44　Little, pp. 45–46; Jones, p. 5.

45　Jones, pp. 4–5.

46　Powell, p. 104n; Little, pp. 47–48.

47　Leonard A. G. Strong, *Dr. Quicksilver, 1660–1742: The Life and Times of Thomas Dover, M.D.,* London: Andrew Melrose, 1955, pp. 157–159.

48　Woodes Rogers, *A Cruising Voyage Round the World,* 2nd Ed. Corrected, London: Bernard Lintot & Edward Symon, 1726, p. 2.

49　Rogers, pp. 2–3.

50 Woodes Rogers, *A Cruising Voyage Around the World*,Originally published 1712,New York: Longmans,Green & Co., 1928, pp. 8–33.

51 Rogers, pp. 30–33; Cooke (1712, Vol. I), pp. 30–36; quote on dolphins: Rogers (1726), p. 103. 作者提到罗杰斯的德雷克海峡之旅。

52 Stephen R. Bown, *Scurvy: How a Surgeon, a Mariner, and a Gentleman Solved the Greatest Medical Mystery of the Age of Sail,* New York: St.Martin's Press, 2003, pp. 1–7, 33–46.

53 Cooke (1712,Vol. I), p. 35; Rogers (1928), pp. 89–90.

54 Rogers (1928), pp. 91–96; Alexander Winston, *No Man Knows My Grave: Privateers and Pirates 1665–1715,* Boston: Houghton-Mifflin, 1969, pp. 183–184.

55 Edward Cooke, *A Voyage to the South Sea and Around the World,* Vol. II, London: Bernard Lintot & R. Gosling, 1712, pp. xx–xxi.

56 Rogers (1928), pp. 91, 94, 96.

57 Rogers (1928), pp. 103–113; Little, pp. 80–84; Cooke (1712,Vol. I), pp. 126, 130–132.

58 C104/160:Accounts of the Negroes now onboard the *Ascension,* Gorgona, 20 July 1709 and 28 July 1709.

59 Rogers (1928), pp. 117–118.

60 Cooke (1712, Vol. I), pp. 136–8; Rogers (1928), pp. 116–7; C104/160: List of Negroes and cargo on *Havre de Grace* when captured, 15 April 1709.

61 Little, pp. 87–100.

62 Cooke (Vol. I), pp. 164, 317; Rogers (1928), pp. 167–171.

63 Rogers (1928), pp. 172–177.

64 Rogers (1928), pp. 211–213; Jones, p. 14.

65 Rogers (1928), pp. 213–215.

66 Rogers (1928), pp. 216–222; Cooke (Vol. I), pp. 346–352.

67 Jones, p. 21.

68 Little, pp. 149, 169.

69 Jones, pp. 19–21.

70 c. 1712: *TJR,* p. 37.

71 *GHP,* p. 41.

72 "A letter containing an account of the most general grievances of Jamaica," Jamaica, 6October 1712, in *The Groans of Jamaica,* London: 1714, p. 1.

73 Oldmixon, p. 345; *Boston News-Letter,* 12 January 1713, p. 1; Burchett (1720), p. 785.

74 九月下旬时，消息已经传至安地卡。见 Burchett，第 784 页。

第四章　和平（一七一三～一七一五年）

1 Rediker (1987), pp. 281–282.

2 Lord Archibald Hamilton, *An Answer to An Anonymous Libel,* London: 1718, p. 44.

3 CO137/12, folio 90(iii): A List of Some of the Many Ships, Sloops, and other Vessels taken from the Subjects of the King of Great Britain in America by the Subjects of the King of Spain since the Conclusion of the last peace, Jamaica: c. 1716.

4 Hamilton (1718), p. 44.

5 A. B., *The State of the Island of Jamaica,* London: H.Whitridge, 1726, p. 8.

6　Ibid., p. 8n.

7　Oldmixon, p. 432; Craton, pp. 93-94; CO5/1265, No. 76v: Memorial of Sundry Merchants to Joseph Addison, London: 1717; CO23/1, No. 17: Testimonial of Samuel Buck, London: 2 December 1719.

8　这里推想自一七〇六年约翰·葛雷福提供的小岛状况证词，引自 Craton，第 93 ~ 95 页。当时的情况大概与一七一三年类似。岛上在一七〇六年后可能的进展，被随后的法国攻击摧毁。这个假设的进一步证明是，岛上一直到一七一八年，依旧状况不佳，见 Samuel Buck in CO23/1, No. 17 及随后章节。

9　"Boston News Item," *Boston News-Letter*, 29April 1714, p. 2;Henry Pulleine to the Council of Trade and Plantations, Bermuda: 22 April 1714 in *CSPCS 1712-1714*, No. 651, pp. 333-334.

10　Carl Bridenbaugh, *Cities in the Wilderness: The First Century of Urban Life in America 1625-1742*, New York: Alfred A. Knopf, 1955, pp. 171-172, 151, 178-179; Justin Winsor (ed.), *Memorial History of Boston*, 1630-1880, Boston: Ticknor & Co., 1880, pp. 440-441, 496.

11　Winsor, p. 442n.

12　Michael G. Hall, *The Last American Puritan*, Middletown, CT: Wesleyan University Press, 1988, p. 338.

13　Winsor, pp. 388-390, 442-443; Bridenbaugh (1955), p. 180.

14　Bridenbaugh (1955), p. 185.

15　Winsor, p. 499.

16　Henry David Thoreau, *Cape Cod*, New York:W.W.Norton, 1951, pp. 45-60.

17　Jeremiah Digges, *Cape Cod Pilot*, Provincetown, MA:Modern Pilgrim Press, 1936, pp. 134-137.

18　另一种诠释见 Edwin Dethlefson, *Whidah: Cape Cod's Mystery Treasure Ship*, Woodstock, VT: Seafarer's Heritage Library, 1984, pp. 14-22. 不过，后来又有新证据。更为想象式的叙述，见 Barry Clifford, *The Pirate Prince*, New York: Simon & Schuster, 1993, pp. 21-22.

19　A. Otis, *Genealogical Notes of Barnstable Families*, Barnstable, MA: F. B & F. P Goss, 1888; Robert Charles Anderson, *The Great Migration*, Vol. 3, Boston: New England Historic Genealogical Society, 2003; Author's Interview,Kenneth J.Kinkor, Provincetown, MA: 15 June 2005.

20　Kinkor (2003), p. 312; Fact Sheet, Great Island, Cape Cod National Seashore,National Park Service: online resource at www.nps.gov/caco/places/index.thml, viewed 13 May 2006.

21　"Last Will & Testament of Mary Hallett," Yarmouth, MA: April 19, 1734 from *Barnstable County Public Records*, Vol. 8, as appears in Kinkor (2003), pp. 295-296.

22　George Andrews Moriatry, "John Williams of Newport, Merchant, and His Family," *The Genealogical Magazine*, Nos. 1-3 (1915), pp. 4-12; *Genealogies of Rhode Island Families, Volume II: Smith—Yates*, Baltimore: Clearfield, 2000, pp. 401-406.

23　Malcolm Sands Wilson, *Descendants of James Sands of Block Island*, Privately printed: p. 194; George R. Burgess & Jane Fletcher Fiske, "New Shoreham Town Book No. 1," manuscript transcription, 1924, p. 17.

24 Author Interview, Kenneth J. Kinkor, 15 June 2005; Zacks, pp. 232–233, 240–241; Barry Clifford, *The Lost Fleet*, New York: Harper- Collins, 2002, pp. 108–118, 262–264.

25 Jameson, pp. 141–142.

26 CO5/1265, No. 17i: A List of the men's names that sailed from Iletheria and Committed Piracies Upon the Spaniards on the Coast of Cuba since the Proclamation of Peace, Nassau: 14 March 1715; CO5/1265, No. 17iv: John Chace's Receipt for Carrying Daniel Stilwell,Nassau: 2 January 1715, p. 32. Note that these accounts are more accurate than the year-old recollections of John Vickers, which muddle some of the dates and details: Deposition of John Vickers,Williamsburg, VA: 1716 in *CSPCS 1716–1717*, No. 240i, pp. 140–141.

27 CO5/1265, No. 17i:Thomas Walker to the Council of Trade and Plantations,Nassau: 14 March 1715; Craton, p. 91.

28 CO5/1265, No. 17i: Thomas Walker to Colonel Nicholson, New Providence: 14 March 1715; CO5/1265, No. 17: Thomas Walker to the Proprietors of the Bahamas, New Providence: 14 March 1715; Bruce T McCully, "Nicholson, Francis," in *Dictionary of Canadian Biography*, CD-ROM,Toronto: University of Toronto, 2000.

29 Pulleine to the Council of Trade, 22 April 1714, p. 334.

30 Johnathan Chace's Receipt, CO5/1265, No. 17i: Thomas Walker to Archibald Hamilton, 21 January 1715.

31 CO5/1265, No. 17v: George Hearne to Thomas Walker, Harbour Island, Bahamas: 20 January 1715.

32 CO5/1265, No. 17iii: Marquis de Cassa Torres to Thomas Walker,Havana: 15 February 1715.

33 Deposition of John Vickers, p. 141.

34 Sir James Balfour Paul, *The Scots Perage*, Vol. IV, Edinburgh: David Douglas (1907), pp. 380–385; Kinkor (2003), pp. 342–343.

35 Samuel Page to Sir Gilbert Heathcote, London: 8 May 1716 in *CSPCS 1716–1717*, No. 158viii, pp. 82–83; "Representation of the Assembly of Jamaica to the King," Jamaica: Early 1716 in *CSPCS 1716–1717*, No. 158xi(a), pp. 83–87; An account of the mal-administration in Jamaica during the Government of Lord Hamilton, Jamaica: early 1716, *CSPCS 1716–1717*, No. 158xii, pp. 88–90.

36 Hamilton (1718), pp. 44–48.

37 CO137/12, folio 16ii: A list of vessels commissioner by Governor Lord A.Hamilton, c. May 1716.

38 Hamilton (1718), p. 59.

39 Wagner, pp. 55–73; up-to-date information on the names, fate, and identity of particular ships can be found on www.1715fleet.com. The storm is described in Don Miguel de Lima y Melo to Duque de Linares,Havana: 19 October 1715 (Gregorian), in SAT, pp. 32–34.

40 Walton, p. 160. Documentary research by Jack Haskins and other sailors suggests 6,486,066 pesos, in SAT, p. 94.

41 Marion Clayton Link, *The Spanish Camp Site and the 1715 Plate Wreck Fleet*, 2nd corrected draft, unpublished manuscript, c. 1970, p. 2.

42 Link (c. 1970), pp. 4–6;Wagner (1966), pp. 60–73.

43 一七一五年夏天的原始报道已找不到，但后来偶尔提及相关船难事件的期数，清楚显示这件事曾被报道过。

44 Hamilton (1718), p. 49.

45 ADM 1/1471, f24: P. Balcher (Captain) to the Admiralty, HMS *Diamond* at the Nore, England: 13 May 1716.

46 Deposition of Samuel Page, Jamaica: 15 May 1716 in *CSPCS 1716–1717*, No. 158v, pp. 80–81.

47 Deposition of Walter Adlington, Jamaica: 15 May 1716 in *CSPCS 1716–1717*, No. 158vi, p. 81; Extract of a Letter from Don Juan Francisco de Valle to the Marquis de Montelon, Jamaica: 18 March 1716 in *CSPCS 1716–1717*, No. 158i, pp. 78–79.

48 "Instructions for Captain Jonathan Barnet," St. Jago de la Vega, Jamaica: 24 November 1715, published as Appendix II in Hamilton (1718), pp. 72–73.

49 离开牙买加之前，私掠船主公开表示他们真正的意图是失事船。此外，以汉密尔顿过去与未来的表现来看，显然派过他们从事这样的任务。见 ADM 1/1471 f24, Balcher letter。

50 Testimony of Pedro de la Vega, Havana: 13 January 1716, in SAT, pp. 112–115.

51 詹宁斯的随行船，有时被误认为由爱德华·詹姆士（Edward James）指挥，其实，他只是船主之一（见 ADM1/1471, f24, Balcher letter）。由威利斯指挥的"老鹰"号，确认是詹宁斯的随行船。汉密尔顿委托的船只名单记录中，曾提及这艘船（见：CO137/12, No. 16ii）。

52 Marquis de Cassa Torres to Archibald Hamilton, Havana: 3 January 1716, as translated in Kinkor (2003), pp. 19–20. The original is in CO137/12, No. 9.

53 Testimony of Pedro de la Vega, pp. 112–115; Deposition of Joseph Lorrain, Jamaica: 21 August 1716, Jamaica Council Minutes, ff. 110–111 in Kinkor (2003), p. 67.

54 "雷格拉"号（Cabin Wreck）、"罗马"号（Corrigan's）、"卡门"号（Carmen）（Rio Mar）、"尼维斯"号（Douglas Beach）的失事残骸，见 Jim Sinclair et al., *Florida East Coast Shipwreck Project 2001 Season Report*, Sebastian, FL: Mel Fisher Center, 2002, pp. 61–69。"利马乌卡"号的残骸冲到"尼维斯"号北方两英里，通常称为"楔子残骸"（Wedge Wreck）。

55 Link (c. 1970), p. 5.

56 Francisco Salmon to the king of Spain, Palmar de Ayz: 20 September 1715, in SAT, pp. 6–7; Don Joseph Clemente Fernandez letter, Palmar de Ayz: 10 September 1715, a "Vatican document" translated in SAT, pp. 112–113; Marquis de Cassa Torres to Viceroy Linares of Mexico, Havana: 12 October 1715 (Gregorian) in SAT, pp. 31–32;Miguel de Lima y Melo to Duque de Linares, 19 October 1715, pp. 33–35.

57 Kris E. Lane, *Pillaging the Empire: Piracy in the Americas 1500–1700*, Armonk, NY: M. E. Sharpe, 2001, pp. 161–163; Link (c. 1970), p. 7; Wagner, pp. 63–65.《海盗通史》

证实"潜水引擎"或大钟的使用（*GHP*, p.35）。

58 Wagner, p. 66, to whose estimate should be added that sent out in the *Maricaybo*: Declaration of Antonio Peralta,Havana: [1716?], translated in SAT, pp. 115–116. Further details in Letter of Captain Don Francisco de Soto Sanchez,Havana: 29 October 1715 translated in SAT, pp. 102–103.

59 *GHP*, p. 36.

60 "Extract of a letter from Don Juan Francisco del Valle to the Marquis de Monteleon," Jamaica: March 18, 1716 in *CSPCS* *1716–1717*, item No. 158i, pp. 78–79; Testimony of Pedro de la Vega, pp. 113–114; Declaration of Antonio Peralta, pp. 115–116; Link, p. 8; Deposition of Joseph Lorrain, pp. 67–68.

61 *GHP*, p. 135.

62 "New York Dispatch," *Boston News-Letter*, 28 May 1716, p. 2.

63 Deposition of John Vickers, pp. 140–141; CO5/1265, No. 52i: Deposition of Thomas Walker Jr., Charlestown, SC: 6 August 1716; CO5/1265, No. 52: Thomas Walker to the Council of Trade, Charlestown, SC: August 1716.

64 Deposition of Joseph Lorrain, Jamaica: 21 August 1716, Jamaica Council Minutes, ff. 110–111 in Kinkor (2003), pp. 67–68.

第五章　海盗聚集（一七一六年一～六月）

1 Little, pp. 169–170.

2 Little, p. 168.

3 Jones, p. 19.

4 成箱的原始法庭文件留存至今，可在英国国家档案馆（British National Archives）找到（C104/160）。

5 Powell, p. 103.

6 CO23/1, No. 31: "Memorial from the Copartners for Carrying on a Trade and Settling the Bahamas Islands," London: 19 May 1721. CO5/1265, No. 76ii: Woodes Rogers proposal to the Proprietors of the Bahamas, 1717.

7 John Rocque, *London, Westminster, Southwark*, First Edition, Map, 1746, Sheet E2, Section 3; "A View of the Old East India House," Engraving, 1784, British Library, shelf mark P2167; *A Tour Thro' the Whole Island . . .*, pp. 132–149.

8 Manwaring, p. 124; Little, 172. Both accounts draw on documents in the Archives Department, Houses of Parliament, Cape Town, South Africa.

9 "The East India Company and the Madagascar Slave Trade," *William & Mary Quarterly*, 3rd series, Vol. 26, No. 4 (October 1969), p. 549.

10 *GHP*, pp. 58–62。详细解读《海盗通史》（*GHP*）后，可清楚发现作者一定认识罗杰斯，曾为了写书详细访问他。他呈现的马达加斯加，完美地符合其他文件证据，特别是罗杰斯取得奴隶的直接利益这部分。

11 Manwaring, p. 124.

12 *GHP*, p. 62.

13 Little, p. 172;Manwaring, p. 124.

14 Malcom Cowley and Daniel P.Mannix, "The Middle Passage" in David Northup (ed.), *The Atlantic Slave Trade*, Lexington, MA: D. C. Heath & Co., 1994,

p. 103;Wilem Bosman, "Trading on the Slave Coast, 1700," in Ibid., pp. 71–75; *Captive Passage: The Transatlantic Slave Trade and the Making of the Americas*, Washington: Smithsonian Institution Press, 2002, pp. 77–87.

15　Little, p. 172.

16　Deposition of John Vickers, p. 140.

17　Deposition of Joseph Lorrain, Jamaica: 21 August 1716, Jamaica Council Minutes, ff. 110–111 in Kinkor (2003), p. 68.

18　Marquis de Cassa Torres to Archibald Hamilton, Havana: 3 January 1716, translated in Kinkor (2003), p. 19–20.

19　Alexandre O. Exquemelin, *The History of the Bucaniers of America*, Vol. I, 5th ed., London: T. Evans, 1771, p. 6.

20　*Boston News-Letter*, 25 December 1716, pp. 1–2; "Edinburgh Dispatches of September 21 and September 23," *Boston News-Letter*, 23 January 1716, p. 1.

21　Deposition of Joseph Lorrain, Jamaica: 21 August 1716, Jamaica Council Minutes, ff. 110–111 in Kinkor (2003), p. 68.

22　Hamilton (1718), p. 62; CO137/12 No. 16ii: List of Vessels Commissioned by Governor Lord A. Hamilton, Jamaica: c. 15 May 1716.

23　Hamilton (1718), pp. 57–58.

24　这件事的证明见 A Proclomation Concerning Pyrates, Jamaica: 30 August 1716, Jamaica Council Minutes, folios 153–155 in Kinkor (2003), p. 70。

25　Deposition of Samuel Liddell, Jamaica: 7 August 1716, Jamaica Council Minutes, folios 49–50 in Kinkor (2003), pp. 56–57; Deposition of Allen Bernard, Jamaica: 10 August 1716, Jamaica Council Minutes, folios 63–68 in Kinkor (2003), pp. 58–62.

26　Captain Ayala Escobar to Governor Torres y Ayala, Palmar de Ayz, Florida: 4 February 1716 translated in SAT, pp. 56, 69.

27　Escobar to Cassa Torres, Palmar de Ayz, Florida: 9 February 1716, translated in SAT, pp. 56, 69.

28　Emory King, *The Great Story of Belize*, Vol. I, Belize City, Belize: Tropical Books, 1999, pp. 6–8; "Rhode Island Dispatch, September 16," *Boston News-Letter*, 12 September 1715, p. 2; "New York Dispatch, October 3," *Boston News-Letter*, 3 October 1715, p. 2.

29　Ibid., p. 69.

30　*TEP*, pp. 1, 24.

31　Deposition of Allen Bernard; CO137/12,No. 411ii:Deposition of Joseph Eeels, Port Royal, Jamaica: 3 December 1716.

32　Deposition of Allen Bernard.

33　Jennings at Bahía Honda: Deposition of Allen Bernard; Deposition of Joseph Eeels; Deposition of Samuel Liddell.

34　CO137/12, No. 21ii: Le Comte de Blenac (Governor of Hispaniola) to Archibald Hamilton, Leogane,Haiti: 18 July 1716;Memorial of Monsr. Moret, Jamaica: c. August 1716, Jamaica Council Minutes, folio 17–23 in Kinkor (2003), pp. 48–50.

35　Deposition of Joseph Eeels;Deposition of John Cockrane, Jamaica: 10 August

1716, Jamaica Council Minutes, folio 68–69 in Kinkor (2003), pp. 62–63.

36 Deposition of Allen Bernard, p. 59.

37 Ibid., p. 60; Deposition of Samuel Liddell.

38 Comte de Blenac to Hamilton, 18 July 1716.

39 "Extract of a Letter of Captain D'Escoubet to Lord Hamilton," Bay Honda, Cuba: c. 4 April 1716, Jamaica Council Minutes folios 17–23 in Kinkor (2003), pp. 50–51.

40 Deposition of John Vickers, pp. 140–141.

41 Rediker (2004), pp. 61–71.

42 Comte de Blenac to Hamilton, 18 July 1716.

43 Deposition of Joseph Eeels; Deposition of Allen Bernard.

44 Deposition of Joseph Eeels.

45 *TEP,* p. 24.

46 Ibid., p. 23.

47 Ibid.

48 我们知道贝勒米在五月底与六月第一周摆脱"本杰明"号，当时米松（Musson）拿到这艘船。一七一六年五月的报告中，一艘巴哈马私掠船符合"本杰明"号的特征。见 "New York Dispatch, May31," *BostonNews-Letter,* 21 May 1716, p.2。

49 Deposition of Allen Bernard; Deposition of Joseph Eeels.

50 几乎可以确认，同名的巴哈马单桅帆船在一七一七年五月初与七月底出入南卡罗来纳海关。见 CO5/508: South Carolina shipping returns 1716–1717, p. 23。

51 "New York Dispatch,May 31," *Boston News-Letter,* 21 May 1716, p. 2; Deposition of John Cockrane.

52 Hugo Prosper Leaming,*Hidden Americans: Maroons of Virginia and the Carolinas,* New York: Garland Publishing, 1995, pp. 128–129; Frank Sherry, *Raiders and Rebels: The Golden Age of Piracy,* New York:William Morrow, 1986, pp. 212–213.

53 *GHP,* pp. 623–624.

54 Deposition of John Vickers, p. 141.

55 CO5/508: South Carolina shipping returns 1716–1717, pp. 16, 20, 23; CO142/14: Jamaica shipping returns 1713–1719, p. 70. 拿骚非法商船的总体资料，见 CO5/1265, No. 52: Thomas Walker to the Council of Trade and Plantations, Charlestown, SC: August 1716（摘录见 *CSPCS 1716–1717,* item 328, pp. 176–177）。

56 CO23/1, No. 12i, Mr. Gale to Thomas Pitt, South Carolina: 4 November 1718.

57 For example, Captain Forbes, in Alexander Spotswood to Lords of Trade,Virginia: 3 July 1716, in Brock (1882), pp. 170–171.

58 Deposition of Robert Daniell, Charlestown, SC: 14 July 1716 in *CSPCS 1716–1717,* No. 267, pp. 149–150.

59 Thomas Walker to Council of Trade, August 1716.

60 Ibid.

61 "News item via Barbados and Rhode Island," *Boston News-Letter,* 12 March 1716, p. 1; "Whitehall Dispatch,November 16," *Boston News-Letter,* 12 March 1716, p. 1;

"New York Dispatch,March 12," *Boston News-Letter,* 12 March 1716, p. 2; "Whitehall Dispatch, December 10," *Boston News-Letter,* 30 April 1717, p. 1.

62 *CSPCS 1716–1717,* No. 158i–xv, pp. 77–90.

63 Diplomatic complaints against Hamilton's privateers: *CSPCS 1716–1717,* items 158i, iii, pp. 77–90. CO137/12, No. 21ii: Michon to Governor Hamilton, Leogane, Haiti: 18 June 1716; Comte de Blenac to Governor Hamilton, Leogane: 18 June 1716; CO137/12, No. 21iv: Comte de Blanc to Governor Hamilton, Leogane: 25 July 1716;Memorial of Mnsr.Moret.

64 *TEP,* pp. 18, 23.

65 General Heywood to the Council of Trade, Jamaica: 11 August 1716 in *CSPCS 1716–1717,* No. 308, pp. 163–165; Draught of H. M. Commission revoking the Commission of Governor Lord A. Hamilton in *CSPCS 1716–1717,* No. 159i, p. 91.

66 Archibald Hamilton to the Governor in Council, Jamaica: 24 August 1716, Jamaica Council Minutes, folio 126 in Kinkor (2003), pp. 69–70.

67 A Proclamation concerning Pyrates, Jamaica: 30 August 1716, Jamaica Council Minutes, folio 153-155 in Kinkor (2003), pp. 70–71.

第六章　海岸弟兄（一七一六年六月～一七一七年三月）

1 *TEP,* pp. 23, 25; CO5/1318, No. 16ii: Information of Andrew Turbett and Robert Gilmore, Williamsburg, Virginia: 17 April 1717; CO137/11, No. 45iii: Deposition of Abijah Savage, Antigua: 30 November 1716.

2 Examination of Richard Caverley, New York: 15 June 1717, *Records of the Vice-Admiralty Court of the Province of New York 1685–1838* as appears in Kinkor (2003), p. 150; Examination of Jeremiah Higgins, New York: 22 June 1717, *Records of the Vice-Admiralty Court of the Province of New York 1685–1838* as appears in Kinkor (2003), p. 154.

3 *TEP,* p. 23; Examination of Jeremiah Higgins, p. 154.

4 Examination of Jeremiah Higgins, pp. 154-155.

5 Ibid., p. 154; Examination of Richard Caverley, p. 151.

6 *TEP,* p. 23.

7 Ibid., p. 25.

8 Will of John McLester, Antigua: 9 December 1730, in ROE Book, Box 187, 1676–1739 Item No. 1, LDS Film 1855671.

9 Deposition of Abijah Savage; "death's head" flag described: testimony of Thomas Baker in *TEP,* p. 24.

10 *TEP,* pp. 24–25;Deposition of Abijah Savage.

11 *TEP,* p. 11.

12 Deposition of Abijah Savage; Michael Levinson, "Remains are Identified as a boy pirate," *Boston Globe,* 2 June 2006; Thomas H. Maugh II, "A Pirate's Life for Him—at Age 9," *Los Angeles Times,* 1 June 2006. 维达远征队博物馆的肯寇认为，"维达"号残骸上找到的一根骨头（包在昂贵鞋子与长筒袜的腓骨），是属于约翰·金的。考古学家表示，这根骨头属于一名八岁到十一岁之间的孩子。

13 Examination of Jeremiah Higgins, p. 155; Examination of Richard Caverley, p. 151.

14　*TEP,* p. 25.

15　Walter Hamilton to the Council of Trade and Plantations, Antigua: 14 December 1717, *CSPCS 1716–1717,* No. 425, p. 230. Savage got to Antigua by 30 November.

16　Walter Hamilton to Council of Trade, 14 December 1717, p. 230.

17　Ibid., p. 18–19.

18　Walter Hamilton to the Council of Trade, 14 December 1717, p. 230.

19　*TEP,* p, 24.

20　Ibid., p. 24.

21　依据"士嘉堡"号的航海日志重建。"士嘉堡"号在那段时期，在巴巴多斯与维京群岛活动。见 ADM 51/865: Logbooks of HMS *Scarborough,* entries of 1 December 1716–31 January 1717。

22　*TEP,* p. 25.

23　ADM 1/1689 f5: An Inventory of Several Goods Taken from the Pirates at St.Cruze by His Majesty's Shipp Scarborough, c. Summer 1717; ADM 51/865: entries of 16–22 January 1717; Lyon,p. 36;Walter Hamilton to the Council of Trade and Plantations, Antigua: 1 March 1717 in *CSPCS 1716–1717,* item No. 484; *GHP,* pp. 65–69.

24　Kenneth J. Kinkor, "Black Men Under the Black Flag" in C. R. Pennell, *Bandits at Sea: A Pirates Reader,* New York: New York University Press, 2001, pp. 200–203.

25　List of dutiable inhabitants of Spanish Town, Spanish Town,Virgin Gorda: c. 15 November 1716 in *CSPCS 1716–1717,* No. 425iv, p. 231; Deputy Governor Hornby to Walter Hamilton, Spanish Town,Virgin Gorda: 15 November 1716 in *CSPCS 1716–1717,* No. 425v, p. 231; Captain Candler (HMS *Winchlsea*) to Secretary Burchett, 12 May 1717 in *CSPCS 1716–1717,* No. 639i, pp. 339–340.

26　Captain Candler to Burchett, p. 340; *TEP,* pp. 11, 25.

27　CO142/14: Jamaica Shipping Returns, "An account of goods exported from the Island of Jamaica since the 29th day of September 1713 and the 25th day of March 1715 and the goods and Negroes Imported, Kingston," No. 58; Examination of Jeremiah Higgins, p. 155; Examination of Richard Caverley, p. 151;T70/19, No. 63, Letter of David Welsh to the Royal Africa Company,Williams Fort,Whydah, Ghana: 22 February 1717 as printed in Kinkor (2003), p. 89; Donovan Webster, "Pirates of the Whydah," *National Geographic,* May 1999; "Proclamation of Gov. Samuel Shute," *Boston News-Letter,* 13 May 1717, p. 1.

28　*TEP,* p. 23.

29　"Manifest of Recovered Artifacts from the pirate ship Whydah," in Barry Clifford, *The Pirate Prince,* New York: Simon & Schuster, 1993, pp. 207–208 (on armament); Author Interview, Kenneth J. Kinkor, Provincetown, MA: 15 June 2005.

30　Matthew Musson to the Council of Trade and Plantations, London: 5 July 1717 in *CSPCS 1716–1717,* No. 635, p. 338; Peter Heywood to the Council of Trade and Plantations, Jamaica: 3 December 1716 in *CSPCS 1716–1717,* No. 411, p. 213.

31 CO23/1, No. 31: Memorial from the Copartners for Carrying on a Trade & Settling the Bahamas Islands, London: 19 May 1721. This was the *Sarah*, Captain William Taylor, which sailed with the *Samuel*, Captain Edward Hampton. Samuel Buck was the primary owner of both ships.

32 Hugo Prosper Leaming, *Hidden Americans: Maroons of Virginia and the Carolinas*, New York: Garland Publishing, 1995, pp. 128–129.

33 Bennett to the Council of Trade, 31 May 1718, p. 261.

34 Matthew Musson to the Council of Trade, 5 July 1717, p. 338.

35 "New York Dispatch, October 29," *Boston News-Letter*, 29 October 1716, p. 2.

36 Ibid.; Council of Trade and Plantations to Secretary Joseph Addison, Whitehall, London: 31 May 1717 in *CSPCS 1716–1717*, No. 596, p. 321.

37 "New York Dispatch," *Boston News-Letter*, 29 October 1716, p. 2; *GHP*, p. 71.

38 *GHP*, pp. 84–85.

39 Leaming, p. 125.

40 Musson to the Council of Trade, 5 July 1717, p. 338. 从范恩扮演的角色推测他后来的行为，以及如同《海盗通史》所述，我们知道他在一七一七那年，大多享受着先前的海盗成果。

41 CO23/1, No. 42iii: Bahamas Council Minutes (Trial of John Howell), Nassau: 22 December 1721.

42 Testimony of Robert Brown in CO23/1, No. 42iii; Bennett to the Council of Trade and Plantations, Bermuda: 30 July 1717 in *CSPCS 1716–1717*, No. 677, p. 360.

43 Arthur MacGregor, "Sir Hans Sloane (1660–1753)," in *Oxford Dictionary of National Biography*, Oxford, UK: Oxford University Press, 2004.

44 British Museum, Sloane Collection, MS No. 4044, folio 155 as printed in Manwaring (1935), p. 125.

45 Little, p. 173.

46 An entirely believable theory put forth in Little, p. 174.

47 General Peter Heywood to the Council of Trade and Plantations, Jamaica: 3 December 1716 in *CSPCS 1716–1717*, No. 411, p. 212.

48 Walter Hamilton to the Council of Trade and Plantations, Antigua: 15 May 1717 in *CSPCS 1716–1717*, No. 568, p. 300.

49 Council of Trade and Plantations to Secretary Joseph Addison, Whitehall, London: 31 May 1717 in *CSPCS 1716–1717*, No. 596, p. 321.

50 CO23/1, No. 31: Memorial from the Copartners for Carrying on a Trade & Settling the Bahamas Islands, London: 19 May 1721; Little, p. 180.

51 CO5/1265, No. 76iii: Woodes Rogers Petition & Proposal to the King to Govern the Bahamas Islands, London: c. July 1717; CO5/1265, No. 76iv: Petition to the King from Merchants, 1717; CO5/1265, No. 76v: Memorial to Joseph Addison from Sundry Merchants, 1717; CO5/1265, No. 76vii: Petition of Merchants of Bristol to the King, Bristol: 1717.

52 "Letter of Secretary Joseph Addison to the Council of Trade and Plantations," Whitehall, London: 3 September 1717 in *CSPCS 1717–1718*, No. 64, p. 25.

53　CO5/1265, No. 76ii: Woodes Rogers's proposal to the Lords Proprietor of the Bahamas, 1717; Little, pp. 179–180; Letter of Richard Shelton to Mr. Popple, London: 6 November 1717 in *CSPCS 1717-1718*, No. 183, p. 97; Copy of the Surrender from the Lords Proprietor of the Bahama Islands to the King of their right of civil and military government, London: 28 October 1717 in *CSPCS 1717-1718*, No. 176, pp. 85–87.

54　"Memorial from the Copartners . . ."

55　Copy of the Surrender . . . ," pp. 85–87.

56　John Roque, *London, Westminster and Southwark*, Map, 1st edition, 1746, Sheet B2, section 8; Thomas Bowles, *A View of St. James Palace, Pall Mall & etc.*, Engraving, 1763.

57　His Majesty's Commission to Woodes Rogers to be Governor of the Bahama Islands, Court of St. James, London: 16 January 1718 in *CSPCS 1717-1718*, No. 220i, pp. 110–112;His Majesty's Instructions to Governor Woodes Rogers, London: 16 January 1718, in *CSPCS 1717-1718*, No. 220ii, pp. 112–113.

第七章　贝勒米（一七一七年三～五月）

1　*TEP*, pp. 23-24.

2　Ibid., p. 25.

3　Ibid., p. 25.

4　Ibid., pp. 11, 23, 25.

5　CO5/1318, No. 16iii: Deposition of John Lucas before John Hart,Annapolis, MD: 13 April 1717; CO5/1318, No. 16iv: Deposition of Joseph Jacob before John Hart, Annapolis, MD: 13 April 1717.

6　"Rhode Island Dispatch,May 3," *Boston News-Letter*, 6 May 1717, p. 2.

7　*TEP*, p. 23; Examination of Richard Caverley, p. 151.

8　*TEP*, pp. 16, 23-24; CO5/1318 No. 16ii: Deposition of Andrew Turbett,Williamsburg,VA: 17 April 1717.

9　Deposition of John Lucas.

10　Deposition of John Lucas; Deposition of Joseph Jacob.

11　ADM51/4341 pt 6: Logbook of *Shoreham*; Lyon, p. 26.

12　CO5/1318 No. 4: Anonymous letter to Council of Trade and Plantations,Rappahannock,VA: 15April 1717.

13　Examination of Richard Caverley, p. 151; Examination of Jeremiah Higgins, p. 155.

14　Bridenbaugh, pp. 149, 153-154; J. A. Doyle, *English Colonies in America, Volume V: The Colonies Under the House of Hanover*, New York:Henry Holt & Co., 1907, p. 18.

15　Zacks, pp. 235-237, 241-242; Robert F.Worth, "Robert D. L.Gardiner, 93, Lord of His Own Island, Dies," *New York Times*, 24 August 2004; Guy Trebay, "The Last Lord of Gardiners Island," *New York Times*, 29 August 2004; "New York Dispatch, 19 April," *Boston News-Letter*, 5 May 1717, p. 2.

16　Deposition of Thomas Fitzgerald and Alexander Mackonochie, Boston: 6 May 1717 in Jameson, pp. 296-297; *TEP*, p. 9.

17　Ibid.

18 Deposition of Ralph Merry and Samuel Roberts, Boston: 16 May 1717 in Jameson, pp. 301–302.

19 Ibid.; Deposition of Thomas Fitzgerald and Alexander Mackonochie; *TEP,* p. 9.

20 *TEP,* pp. 9–11; Deposition of Thomas Fitzgerald and Alexander Mackonochie, pp. 301–302.

21 Deposition of Ralph Merry and Samuel Roberts, pp. 301–302.

22 *TEP,* p. 24; Cyprian Southack to Governor Shute, Eastham, MA: 8 May 1717, Massachusetts Archives item 51: 289, 289a as printed in Kinkor (2003), pp. 121–122; Cyprian Southack to Governor Shute, Provincetown, MA: 5 May 1717, Massachusetts Archives item 51: 287, 287a, as printed in Kinkor (2003), pp. 108–110; Colonel Buffett to Governor Shute in *Boston News-Letter,* 29 April 1717, p. 2; Author's Interview, Kenneth J. Kinkor.The shoulder blade, still embedded on the teapot handle, is on display at the Whydah Museum.

23 *TEP,* p. 9; Deposition of Thomas Fitzgerald and Alexander Mackonochie.

24 Deposition of Ralph Merry and Samuel Roberts, pp. 301–302.

25 Cyprian Southack to Governor Shute, 8 May 1717; Cyprian Southack to Governor Shute, 5 May 1717.

26 This was the *Elizabeth* of Weathersfield, Captain Gersham, on their way home from the Salt Tortugas. Deposition of Edward Sargeant, New York: 3 June 1717, *Records of the Vice-Admiralty Court of the Province of New York 1685–1838,* no. 36–3 as printed in Kinkor (2003), pp. 147–148; Examination of Richard Caverley, p. 151.

27 "New London Dispatch, May 10," *Boston News-Letter,* 13 May 1717, p. 2; Deposition of Zachariah Hill, Boston: 11 May 1717, Suffolk Court Files of the Massachusetts Archives, folio no. 11945 as printed in Kinkor (2003), p. 127.

28 Deposition of Paul Mansfield, Salem, MA: 25 May 1717 in Suffolk Court Files of the Massachusetts Archives, folio no. 11945 as printed in Kinkor (2003), p. 136.

29 John Lane to Governor Shute,Winter Harbor [Falmouth], ME: 19 May 1717 in James Phinney Baxter ed., *Documentary History of the State of Maine,* Vol. IX, Portland, ME: Lafavor-Tower Co., 1907, p. 357; Tristram Frost Jordan, *The Jordan Memorial,* Somersworth, MA: New England History Press, 1982, pp. 131–155; Deposition of Paul Mansfield; "Piscataqua Dispatch,May 24," *Boston News-Letter,* 27 May 1717, p. 2.

30 Deposition of Paul Mansfield; "Piscataqua Dispatch,May 24," *Boston News-Letter,* 27 May 1717, p. 2.

31 Deposition of Samuel Skinner, Salem, MA: 26 May 1717, Suffolk Court Files of the Massachusetts Archives, folio no. 11945 as printed in Kinkor (2003), p. 138.

32 "Boston Notice,May 27," *Boston News-Letter,* 27 May 1717, p. 1;Warrant by Governor Shute to the Sheriff of Barnstable County, Boston: 29 April 1717,Massachusetts Historical Society, Belknap Collection, item 161.A.22 as printed in Kinkor (2003), p. 102.

33 ADM 51/801: Logbook of the *Rose;* Action of the Massachusetts General Court, Boston: 11 June 1717, Massachusetts Court Records 21 June 1706 to 11 November

1720, p. 144 as printed in Kinkor (2003), p. 150.

第八章 黑胡子（一七一七年五～十二月）

1 "Piscataqua Dispatch, July 19," *Boston News-Letter,* 22 July 1717, p. 2.

2 "New York Dispatch, July 29," *Boston News-Letter,* 5 August 1717, p. 2；这似乎是《海盗通史》（*GHP*, p.71）较简略描述的资料来源。

3 "Philadelphia Dispatch, June 20," *Boston News-Letter,* 1 July 1717, p. 2; "New York Dispatch, June 17," *Boston News-Letter,* 24 June 1717, p. 2; "New York Dispatch, June 3," *Boston News-Letter,* 9 June 1717, p. 2.

4 St. Michael's Parish: v. 1A–2A baptisms, burials 1648–1739, Barbados Parochial Registers, Series A, 1637–1680,Microfilm, Salt Lake City, Utah: Genealogical Society of Utah, 1978, Batch M513951, Source 1157923; Joanne McRee Sanders, *Barbados Records: Wills and Administrations, Volume I: 1639–1680,* Marceline, WI: Sanders Historical Publications, 1979, pp. 37–38; Lindley S. Butler, *Pirates, Privateers & Rebel Raiders of the Carolina Coast,* Chapel Hill, NC, University of North Carolina Press, 2000, pp. 54–55.

5 Richard Ford, *A New Map of the Island of Barbados,* Map, 1674 as detailed in Dunn, p. 94.

6 *GHP,* p. 95; John Camden Hotten, ed. *The Original Lists of Persons of Quality,* New York: G. A. Baker & Co, 1931, p. 451.

7 *GHP,* p. 104.

8 Bridenbaugh, p. 150n.

9 John Lawson, *A New Voyage to Carolina,* originally published 1709, Chapel Hill, NC: University of North Carolina, 1967, pp. 13–14; Bridenbaugh, pp. 143, 150–151; Doyle, pp. 46–48.

10 Doyle, pp. 46, 48.

11 "By letters from South Carolina, 22 September," *Boston News-Letter,* 28 October 1717, p. 2; *GHP,* p. 96.

12 *GHP,* p. 96.

13 "Philadelphia Dispatch, October 24," *Boston News-Letter,* 11 November 1717, p. 2.

14 CO23/1: Trial of William Howell, Bahamas Council Minutes,Nassau: 22 December 1721.

15 *GHP,* p. 637.

16 "Philadelphia Dispatch, October 24," *Boston News- Letter,* 11 November 1717, p. 2.

17 *GHP,* pp. 84–85.

18 Indictment of William Howard, Williamsburg, VA: 29 October 1718 in Lee, p. 102; CO5/1442: Wines imported and exported from Madera, March 1716 to March 1717. 后者数次提到定期运酒的"贝蒂"号。恰巧这艘船的船长，通常是约翰·培林（John Perrin），也就是买下霍尼戈单桅帆船的人。

19 Gottlieb Mittelberger quoted on his voyage from Europe to Philadelphia in 1750 in John Duffy, "The Passage to the Colonies," *Mississippi Historical Review,* Vol. 38, No. 1（June 1951）, p. 23.

20 ADM 1/1472, f11: Ellis Brand to the Admiralty, *Lyme,* Elizabeth River,VA: 4

December 1717; "Philadelphia Dispatch, October 24," *Boston News-Letter,* 11 November 1717, p. 2; "New York Dispatch, October 28," *Boston News-Letter,* 11 November 1717, p. 2; "Philadelphia Dispatch, October 31," *Boston News-Letter,* 11 November 1717, p. 2; "New York Dispatch,November 4," *Boston News-Letter,* 11 November 1717, p. 2; Indictment ofWilliam Howard, p. 102.

21　"Philadelphia Dispatch,October 24," *Boston News- Letter,* 11 November 1717, p. 2; "Philadelphia Dispatch, October 31," *Boston News-Letter,* 11 November 1717, p. 2.

22　On the vessels at Madera, "Philadelphia Dispatch, October 24," *Boston News-Letter,* 11 November 1717, p. 2.

23　"Whitehall Dispatch, September 15," *London Gazette,* 17 September 1717, p. 1.

24　"A List of His Majesty's Ships and Vessels employed and to be employed, at the British Governments and Plantations in the West Indies," *London Gazette,* 17 September 1717, p. 1.

25　"New York Dispatch, October 28," *Boston News- Letter,* 11 November 1717, p. 2.

26　"Philadelphia Dispatch, December 10," *Boston News-Letter,* 6 January 1718, p. 2; "Philadelphia Dispatch, November 14," *Boston News-Letter,* 25 November 1717, p. 2.

27　David D. Moore and Mike Daniel, "Blackbeard's Capture of the Nantaise Slave Ship La Concorde," *Tributaries,* October 2001, pp. 24–25. Moore and Daniel cite and quote from French documents at the Centre des Archives d'Outre Mer in Aix-en-Provence, France.

28　Depositions of Pierre Dosset and Fran- coise Ernaud as related in Moore and Daniel (2001), p. 24. 多赛与恩诺提到，他们在法国格里高利历的一七一七年十一月二十八日遇袭，日期符合儒略历的十一月十七日；英国及其殖民地直到一七五二年依旧在使用。

29　Moore and Daniel (2001), pp. 18–19, 24; Richard W. Lawrence and Mark Wilde-Ramsing, "In Search of Blackbeard: Historical and Archeological Research at Shipwreck Site 0003BUI," *Southeastern Geology,* Vol. 40,No. 1 (February 2001), p. 2; Bulter,p. 34;Author's Interview, David Moore,North Carolina Maritime Museum, Beaufort, NC: 17 April 2005.

30　"Minutes of the Assembly . . . with a view to determining the measures needed to destroy the Caribs of St.Vincent and Dominica," Cul-de-sac du Marin, Martinique: 27 August 1679; Susie Post Rust, "The Garifuna," *National Geographic,* September 2001.

31　Moore and Daniel, p. 25, "Muster roll of Concorde's crew,March 1717," Ibid., pp. 22–23.

32　CO152/12, No. 67ii: Deposition of Thomas Knight, Antigua: 30 November 1717.

33　Moore and Daniel, pp. 21, 27.

34　"New York Dispatch, February 24," *Boston News-Letter,* 10 March 1718; CO152/12, No. 67iii: Deposition of Henry Bostock, St. Christopher: 19 December 1717.

35　Deposition of Thomas Knight.

36　Deposition of Thomas Knight; Co152/12, No. 67i: Deposition of Richard Joy, Antigua: 30 November 1717.

37　Extract of Letter of Lt. General Mathew to Governor Walter Hamilton, St. Christopher: 29 September 1720 in *CSPCS 1720–21*, No. 251i, pp. 166–167.

38　Walter Hamilton to the Council of Trade and Plantations, Antigua: 6 January 1718 in *CSPCS 1717–1718*, No. 298, p. 149; Deposition of Henry Bostock.

39　ADM1/2378 f12: Captain Jonathan Rose to the Admiralty, HMS *Seaford* at Antigua: 23 December 1717; size of guns based on archealogical evidence from Author Interview, Mark Wilde-Ramsing, Queen Anne's Revenge Project, Moorehead City, NC: 17 April 2005.

40　Jonathan Rose to the Admiralty, 23 December 1717; Walter Hamilton to the Council of Trade, 6 January 1718; Lyon, p. 28.

41　Walter Hamilton to the Council of Trade, 6 January 1718, p. 149.

42　Jonathan Rose to the Admiralty, 23 December 1717; Walter Hamilton to the Council of Trade, 6 January 1718, pp. 149–150.

43　ADM 1/1879 folio 5: Francis Hume to the Admiralty, *Scarborough*, Barbados: 16 February 1718; ADM1/2378 f12: Jonathan Rose to the Admiralty, *Seaford* at Barbados: 18 February 1718; ADM51/865: entries of 1 November 1717 to 31 March 1717; ADM51/877: entries of 1 November 1717 to 31 March 1717.

44　Deposition of Henry Bostock; Francis Hume to the Admiralty, 16 February 1718; Jonathan Rose to the Admiralty, 18 February 1718.

45　Deposition of Henry Bostock.

46　"New York Dispatch, May 28," *Boston News-Letter*, 4 June 1711, p. 2; "Philadelphia Dispatch, July 24," *Boston News-Letter*, 11 August 1718, p. 2.

47　Francis Hume to the Admiralty, 16 February 1718; Jonathan Rose to the Admiralty, 18 February 1718.

第九章　请求赦免（一七一七年十二月～一七一八年七月）

1　George I, "A Proclamation for Suppressing of Pirates," Hampton Court: 5 September 1717 in *London Gazette*, 17 September 1717, p. 1.

2　部分历史学家提出，赦免消息的抵达时间早于贝勒米帮海盗被处决的十一月十五日，但这个说法缺乏证据。以下文件显示，消息在十二月一日到九日间抵达波士顿，十二月十九日当天或之前抵达百慕大，十二月二十五日抵达纽约的"凤凰"号，以及次年一月三日抵达弗吉尼亚的"珍珠"号。消息很慢才传遍大西洋，部分原因是国王发布命令之后、罗杰斯一七一八年七月抵达巴哈马之前，没有皇家海军军舰出航。来源：ADM 1/1472 f11: Ellis Brand to the Admiralty, *Pearl* at Vir- ginia: 10 March 1718; ADM 1/2282 f13: Vincent Pearse to the Admiralty, *Phoenix* at New York: 4 February 1718; "A Proclamation for Supressing of Pirates," *Boston News-Letter*, 9 De- cember 1717, p. 1; Benjamin Bennett to the Council of Trade and Plantations, Bermuda: 3 February 1718 in *CSPCS 1717–1718*, No. 345, p. 170。

3　*TEP*.

4　法庭占据新砖造的市镇屋的西侧或上坡端，窗子开向监狱。见 Sinclair and Catherine F. Hitchings, *Theatre of Liberty: Boston's Old State House*, Boston: Boston Safe Deposit & Trust Company, 1975, pp. 1–6; "Old Boston Prison," Commemorative

Plaque, 26 Court Street, Boston, MA。

5   Cotton Mather, "The Diary of Cotton Mather 1681–1724" in *Collections of the Massachusetts Historical Society,* Series 7, Vol. 7, Boston: Massachusetts Historical Society, 1911, pp. 448, 483, 490; Cotton Mather, *Instructions to the Living from the Condition of the Dead: A Brief Relation of Remarkables in the Shipwreck of above One Hundred Pirates,* Boston: John Allen, 1717, pp. 17–18, 37–38.

6   Bennett to the Council of Trade, 3 February 1718; "Bermuda Dispatch, February 16," *London Gazette,* 12 April 1718, p. 1.

7   "Extract of a Letter from South Carolina," 2 February 1718 in London *Weekly Journal or British Gazetteer,* 3 May 1718, p. 1,033.

8   George Cammocke to Queen Mary of Modina, St. Germaine, France: 28 March 1718 in Stuart Papers 29/49.

9   Craton, p. 100.

10   Extract of a Letter from South Carolina, 2 February 1718; "Jamaica Dispatch, March 28," *The* [London] *Weekly Journal* or *British Gazetteer,* 7 June 1718, p. 1; Lord Carteret to Governor Burnet, Whitehall, London: 22 August 1722, *CSPCS 1722-1723,* item 267, p. 128; ADM 1/2282 f13: Vincent Pearse to the Admiralty, *Phoenix* at New York: 3 June 1718; HCA 1/54: Deposition of Benjamin Sims, London: 28 September 1721.

11   *GHP,* p. 41.

12   Clinton V. Black, *Pirates of the West Indies,* Cambridge, UK: Cambridge University Press, 1989, p. 120; Black incorrectly states that Winter, Brown, and Blackbeard accepted the pardon at Nassau; Peter Earle, *The Pirate Wars,* New York: St. Martin's Press, p. 162.

13   ADM 1/2282 f13: Vincent Pearse to the Admiralty, *Phoenix* at New Providence, Bahamas: 4 March 1718; Pearse to the Admiralty, 3 June 1718; GHP, pp. 581–582.

14   Hardy, p. 34.

15   News item, *Boston News-Letter,* 6 January 1718, p. 2. 这场冬天的暴风雨，也延迟了邮差十二月九日那星期的每周投递。

16   ADM 1/2282 f13: Pearse to the Admiralty, *Phoenix* at New York: 4 February 1718. 皮尔斯表示他在"上个月二十五日"收到公告，但我假设他指的是十二月，因为十二月九日印在《波士顿新闻通讯》的公告，不太可能要花近两个月时间才抵达纽约。

17   ADM 51/690: entries of December 1717–February 1718. 皮尔斯在日志提到他"部分整装后"离开纽约。

18   Lyon, pp. 37–38; ADM 33/298: HMS *Phoenix* Pay Book, 1716–1718.

19   Pearse to the Admiralty, *Phoenix* at New York: 4 February 1718; ADM 51/690: entry of February 6, 1718.

20   ADM 51/690: entries of 22–24 February 1718; Pearse to the Admiralty, 3 June 1718.

21   Abstract of a Letter of Robert Maynard to Lt. Symonds, North Carolina: 17 December 1718 in [London] *Weekly Journal or British Gazette,* 25 April 1719, p. 1,339.

22   ADM 51/690: entry of 24 February 1718.

23　ADM 51/690: entry of 24 February 1717.

24　ADM 51/690: entry of 24 February 1718.

25　ADM 51/690: entries of 24–28 February 1718; ADM 1/2282 f13: A List of the Names of such Pirates as Surrendered themselves at Providence to Capt. Vincent Pearse,Nassau, Bahamas: 26 February to 11 March 1718.

26　Pearse to the Admiralty, 3 June 1718; Pearse to the Admiralty, 4 March 1718.

27　Ibid., entry of 1 March 1718.

28　"Philadelphia Dispatch, March 5," *Boston News- Letter,* 17 March 1718, p. 2; Francis Leslie to Bennett, Nassau: 10 January 1718 in *CSPCS 1717–1718,* No. 345iii, p. 171.

29　*GHP,* p. 114.

30　*GHP,* pp. 148, 620.

31　Ibid., p. 141; ADM 51/690: entry of 21 March 1718.

32　Nassau Harbor, map, in Little, p. 183; Pearse to the Admiralty, 3 June 1718.

33　*GHP,* p. 141; ADM 51/690: entry of 22 March 1718; Pearse to the Admiralty, 3 June 1718.

34　"Rhode Island Dispatch, March 28," *Boston News-Letter,* 31 March 1718, p. 2; "New York Dispatch, March 10," *Boston News-Letter,* 18 March 1718, p. 2;Vincent Pearse to the Admiralty, 4 March 1718.

35　ADM 51/690: entry of 22 March 1718; Pearse to the Admiralty, 3 June 1718.

36　ADM 51/690: entry of 29 March 1718.

37　Ibid.: entries of 31 March and 1 April 1718; *GHP,* p. 141; Pearse to the Admiralty, 3 June 1718.

38　*GHP,* p. 141; Pearse to the Admiralty, 3 June 1718.

39　ADM 51/690: entry of 2 April 1718.

40　Bennett to the Council of Trade, 31 May 1718, p. 260.

41　ADM 51/690: entries of 7–10 April 1718.

42　Pearse to the Admiralty, 3 June 1718; ADM 1/2282 f13: Pearse to the Admiralty, *Phoenix* at Plymouth, England: 21 January 1722.

43　"Jamaica Dispatch,March 28," London *Weekly Journal or British Gazetteer,* 7 June 1718, p. 1.

44　"From a letter of *Crown Galley* of Jamaica," London *Weekly Journal or British Gazetteer,* 27 September 1718, p. 1,161.

45　Lyon, p. 25; "A List of His Majesty's Ships and Vessels employed and to be employed at the British Governments and Plantations in the West Indies," *London Gazette,* 17 September 1717, p. 1.

46　"Report on William Wyer,May 31," *Boston News-Letter,* 16 June 1718, p. 2.

47　*GHP,* p. 22; "The Trials of Major Stede Bonnet and Thirtythree Others," in Francis Hargrave, *A Complete Collection of State Trials and Proceedings for High Treason,* 4th Ed.,Vol. VI, London: T.Wright, 1777, p. 183.

48　"Report of Thomas Newton," *Boston News-Letter,* 16 June 1718, p. 2; *TSB,* pp. 44–45.

49　Report ofWilliam Wyer; *GHP,* p. 72; *TSB,* pp. 44–45.

50　CO 37/10, No. 10viii: Deposition of John Tibby, Bermuda: 24 May 1718. The seven Bermuda sloops were, in order of capture: two unnamed sloops commanded by Daniel Styles and James Borden; the *William & Mary* (Edward North); *Diamond* (John Tibby); *Penzance* (William Hall); *Samuel* (Joseph Besea); and an unnamed sloop under Captain John Penniston. The others were the *Betty* of Jamaica (Benjamin Lee); a Jamaica sloop under John Gainsby; the twenty-six-foot sloop *Fortune* of Jamaica (George Guy); a sloop from New York (Samuel Vincent); and a Boston ship under Captain Richards.

51   Bennett to the Council of Trade, 31 May 1718.

52   CO 37/10, No. 10i: Deposition of Samuel Cooper, Bermuda: 24 May 1718; CO 37/10, No. 10v: Deposition of Nathaniel Catling, Bermuda: 17 May 1718; CO 37/10,No. 10vi:Deposition of Joseph Besea,Bermuda: 28 May 1718.

53   CO 37/10, No. 10ii: Deposition of Edward North, Bermuda: 22 May 1718; CO 37/10,No. vii: Deposition of Nathaniel North, Bermuda: 22 May 1718.

54   Deposition of Nathaniel Catling; Depostion of Samuel Cooper.

55   Deposition of Edward North; Deposition of Samuel Cooper.

56   Bennett to the Council of Trade, 31 May 1718; Deposition of Samuel Cooper.

57   *TJR,* pp. 38, 40; CO 37/10,No. 10iv:Deposition of James Mack-Cuelle, Bermuda: 16 May 1718; Deposition of Edward North.

58   Hargrave (VI), p. 164.

59   CO 23/1,No. 31:Memorial from the Copartners for carrying on a trade and settling the Bahamas Islands, London: 19 May 1721.

60   Little, p. 180.

61   Memorial from the Copartners . . . , 19 May 1721; Little, p. 180; CO 23/12/2:Woodes Rogers's Appeal to the King, 1726.

62   Donald Jackson, ed., *The Diaries of George Washington,* Vol. 1, Charlottesville, VA: University Press of Virginia, 1976, p. 3n; William Fairfax to Anna Harrison Fairfax, *Delicia* at the Nore, England: 19April 1718 in Edward D Neill, *The Fairfaxes of England and America in the Seventeenth and Eighteenth Centuries,* Albany,NY: Joel Munsell, 1868, pp. 70–71.

63   Lyon, pp. 26, 37.

64   ADM 51/892 pt. 2: entry of 22 April 1718; ADM 51/801: entry of 22 April 1718.

65   *TSB,* p. 45.

66   *GHP,* p. 74; Hargrave (VI) p. 164.

67   CO 5/508: South Carolina Imports for the 25th March to the 24th June 1718, pp. 51, 54; CO 5/508: South Carolina Exports for the 25th March to the 24th June 1718, pp. 59–61.

68   Governor Johnson to the Lords Proprietor of Carolina, Charlestown, SC: 18 June 1718 cited in Edward McGrady, *The History of South Carolina Under the Proprietary Government, 1670–1719,* New York:Macmillan Company, 1897.

69   CO5/508: South Carolina Imports . . . , p. 54; CO 5/508:South Carolina Exports . . . ,p. 60; "South Carolina Dispatch, June 6," *Boston News- Letter,* 7 July 1718, p. 2; "Philadelphia Dispatch, June 26," *Boston News-Letter,* 7 July 1718, p. 2; CO 5/1265: Letter to the Lord Proprietors of Carolina, Charlestown, SC: 13 June 1718; Testimony of Ignatius Pell, p. 164; *GHP,* p. 74.

70 *GHP*, pp. 88–89.

71 *GHP*, p. 91.

72 *GHP*, pp. 89–91; Letter to the Lord Proprietors of Carolina, 13 June 1718.

73 Hargrave (VI), p. 163.

74 Spotswood to Lord John Cartwright, Williamsburg, VA: 14 February 1718 in R. A. Brock (1882), p. 273.

75 "South Carolina Dispatch, June 6," *Boston News-Letter*, 7 July 1718, p. 2; "Philadelphia Dispatch, June 26," *Boston News-Letter*, 7 July 1718, p. 2; Letter to the Lords Proprietor of Carolina, 13 June 1718.

76 Letter to the Lords Proprietor of Carolina, 13 June 1718; CO5/508: South Carolina Imports . . . , pp. 54–55; *TSB*, p. 44.

77 *TSB*, p. 48.

78 "South Carolina Dispatch, June 6," *Boston News- Letter*, 7 July 1718, p. 2.

79 *TSB*, p. 44.

80 *GHP*, p. 86.

81 *TSB*, p. 45.

82 John T.Wells and Jesse E.McNinch, "Reconstructing Shoal and Channel Configuration in Beaufort Inlet," *Southeastern Geology*, Vol. 40, No. 1 (February 2001), pp. 11–18; Charles L. Paul, "Colonial Beaufort," *North Carolina Historical Review*, Vol. 42, 1965, pp. 139–152; Author's Visit, Beaufort,NC: 17 April 2005.

83 Richard W. Lawrence and Mark Wilde- Ramsing, "In Search of Blackbeard: Historical and Archeological Research at Shipwreck Site 0003BUI," *Southeastern Geology*, Vol. 40, No. 1 (February 2001), pp. 7–9. *TSB*, p. 46; "Philadelphia Dispatch, June 26," *Boston News-Letter*, 7 July 1718, p. 2.

84 Hargrave (VI), pp. 163, 167; "New York Dispatch, July 14," *Boston News-Letter*, 21 July 1718, p. 2.

85 Herbert R. Paschal Jr., *A History of Colonial Bath*, Raleigh, NC: Edwards & Broughton Co., 1955, pp. 32–38; "Historic Bath Walking Tour" (pamphlet), Bath, NC: Historic Bath Historic Sites; Author's Visit, Bath,NC: 16 April 2005.

86 Wilson & Fiske,Vol. 7, p. 301; Lee, pp. 55–65.

87 Spotswood to Lord John Cartwright, 14 February 1718; Spotswood to the Council of Trade and Plantations,Williamsburg, VA: 22 December 1718 in *CSPCS 1717–1718*, No. 800, p. 430.

88 Lee, p. 62 (citing interviews with elderly Bath residents during a 1966 research trip).

89 *GHP*, p. 76; Lee, pp. 74–75; ADM 1/1826 f2: George Gordon to the Admiralty, London: 12 September 1721.

90 *GHP*, p. 77.

91 Hector McDonnell, *The Wild Geese of the Antrim McDonnells*, Dublin: Irish Academic Press, p. 81.

92 "Piscatiqua (Portsmouth, NH) Dispatch, July 4," *Boston News-Letter*, 7 July 1718, p. 2.

93 *GHP*, p. 141.

94 *TJR*, pp. 38, 40.

95 *GHP*, pp. 141–142. 范恩拿下"理查德与约翰"号时，尚未拥有这艘船，但一直在七月四日的事件提到，因此，理论上是拿下"圣马丁"号时的旗舰。

96 ADM 1/2649, f11:Vice Admiralty Court Proceedings,Nassau: 7–9 August 1718 (especially Testimony of Jacques Blondez); *GHP*, p. 141; Note that Blondez cites a "New Style" or Gregorian calendar date (July 1) in his testimony; ADM 1/2649 f11: An account of the Wines, Flower & Beef belonging to the Brigantine called the St.Martin of Bordeaux.

97 *GHP*, p. 142; ADM 1/2649, f11: Vice Admiralty Court Proceedings, Nassau: 7–9 August 1718 (testimonies of Robert Brown,William Harris, John Draper, John Fredd).

98 ADM 51/801: entries for 24–25 July 1718.

第十章 危险边缘（一七一八年七～九月）

1 ADM 1/2282 f2: George Pomeroy to the Admiralty, New York: 3 September 1718; ADM 51/406 pt. 4: entries of 23–25 July 1718; ADM 51/801 pt. 4: entries of 24–25 July 1718; ADM 51/892: entries of 24–25 July 1718.

2 ADM 51/801 pt. 4: entry of 25 July 1718; *GHP*, p. 143; CO 23/1, No. 31: Memorial from the Copartners for carrying on a trade and settling the Bahamas Islands, London: 19 May 1721; CO 23/1, No. 17: Testimonial of Samuel Buck on the State of the Bahama Islands, 2 December 1719.

3 ADM 51/801 pt. 4: entry of 25 July 1718.

4 Charles Vane to Woodes Rogers,Nassau: 24 July 1718 in *GHP*, p. 142.

5 ADM 51/406 pt. 4: entry of 25 July 1718; ADM 51/801 pt. 4: entry of 25 July 1718; ADM 51/892: entry of 25 July 1718; *GHP*, p. 143.

6 *GHP*, p. 143; CO 23/1, No. 10viii: Deposition of Richard Taylore, Nassau: 4 August 1718; ADM 51/406 pt. 4: entry of 25 July 1718.

7 31 October 1718 in *CSPCS 1717–1718*, No. 737, p. 372.

8 ADM 51/406 pt. 4: entry of 25 July 1718; Rogers to the Council of Trade, 31 October 1718, p. 372.

9 ADM 51/801 pt. 4: entry of 25 July 1718; ADM 51/892: entry of 25 July 1718; *GHP*, p. 143; George Pomeroy to the Admiralty, 3 September 1718; Rogers to the Council of Trade, 31 October 1718.

10 Rogers to the Council of Trade, 31 October 1718, p. 372; *GHP*, pp. 616–617.

11 Rogers to the Council of Trade, 31 October 1718, p. 374; *GHP*, p. 615.

12 *GHP*, pp. 617–619.

13 CO 23/1,No. 10ii: Council Minutes for 1 August 1718;Woodes Rogers to the Council of Trade, 31 October 1718, pp. 372–373.

14 Testimonial of Samuel Buck on the State of the Bahama Islands, 2 December 1719.

15 CO 23/1, No. 10ii: Council Minutes for 5, 20 & 28 August 1718.

16 ADM 51/892: entry of 1 August 1718.

17 Rogers to the Council of Trade, 31 October 1718, pp. 376–377.

18 Deposition of Richard Taylore.

19 Rogers to the Council of Trade, 31 October 1718, pp. 373–374; ADM 51/801 pt. 4: entries of 8–9 August 1718; ADM 51/406 pt. 4: entries of 6–13 August 1718; CO 23/1, No. 10i: A general list of soldiers, sailors and passengers deceased since we arrived at Providence,Nassau: October 1718; Testimonial of Samuel Buck.

20 CO 23/1, No. 10ii: Council Minutes for 29 August 1718; CO 23/12/2: Woodes Rogers'Appeal to the King, London: 1726.

21 CO 23/1, No. 15: Rogers to the Council of Trade, 29 May 1719; Rogers to the Council of Trade, 31 October 1718, p. 374.

22 Rogers to the Council of Trade, 31 October 1718, p. 376.

23 ADM 51/406 pt. 4: entry of 16 August 1718.

24 Rogers to the Council of Trade, 31 October 1718, pp. 376; CO 23/1, No. 10iii: Deposition of Thomas Bowlin and four others,Nassau: 8 September 1718.

25 ADM 51/801 pt. 4: entry of 10 September 1718; CO 23/1, No. 31: Memorial from the Copartners for carrying on a trade and settling the Bahamas Islands, London: 19 May 1721; ADM 1/1597 f11: Peter Chamberlaine to the Admiralty, *Milford* at New York: 20 November 1718;Arthur L.Hayward (ed.), *Lives of the Most Remarkable Criminals*, London:George Routledge & Sons, 1927 (originally published London: John Osborn, 1735), pp. 35–36.

26 Rogers to the Council of Trade, 31 October 1718, pp. 376; ADM 51/801 pt. 4: Logbook of the *Rose*, entry of 14 September 1718; CO 23/13: Rogers to Secretary Craggs,Nassau: 24 December 1718.

27 Rogers to the Council of Trade, 31 October 1718, p. 376.

28 *TJR*, pp. 26, 35, 37.

29 *GHP*, p. 135.

30 "News from a ship newly-arrived from South Carolina," London *Weekly Journal or British Gazetteer*, 27 December 1718, p. 1,238.

31 "Rhode Island Dispatch, October 10," *Boston News-Letter*, 20 October 1718, p. 2; Governor and Council of South Carolina to the Council of Trade and Plantations, Charlestown, SC: 21 October 1718 in *CSPCS 1717–1718*, No. 730, p. 366; CO 5/508: South Carolina Imports for the 24th June to the 29th September 1718, p. 64.

32 "Rhode Island Dispatch, October 10," *Boston News-Letter*, 20 October 1718, p. 2.

33 "Protest of Captain King, Commander of the Neptune," Nassau: 5 February 1719 in *GHP*, p. 144; Deposition of Joseph Aspinwall, London: 28 July 1719 in Peter Wilson Coldham (ed.), *English Adventurers and Emigrants 1661–1733*, Baltimore: Genealogical Publishing Inc., 1985, p. 150; CO 5/508: South Carolina Exports for the 24th June to the 29th September 1718, p. 68.The *Neptune* was a 300- ton ship under Captain John King, the *Emperor* a fifty-ton vessel under Arnold Powers.

34 Bonnet even went so far as to obtain clearance papers from Governor Eden, officially endorsing his departure for St.Thomas.Hargrave (VI), pp. 164, 185.

35 Ibid., pp. 162, 164, 184–185.

36 Ibid., p. 167.

37 Ibid., p. 161; *TSB*, p. 46.

38　*TSB,* p. 46; *GHP,* p. 98.

39　Hargrave (VI), p. 173.

40　Ibid., p. 166.

41　"Rhode Island Dispatch, August 8," *Boston News-Letter,* 11 August 1718, p. 2; *TSB,* p. 46; "Rhode Island Dispatch, August 15," *Boston News-Letter,* 18 August 1718, p. 2.

42　Hargrave (VI), p. 178.

43　Ibid.; *TSB,* p. 48. The mulatto captive, Thomas Gerrat, was later tried and found not guilty of piracy.

44　*TSB,* p. 47.

45　Governor and Council of South Carolina to the Council of Trade, 21 October 1718, pp. 366–367; *GHP,* pp. 100–102.

46　ADM 1/1472 f11: Brand to the Admiralty, *Lyme* at Virginia: 6 February 1719.

47　Deposition of Governor Charles Eden to North Carolina Council, Chowan,NC: 30 December 1718 in William L Saunders, *Colonial Records of North Carolina,* Vol. II,Raleigh, NC: P.M.Hale, 1886, p. 322.

48　John F.Watson,*Annals of Philadelphia and Pennsylvania,* Vol. II, Philadelphia: John Pennington & Uriah Hunt, 1844, pp. 216–218; Lee, p. 78.

49　Alexander Spotswood to Secretary Craggs, Williamsburg, VA: 26 May 1719 in Brock (1882), pp. 316–319; North Carolina Council Minutes, Chowan,NC: 27 May 1719 in Saunders (1886), p. 341; Spotswood to the Lords of Trade,Williamsburg,VA: 26 May 1719 in Brock (1882), p. 323.

50　"Rhode Island Dispatch, November 14," *Boston News-Letter,* 17 November 1718, p. 2; Brand to the Admiralty, 6 February 1719.

51　Ibid., p. 342; Testimony of William Bell, Chowan, NC: 27 May 1719 in Saunders (1886), pp. 342–343.

52　North Carolina Council Minutes, 27 May 1719, p. 341.

53　Ibid., pp. 341–342.

54　Spotswood to the Lords of Trade, Williamsburg, VA: 26 May 1719 in Brock, p. 323; Testimony of Tobias Knight, Chowan,NC: 27 May 1719 in Saunders (1886), p. 347.

55　Abstract of testimony of Ellis Brand given in Virginia, 12 March 1718, North Carolina Council Minutes, Chowan, NC: 27 Mary 1719 in Saunders (1886), p. 346; ADM 1/1472 f11: Brand to the Admiralty,Galleon's Reach, England: 14 July 1719.

56　Spotswood to the Council of Trade and Plantations,Williamsburg, VA: 11 August 1719 in *CSPCS 1719-1720,* No. 357, p. 207.

第十一章　亡命天涯（一七一八年九月～一七二〇年三月）

1　Brock (1882), p. xi; Doyle, pp. 32–39.

2　Samuel Chamberlain, *Behold Williamsburg,* New York: Hastings House, 1947, pp. 3, 9; A. Lawrence Kocher and Howard Dearstyne, *Colonial Williamsburg: Its Buildings and Gardens,* Williamsburg,VA: Colonial Williamsburg, 1949, pp. 3–17.

3　Instructions to William Bird, Agent for the Colony of Virginia,

Williamsburg, VA: 20 November 1718 in *CSPCS 1717-1718*, No. 808iib, p. 435; Kocher and Dearstyle, pp. 21, 52–55.

4   Lee, pp. 97–99.

5   Address of the House of Burgesses of Virginia to the King, Williamsburg, VA: 20 November 1718 in *CSPCS 1717-1718*, No. 808iia, p. 434; Instructions to William Bird, pp. 434–435.

6   Rogers to the Council of Trade, 31October 1718, p. 376.

7   Woodes Rogers to the Council of Trade, 31 October 1718, pp. 376–377.

8   Protest of Captain King, in *GHP*, pp. 145–146; Deposition of Joseph Aspinwall, in Coldham, pp. 150–151.

9   Rogers to the Council of Trade, 31 October 1718, pp. 376–377.

10   CO 23/1:Trial & Condemnation of Ten Persons for Piracy at New Providence, Nassau: 10 December 1718; Rogers to the Council of Trade, 31 October 1718, pp. 377–378; Rogers to Secretary Craggs, 24 December 1718.

11   CO 23/1, No. 18: Private Consultation Minutes, Nassau: 28 November 1718.

12   *GHP*, 138; ADM 1/1826: Spotswood to George Gordon, Williamsburg, VA: 24 November 1718; in the letter, Spotswood informs Gordon that "the Pyrats at Okracock have been join'd by some other Pyrat crews, & are increased (as 'tis said) to 170 men."

13   Spotswood to Lord Carteret, Williamsburg, VA: 14 February 1719 in Brock (1882), p. 274; Spotswood to the Council of Trade and Plantations, Williamsburg, VA: 22 December 1718 in *CSPCS 1717-1718*, No. 800, pp. 430–432; ADM 1/1472: Ellis Brand to the Admiralty, Whorstead, England: 8 April 1721.

14   Brand to the Admiralty, 6 February 1719.

15   Lyon, pp. 26, 36.

16   Spotswood to Council of Trade, 22 December 1718, p. 432.

17   ADM 51/672 p3: entry of 17 November 1718; Abstract of Letter of Robert Maynard to Mr. Symonds of the Phoenix, North Carolina: 17 December 1718 in London *Weekly Journal or British Gazette*, 25 April 1719, p. 1,339.

18   ADM 1/1826 f2: George Gordon to the Admiralty, *Pearl* at Carlisle Bay, Jamaica: 10 March 1718.

19   Abstract of Letter of Robert Maynard to Mr Symonds, p. 1,339; Hyde's full name and rank is found in ADM 33/311: Paybook of the *Pearl*, where he is listed as "Killed in taking Pirate Teach."

20   Brand to the Admiralty, 6 February 1719.

21   William Gordon to the secretary, London: 12 May 1709 in Saunders (1886), pp. 711–714; Doyle (1907), pp. 44–47.

22   Lee, pp. 157–160.

23   Brand to the Admiralty, 6 February 1719.

24   Brand to the Admiralty, 6 February 1719.

25   Spotswood to the Council of Trade, 22 December 1718, p. 430; ADM 1/1826: Spotswood to George Gordon, Williamsburg, VA: 24 November 1718.

26   Ellis Brand to the Admiralty, 6 February 1719.

27 ADM 1/1826 f2: George Gordon to the Admiralty, London: 14 September 1721; Tobias Knight to Edward Thatch, Bath,NC: 17 November 1718 in Saunders (1886), pp. 343-344; *GHP,* pp. 80, 83.

28 Ibid.; Abstract of Letter of Robert Maynard to Mr. Symonds, p. 1,339; "Rhode Island Dispatch, February 20," *Boston News-Letter,* 2 March 1719, p. 2; *GHP,* pp. 79-83; Letter of George Gordon to the Admiralty, 14 September 1721; ADM 33/311: Paybook of the *Lyme* (for identity of slain coxswain Allen Arlington).

29 Brand to the Admiralty, 6 February 1719; George Gordon to the Admiralty, 14 September 1721.

30 Abstract of Letter of Robert Maynard to Mr Symonds, p. 1339; ADM 51/672 p5: Entry of 3 January 1719; Lee, 124.

31 Brand to the Admiralty, 6 February 1719; *GHP,* p. 83.

32 Brand to the Admiralty, 14 July 1719; Abstract of testimony of Ellis Brand given in Virginia, Saunders (1886), p. 344.

33 Ibid.

34 Ibid.

35 ADM 1/1472 f11: Brand to the Admiralty, *Lyme* at Virginia: March 1719; Brand to the Admiralty, 6 February 1719.

36 ADM 51/672 pt. 5: entry of 3 January 1719.

37 Extract of some letters from Virginia, London *Weekly Journal or British Gazette,* 11 April 1719, p. 1,229;Watson (II, 1844), p. 221.

38 Lee, pp. 228-229.

39 The trial records have sadly been lost, apparently in the fire that engulfed Virginia's Capitol in 1747. Fragmentary accounts of the trial survive in *GHP,* p. 86, and Saunders (1886), pp. 341-344. See also Lee, pp. 136-142.

40 The full trial record is found in:Minutes of North Carolina Governing Council, Chowan,NC: 27 May 1719 in Saunders (1886), pp. 341-349.

41 Spotswood to Secretary Craggs, 26 May 1719 in Brock (1882), pp. 316-319.

42 Lee, pp. 161-167.

43 George Gordon to the Admiralty, 14 September 1721; Lee, p. 139.

44 HCA 1/55: Information of William Rhett, Jr., London: 28 September 1721; *GHP,* p. 102; Hargrave (VI), pp. 162-163; Shirley Carter Hughson, *The Carolina Pirates and Colonial Commerce, 1670-1740,* Baltimore: The Johns Hopkins Press, 1894, pp. 99-101.

45 Hargrave (VI), p. 164.

46 Ibid., p. 183.

47 Information ofWilliam Rhett, Jr.; *GHP,* pp. 102-103; *GHP,* pp. 102-103; CO 23/1, No. 12i: Mr Gale to Thomas Pitt, Charlestown, SC: 4 November 1718; "Rhode Island Dispatch, December 9," *Boston News-Letter,* 29 December 1718, p. 2.

48 Hargrave (VI), p. 188.

49 *GHP,* p. 111.

50 **Bonnet reprieved seven times; merchants angered:** "By Letters from Carolina of December 8," *Applebee's Original Weekly Journal,* London: 28 February 1719, p. 1,363.

51 Stede Bonnet to Governor Johnson, Charlestown, SC (November or

December): 1719 in *GHP,* pp. 112–113.

52 Private consultation minutes,Nassau: 28 November 1718.

53 James Buett was dead by early January 1719, when he was replaced by John Howell, the surgeon previously coveted by Hornigold and Bondavais. CO 23/13, No. 47: Bahamas Council Minutes,Nassau: 12 January 1719.

54 The *Samuel* departed for England on November 11, while the *Willing Mind* was lost while carrying salvaged cargo back from Green Turtle Cay. CO 23/13, No. 20:Woodes Rogers to Secretary Craggs, Nassau: 24 December 1718; Protest of Captain King, in *GHP,* p. 147.

55 CO 23/1:Trial and Condemnation of Ten Persons for Piracy at New Providence,Nassau: 10 December 1718 (hereafter: Trial at New Providence).

56 Ibid.: *GHP,* p. 43.

57 Rogers to Secretary Craggs, p. 24 December 1718.

58 Trial at New Providence.

59 CO23/13, No. 28, Rogers to Secretary Craggs,Nassau: 24 January 1719.

60 Rogers to the Council of Trade, 31 October 1718, p. 375; *GHP,* p. 620.

61 CO 142/14: A List of all the ships and vessels that have called at Kingston in His Majesty's Land of Jamaica from the 29th day of September to the 25th day of December 1718; *TJR,* p. 24.

62 *GHP,* p. 620.

63 *TJR,* p. 24; *GHP,* p. 138.

64 *TJR,* p. 24; *GHP,* pp. 138–139.

65 *TJR,* p. 24; *GHP,* p. 139.

66 *TJR,* pp. 24–25; CO 142/14: A List of all the ships and vessels that have called at Kingston in His Majesty's Land of Jamaica from the 29th day of September to the 25th day of December 1718; *GHP,* p. 139.

67 *TJR,* p. 25; *GHP,* p. 139, Chris Humphrey, *Moon Handbooks: Honduras,* 3rd edition, Emeryville, CA: 2000, p. 154.

68 *GHP,* pp. 139–140.

69 *GHP,* pp. 140–141.

70 *TJR,* pp. 36–40; "New York Dispatch,May 1," Philadelphia *American Weekly Mercury,* 4 May 1721, p. 2.

尾声　海盗末日（一七二〇～一七三二年）

1 CO 23/1,No. 14ii: Bahamas Council Minutes, Nassau: 31 March 1719.

2 CO23/12/2: Rogers Appeal to the King, 1726.

3 Little, p. 191; Rogers to Secretary Craggs, Nassau: 27 May 1719 in *CSPCS 1719–1720,* No. 205, p. 97.

4 Rogers [to Secretary Craggs?],Nassau: 24 January 1719 in *CSPCS 1719–1720,* No. 28, pp. 8–9.

5 Rogers to the Council of Trade and Plantations,Nassau: 20 April 1720 in *CSPCS 1720–1721,* No. 47, p. 30; Governor and Council of the Bahamas to Secretary Craggs, Nassau: 26 November 1720 in *CSPCS 1720–1721,* No. 302, p. 201.

6　ADM 1/2649 f111: Thomas Whitney to the Admiralty, *Rose* at Port Royal, Jamaica: 26 October 1719; Rogers to Craggs, 27 May 1719, p. 97.

7　Rogers to Council of Trade, 20 April 1720, p. 29; Nicholas Laws to the Council of Trade and Plantations, Jamaica: 31 March 1720 in *CSPCS 1720–1721,* No. 35, p. 21; Little, p. 193; Lyons, p. 36.

8　John Lloyd to Secretary Craggs, Charleston, SC: 2 February 1721 in *CSPCS 1720–1721,* No. 372, p. 252.

9　Rogers Appeal to the King; Little, p. 198.

10　Little, pp. 198–201.

11　ADM 1/2649 f11: Thomas Whitney to the Admiralty, *Rose* off Cape Canaveral, Florida: 3 June 1719.

12　*GHP,* pp. 640–641.

13　"Shipping News, New York, Oct. 10," *Boston Gazette,* 17 October 1720, p. 4; "New York Dispatch,August 15," *American Weekly Mercury,* 18 August 1720, p. 2; "New York Dispatch,October 23," *American Weekly Mercury,* 19 October 1721, p. 2; Report via Captain Styles of Bermuda, *Pennsylvania Gazette,* Philadelphia: 4 July 1745.

14　CO 23/13, No. 53: Deposition of William South, Nassau: 27 May 1719.

15　Nicholas Lawes to Council of Trade and Plantations, Jamaica: 31 January 1719 in *CSPCS 1719–1720,* No. 34, p. 18; *GHP,* p. 622.

16　"Port Royal Dispatch, February 10," *Weekly Jamaica Courant,* Kingston, 11 February 1719, p. 3; *GHP,* pp. 622–623; Nicholas Lawes to Council of Trade and Plantations, Jamaica: 24 March 1719 in *CSPCS 1719–1720,* No. 132, p. 64.

17　*GHP,* pp. 623–624.

18　*GHP,* pp. 153–158.

19　"Woodes Rogers' Proclamation," Nassau: 5 September 1720 in *Boston Gazette,* 17 October 1720, p. 3; Lt. Lawes to Captain Vernon, 20 October 1720 in *CSPCS 1720–1721,* No. 527xxxiv (e), p. 344; "New Providence Dispatch, September 4," *Boston Gazette,* 17 October 1720, p. 2; *GHP,* pp. 624–625.

20　*TJR,* pp. 8–10; *GHP,* pp. 625–626.

21　*TJR,* pp. 18–19.

22　Ibid., pp. 10–11.

23　Ibid., p. 32–33; *GHP,* p. 156.

24　*GHP,* p. 165.

25　"St. Jago de la Vega Dispatch,November 22," *Boston News-Letter,* 27 February 1721, p. 2; Black, p. 115.

26　*TJR,* p. 19; "New York Dispatch, January 31," *American Weekly Mercury,* Philadelphia: 7 February 1721, p. 2; *GHP,* p. 165.

27　Black, p. 116; *GHP,* p. 159.

28　*GHP,* p. 165; Black, p. 116.

29　Rediker (2004), pp. 29–30.

30　ADM 1/1879 f5: Deposition of Thomas Heath, St. Christopher: 5 July 1718; ADM 1/1879 f5: Francis Hume to the Admiralty, *Scarborough* at St. Christopher: 6 July 1718.

31 Letter from Captain Mackra, Bombay: 16 November 1720, in *GHP*, pp. 118–120;Adrien D'Epinay, *Renseignements pour servier a L'Histoire de L'Ile de France*, Ile Maurice (Mauritus): Nouvelle Imprimerie Dupuy, 1890, p. 88; Madeleine Philippe & Jan Dodd,*Mauritius Reunion & Seychelles*,Victoria,Australia: 2004, pp. 194–195.

32 William Snelgrave, *A New Account of Some Parts of Guinea and the Slave Trade*, London: James, John & Paul Knapton, 1734, pp. 216–217, 257–259.

33 *Genealogies of Rhode Island Families*, Vol. II, Baltimore: Clearfield, 2000, pp. 405–406.

34 "New York Dispatch, November 17," *Boston News-Letter*, 24 November 1718, p. 2; "Piscataqua Dispatch, April 17," *Boston News-Letter*, 13 April 1719, p. 2; *GHP*, pp. 167–176, 191–193.

35 Rediker (2005), pp. 53, 169–170.

36 Hayward, pp. 34–38.

37 *GHP*, pp. 288–296.

38 *GHP*, pp. 114–134; "London Dispatch,April 9," *American Weekly Mercury*, Philadelphia: 30 June 1720, p. 4; CO 142/14: A List of all the ships and vessels that have called at Kingston in His Majesty's Land of Jamaica from the 29th day of September to the 25th day of December 1718.

39 "New York Dispatch, July 25," *Boston Gazette*, 1 August 1720, p. 3; John Hardy, *A Chronological List of the Captains of His Majesty's Royal Navy*, London: T. Cadell, 1794, p. 25.

40 Hardy, p. 33; John Charnock, *Biographia Navalis*,Vol. IV, London: R. Faulder, 1796, p. 46.

41 Charnock, p. 58; Lewis Morris to Mary Morris Pearse,Trenton, NJ: 22 May 1742, in Eugene Sheridan (ed.), *The Papers of Lewis Morris*,Vol. III,Newark, NJ:New Jersey Historical Society, 1993, pp. 192–194; Lewis Morris to Vincent Pearse, 1 May 1742 in Ibid., pp. 186–189; Lewis Morris to Euphemia Morris Norris, Trenton, NJ: 14 May 1742 in Ibid., pp. 189–192; Euphemia Morris Norris to Lewis Morris, Bois, Buckinghamshire, England: 15 June 1742 in Ibid., pp. 196–204.

42 Syrett, p. 614; Hardy, p. 44; Lyons, p. 50.

43 Lee, pp. 63–65.

44 James Grant Wilson and James Fiske, *Appleton's Cyclopedia of American Biography*, Vol. V, New York: D. Appleton & Co., 1888, pp. 635–636; Brock (1882), pp. xii–xvi.

45 "London News Item," London *Weekly Journal or British Gazetteer*, 31 August 1717, p. 321; Minutes of the Commissioners for the Trade and Plantations, London: 6 June 1721 as appears in Kinkor (2003), p. 266; Sir James Balfour, ed., *The Scots Peerage*, Vol. IV, Edinburgh: David Douglas, 1907, p. 7.

46 Woodes Rogers Appeal to the King.

47 Arne Bialuschewski, "Daniel Defoe,Nathaniel Mist, and the *General History of the Pyrates*," *Papers of the Bibliographical Society of America*, Vol. 98 (2004), pp. 21–38; Advertisement for the *General History*, *American Weekly Mercury*, 29 December 1724, p. 2.

48 "Rogers Appeal to the King," 1726; Little, pp. 202, 208.

49 Hogarth,*Woodes Rogers and his Family*, 1729.

50 Little, pp. 210–222.

51 Little, p. 210n.

索 引

图书在版编目（CIP）数据

海盗共和国：骷髅旗飘扬、民主之火燃起的海盗黄
金年代／（美）科林·伍达德（Colin Woodard）著；许
恬宁译 . －－北京：社会科学文献出版社，2016.9（2019.5 重印）
　　书名原文：The Republic of Pirates：Being the
True and Surprising Story of the Caribbean Pirates
and the Man Who Brought Them Down
　　ISBN 978 - 7 - 5097 - 9422 - 7

　　Ⅰ.①海… Ⅱ.①科… ②许… Ⅲ.①海盗 - 历史 -
世界 - 通俗读物 Ⅳ.①D59 - 49

中国版本图书馆 CIP 数据核字（2016）第 163103 号

海盗共和国

——骷髅旗飘扬、民主之火燃起的海盗黄金年代

著　　者／〔美〕科林·伍达德（Colin Woodard）
译　　者／许恬宁

出 版 人／谢寿光
项目统筹／段其刚　董风云
责任编辑／张金勇　周方茹

出　　版／社会科学文献出版社·甲骨文工作室（分社）（010）59366527
　　　　　　地址：北京市北三环中路甲 29 号院华龙大厦　邮编：100029
　　　　　　网址：www. ssap. com. cn
发　　行／市场营销中心（010）59367081　　59367083
印　　装／三河市东方印刷有限公司

规　　格／开 本：889mm × 1194mm　1/32
　　　　　　印 张：12.875　字 数：298 千字
版　　次／2016 年 9 月第 1 版　2019 年 5 月第 6 次印刷
书　　号／ISBN 978 - 7 - 5097 - 9422 - 7
著作权合同
登 记 号／图字 01 - 2015 - 2411 号
定　　价／62.00 元